BIBLIOTECA TODOROV 5

Memoria del mal, tentación del bien

Tzvetan Todorov

Memoria del mal, tentación del bien

Indagación sobre el siglo XX

Traducción de
Manuel Serrat Crespo

Galaxia Gutenberg

Título de la edición original: *Mémoire du mal, Tentation du bien*
Traducción del francés: Manuel Serrat Crespo

Publicado por
Galaxia Gutenberg, S.L.
Av. Diagonal, 361, 2.º 1.ª
08037-Barcelona
info@galaxiagutenberg.com
www.galaxiagutenberg.com

Primera edición: marzo de 2023

© Éditions Robert Laffont, 2000
© de la traducción: herederos de Manuel Serrat Crespo, 2023
© Galaxia Gutenberg, S.L., 2023

Preimpresión: Maria Garcia
Impresión y encuadernación: Sagrafic
Depósito legal: B 1828-2023
ISBN: 978-84-19392-31-2

Cualquier forma de reproducción, distribución, comunicación pública o transformación de esta obra sólo puede realizarse con la autorización de sus titulares, aparte de las excepciones previstas por la ley. Diríjase a CEDRO (Centro Español de Derechos Reprográficos) si necesita fotocopiar o escanear fragmentos de esta obra (www.conlicencia.com; 91 702 19 70 / 93 272 04 45)

*Para Germaine Tillion, que ha sabido atravesar el mal
sin tomarse por una encarnación del bien*

PRÓLOGO

Fin de siglo

Recuerdo el 1 de enero de 1950: yo tenía once años y, puesto que la fecha representaba ya una cifra muy redonda, me preguntaba con cierta inquietud, sentado a los pies del árbol de Navidad, que por aquel entonces se llamaba árbol de Año Nuevo, si iba a alcanzar esa fecha, mucho más redonda aún, que suponía el 1 de enero de 2000. Estaba tan lejos, ¡había que esperar, todavía, medio siglo! Sin duda moriría antes. Pero he aquí que, en un abrir y cerrar de ojos, esa otra fecha ha llegado y me incita, como a todo hijo de vecino, a hacerme una pregunta: ¿qué debemos recordar de este siglo? Y digo siglo aunque cambiemos, al mismo tiempo, de milenio: éste no se deja aprehender; aquél, sí. El *Times Literary Supplement* nos solicita todos los años que distingamos el «libro del año»; a finales de 1999 pedía, también, el «libro del milenio». La pregunta me pareció tan fútil que no envié respuesta alguna. El siglo, en cambio, da sentido: es nuestra vida y la de nuestros padres, la de nuestros abuelos a lo sumo. Un siglo es el tiempo accesible a la memoria de los individuos.

No soy un «especialista» del siglo XX, como pueden serlo un historiador, un sociólogo, un comentarista político; no quiero, ahora, convertirme en ello. Los hechos, al menos en sus líneas generales, son conocidos, se encuentran hoy en todos los buenos manuales, como suele decirse. Pero los hechos no revelan, por sí solos, su sentido; y eso es lo que me interesa. No quisiera sustituir a los historiadores, que hacen ya su trabajo, sino reflexionar sobre la historia que están escribiendo. La mirada que fijo en el siglo no es la de un «especialista» sino la de un testigo afectado, la del escritor que intenta comprender su tiempo. Mi destino personal determina, por una parte, el punto de vista que elijo, y ello por partida doble: por las peripecias de mi existencia y por mi profesión. En pocas palabras: nací en Bulgaria y viví en este país hasta 1963, mientras estaba sometido al régimen comunista; desde entonces, vivo en Francia. Por otra parte, mi trabajo se dirige a los hechos de cultura, de moral, de política, y practico, particularmente, la historia de las ideas.

La elección de lo más importante que ha habido en el siglo, de lo que permite, por lo tanto, construir su sentido, depende de la propia identidad. Para un africano, por ejemplo, el acontecimiento político decisivo es, sin duda, la colonización y, luego, la descolonización. Pero para un europeo –y aquí me ocuparé, esencialmente, del siglo XX europeo, haciendo sólo breves incursiones en los demás continentes– la elección está abierta de par en par. Algunos dirían que el acontecimiento fundamental, a largo plazo, es lo que se denomina la «liberación de las mujeres»: su entrada en la vida pública, el control de la fecundidad (la píldora) y, al mismo tiempo, la extensión de los valores tradicionalmente «femeninos», los del mundo privado, a la vida de ambos sexos. Otros pondrán de relieve la drástica disminución de la mortalidad infantil, la prolongación de la vida en los países occidentales, los cambios demográficos. Otros podrían pensar, también, que el sentido del siglo está decidido por los grandes progresos de la técnica: dominio de la energía atómica, desciframiento del código genético, circulación electrónica de la información, televisión.

Estoy de acuerdo con los unos y los otros, pero mi experiencia personal no me permite enfocar de manera extraordinaria esas cuestiones; me orienta más bien hacia una elección distinta. El acontecimiento capital, para mí, es la aparición de un mal nuevo, de un régimen político inédito, el *totalitarismo* que, en su apogeo, dominó buena parte del mundo; que hoy ha desaparecido de Europa, pero no por completo de los demás continentes; y cuyas secuelas siguen presentes entre nosotros. Así pues, quisiera examinar primero, aquí, el enfrentamiento entre el totalitarismo y su enemigo, la democracia.

Presentar el siglo como dominado por el combate de estas dos fuerzas implica, ya, una distribución de valores que no todos comparten. El problema procede de que Europa no conoció *un* totalitarismo sino dos, el comunismo y el fascismo; de que ambos movimientos se opusieron violentamente, en el terreno de la ideología y, luego, en el campo de batalla; de que, unas veces uno y otras el otro, se aproximaron a los Estados democráticos. Las tres agrupaciones posibles entre esos regímenes fueron todas puestas en práctica, en un momento u otro. Al principio, los comunistas relegaron, en bloque, a todos sus enemigos (¡capitalistas todos!), distinguiéndose las democracias liberales y el fascismo como la forma moderada y la forma extrema del mismo mal. A mediados de los años treinta, sin embargo, y más aún durante la Segunda Guerra Mundial, la distribución cambia: demócratas y comunistas formaron entonces una alianza antifascista. Finalmente, pocos años antes de que estallara la guerra y, sobre todo, desde su conclusión, se propuso considerar el fascismo y el comunismo como dos subespecies del mismo género, el totalitarismo, una palabra reivindicada al principio por los fascistas italianos. Volveré más adelante a las definiciones y las delimitaciones; pero queda claro ya, por la articulación global que elijo, que esta tercera distribución es, para mí, la más ilustradora.

La elección del acontecimiento capital restringe sensiblemente mi tema. No sólo me limitaré, en lo esencial, a un solo continente, el mío, sino que el propio siglo se acorta un poco: su período central va de 1917 a 1991, aunque sea necesario remontarse hacia atrás y, por otro lado, interrogarse sobre todo su última década. Más importante aún, me limito a un solo acontecimiento de la vida pública, dejando en la sombra todos los demás, así como la vida privada, las artes, ciencias o técnicas. Pero la búsqueda de sentido tiene siempre un precio: procede por elección y relación, que habrían podido ser otras. El sentido que creo entrever no excluye el de los demás sino que se añade a él, en el mejor de los casos.

Mi punto de partida, esa doble afirmación según la cual el totalitarismo es la gran innovación política del siglo y que es también un mal extremo, produce ya una primera consecuencia: hay que renunciar a la idea de un progreso continuado, en el que creían algunos grandes ingenios de los siglos pasados. El totalitarismo es una novedad, y es peor que lo que le precedía. Eso no prueba, tampoco, que la humanidad siga inexorablemente cayendo por la pendiente, sólo que la dirección de la historia no está sometida a ninguna ley simple ni, tal vez, a ninguna ley a secas.

El enfrentamiento entre totalitarismo y democracia, como el enfrentamiento entre las dos variantes totalitarias, comunismo y nazismo, constituye el primer tema de mi indagación. El segundo se desprende de éste, por el mero hecho de que esos acontecimientos pertenezcan, en lo esencial, al pasado y sólo sobrevivan, entre nosotros, gracias a la memoria. Ahora bien, ésta no puede en absoluto asimilarse a una grabación mecánica de lo que acontece; tiene formas y funciones entre las que se impone elegir, su establecimiento conoce fases cuyas perturbaciones específicas puede sufrir cada una de ellas, puede ser asumido por protagonistas distintos y llevar a actitudes morales opuestas. ¿Es la memoria, siempre y necesariamente, algo bueno, y el olvido una maldición absoluta? ¿Permite el pasado comprender mejor el presente o sirve, más a menudo, para ocultarlo? ¿Son recomendables todos los usos del pasado? Las memorias del siglo serán pues, a su vez, sometidas a examen.

Finalmente, aunque se trate ante todo de reflexionar sobre el sentido de este acontecimiento central, me veo obligado a conocer también el pasado más inmediato, el posterior a la caída del muro de Berlín, para examinarlo a la luz de las enseñanzas que desprende el precedente análisis. Una vez vencido el totalitarismo, ¿ha advenido, acaso, el reinado del bien? ¿O nuevos peligros acechan a nuestras democracias liberales? El ejemplo que elijo aquí está extraído de la actualidad reciente, puesto que se trata de la guerra de Yugoslavia y, más específicamente, de los acontecimientos en Kosovo. El pasado totalitario, el modo como se perpetúa en la memoria y, por fin, la luz que arroja sobre el presente formarán, pues, los tres tiempos de la indagación que sigue.

He decidido mezclar con esta reflexión sobre el bien y el mal políticos del siglo el recuerdo de algunos destinos individuales, fuertemente marcados por el totalitarismo pero que supieron resistirse a él. No es que los hombres y mujeres de los que hablaré sean por completo distintos de los demás. No son héroes, ni santos, ni siquiera «justos»; son individuos falibles, como usted y yo. Sin embargo, todos siguieron un itinerario dramático; todos sufrieron en sus carnes y, al mismo tiempo, intentaron depositar en sus escritos el fruto de su experiencia. Obligados a ver de cerca el mal totalitario, se revelaron más lúcidos que la media y, gracias tanto a su talento como a su elocuencia, han sabido transmitirnos lo que habían aprendido, sin por ello convertirse nunca en perentorios aleccionadores. Estas personas proceden de diversos países –Rusia, Alemania, Francia, Italia–, y sin embargo tienen un aire familiar. El mismo sentimiento se encuentra de un autor a otro, aunque haya matices: el de un pavor que no conduce a la parálisis; y también un mismo pensamiento, para el que encuentro sólo una etiqueta apropiada, la del *humanismo crítico*. Los retratos de Vasili Grossman y de Margarete Buber-Neumann, de David Rousset y Primo Levi, de Romain Gary y Germaine Tillion están ahí para ayudarnos a no desesperar.

¿Cómo será recordado, algún día, este siglo? ¿Se lo llamará el siglo de Stalin y Hitler? Eso sería conceder a los tiranos un honor que no merecen: es inútil glorificar a los malhechores. ¿Se le dará el nombre de los escritores y pensadores más influyentes en vida, los que suscitaban mayor entusiasmo y controversia, aunque se advierta, con posterioridad, que casi siempre se equivocaron en sus elecciones y que indujeron a error a los millones de lectores que les admiraban? Sería una lástima reproducir así, en el presente, los errores del pasado. Por mi parte, preferiría que se recordaran, de este siglo sombrío, las luminosas figuras de los pocos individuos de dramático destino y lucidez implacable que siguieron creyendo, a pesar de todo, que el hombre merece seguir siendo el objetivo del hombre.[1]

---

1. El primer germen de la presente obra se encuentra en un breve texto, publicado en 1995 con el título de *Los abusos de la memoria* por la editorial Arléa.

I

EL MAL DEL SIGLO

> El mundo entero –toda la inmensidad del Universo– revela la sumisión pasiva de la materia inanimada, sólo la vida es el milagro de la libertad.
>
> Vasili Grossman,
> *La Madona sixtina*

NUESTRAS DEMOCRACIAS LIBERALES

Primera Guerra Mundial: ocho millones y medio de muertos en los frentes, casi diez millones en la población civil, seis millones de inválidos. Durante el mismo tiempo: genocidio de los armenios, un millón y medio de personas llevadas a la muerte por el poder turco. La Rusia soviética, nacida en 1917: cinco millones de muertos a causa de la guerra civil y la hambruna de 1922, cuatro millones de víctimas de la represión, seis millones de muertos durante la hambruna organizada de 1932-1933. Segunda Guerra Mundial: más de treinta y cinco millones de muertos sólo en Europa, de ellos al menos veinticinco en la Unión Soviética. Durante la guerra, exterminio de los judíos, los gitanos, los deficientes mentales: más de seis millones de víctimas. Bombardeos aliados de la población civil en Alemania y Japón: varios centenares de miles de muertos. Sin mencionar las sangrientas guerras llevadas a cabo por las potencias europeas en sus colonias, como Francia en Madagascar, en Indochina, en Argelia.

Ésas son las grandes hecatombes del siglo XX, reducidas a fechas, lugares y cifras de las víctimas. El siglo XVIII fue designado por los historiadores como el «siglo de las Luces», ¿acabaremos algún día llamando al nuestro el «siglo de las Tinieblas»? Escuchando esa letanía de matanzas y sufrimientos, esos números desmesurados que ocultan rostros de personas que deberían evocarse, una a una, la primera reacción es la del desaliento. Sin embargo, no podemos quedarnos ahí.

La historia del siglo XX, en Europa, es indisociable de la del totalitarismo. El Estado totalitario inaugural, la Rusia soviética, nació durante la Primera Guerra Mundial y muestra su huella; la Alemania nazi siguió poco después. La Segunda Guerra Mundial se inició cuando los dos Estados totalitarios se habían aliado y prosiguió con una lucha sin cuartel entre ambos. La segunda mitad del siglo se desarrolló a la sombra de la guerra fría, que opuso Occidente al bando comunista. Los cien años que acaban de transcurrir estuvieron dominados por el combate del totalitarismo con la democracia o por el de ambas ramas totalitarias entre sí. Ahora que los conflictos han terminado, podemos identificar el guión: todo ocurrió como si, para curarse de sus anteriores males, los países europeos hubieran probado un remedio y, luego, hubiesen advertido que era peor que el mal: lo rechazaron. Desde este punto de vista, el siglo puede ser considerado como un largo paréntesis; el XXI retoma las cosas donde las había dejado el XIX.

En lo esencial, el totalitarismo pertenece ya al pasado, ese mal en particular ha sido vencido. Pero necesitamos comprender lo que ocurrió: antes de volver una página, decía el antiguo disidente Yeliu Yelev, que fue durante cierto tiempo presidente de Bulgaria, hay que leerla. Y para nosotros, que la vivimos, esa necesidad representa una imperiosa urgencia personal. «No se prepara el porvenir sin aclarar el pasado», escribe Germaine Tillion. Quienes conocen el pasado desde el interior tienen el deber de transmitir la lección a quienes la ignoran. Pero ¿cuál es esta lección?

Para empezar a responder la pregunta, es preciso hacer previamente otra: ¿qué significan exactamente los términos «totalitarismo» y «democracia»?

Se trata ahí, se ve de entrada, de dos instancias de lo que hoy se denomina un «tipo ideal» de régimen político. Esta primera delimitación comporta dos elementos. El tipo ideal: así se designa, desde Max Weber, la construcción de un modelo destinado a hacer más inteligible lo real, sin que por ello sea necesario poder observar su encarnación perfecta en la Historia. El tipo ideal indica un horizonte, una perspectiva, una tendencia. Los hechos empíricamente observables lo ilustran en un grado más o menos alto, todos sus rasgos constitutivos se encuentran en él, o sólo algunos, a lo largo de todo un período histórico o sólo en una de sus partes, y así sucesivamente. Hay que insistir en ello, pues algunos historiadores y sociólogos creen poder prescindir de esas construcciones conceptuales, apoyándose en lo que les parece ser un gran sentido común empírico. En realidad aceptan, sin darse cuenta y sin poder criticarlos, los conceptos y los «tipos ideales» comunicados por el lenguaje común. El tipo ideal no es, en sí mismo, verdadero; sólo puede ser más o menos útil, sugerente, ilustrador.

Por otra parte, se trata cada vez de un régimen político, no de una sociedad tomada en su conjunto ni, menos aún, de otra de sus dimensiones, como la economía: está muy claro, en particular, que el sistema económico, que la composición social de los grupos políticos son distintos en la Alemania nazi y en la Unión Soviética, y que nada se gana designándolos con un término común.

La democracia moderna, como tipo ideal, presupone la copresencia de dos principios, que se encuentran ya enunciados conjuntamente por John Locke en el siglo XVII, pero que fueron articulados con claridad, sobre todo, tras la Revolución Francesa, cuando, en suma, los «trabajos prácticos» realizados entretanto obligaron a poner a punto la teoría. Esa articulación fue, en particular, obra de Benjamin Constant, en su tratado *Principios de política* (1806). Los dos principios podrían denominarse: autonomía de la colectividad y autonomía del individuo.

La autonomía de la colectividad es, claro está, una exigencia antigua, es la misma que contiene la palabra «democracia» o poder del pueblo. La cuestión pertinente aquí es saber, primero, si es el pueblo quien detenta el poder o sólo una de sus partes, un único individuo incluso (el rey o el tirano), y, luego, si ese poder procede sólo de la voluntad humana o si es atribuido por una fuerza sobrehumana, Dios, la propia estructura del Universo o las tradiciones. La autonomía política, en este sentido de la palabra, consiste en que la colectividad viva bajo unas leyes que ella misma se ha dado y que puede modificar cuando lo desee. Atenas es, desde este punto de vista, una democracia, aunque su definición de «pueblo» fuera muy restrictiva, puesto que excluía a las mujeres, los esclavos y los extranjeros, es decir, tres cuartas partes de la población.

Los Estados cristianos, tras la caída del Imperio romano, no reconocían la autonomía política, llamada también soberanía del pueblo: el poder tenía entonces su origen en Dios. Sin embargo, ya en el siglo xiv, Guillermo de Occam afirmó que Dios no es responsable del orden (o el desorden) del mundo; Guillermo reanudaba así con el principio cristiano original (mi reino no es de este mundo). El poder humano, declaró, pertenece sólo a los hombres. Por eso tomó partido por el emperador en su conflicto con el Papa, que intentaba acumular poder espiritual y poder temporal. Desde esa época, la afirmación de la autonomía política adquirió cada vez más fuerza, hasta su triunfo en las revoluciones americana y francesa. «Todo gobierno legítimo es republicano», declaraba Rousseau en su *Contrato social*, y añadía en una nota: «Entiendo por esta palabra todo gobierno guiado por la voluntad general que es la ley»;[1] la propia monarquía puede ser republicana en este sentido. Dicho de otro modo: sólo es legítima la república, el régimen gobernado por la voluntad general del pueblo. Democracia, autonomía colectiva, soberanía del pueblo, voluntad general y república son, desde este punto de vista, términos emparentados.

La Revolución Francesa arranca el poder de las manos de los monarcas y lo devuelve a las del pueblo (aunque éste siga siendo definido de modo restrictivo); sin embargo, el resultado no es brillante: reina el terror en lugar de la libertad. ¿Dónde se equivocaron?, se preguntan los grandes ingenios liberales, los que se adhieren a la idea de la soberanía popular. Y es que olvidaron limitar el principio de la autonomía colectiva con el de la autonomía individual: el uno no se desprende del otro, son efectivamente dos. «Nunca debe presumirse –decía sin embargo Locke– que el poder de la sociedad se extiende más allá del bien común.»[2] Al día siguiente de la Revolución, los espíritus liberales, Sièyes, Condorcet, Benjamin Constant sobre todo, lo advierten: el poder ha pasado de las manos del rey a las de los representantes del pueblo, pero sigue siendo igual de absoluto (si no más aún). Los revolu-

---

1. II, VI; *Oeuvres complètes*, t. III, Gallimard-Pléiade, 1964, p. 380 (salvo indicación contraria, el lugar de edición es París). [Hay trad. cast.: *Rousseau*, t. I, Barcelona, Gredos, 2014.]
2. «Deuxième traité du gouvernement civil», 131, en P. Manent, dir., *Les Libéraux*, Hachette-Pluriel, t. I, 1986, p. 181. [Hay trad. cast.: *Segundo Tratado sobre el Gobierno Civil*, Madrid, Alianza, 2004.]

cionarios creen romper con el Antiguo Régimen pero en realidad perpetúan uno de sus rasgos más nefastos. Ahora bien, el individuo, no menos que la colectividad, aspira a la autonomía; para preservarla, no sólo hay que protegerle de los poderes en los que no participa (está excluido del derecho divino de los reyes), sino también de los poderes del pueblo: éstos deben extenderse hasta cierto límite (el «bien común»), pero no más allá.

Esta conjunción de los dos principios que designa la expresión «democracia liberal» es la que corresponde a los Estados democráticos modernos. Podemos también hablar de una vertiente «republicana» y una vertiente «liberal» de nuestras democracias; Constant, por su parte, se refería a ello como a la «libertad de los antiguos» y la «libertad de los modernos». Cada una de ellas pudo existir independientemente de la otra: soberanía del pueblo sin garantías para la libertad del individuo, como en la Grecia antigua; regímenes liberales en el seno de una monarquía de derecho divino. Su reunión es la que marca el nacimiento de la modernidad política.

¿Significa eso decir que nuestras democracias son Estados que no conocen nada superior a la expresión de la voluntad, ya sea colectiva o individual? ¿Podría el crimen hacerse en ellas legítimo porque el pueblo lo ha deseado y el individuo lo ha aceptado? No. Algo está por encima tanto de la voluntad individual como de la voluntad general, algo que, sin embargo, no es la voluntad de Dios: es la propia idea de la justicia. Pero esta superioridad no es sólo propia de las democracias liberales, se presupone en toda asociación política legítima, en todo Estado justo. Sea cual sea la forma de esta asociación, asamblea tribal, monarquía hereditaria o democracia liberal, es preciso, para que sea legítima, que se dé por principio el bienestar de sus miembros y la justa regulación de sus relaciones. Michael Kohlhaas, en la célebre novela de Kleist, no vive en democracia; puede sin embargo rebelarse contra la injusticia de la que es víctima y reclamar su justo derecho: lo arbitrario y el reino del interés personal no son tolerables en ningún Estado. La democracia, como cualquier Estado legítimo, reconoce que la justicia no escrita, la que pone la propia asociación política al servicio de sus miembros y afirma con ello el respeto que les es debido, es superior a la expresión de la voluntad popular o a la autonomía personal. Por eso, en efecto, podemos calificar de «crimen» lo que las leyes de un país particular autorizan, recomiendan incluso –la pena de muerte, por ejemplo–, o de «desastre» una expresión de la voluntad popular (como la que instaló a Hitler en el poder).

Ése es el «género cercano» de las democracias liberales (son Estados legítimos); por lo que se refiere a su «diferencia específica», consiste en una doble autonomía, colectiva e individual. En torno a esos dos grandes principios se acumulan, por añadidura, varias reglas, que dependen más o menos directamente de ellos y que forman, juntas, nuestra imagen de la democracia. Así, para la autonomía colectiva, la idea de igualdad de derechos y todo lo que implica. Si el pueblo es soberano, entonces todos deben participar en el poder, y por la misma razón unos u otros (como partes constitutivas de ese pueblo). En una democracia, pues, las leyes son las mismas para todos, sean o no ricos, célebres y poderosos. Puede verse qué imperfectas son, desde este punto de vista, las democracias reales, aun siendo conformes a su tipo ideal, puesto que mantienen a veces marginados a grandes grupos de población (en Francia, a los pobres hasta 1848; a las mujeres, hasta 1944). El sufragio realmente universal forma parte, para nosotros, de la definición de democracia, por ello el régimen del *apartheid* en Sudáfrica estaba excluido de ella. Además, este sufragio conduce a la elección de diputados en vez de decidir, directamente, cada cuestión planteada: la democracia liberal es representativa y sólo excepcionalmente recurre a la consulta directa o referéndum.

Por lo que se refiere a la autonomía individual –que nunca es total sino que se refiere sólo a un campo previamente delimitado, el de la vida privada–, se advirtió que podía asegurarla un medio más que todos los otros, hasta el punto de que este medio ha podido convertirse en un sinónimo de libertad y ser percibido como un fin en sí mismo: se trata del *pluralismo*. El término se aplica a múltiples facetas de la vida en sociedad, pero su sentido y su destino son siempre los mismos: la pluralidad asegura la autonomía del individuo. Y eso hace también la propia separación entre lo teológico y lo político, lo divino y lo humano, iniciada por Guillermo de Occam. Se trata, advirtámoslo, de una separación y no de una victoria de lo uno sobre lo otro. La democracia no exige que sus ciudadanos dejen de creer en Dios, sólo les pide que mantengan sus creencias encerradas en el espacio de su vida privada y toleren que las del vecino sean distintas. La democracia es un régimen laico, no ateo; se niega a fijar la naturaleza del ideal de cada vida particular y se limita a asegurar la paz entre esos diversos ideales, a condición, sin embargo, de que no contravengan las ideas subyacentes de justicia. Las esferas en las que se implica la existencia de cada individuo también deben permanecer separadas. La primera separación, aquí, es la de lo público y lo privado, lo que prolonga la distinción entre lo colectivo y lo individual. Constant lo había advertido ya: estas dos esferas obedecen a dos principios distintos. Al igual que la autonomía personal no se desprende de la autonomía colectiva, el mundo de las relaciones personales no se confunde con el de los contactos que se establecen entre los hombres por el mismo hecho de que viven en sociedad. Esta última parte de la existencia humana es la que debe encargarse, de modo más o menos perfecto, del Estado; y el ideal de su acción es la justicia. Pero no ocurre del mismo modo con las relaciones personales, aquellas en las que los individuos se convierten en seres únicos, unos con respecto a otros, seres irreemplazables. Este mundo, en vez de obedecer a los principios de igualdad y de justicia, está hecho de preferencias y rechazos; su punto culminante es el amor. El Estado democrático, y esto es esencial, no legisla sobre el amor; idealmente, debiera ser lo contrario: «El amor debe vigilar siempre a la justicia», escribe Levinas al describir el humanismo como filosofía de la democracia.[1] Es preciso poder adaptar la ley impersonal al contacto de las personas reales.

En el propio seno del mundo público se mantiene la separación de lo político y lo económico: los poseedores del poder político no deben controlar también, enteramente, la economía. Vemos entonces por qué cierta ortodoxia marxista es incompatible con la democracia liberal: la expropiación de los medios de producción pone el poder económico en manos de quienes detentan ya el poder político. El mantenimiento de la propiedad privada, en la

---

[1]. *Entre nous*, Grasset, 1991, p. 118. [Hay trad. cast.: *Entre nosotros*, Valencia, Pre-Textos, 1993.]

medida en que asegura la autonomía del individuo, está de acuerdo con el espíritu democrático, aunque no baste para hacerlo triunfar. Recíprocamente, una política por completo dictada por consideraciones económicas es ajena al espíritu de la democracia liberal, diga lo que diga, hoy, un discurso ultraliberal, que pretende resolver todos los problemas sociales gracias a la economía de mercado.

La propia vida política, en democracia, obedece al principio del pluralismo. Primero, el individuo es protegido por leyes contra toda acción procedente de quienes detentan el poder: es un efecto de la famosa separación de los poderes ejecutivo y legislativo (y judicial), exigida por Montesquieu. Lo que éste denomina la *moderación* y que constituye su ideal de régimen político, sea cual sea, por lo demás, el origen o la forma, república o monarquía, es sólo otro nombre para el pluralismo que asegura la autonomía del individuo. El derecho y el poder permanecen aquí claramente separados, y el primero controla al segundo; la sociedad no es sólo un campo de batalla entre las distintas fuerzas que la habitan, se constituye en Estado de derecho, regido por un contrato tácito que obliga a todos los ciudadanos.

El mismo principio exige una pluralidad de las organizaciones políticas, llamadas partidos, entre las que el ciudadano puede elegir libremente. Aun cuando, durante las elecciones, uno de los partidos conquiste el poder, los partidos vencidos, convertidos en oposición, tienen también derechos; al igual que las minorías, en la propia sociedad, aunque deban someterse a la voluntad de la mayoría, no pierden el derecho a organizar su vida privada como deseen. Las diversas organizaciones y asociaciones públicas tampoco deben pertenecer a una sola tendencia política, ni siquiera reivindicar necesariamente una tendencia política cualquiera. Finalmente, los medios de difusión de la información —prensa, radio y televisión, bibliotecas y demás— siguen siendo también plurales, para escapar de una tutela política única.

Este pluralismo que limita el poder político y asegura la autonomía del individuo está, a su vez, limitado. Así, el Estado democrático no admite pluralismo alguno en el uso legítimo de la violencia: es el único que posee un ejército y una policía, y reprime cualquier manifestación privada de esta misma violencia, cualquier incitación, incluso, a tomar ese camino. Del mismo modo, mientras que el Estado no impone ideal alguno de vida buena a sus ciudadanos, excluye algunos que contradicen sus principios: castiga, por ejemplo, a quienes predican la violencia o quienes practican la discriminación hacia algunos grupos y contradicen así la igualdad ante la ley. La negativa del pluralismo puede extenderse a otros campos sin por ello poner en cuestión la identidad democrática. De ese modo, en Francia, existe sólo una lengua oficial, el francés, y un solo examen de fin de estudios secundarios, el examen de bachillerato. Las formas de pluralismo anteriormente enumeradas, en cambio, son indispensables.

La Revolución Americana y la Revolución Francesa, a finales del siglo XVIII, inauguraron la era de las democracias liberales en Europa y en América del Norte, aunque el camino de su triunfo estuviese sembrado de celadas. El siglo XIX dio, indiscutiblemente, una afirmación de ese tipo de régimen político. Al mismo tiempo, se acentuó la separación entre fe y razón, se autonomizaron progresivamente la Iglesia y el Estado. Eso no quiere decir que todos aprobaran esta evolución; en Francia, los partidarios del Antiguo Régimen eran numerosos y, a menudo, preferían una u otra faceta de la antigua sociedad a lo que veían con sus propios ojos. Debe decirse que no todo era perfecto en aquel mundo nuevo: la gozosa autonomía personal se paga con la pérdida de las orientaciones tradicionales y también con una miseria de formas inéditas.

Dos reproches, en particular, solían dirigir los conservadores (los que preferían el pasado al presente) a los demócratas. Ambos reproches correspondían a características reales de las sociedades nuevas, en las que esos críticos sólo ven los efectos nefastos. El primero es el debilitamiento del vínculo social: la sociedad democrática es «individualista»; aunque asegura la autonomía de las personas, lo hace a costa de lo que constituye su propia existencia, la interacción social. El espacio público se reduce y periclita en beneficio de una esfera privada hipertrofiada, la sociedad se ve amenazada por la atomización. Los Estados democráticos, profetizaban los conservadores, se verán poblados de solitarios infelices. La segunda característica es la desaparición de los valores comunes (la sociedad democrática es «nihilista»): comenzó disociando el Estado y la Iglesia, terminará por privar a los individuos de cualquier orientación común, pudiendo cada uno de ellos elegir sus propios valores, sin preocuparse de los valores de los demás. Ambas críticas se reiteraron constantemente a lo largo del siglo XIX; debemos recordar hasta qué punto quienes nos parecen hoy los mejores ingenios de su tiempo –en Francia Baudelaire, Flaubert, Renan y tantos otros– despreciaron y denigraron la democracia. No conducen por ello, sin embargo, a una acción política violenta: se trataba más bien de la nostalgia de un pasado en parte imaginario. Las cosas cambiaron en la segunda mitad del siglo, cuando el ideal fue extraído del pasado y proyectado hacia el porvenir. En este contexto se preparó el proyecto totalitario. Retomó, en efecto, las críticas que los conservadores dirigían a la democracia –destrucción del vínculo social, desaparición de los valores comunes–, y se propuso poner remedio a ello con una acción política radical.

TOTALITARISMO: EL TIPO IDEAL

¿Qué entendemos por régimen «totalitario»? Los especialistas en política e historiadores del siglo XX, de Hannah Arendt[1] a Krzysztof Pomian[2] procuraron descubrir y describir sus distintas características. Lo más sencillo sería cotejar ese nuevo fenómeno con el tipo ideal de democracia precedentemente evocado. Ambos grandes principios –autonomía de la colectividad, autonomía del individuo– reciben tratamientos distintos. El totalitarismo rechaza

---

1. *Les Origines du totalitarisme*, t. I, *Sur l'antisémitisme*, Seuil, 1984; t. II, *L'impérialisme*, Seuil, 1984; t. III, *Le système totalitaire*, Seuil, 1984. [Hay trad. cast.: *Los orígenes del totalitarismo*, Barcelona, Taurus, 1998.]
2. «Qu'est-ce que le totalitarisme?», en *Vingtième siècle*, 47, 1995, pp. 4-23, parcialmente reproducido en M. Ferro, dir., *Nazisme et communisme*, Hachette-Pluriel, 1999; «Post-scriptum sur la notion de totalitarisme», en H. Rousso, ed., *Stalinisme et nazisme*, Bruselas, Complexe, 1999, pp. 371-382.

abiertamente el segundo, que era también objeto de crítica por parte de los conservadores. Ya no es el *yo* de cada individuo lo que aquí se valora, sino el *nosotros* del grupo. Lógicamente, el gran medio para asegurar esta autonomía, el pluralismo, es desdeñado a su vez y reemplazado por su contrario, el *monismo*. Desde este punto de vista, el Estado totalitario se opone, punto por punto, al Estado democrático.

Este monismo (un sinónimo de la propia palabra «totalitario») debe entenderse en dos sentidos que, complementarios, no siempre fueron tan explotados el uno como el otro. Por una parte, toda la vida del individuo se ve reunificada, ya no está dividida en esfera pública con obligaciones y esfera privada libre, puesto que el individuo debe hacer que la totalidad de su existencia se conforme a la norma pública, incluyendo sus creencias, sus gustos y sus amistades. El mundo personal se disuelve en el orden impersonal. El amor no tiene aquí un estatuto aparte, un territorio reservado en el que reinar como dueño indiscutido; y menos aún puede pretender orientar la propia acción de la justicia. La degradación del individuo acarrea la de las relaciones interpersonales: Estado totalitario y autonomía del amor se excluyen mutuamente.

Por otra parte, para alcanzar el ideal de unidad, de comunidad, de vínculo orgánico, el Estado totalitario impone el monismo en toda la vida pública. Restablece la unidad teológico-política, erigiendo un ideal único en dogma de Estado, instaurando pues un Estado «virtuoso» y exigiendo la adhesión espiritual de sus súbditos (es como si, en el más lejano pasado, el Papa se hubiera convertido, al mismo tiempo, en emperador). El totalitarismo somete lo económico a lo político, procediendo a nacionalizaciones o controlando estrechamente todas las actividades en este sector, al tiempo que defiende la teoría según la cual es la economía lo que rige la política (en el caso del comunismo). Establece un régimen de partido único, lo que supone suprimir los partidos, y somete también todas las demás organizaciones o asociaciones. Por esta razón, el poder totalitario es hostil a las religiones tradicionales (en eso se opone también a los conservadurismos), a menos que éstas le hagan un acto de sumisión. La unificación condiciona la jerarquía social: las masas están sometidas a los miembros del Partido, éstos a los miembros de la *nomenklatura* (los «miembros del personal dirigente»), subordinados a su vez a un pequeño grupo de dirigentes, en cuya cima reina el jefe supremo o «guía». El régimen controla todos los medios de comunicación y no permite la expresión de ninguna opinión disidente. Mantiene, claro está, los monopolios que se reservaba también el Estado democrático: el de la educación, el de la violencia legítima (los términos de «Estado», «Partido» y «policía» acaban así convirtiéndose en sinónimos).

Debo precisar aquí que, en la práctica del comunismo, encarnada primero por Lenin y Stalin, más tarde por sus discípulos en otros países, la ideología no se distingue sólo por su contenido sino también por su estatuto. En efecto, a partir de la Revolución de Octubre, la propia separación entre ideología y política, fin y medio, comienza a perder su sentido. Antaño podía creerse que la revolución, el Partido, el terror eran los instrumentos necesarios para desembocar en la sociedad ideal. En adelante, la separación ya no es posible y el monismo característico de los regímenes totalitarios se revela aquí en su plenitud. El propio término de «ideocracia» se convierte en un pleonasmo, puesto que la «idea» en cuestión no es más que la victoria del poder comunista. No hay verdad del comunismo a la que pueda accederse independientemente del Partido; todo ocurre como si la Iglesia se pusiera en el lugar de Dios.

Este singular estatuto de la ideología hace un poco más inteligible la represión que se abate sobre el propio aparato bolchevique entre 1934 y 1939. A menudo nos hemos preguntado cómo es posible que, durante este período, fueran los comunistas más convencidos las víctimas de la represión. El mismo enigma vuelve a plantearse después de la guerra en la Europa del Este. Las víctimas de las purgas de la época (1949-1953) no fueron, en efecto, los moderados o los indecisos sino, precisamente, los más combativos entre los dirigentes: Kostov en Bulgaria, Rajk en Hungría, Slansky en Checoslovaquia. Podría creerse que, desde el punto de vista del propio comunismo, éstos eran sus mejores servidores y que sus desgracias son semejantes, salvando todas las proporciones, a las que abrumaron a Job, hombre «perfecto y recto». O pensar también en los virtuosos estoicos descritos por Séneca. Dios acosa a quienes favorece, llena de aflicciones a los mejores, pone duramente a prueba las almas generosas. ¿Decidió Stalin, Dios en la Tierra, actuar del mismo modo? ¿Es esta persecución signo de una distinción, el privilegio de la virtud? La pregunta merece ser planteada pues, hoy lo sabemos, esos procesos en la Europa del Este no fueron independientes los unos de los otros, obedecieron a un impulso y a una intención únicas, procedentes de Moscú.

Podemos entrever ahora las razones de esta política. Si el régimen quería que cada cual siguiese su propio camino hacia el ideal, que propusiera su propia interpretación, los viejos bolcheviques compañeros de Lenin o los dirigentes condenados en la Europa del Este habrían sido los mejores candidatos. Pero no era ése el sentido profundo del compromiso comunista. Cualquier autonomía individual, de pensamiento o de acción, es condenable porque sólo el Partido puede tener razón. Si bastaba, para ser un buen comunista, con buscar personalmente el mejor camino hacia el ideal, se introduciría una brecha en el monismo totalitario, puesto que uno mismo se habría convertido en fuente de la propia legitimidad, en vez de recibirla de las manos del poder, dicho de otro modo, del Partido y de su jefe supremo. Esa infracción al monismo hubiera sido inadmisible para el guía, que procura pues eliminar o quebrar todos los miembros del aparato dirigente sospechosos de querer pensar y actuar por sí mismos. La relación entre ideología y poder es comparable en la Alemania nazi: también allí Hitler eliminó muy pronto a los camaradas de combate cuyo fervor ideológico no estaba, en absoluto, en cuestión y exigió la fidelidad absoluta, no a una doctrina nazi abstracta –*Mi lucha* nada tiene, por lo demás, de tratado filosófico–, sino al propio poder, encarnado en la persona del Führer. Ése fue en particular, y de modo explícito, el compromiso de los SS. La concentración y la personalización del poder son semejantes aquí y allá.

Por lo que se refiere al otro principio de los Estados democráticos, la autonomía colectiva, y a sus consecuencias, el Estado totalitario afirma que los mantiene; en realidad, los vacía de cualquier contenido. La soberanía del pueblo se preserva en el papel, pero la «voluntad general» se ve, de hecho, alienada en beneficio del grupo dirigente, que ha transformado las elecciones en plebiscito (un único candidato, elegido por el 99 por 100 de los votantes). Se afirma que todos son iguales ante la ley, pero, en realidad, ésta no se aplica a los miembros de la casta superior y no protege a los adversarios del régimen, que serán perseguidos de un modo arbitrario. El ideal proclamado es la igualdad; sin embargo, la sociedad totalitaria suscita en su seno innumerables jerarquías y privilegios: una categoría social tiene derecho a tener pasaporte, a pasar por ciertas calles, a aprovisionarse en ciertas tiendas, a enviar a sus hijos a determinada escuela especializada, a pasar sus vacaciones en cierta estación estival; otra no. Esa diferencia entre el discurso político y su objeto, este carácter ficticio, ilusorio de la representación del mundo, se convirtió en una de las grandes características de la sociedad estalinista.

Desde este punto de vista, pues, aunque la oposición entre democracia y totalitarismo no sea menos real, está camuflada. En cambio, existe cierta continuidad entre ambos tipos de régimen en la política exterior y las relaciones entre Estados. Debemos decir que el proyecto de la democracia liberal se refiere, ante todo, al funcionamiento interno de cada Estado y no especifica realmente la conducción de los asuntos exteriores. De hecho, ésta correspondía, en el siglo XIX, a lo que los filósofos de los siglos precedentes denominaban el «estado natural», es decir, un campo de puro enfrentamiento de fuerzas, sin ninguna referencia al derecho. En aquella época, las democracias más avanzadas en el plano interior, Gran Bretaña y Francia, fueron al mismo tiempo los Estados punteros de la política colonial, que aspiraban a una supremacía mundial. En el siglo XX, renunciaron a las conquistas militares, pero intentaron asegurarse el control económico de un espacio máximo. Los Estados totalitarios no actuaron al principio de un modo distinto: cada vez que pudieron, se anexionaron territorios y países enteros, al tiempo que cubrían esa política imperialista, al igual que los Estados democráticos, con generosas declaraciones. Cierto es que el régimen que instalaron, una vez llevada a cabo la anexión, fue de tipo distinto: la dictadura totalitaria no se confunde con la dominación colonial.

Ese nuevo tipo de Estado se creó pues, en Europa, en el contexto de la Primera Guerra Mundial: primero en Rusia, luego en Italia, por último, en 1933, en Alemania.

Claro está que una presentación de los dos grandes tipos de regímenes, aunque sea tan esquemática como la precedente, revela las preferencias por el régimen democrático del que escribe. Habría que señalar aquí otra diferencia significativa entre ambos, que en parte puede explicarse porque las opiniones sobre el tema siguen sin embargo divididas. El totalitarismo contiene una promesa de plenitud, de vida armoniosa y de felicidad. Cierto es que no la cumple, pero la promesa está ahí y siempre podemos decirnos que la próxima vez será la buena y estaremos salvados. La democracia liberal no comporta semejante promesa; sólo se compromete a permitir que cada cual busque, por sí mismo, felicidad, armonía y plenitud. Asegura, en el mejor de los casos, la tranquilidad de los ciudadanos, su participación en la conducción de los asuntos públicos, la justicia en sus relaciones entre sí y con el Estado; no promete en absoluto la salvación. La autonomía corresponde al derecho de buscar por sí mismo, no a la certidumbre de hallar. Kant parecía creer que al hombre le gusta ese Estado que le permite salir «fuera del estado de minoría donde se mantiene por su propia falta»;[1] pero, a decir verdad, no es seguro que todos prefieran la mayoría a la minoría, la edad adulta a la infancia.

La promesa de felicidad para todos permite identificar la familia a la que pertenece la doctrina totalitaria, contemplada ahora en sí misma y ya no en su oposición con la democracia. El totalitarismo teórico es un utopismo. A su vez, visto en la perspectiva de la historia europea, el utopismo aparece como una forma de milenarismo, a saber, un milenarismo ateo.

¿Qué es el milenarismo? Es un movimiento religioso en el seno del cristianismo (una «herejía») que promete a los creyentes la salvación en este mundo, y no en el reino de Dios. El mensaje cristiano original exige la separación de ambos mundos; por ello, san Pablo pudo proclamar: «No hay judío ni griego; no hay esclavo ni hombre libre; no hay varón ni hembra, pues todos sois uno en Cristo Jesús»,[2] sin por ello poner en cuestión el estatuto de dueño

---

1. «Réponse à la question: Qu'est-ce que les Lumières?», *Oeuvres philosophiques*, Gallimard-Pléiade, t. II, 1985, p. 209. [Hay trad. cast.: *¿Qué es la Ilustración?*, Madrid, Alianza, 2013.]
2. Gál. 3, 28.

y esclavo, por no hablar de otras distinciones: desde este punto de vista, la igualdad y la unidad de los hombres sólo se obtendrán en la ciudad de Dios, la religión propone no cambiar nada del orden del mundo aquí abajo. Cierto es que el catolicismo, convertido en religión del Estado, infringe este principio y se entromete en asuntos intramundanos; no por ello promete la salvación en esta vida.

Ahora bien, eso es lo que predicaron los milenaristas cristianos que aparecieron en el siglo XIII. Un tal Segarelli, por ejemplo, anunció la proximidad del Juicio Final y, antes, el advenimiento inmediato de un milenio, reinado de mil años inaugurado por el regreso del Mesías; sus discípulos decidieron que era ya hora de despojar a los ricos e instaurar la perfecta igualdad sobre la Tierra. Los taboritas de Bohemia, una secta radical, creían a su vez, en el siglo XV, que el regreso de Cristo era inminente y, con él, el comienzo del reino milenario marcado por la igualdad y la abundancia; era pues hora de prepararse. En el siglo siguiente, Thomas Müntzer encabezó una revuelta milenarista en Alemania, condenando tanto la riqueza de los príncipes como la de la Iglesia e incitando a los campesinos a apoderarse de ella, para acelerar el advenimiento del reino celestial en la Tierra.

A diferencia de los milenaristas medievales o protestantes, el utopismo consiste en querer construir una sociedad perfecta sólo con el esfuerzo de los hombres, sin ninguna referencia a Dios; se desvía pues dos grados con respecto a la doctrina cristiana original. El utopismo extrae su nombre de la utopía, que es sólo una fabricación intelectual, una imagen de la sociedad ideal. Las funciones de la utopía pueden ser múltiples, pueden servir para alimentar la reflexión o criticar el mundo existente; sólo el utopismo intenta introducir la utopía en el mundo real. El utopismo está forzosamente vinculado a la coerción y a la violencia (presentes también en los milenarismos cristianos que no se limitan a aguardar la acción divina), pues, aun sabiendo que los hombres son imperfectos, intenta instaurar la perfección aquí y ahora. Por eso, advierte (en 1941) el filósofo religioso ruso Semión Frank, «el utopismo, que presupone la posibilidad de realizar plenamente el bien por medio del orden social, tiene una tendencia inmanente al despotismo».[1] Las doctrinas totalitarias son casos particulares de utopismo –los únicos que se conocen en la época moderna– y, por ello mismo, de milenarismo, lo que significa que pertenecen (como cualquier otra doctrina de salvación) al campo de la religión. No fue una casualidad, claro está, que esta religión sin Dios prosperara en un contexto de declive del cristianismo.

La base de ese utopismo es, sin embargo, por completo paradójica para una religión. Se trata de una doctrina constituida antes del advenimiento de los Estados totalitarios, antes del siglo XX, una doctrina que, a primera vista, nada tiene que ver, precisamente, con la religión: es el *cientificismo*. Ahora, por lo tanto, debemos volvernos hacia él.

CIENTIFICISMO Y HUMANISMO

El punto de partida del cientificismo es una hipótesis sobre la estructura del mundo: éste es por completo coherente. En consecuencia, el mundo es como transparente, puede ser conocido completamente por la razón humana. La tarea de este conocimiento se confía a una práctica aplicada, llamada la ciencia. Ninguna parcela del mundo, material o espiritual, animada o inanimada, puede escapar al imperio de la ciencia.

De este primer postulado se desprende, evidentemente, una consecuencia. Si la ciencia de los hombres consigue desvelar todos los secretos de la naturaleza, si permite reconstruir los encadenamientos que llevan a cada hecho, a cada ser existente, debiera entonces ser posible modificar estos procesos, orientarlos en la dirección deseada. De la ciencia, actividad de conocimiento, se desprende la técnica, actividad de transformación del mundo. Ese encadenamiento nos resulta a todos familiar: así, ya el hombre primitivo, tras haber descubierto el calor del fuego, lo domina y caldea su hábitat; el clima «natural» queda transformado. O, mucho más tarde, tras haber comprendido que algunas vacas daban más leche que otras, o algunas semillas más trigo por hectárea, el hombre

---

1. «Eres' utopizma», *Po tu storonu levogo i pravogo*, Ymca-Press, 1972, p. 92.

moderno practica sistemáticamente una «selección artificial», que se añade a la selección natural. No hay, aquí, contradicción alguna entre el determinismo integral del mundo, que excluye la libertad, y el voluntarismo del sabio-técnico que, por el contrario, la presupone. Si la transparencia de lo real se extiende también al mundo humano, nada impide pensar en la creación de un hombre nuevo, una especie liberada de las imperfecciones de la especie inicial: lo que es lógico para las vacas también lo es para los hombres. «La salvación la aporta el saber», resume Alain Besançon.[1]

Pero ¿en qué dirección debe orientarse esa transformación de la especie? ¿Quién estará preparado para identificar y analizar el sentido de las imperfecciones y, también, la naturaleza de la perfección a la que aspiramos? La respuesta era simple en los primeros ejemplos: los hombres quieren estar calientes y comer cuando tienen hambre; aquí, lo conveniente cae por su propio peso. Es bueno a secas lo que es bueno para los hombres. Pero ¿se trata de modificar la especie humana como tal? El cientificismo responde: de nuevo será la ciencia la que aporte la solución. Los fines del hombre y del mundo son como un producto secundario, un efecto automático de la propia labor de conocimiento. Tan automático que, a menudo, el cientificista ni siquiera se toma el trabajo de formularlo. Marx, en su famosa undécima tesis sobre Feuerbach, se limita a declarar: «Los filósofos, hasta aquí, sólo han dado del mundo distintas interpretaciones; lo que importa es transformarlo».[2] Así no sólo la técnica (o transformación) sigue inmediatamente a la ciencia (o interpretación), sino que, además, la naturaleza de la transformación no merece ser mencionada: es producida por el propio conocimiento. Unas décadas más tarde, Hippolyte Taine lo dirá con todas sus letras: «La ciencia desemboca en la moral buscando sólo la verdad».[3]

---

1. *Les Origines intellectuelles du léninisme*, Calmann-Lévy, 1977, p. 128. [Hay trad. cast.: *Los orígenes intelectuales del leninismo*, Rialp, 1980, Madrid.]

2. «Thèses sur Feuerbach», en K. Marx y F. Engels, *Etudes philosophiques*, Éditions Sociales, 1947, p. 59. [Hay trad. cast.: *Tesis sobre Feuerbach y otros escritos filosóficos*, Grijalbo, 1974, Barcelona.]

3. *Derniers essais de critique et d'histoire*, 1894, p. 110. [Hay trad. cast.: *Ensayos de crítica y de historia*, Madrid, Aguilar, 1953.]

Que los ideales de la sociedad o del individuo sean producidos por la ciencia, como los demás conocimientos, acarrea a su vez una consecuencia importante. Si los fines postreros fueran sólo efecto de la voluntad, todos debieran admitir que su elección podría no coincidir con la del vecino; así pues, habría que practicar cierta tolerancia, buscar compromisos y acomodos. Podrían coexistir varias concepciones del bien. Pero no ocurre así con los resultados de la ciencia. Aquí lo falso es implacablemente apartado y nadie piensa en pedir algo más de tolerancia para las hipótesis rechazadas. Como no hay lugar para varias concepciones de lo cierto, apelar al pluralismo no es procedente: sólo los errores son múltiples; la verdad, por su parte, es una. Si el ideal es el producto de una demostración y no de una opinión, hay que aceptarlo sin protestar.

El cientificismo descansa sobre la existencia de la ciencia, pero no es en sí mismo científico. Su postulado de partida, la transparencia íntegra de lo real, es improbable; y lo mismo ocurre con su punto de llegada, la fabricación de los fines últimos por el propio proceso de conocimiento. Tanto en la base como en la cima, el cientificismo exige un acto de fe («La fe tiene razón», decía Renan);[1] por ello no pertenece a la familia de las ciencias, sino a la de las religiones. Basta, para convencerse de ello, con ver qué actitud adoptan las propiedades totalitarias, que reposan sobre premisas cientificistas, ante su propio programa: mientras que la regla corriente de la ciencia es dejar perfecta latitud a la libre crítica, estas sociedades exigen que se callen sus objeciones y se practique la sumisión ciega, como se hace en las religiones.

Hay que insistir en ello: el cientificismo no es la ciencia, es más bien una concepción del mundo que creció, como una excrecencia, en el cuerpo de la ciencia. Por esta razón, los regímenes totalitarios pueden adoptar el cientificismo sin favorecer, necesariamente, el desarrollo de la investigación científica. Y con razón: ésta exige someterse sólo a la búsqueda de la verdad, no al dogma. Los comunistas, como los nazis, se prohibieron este camino: unos condenaron la «física judía» (y por lo tanto a Einstein), los otros

---

1. «L'avenir de la science», en *Oeuvres complètes*, t. III, Calmann-Lévy, 1949, p. 1.074. [Hay trad. cast.: *El porvenir de la ciencia*, Madrid, Doncel, 1976.]

la «biología burguesa» (y por tanto a Mendel); en la Unión Soviética, discutir la biología de Lysenko, la psicología de Pávlov o la lingüística de Marr podía llevarte a un campo de concentración. Por lo tanto, esos países se condenaron al provincianismo científico. Los totalitarios tampoco necesitan investigaciones eruditas y punteras para llevar a cabo sus grandes hazañas: las armas de fuego, el gas venenoso o los golpes no son precisamente un prodigio del espíritu. Sin embargo, la relación con la ciencia está, en efecto, ahí. Se ha producido una mutación: se ha hecho «posible» aprehender el Universo en su totalidad e intentar mejorarlo de un modo también global. Esta mutación es la que transforma el mal humano eterno en un inédito mal del siglo. Por ahí se introduce, también, una novedad radical en la historia de la humanidad.

El monismo de estos regímenes se desprende de este mismo proyecto: puesto que un solo pensamiento racional puede dominar el Universo entero, no hay ya lugar para mantener distinciones ficticias, ni entre grupos de la sociedad, ni entre esferas en la vida del individuo ni entre opiniones distintas. La verdad es una, el mundo humano debe ser uno también.

¿Cómo situar el cientificismo en la historia? Si nos atenemos a la tradición francesa, sus premisas se encuentran en Descartes. Éste, es cierto, comenzó excluyendo del campo del conocimiento racional todo lo que se refiere a Dios; pero, para lo demás, para la parte del mundo «en la que no se mezcla la teología»,[1] Descartes considera posible el conocimiento íntegro, siempre que se confíe sólo a la razón y a la voluntad. Por consiguiente, no está prohibido al hombre pensarse como un dueño de la naturaleza y dueño de sí mismo, «en cierto modo semejante a Dios».[2] A partir de este conocimiento, un «arquitecto» único podría repensar la nueva organización de los Estados y de sus ciudadanos (una consecuencia que Descartes considera indeseable aunque posible). Por último, la dirección del cambio estará indicada por ese mismo trabajo de

---

1. *Principes de philosophie*, I, 76; *Oeuvres et lettres*, Gallimard-Pléiade, 1953, p. 610. [Hay trad. cast.: *Los principios de la filosofía*, Barcelona, RBA, 2002.]
2. *Les Passions de l'âme*, p. 152; ibíd., p. 768. [Hay trad. cast.: *Las pasiones del alma*, Madrid, Edaf, 2010.]

conocimiento, el bienestar común se desprenderá automáticamente de los trabajos de los sabios: «Las verdades que contienen dispondrán los espíritus a la dulzura y a la concordia».[1]

Estas ideas fueron retomadas, ampliadas y sistematizadas por los «materialistas» de los siglos XVII y XVIII. Sigamos en todo a la naturaleza en vez de cargarnos con reglas morales, dice sonriendo Diderot: ello implica, primero, que se conozca esta naturaleza (ahora bien, ¿quién podría procurarnos este saber mejor que los científicos?) y, luego, que se obedezcan los preceptos que se desprenden automáticamente de este conocimiento. Pero fue sobre todo tras la Revolución cuando el cientificismo se introdujo en la política, puesto que el nuevo Estado, al parecer, no se basaba ya en tradiciones arbitrarias sino en las decisiones de la razón. Se desarrolló en el siglo XIX entre los más variados pensadores, amigos y enemigos de la Revolución, tan grande era el prestigio de la ciencia que esperaban poder instalar en lugar de la desfalleciente religión. Lo reivindican, en Francia, tanto los utopistas y positivistas, como Saint-Simon y Auguste Comte, como los conservadores diletantes, como el conde Gobineau o los historiadores cultos, directores espirituales de la *intelligentsia* liberal y críticos de la democracia, Renan y Taine. Entonces, también, se dibujaron sus dos grandes variantes, el cientificismo histórico, cuyo pensador más influyente es Karl Marx; y el cientificismo biológico, al que el nombre de Gobineau puede servirle de emblema.

El cientificismo pertenece, pues, indiscutiblemente a la modernidad, si designamos con esta palabra las doctrinas que afirman que las sociedades reciben sus leyes no de Dios ni de la tradición, sino de los propios hombres; implica también la existencia de la ciencia, un saber que, a su vez, es conquistado sólo por la razón humana, más que ser mecánicamente transmitido de generación en generación. Pero no es por ello, como se obstinan en pensar tantos elevados ingenios, la culminación inevitable, la verdad oculta de cualquier modernidad; el totalitarismo, régimen inspirado en su principio, no es la propensión secreta y fatal de la democracia. Y es que hay más de una familia de pensamiento en el seno de la modernidad, y ni el

---

1. *Principes*, Prefacio, *ibíd.*, p. 568.

voluntarismo como tal, ni el ideal igualitario, ni la exigencia de autonomía, ni el racionalismo conducen automáticamente al totalitarismo. La doctrina del cientificismo es combatida, sin cesar, por otras doctrinas, que también reivindican, sin embargo, la modernidad, tomada en su sentido amplio. De modo especialmente revelador, este conflicto opone los cientificistas a quienes podemos considerar como los pensadores de la democracia, a los humanistas.

Los humanistas discuten el postulado inicial de la total transparencia de lo real, la posibilidad, pues, de conocerlo por completo. Montesquieu, su representante en la primera mitad del siglo XVIII, formuló una doble objeción. En primer lugar, y por lo que se refiere a cualquier parcela del Universo, hay que someterse a lo que, a veces, hoy se denomina el «principio de precaución». El Universo posee, es cierto, una coherencia que en principio es cognoscible; pero hay mucha distancia del principio a la práctica. Concretamente, las causas de cada fenómeno son tan numerosas, tan complejas las interacciones, que nunca podemos estar seguros de los resultados de nuestros conocimientos; y, mientras subsista la duda, más vale abstenerse de acciones radicales e irreversibles (lo que no quiere decir: de toda acción). Más fundamentalmente, ningún saber puede jamás afirmarse absoluto y definitivo, so pena de dejar de serlo y convertirse en un simple acto de fe. Por eso mismo quedan ya arruinadas las ambiciones de cualquier utopismo: la ausencia de una transparencia global sólo autoriza unas mejoras locales y provisionales. La universalidad que reivindican cientificistas y humanistas no es, por consiguiente, la misma: el cientificismo se basa en una universalidad de la razón, las soluciones halladas por la ciencia convienen, por definición, a todos, aunque provoquen el sufrimiento e, incluso, la perdición de algunos. El humanismo, en cambio, postula la universalidad de la humanidad: todos los seres humanos tienen los mismos derechos y merecen un igual respeto, aunque sus modos de vida sigan siendo distintos.

Y hay algo más. El mundo humano, más específicamente, no es sólo una parte del Universo, tiene también su singularidad. Ésta consiste en que los hombres tienen una conciencia de sí mismos que les permite desprenderse, en cierto modo, de su propio ser y actuar contra las determinaciones que sufren. «El hombre, como ser físico, está, al igual que los demás cuerpos, gobernado por leyes invariables. Como ser inteligente, viola sin cesar las leyes que Dios ha establecido y cambia las que él mismo establece», escribe Montesquieu.[1] Tocqueville, por su parte, respondió a su amigo Gobineau, que le explicaba que los individuos obedecen a las leyes de su raza: «A mi entender, las sociedades humanas, al igual que los individuos, sólo son algo por el uso de la libertad».[2] Creer que se conoce por completo al hombre es conocerlo mal. Incluso el conocimiento de los animales es imperfecto, y puede suceder que las vacas lecheras de hoy se vuelvan mañana estériles. Pero el de los hombres es, por principio, inacabable, en la medida en que los hombres son animales dotados de libertad. Por eso nunca podrá preverse con certidumbre su conducta de mañana.

Hay, además, un salto lógico acrobático en la pretensión de derivar lo que debe ser de lo que es. El mundo de la acción humana revela ante todo, al observador, no el derecho sino la fuerza: los más fuertes sobreviven a expensas de los más débiles. Pero la fuerza no fundamenta el derecho y responderemos con Rousseau a cualquier deducción de este tipo: «Podría emplearse un método más consecuente, pero no más favorable a los tiranos».[3] Para decidir la dirección del cambio, pues, no basta con observar y analizar los hechos, algo para lo que la ciencia está especialmente bien provista; hay que apelar a objetivos que dependen de una elección voluntaria, que supone argumentos y contraargumentos. Los ideales no pueden ser verdaderos o falsos sino sólo más o menos elevados.

El conocimiento no produce la moral, los seres cultos no son necesariamente buenos: ésa es la gran crítica que dirigió Rousseau a sus contemporáneos cientificistas y hombres de las Luces (Rousseau pertenece también, claro está, a las Luces, pero en un sentido mucho más profundo que Voltaire o Helvétius). «Podemos ser

---

1. *De l'esprit des lois*, I, 1, Garnier, 1973, p. 9. [Hay trad. cast.: *El espíritu de las leyes*, Madrid, Istmo, 2002.]
2. «Lettres à Gobineau», en *Oeuvres complètes*, Gallimard, 1951, t. IX, p. 280.
3. *Du contract social*, I, 2; *op. cit.*, p. 353. [Hay trad. cast.: *El contrato social*, Madrid, Akal, 2016.]

hombres sin ser sabios»,¹ dice una de sus frases memorables. Y, regresando a los regímenes políticos: la democracia es la de todos los ciudadanos, no sólo la de las personas sabias y cultivadas. Su política implica no el conocimiento verdadero, sino la libertad (la autonomía) de la voluntad. Por ello cultiva el pluralismo, no el monismo: no sólo los errores son múltiples, sino también los deseos humanos.

El proyecto democrático, basado en el pensamiento humanista, no lleva a la instauración del paraíso en la Tierra. No es que ignore el mal en el mundo y en el hombre, ni que quiera resignarse a él; pero no postula que ese mal pueda ser extirpado radicalmente y de una vez por todas. «Los bienes y los males son consustanciales a nuestra vida», escribe Montaigne,² y Rousseau dice: «El bien y el mal brotan de la misma fuente».³ Bien y mal son consustanciales a nuestra vida porque resultan de la libertad humana, de la posibilidad que tenemos de elegir, en cualquier instante, entre varias opciones. Su fuente común es nuestra sociabilidad y nuestra inconclusión, que hacen que necesitemos a los demás para asegurar el sentimiento de nuestra existencia. Ahora bien, esta necesidad puede satisfacerse de dos modos opuestos: se quiere a los demás y se intenta hacerlos felices; o se los somete y humilla, para gozar del poder sobre ellos. Tras haber comprendido este carácter inseparable del bien y del mal, los humanistas abandonaron la idea de una solución global y definitiva de las dificultades humanas: los hombres sólo podrían ser liberados del mal que está en ellos siendo «liberados» de su propia humanidad. Vano es esperar que un régimen político mejorado o que una tecnología más efectiva puedan aportar un remedio definitivo a sus sufrimientos.

Por último, cientificismo y humanismo se oponen en su definición de los fines de las sociedades humanas. La visión cientificista

---

1. *Émile*, IV; *op. cit.*, t. IV, p. 601. [Hay trad. cast.: *Emilio o De la educación*, Madrid, Alianza, 2011.]
2. *Les Essais*, III, 13; PUF-Quadrige, 1992, pp. 1089-1090. [Hay trad. cast.: *Ensayos*, Barcelona, Galaxia Gutenberg, 2021.]
3. «Lettre sur la vertu, l'individu et la sociéte», en *Annales de la Société Jean-Jacques Rousseau*, XLI, 1997, p. 325.

excluye cualquier subjetividad, la contingencia, pues, que constituye la voluntad de los individuos. Los fines de la sociedad deben desprenderse de la observación de procesos impersonales, característicos de la humanidad entera, incluso del Universo en su conjunto. La naturaleza, el mundo, la humanidad mandan; los individuos se someten. Para el humanismo, por el contrario, los individuos no deben ser reducidos, pura y simplemente, al papel de medios. Esta reducción, decía Kant, es posible de modo puntual y parcial, con vistas a alcanzar un objetivo intermedio; pero el fin último son, siempre, los seres humanos particulares: todos los hombres, pero tomados uno a uno.

NACIMIENTO DE LA DOCTRINA TOTALITARIA

La violencia como medio para imponer el bien no está intrínsecamente vinculada al cientificismo, puesto que existe desde tiempos inmemoriales. La Revolución Francesa no necesitó una justificación cientificista para legitimar el Terror. Sin embargo, a partir de cierto momento, se operó la conjunción de varios elementos que hasta entonces subsistían por separado: el espíritu revolucionario que implicaba el recurso a la violencia; el sueño milenarista de edificar el paraíso terrenal aquí y ahora, y, por último, la doctrina cientificista, que postula que el conocimiento integral de la especie humana está al alcance de la mano. Este momento corresponde a la partida de nacimiento de la ideología totalitaria. Aunque la propia toma del poder se lleve a cabo de modo pacífico (como la de Hitler, a diferencia de las de Lenin y Mussolini), el proyecto de crear una sociedad nueva, habitada por hombres nuevos, de resolver todos los problemas de una vez por todas, un proyecto cuya realización exige una revolución, se mantiene en todos los países totalitarios. Es posible ser cientificista sin sueño milenarista y sin recurso a la violencia (muchos expertos técnicos lo son hoy), como se puede ser revolucionario sin doctrina cientificista, como tantos poetas de comienzos de siglo que reclamaban, con sus votos, el desencadenamiento de los elementos. El totalitarismo, por su parte, exige la conjunción de esos tres ingredientes.

Ni la violencia revolucionaria ni la esperanza milenarista llevan, por sí solas, al totalitarismo. Para que se establezcan sus premisas intelectuales debe añadirse, además, el proyecto de dominio total del Universo, portado por el espíritu científico y, más aún, por el pensamiento cientificista. Preparado por el radicalismo cartesiano y el materialismo del siglo de las Luces, aquél florece en el siglo XIX: sólo entonces el proyecto totalitario podía nacer. Recuerdo que aquí sólo trataré de las raíces ideológicas del totalitarismo, pues éste, es evidente, tiene también otras: económicas, sociales o estrictamente políticas.

¿De cuándo datan los primeros esbozos de la sociedad claramente totalitaria? Los escritos de Marx, por una parte, y de Gobineau, por la otra, fueron publicados a mitad de siglo; ilustran el cientificismo, pero no ofrecen un cuadro detallado de la futura sociedad (Gobineau no es en absoluto, por lo demás, un utopista, sólo prevé la decadencia). Los textos teóricos y literarios de Nikolái Chernyshevski, el gran inspirador de Lenin, proceden de los años sesenta del siglo XIX: el *Principio antropológico en filosofía*, su manifiesto cientificista, es de 1860; *¿Qué hacer?*, su novela de tesis, de 1863. El *Catecismo revolucionario* de Necháyev, que se refiere más a la práctica revolucionaria que al proyecto de la sociedad que debe crearse, se redactó en 1869 y se hizo público en 1871. Uno de los textos más reveladores en este contexto, y al mismo tiempo uno de los menos conocidos, es el tercer *Diálogo filosófico* de Ernest Renan,[1] que data de 1871. Un personaje llamado Théoctiste expone allí, por primera vez al parecer, los principios del futuro Estado totalitario.

En primer lugar, los fines últimos de la sociedad no se deducen de las exigencias de los seres individuales, sino de las de toda la especie, incluso de la naturaleza viva en su conjunto. Ahora bien, la gran ley de la vida no es sino el «deseo de existir», más poderoso que todas las leyes y convenciones humanas; la ley de la vida es el reinado de los más fuertes, la derrota y la sumisión de los más débiles. En esta óptica, el destino de los individuos no tiene im-

---

1. *Dialogues philosophiques*, en *Oeuvres complètes*, t. I, pp. 602-624. [Hay trad. cast.: *Diálogos filosóficos*, Valencia, Sempere y Compañía, 1913.]

portancia, éstos pueden ser inmolados al servicio de un designio superior. «El sacrificio de un ser vivo a un fin deseado por la naturaleza es legítimo.» Puesto que es preciso seguir en todo las leyes de la naturaleza, se impone un trabajo preliminar: el de conocer esas leyes. Ésta será pues la tarea de los sabios. Dominando el saber, a éstos les será naturalmente atribuido el poder. «La elite de los seres inteligentes, dueña de los más importantes secretos de la realidad, dominaría el mundo por medio de los potentes medios de acción que estarían en su poder, y haría reinar en él el máximo de razón posible.» El mundo sería pues dirigido no por los reyes filósofos, sino por «tiranos positivistas». Éstos, una vez iniciados en el secreto de la marcha natural del Universo, no estarían obligados a respetarla, deberían, por el contrario, al igual que todos los técnicos, prolongar el trabajo de la naturaleza mejorando la especie. «La ciencia debe encargarse de la obra en el punto donde la ha dejado la naturaleza.» Hay que perfeccionar la especie, crear un hombre nuevo, provisto de capacidades intelectuales y físicas superiores, eliminando si es necesario todos los ejemplares defectuosos de la humanidad.

El futuro Estado basado en estos principios se opondría, punto por punto, a la democracia. Su objetivo, en efecto, no es dar el poder a todos, sino reservarlo para los mejores; no cultivar la igualdad sino favorecer el desarrollo de los superhombres. La libertad individual, la tolerancia, la concertación no tienen papel alguno que desempeñar allí, puesto que disponemos de la verdad y ésta es una y exige la sumisión, no el debate. «La gran obra se realizará por la ciencia, no por la democracia.» De ese modo, el nuevo Estado defenderá su eficacia, mucho mayor que la de las democracias, las cuales están obligadas, por su parte, a consultar siempre, a comprender, a convencer. Esta cuestión, que podría sorprender, es reveladora. Ciencia y democracia son hermanas, nacen en el mismo movimiento de afirmación de la autonomía, de liberación con respecto a la tutela de las tradiciones. Sin embargo, si la ciencia deja de ser una forma de conocimiento del mundo y se transforma en guía de la sociedad, en productora de ideales (dicho de otro modo, si la ciencia se convierte en cientificismo), entra en conflicto con la democracia: la búsqueda de la verdad no se confunde con la del bien.

Para asegurar la buena marcha de los asuntos en el interior del país, el Estado cientificista tendrá que proveerse de un útil apropiado: el terror. El problema de las antiguas tiranías asociadas a la religión es que disponen de una amenaza –¡si desobedecéis iréis al infierno!– demasiado frágil, lamentablemente: cuando los hombres no creen ya en el infierno ni en los diablos, creen que todo les está permitido. Hay que poner remedio a esta carencia creando «no un infierno quimérico, de cuya existencia no se tengan pruebas, sino un infierno real». La creación de ese lugar –de ese campo de la muerte que haría nacer el espanto en todos los corazones y produciría la sumisión incondicional de todos– se justifica, pues serviría para el bien de la especie. «El ser en posesión de la ciencia pondría un terror ilimitado al servicio de la verdad.» Para establecer esta política de terror, el gobierno científico tendrá a su disposición un cuerpo especial de individuos bien entrenados, «máquinas obedientes liberadas de repugnancias morales y dispuestas a todas las ferocidades». Encontraremos de nuevo esta exigencia, cincuenta años más tarde, en Dzerzhinski, el fundador de la policía política soviética, la Cheka, que describió a sus subordinados como «camaradas decididos, duros, sólidos, sin estados de ánimo».[1]

Por lo que se refiere a la política exterior, prosigue Renan, los científicos en el poder deberían encontrar el arma absoluta, la que asegura la destrucción inmediata de gran parte de la población enemiga; tras haberlo hecho, tendrían asegurada la dominación universal. «El día en que algunos privilegiados de la razón poseyeran el medio de destruir el planeta, su soberanía estaría creada; estos privilegiados reinarían por el poder absoluto, puesto que tendrían en sus manos la existencia de todos.» El poder espiritual llevará así al poder material.

Éstas son las líneas generales de la utopía de Renan; forzoso es reconocer que los utopismos que comenzaron a implantarse medio siglo más tarde se adaptan a ella hasta en los detalles. La

---

1. Discurso del 7 de diciembre de 1917, en *Lenin i Vchk: Sbornik dokumentov*, Moscú, 1975, p. 36; citado por N. Werth, «Un État contre son peuple», en *Le livre noir du communisme*, Robert Laffont, 1997, p. 69. [Hay trad. cast.: *El libro negro del comunismo*, Madrid, Arzalia, 2021.]

proximidad es particularmente grande con el nazismo, donde el proyecto de producción de un hombre nuevo recibe la misma interpretación biológica. Por lo demás, el propio Renan preveía la realización de su utopía no en Francia, donde habría chocado con otras tradiciones, sino precisamente en Alemania, un país «que muestra poca preocupación por la igualdad e incluso por la dignidad de los individuos». Pero la distancia con respecto a la sociedad comunista no es mayor, sólo está mejor escondida. Ésta reivindica un ideal igualitario, pero, como hemos recordado, no se adecua a él en absoluto. En la práctica, el papel de vanguardia atribuido al Partido y la exigencia, en el seno de éste, de sumisión incondicional a los dirigentes revelan, a su vez, el culto a los superhombres, que actúa en todas las sociedades totalitarias. La propia vida cotidiana se desarrolla, pese a las consignas igualitarias, de acuerdo con un rito jerárquico bien establecido.

El utopismo cientificista está en el corazón del proyecto totalitario. ¿Podemos afirmar que es por completo ajeno a la democracia? A decir verdad, el cientificismo está también presente en ella, como una tendencia entre otras. Cada vez que creemos conocer el mundo de un modo exhaustivo y tener que cambiarlo en una dirección que se desprende del propio conocimiento –en física, en biología o en economía– actuamos con un espíritu cientificista, sea cual sea la forma de régimen político en el que vivimos. Los excesos cientificistas en un país democrático son, incluso, bastante frecuentes: podemos ver un ejemplo de ello cuando las decisiones políticas se presentan como el efecto ineluctable de las leyes económicas establecidas por los sabios, o de las leyes naturales sólo accesibles a médicos y biólogos. A los políticos les gusta refugiarse tras la competencia de los expertos. Sin embargo, la diferencia fundamental perdurará mientras este cientificismo no se haya convertido en un utopismo, un proyecto de sociedad perfecto que debe realizarse de inmediato. La gran obra, defendiendo la opinión contraria a Renan, se realiza aquí por la democracia, no por la ciencia. En vez de que la sociedad esté a sus órdenes, la ciencia está ahora al servicio de la sociedad. Por eso, también, la democracia no predica la revolución, no se sirve del terror y favorece, por lo general, el pluralismo en detrimento del monismo.

Es una suerte, para nosotros, que las democracias modernas no aspiren a instaurar el reinado de la perfección en la Tierra ni a producir una especie humana mejorada, pues, a diferencia de los totalitarios del siglo XX, esos aprendices de brujo, serían capaces de ir muy lejos por este camino. Disponen de medios de vigilancia y de control incomparables, poseen armas capaces de destruir todo el planeta, tienen en su seno científicos capaces de dominar el código genético y, por lo tanto, de fabricar en sentido estricto una nueva especie. Comparados con las manipulaciones genéticas, los groseros medios de los comunistas, que intentaban alumbrar un hombre nuevo por la reeducación y el terror, o de los nazis, por el control de la reproducción y la eliminación de las «razas» y de los individuos considerados inferiores, parecen pertenecer a la prehistoria.

Volviendo resueltamente la espalda a cualquier utopismo, ¿debe la democracia renunciar a cualquier utopía? En absoluto. La democracia no es un conservadurismo, una aceptación resignada del mundo tal cual es. No hay razón alguna para encerrarse en la lógica de la exclusión de los otros, que los totalitarios intentaron imponer en los espíritus: no es necesario elegir entre la renuncia a cualquier ideal y la aceptación de cualquier medio para imponerlo. A su vez, la democracia puede sustituir lo que es por lo que debe ser, pero no pretende que la razón pueda deducir esto de aquello. Lenin practicaba el monismo y, por consiguiente, sometía lo económico a lo político. En democracia, ambos poderes permanecen separados, pero ello no quiere decir que estén condenados al aislamiento. Las fuerzas económicas intentan someter a los actores políticos; éstos, a su vez, pueden y deben imponer límites a aquéllos, en nombre del ideal de la sociedad. La utopía democrática tiene derecho a existir, siempre que no intente encarnarse por la fuerza, aquí y ahora.

¿Qué es lo que el hombre necesita? Los habitantes de los países democráticos o, al menos, sus portavoces, han creído a menudo que el hombre sólo aspiraba a la satisfacción de sus deseos inmediatos y de sus necesidades materiales: más comodidad, más facilidades, más ocio. A este respecto, los estrategas del totalitarismo resultaron mejores antropólogos y mejores psicólogos. Los hombres tienen, es cierto, necesidad de confort y de distracciones; pero, de modo menos perceptible y sin embargo, más imperioso, necesitan también bienes que el mundo material no les procura: quieren que su vida tenga sentido, que su existencia encuentre un lugar en el orden del Universo, que se establezca un contacto entre ellos y lo absoluto. El totalitarismo, a diferencia de la democracia, pretende satisfacer estas necesidades y, por esta razón, fue libremente elegido por las poblaciones afectadas. No debe olvidarse que Lenin, Stalin y Hitler fueron deseados y amados por las masas.

Las democracias, a riesgo de poner en peligro su propia existencia, no tienen derecho a ignorar esa necesidad humana de trascendencia. ¿Cómo evitar que conduzcan a catástrofes comparables a las que provocó el totalitarismo en el siglo XX? No ignorando esta aspiración, sino separándola resueltamente del orden social. Lo absoluto casa mal con las estructuras de Estado; lo que no significa que pueda desaparecer. El mensaje original de Cristo era claro: «Mi reino no es de este mundo», lo que no significa que el reino no exista, sino que se encuentra en el espíritu de cada cual más que en las instituciones públicas. Este mensaje fue puesto entre paréntesis durante largos siglos, convirtiéndose el cristianismo en una religión de Estado. Hoy, la relación con la trascendencia no es menos necesaria que antaño; para evitar la deriva totalitaria, debe seguir siendo ajena a los programas políticos (nunca edificaremos el paraíso en la Tierra), pero iluminar desde el interior la vida de cada persona. Podemos vivir el éxtasis ante una obra de arte o un paisaje, orando o meditando, practicando la filosofía o mirando cómo ríe un niño. La democracia no satisface la necesidad de salvación o de absoluto; no por ello puede permitirse ignorar su existencia.

LA GUERRA, VERDAD DE LA VIDA

La ideología totalitaria encuentra en el cientificismo contemporáneo su tesis fundamental referente a las sociedades humanas: la ley de la vida es la guerra, el combate sin piedad. Las ideas de Darwin sobre la selección natural y la supervivencia del más apto fueron simplificadas y endurecidas para ser aplicadas a las sociedades humanas. La ley de su evolución se expresa a su vez en los mismos términos: lucha de clases, guerra de sexos, conflicto de razas, guerra de naciones. Sea cual sea el grupo humano elegido, su existencia está siempre regida por la voluntad de poder (el «deseo de existir», según la fórmula de Renan) y los inevitables conflictos. Como harían más tarde los ideólogos del racismo, Marx reivindica las ciencias de la naturaleza y a Darwin: «Veo en el desarrollo de la formación económica un proceso de historia natural»,[1] escribe, y no por azar, como recuerda Arendt, Engels le llama «el Darwin de la historia». Pero fueron sobre todo Lenin y Hitler quienes adoptaron, del darwinismo, la idea de la lucha sin cuartel como ley general de la vida y de la historia. Toda vida es política, toda política es guerra. Alain Besançon advierte que Lenin, gran admirador de Clausewitz, invirtió en realidad su máxima para afirmar: «La política es sólo una continuación de la guerra por otros medios».

No es que la idea haya nacido con Darwin, o con sus vulgarizadores –entre los pensadores del pasado, algunos la habían defendido ya («El hombre es un lobo para el hombre»)–, pero se presenta aquí aureolada por el prestigio de la ciencia y escapa pues a la discusión. Una vez más, sin el aval «científico», el totalitarismo no hubiera podido nacer. La verdad del mundo, se dice ahora, es que está dividido entre nosotros y ellos, amigos y enemigos: dos clases, dos razas, etc., envueltas en un implacable combate; lo mejor que podemos hacer, una vez reconocida esta verdad, es secundar los esfuerzos de la naturaleza, «tomar la obra en el punto donde la dejó la naturaleza», de nuevo según la fórmula de Renan, y añadir la selección artificial a la selección natural: las rampas de Auschwitz y las ejecuciones de los *kulaks* se inscriben en este programa. El fin del conflicto es la eliminación del enemigo. A este respecto, también, el vocabulario de Lenin y de Hitler es revelador: se empieza deshumanizando al que se intenta vencer, convirtiéndolo en «la escoria», «el reptil», «el chacal»; su eliminación se hace así aceptable para todos. Es preciso, dice Lenin, «exterminar sin piedad a los enemigos de la libertad», hacer «una sangrienta guerra extermina-

---

[1]. «Prefacio» a *El Capital;* citado por Lenin, *Oeuvres choisies en deux volumes,* Moscú, 1948, t. I, p. 93. [Hay trad. cast.: *Obras escogidas,* Madrid, Akal, 1975-1976.]

dora», «acabar con la purria contrarrevolucionaria».[1] Todo totalitarismo es, pues, un maniqueísmo que divide el mundo en dos partes mutuamente excluyentes, los buenos y los malos, y que se fija como objetivo la aniquilación de estos últimos.

La traducción de estos principios en la política del día a día acarrea, en el plano interior, la práctica generalizada del terror. Lenin lo introdujo desde el comienzo del Estado soviético y lo defendió sin ambages: «Hay que plantear, abiertamente, que el terror es justo en principio y en política, que lo fundamenta y lo legitima su necesidad».[2] En los países comunistas, «dictadura del proletariado» se volvió un nombre en clave para referirse al terror policíaco. Por ello hay que entender los asesinatos en masa, la tortura y las amenazas de violencias físicas; a lo que se añade esa institución específica y particularmente cómoda, los campos de concentración: todos los países totalitarios disponen de ellos. La vida en los campos es, al mismo tiempo, una privación de libertad y una tortura, son colonias penitenciarias; los detenidos nunca están seguros de salir de ellos. En el resto de los países reinan otras formas de terror: gracias a una vigilancia constante y omnipresente, cualquier acto de insubordinación o, incluso, la simple desviación con respecto a las normas en curso puede ser denunciado y su agente condenado a la deportación, a perder su trabajo, su alojamiento o el derecho, para él y para sus hijos, de inscribirse en la universidad o de viajar al extranjero, y así sucesivamente; el número de vejámenes posibles es infinito.

El terror no es una característica facultativa de los Estados totalitarios, forma parte de su mismo fundamento. Por eso es baldío querer estudiar esos Estados, como han hecho distintas escuelas «revisionistas», sin tenerlo en cuenta como si se tratara de sociedades animadas por los conflictos y las tensiones clásicos. Pudo verse en 1989: en cuanto el terror fue suspendido (la policía y el ejército no habían recibido órdenes de disparar contra los manifestantes), los Estados totalitarios comunistas se derrumbaron como un castillo de naipes.

1. *Ibíd.*, t. I, pp. 457 y 545.
2. *Polnoe sobranie sochinenij*, Moscú, 1958-1965, t. 39, pp. 404-405. [Hay trad. cast.: *Obras completas*, Madrid, Akal, 1974.]

Más allá de las fronteras, el terror toma el rostro más familiar de la guerra (o, en posición de repliegue, de la guerra fría); los pactos son forzosamente provisionales. El objetivo es siempre la dominación; los medios se adaptan a las circunstancias del momento. A fin de cuentas, la violencia recibe, en el marco totalitario, una legitimación múltiple. Es, en primer lugar, la ley de vida y de supervivencia, pero ésta conviene, además, a quien posee la verdad científica: ¿para qué andarse con discusiones cuando se sabe adónde hay que ir y lo que debe hacerse?

La división de la humanidad en dos partes mutuamente excluyentes es esencial para las doctrinas totalitarias. No hay lugar aquí para las posiciones neutrales: cualquier persona moderada es un adversario; cualquier adversario, un enemigo. Reduciendo la diferencia a la oposición e intentando luego eliminar a quienes la encarnan, el totalitarismo niega radicalmente la alteridad, la existencia de un *tú* a la vez comparable al *yo*, incluso intercambiable con él, y que sin embargo sigue siendo irreductiblemente distinto a él. Tenemos aquí una definición del pensamiento totalitario, mucho más extendido que los Estados totalitarios: aquel que no deja lugar legítimo alguno a la alteridad y a la pluralidad. Su emblema podría ser esta perla de Simone de Beauvoir, que no nos cansaremos de citar: «La verdad es una, el error es múltiple. No es una casualidad que la derecha profese el pluralismo».[1] No diremos por ello, imitando su espíritu, que la izquierda es necesariamente totalitaria; sino más bien que, en el pensamiento que esta frase ilustra, los principios de la guerra se ven extendidos a la vida civil; el enemigo del interior no merece menos la muerte que el del exterior. En este sentido, el totalitarismo es hostil al universalismo que cultiva, por el contrario, el ideal de paz.

Este punto merece que nos detengamos más extensamente. Se afirma a menudo que el comunismo se basa en una ideología universalista y se ve en este hecho la gran dificultad para agrupar, bajo la misma etiqueta «totalitaria», al comunismo y al nazismo, puesto que este último es explícitamente antiuniversalista. Raymond Aron, uno de los adversarios más intransigentes y más

---

1. «La pensée de droite aujourd'hui», en *Les temps modernes*, 1955, p. 1539.

lúcidos tanto del pensamiento como de la política comunistas, en su exposición de la cuestión, que se ha hecho clásica en Francia, plantea de entrada que una de las ideologías es «universalista y humanitaria»,[1] y la otra, «nacionalista, radical y todo salvo humanitaria», lo que le permite hablar, con respecto al proyecto comunista, de «nobles aspiraciones», de «la creencia de los comunistas en valores universales y humanitarios», de su voluntad «inspirada por un ideal humanitario».

Ante esas fórmulas nos quedamos perplejos. Sólo hay dos posibilidades. O se aplican a la idea comunista tomada en su mayor generalidad, como puede observarse en períodos muy distintos de la historia, una idea de igualdad, de justicia y de fraternidad (y el comunismo apenas se distingue entonces del cristianismo); aunque no se ve cómo es posible limitarse a eso para caracterizar el régimen nacido de la Revolución de Octubre, ni tampoco su programa. O se trata realmente de la ideología del Estado soviético emplazado por Lenin, pero entonces no se comprende por qué extraña selección Aron consigue recordar sólo, de esta ideología, la imagen propagada por sus partidarios. Pues lo propio del leninismo, rompiendo en este punto con la tradición socialista e, incluso, marxista (a la que Lenin trata de «socialdemócrata», cuando no de «socialtraidora», y a sus sucesores de «socialfascistas»), es precisamente este abandono de la universalidad, puesto que la victoria pasa ahora por la derrota y la eliminación física de una parte de la población, llamada, por necesidades de la causa, la «burguesía», o los «enemigos».

El comunismo pretende la felicidad de la humanidad, aunque a condición de que los «malos» hayan sido previamente apartados, algo que, a fin de cuentas, sucede también con los nazis. ¿Cómo puede creerse aún en el universalismo de la doctrina cuando ésta afirma que se apoya en la lucha, la violencia, la revolución permanente, el odio, la dictadura, la guerra? Se da la justificación de que el proletariado es la mayoría, y la burguesía, una minoría, lo que nos lleva ya lejos del universalismo; pero cuando, además, se sabe que

---

1. *Démocratie et totalitarisme*, Gallimard-Folio, 1965, pp. 282-299. [Hay trad. cast.: *Democracia y totalitarismo*, Barcelona, Página Indómita, 2017.]

la otra gran contribución de Lenin a la teoría comunista se refiere al papel dirigente del Partido, destinado a someter a las masas proletarias, vemos que ni siquiera el argumento de la mayoría se sostiene. Lenin se habría reído mucho de ese intento de Aron de presentarle como un humanista.

Puesto que el texto de Aron data de 1958, podemos preguntarnos si incluso un observador tan lúcido como él disponía, por aquel entonces, de las informaciones necesarias referentes no sólo a las prácticas de los comunistas en el poder sino también a su programa. Sin embargo, en las mismas páginas de *Democracia y totalitarismo*, Aron describe a los comunistas soviéticos como «un partido [que] se reconoce el derecho a emplear la violencia contra todos sus enemigos, en un país donde, en el punto de partida, se encuentra en minoría». Pero ¿cómo logra entonces ver en esta violencia sistemática e indispensable un ejemplo de los «valores universales y humanitarios»? Se tiene la impresión de que el contexto de guerra fría en el que su libro fue escrito le obligó, curiosamente, a tomarse demasiado en serio la propaganda soviética, y a no tener en cuenta ciertas características de la ideología comunista que, por lo demás, sabía observar.

Por ello, la reflexión de Aron sobre la comparación de los regímenes totalitarios se ve un poco comprometida. Concluye, en efecto, que entre ellos «la diferencia es esencial, sean cuales sean las similitudes», pues «en un caso actúa una voluntad de construir un régimen nuevo y, tal vez, otro hombre, por cualesquiera medios que sea; en el otro, una voluntad propiamente diabólica de destrucción de una seudorraza». Ahora bien, la diferencia sólo procede, aquí, de la presentación tendenciosa que hace Aron de los dos regímenes, en la que retiene, para uno, los objetivos autoproclamados y, para el otro, los medios utilizados. No pueden compararse así fines y medios. Hitler quería destruir la seudorraza judía para purificar a su pueblo y obtener así una mejor raza aria, otro hombre por tanto y, claro está, un régimen nuevo; de nada sirve aquí evocar a los demonios. Recíprocamente, Stalin persigue su objetivo considerando necesaria la destrucción de una seudoclase, los *kulaks*, condenados deliberadamente al fusilamiento o a la muerte por hambre: son, en efecto, «cualesquiera medios que sea». Son pues los ideales de ambos regímenes los que rompen con el universalismo: Hitler quería una nación y, ulteriormente, una humanidad sin judíos; Stalin pide una sociedad sin clases, sin clase burguesa. Una parte de la humanidad pasa, cada vez, por pérdidas y ganancias. Aquí difieren, simplemente, las técnicas utilizadas para llevar a cabo una misma política.

De modo que cuando Aron, creyendo aportar la prueba de la especificidad del régimen hitleriano, concluye: «En la historia moderna, nunca un jefe de Estado había decidido, a sangre fría, organizar el exterminio industrial de seis millones de sus semejantes», podemos replicarle: en 1932-1933, un jefe de Estado llamado Iósif Stalin decidió, a sangre fría, organizar el exterminio «artesanal» de seis millones de semejantes, campesinos de Ucrania, del Cáucaso y de Kazajistán. Cierto es que Aron no parece estar al corriente de esta matanza, la mayor de las que organizó el poder soviético.

Es preciso pues insistir en ello: la ausencia de universalismo no sólo es patente en el nazismo, que, brotado de los movimientos nacionalistas, expone abiertamente su particularismo, sino también en el comunismo, que reivindica un ideal internacional. Y es que «internacional» no quiere decir «universal». En realidad, el comunismo es tan «particularista» como el nazismo, pues afirma, de modo explícito, que no toda la humanidad se ve concernida por este ideal: «transnacional» no significa «transclases», se exige siempre la previa eliminación de una parte de la humanidad. Una fórmula de Kaganóvich, uno de los íntimos colaboradores de Stalin, lo expresa muy bien: «Debes pensar en la humanidad como en un gran cuerpo, pero que necesita permanente cirugía. ¿Debo recordarte que la cirugía no puede realizarse sin cortar las membranas, sin destruir los tejidos, sin hacer correr la sangre?».[1] Sencillamente, la división no es ya territorial u «horizontal» (delimitada por las fronteras del país), sino «vertical», entre estratos de una misma sociedad. Donde en unos aparece la guerra de las naciones o la de las razas, en los otros se sitúa la lucha de clases.

Ni siquiera esta última oposición tiene nada de irreductible. Poco tiempo después de la Revolución de Octubre, y en todo caso

---

1. Citado por Stuart Kahane, *The wolf of the Kremlin*, Londres, 1987, p. 309. [Hay trad. cast.: *El lobo del Kremlin*, Barcelona, Datanet, 1988.]

después de la muerte de Lenin, se opera una singular fusión entre los intereses de la revolución mundial y los de la Rusia soviética que la encarna: todo lo que sirve a una aprovecha a la otra, y a la inversa. Gracias a esta equivalencia, los objetivos internacionalistas comenzaron a confundirse con los intereses de un solo país. El *Komintern*, que debía ser la expresión del internacionalismo, era al mismo tiempo un instrumento al servicio tanto del espionaje ruso como de la voluntad soviética de expansión y hegemonía. Los «kominternianos» que tienen dificultades para comprender esta fusión acaban, rápidamente, en el campo o ante el pelotón de ejecución. El internacionalismo soviético en nada se diferencia de la defensa del interés nacional más allá de las fronteras. En la Segunda Guerra Mundial, esta política salió a la luz del día: como en la hermosa época del imperialismo de la Gran Rusia, la Unión Soviética se anexionó vastos territorios que pertenecían, hasta entonces, a los países vecinos –Rumania, Polonia o Finlandia– o países enteros, como los Estados bálticos, y todo para hacerles avanzar más rápidamente por el camino del socialismo. Durante la guerra, grupos étnicos, incluso naciones enteras, fueron asimilados por Stalin con el «enemigo de clase» y, por esta razón, oprimidos, deportados, erradicados. Lo mismo ocurrió, aproximadamente, en el lado nazi, donde se pasó también con facilidad del genocidio de raza al genocidio de clases cuando se trató de eliminar, no ya a los judíos o los gitanos, sino a ciertas «categorías» de polacos y de rusos.

Debo añadir que el propio Aron cambió de opinión en este punto y que, en lo que puede considerarse como su testamento político, el «Epílogo» de sus *Memorias* (1983), escribe: «El comunismo no me resulta menos odioso de lo que era el nazismo. El argumento que empleé más de una vez para diferenciar el mesianismo de clase del de raza, no me impresiona mucho ya. El aparente universalismo del primero se ha convertido, en un postrer análisis, en un espejismo. [...] Sacraliza los conflictos o las guerras, muy lejos de salvaguardar por encima de las fronteras los frágiles vínculos de una fe común».[1]

---

1. *Mémoires*, Julliard, 1983, p. 1030. [Hay trad. cast.: *Memorias*, Madrid, Alianza, 1985.]

También en ello el totalitarismo se opone a la democracia y al pensamiento humanista que la sostiene y que, en cambio, es efectivamente universalista. Este principio se ejerce débilmente fuera de las fronteras nacionalistas, donde las relaciones entre países democráticos siguen estando sometidas a la fuerza, aunque ya no conduzcan –en principio– al inicio de la guerra, siendo la dominación buscada de orden esencialmente económico. La exigencia universal es, en cambio, obligatoria en la política interior, que debe dirigirse en nombre de todos y con vistas al bien de todos. De ahí la constante búsqueda de lo que puede servir para los intereses comunes, pero también la necesidad, para cada uno de los componentes de la sociedad, de renunciar parcialmente a la satisfacción de sus intereses; la política democrática es un arte del compromiso. En democracia, no se intenta resolver los conflictos eliminando físicamente a uno de los adversarios, sino que se transforman los antagonismos, inevitables en cualquier grupo humano, en complementariedades. Contrariamente a la idea recibida, el universalismo no traba el reconocimiento de la alteridad; muy al contrario, lo hace posible. Lo que la destruye es la reducción de la diferencia a la oposición y la necesidad de aniquilar al enemigo, movimientos consustanciales al totalitarismo. Aquí, el ideal lejano puede ser la paz y la armonía universal, pero para alcanzarlo es preciso, primero, eliminar a todos los que, al parecer, se oponen a ello. La victoria inicial de la revolución no basta en absoluto: la lucha de clases no hace más que exacerbarse con el paso de los años, según Stalin, incluso en la propia patria del comunismo; y, además, ésta se halla siempre rodeada de enemigos.

La gramática del humanismo implica la distinción de tres personas: el *yo* que ejerce su autonomía; el *tú*, a la vez distinto a él y colocado en el mismo plano que él (cada *tú* se convierte, a su vez, en *yo*, y viceversa), un *tú* que asume sucesiva o simultáneamente los papeles de colaborador, rival, consejero, objeto de amor y así sucesivamente; por fin, los *ellos*, la comunidad de la que se forma parte, la humanidad entera, incluso, concebida fuera de las relaciones personales, donde todos los individuos están provistos de la misma dignidad. La gramática del totalitarismo, en cambio, sólo conoce dos personas: el *nosotros*, que ha absorbido y eliminado las diferencias entre *yo* individuales, y los *ellos,* los enemigos que deben combatirse, eliminarse incluso. En el lejano porvenir, cuando se haya realizado la utopía totalitaria, los *ellos* ya sólo serán esclavos sumisos (como en el nazismo) o acabarán siendo eliminados (la gramática del comunismo tiene una sola persona).

Planteando la unidad como ideal supremo, la ideología totalitaria coincide paradójicamente con la crítica conservadora de la democracia. El régimen democrático era víctima, al modo de ver de los conservadores, como recordaremos, de su individualismo y su nihilismo. Sometiendo toda la sociedad a una regla única, exigiendo la obediencia de todos los individuos a las directrices del Partido, el Estado totalitario hace imposible el individualismo; al extraer sus valores de la ciencia e imponérselos a todos, debe eliminar también, al parecer, el nihilismo.

AMBIVALENCIAS TOTALITARIAS

La ideología totalitaria es una construcción compleja; podríamos decir incluso que intenta reconciliar exigencias incompatibles, lo que es a la vez una fuente de debilidad –cierto día, sus contradicciones estallan y todo el edificio se derrumba– y de fuerza: mientras llega el hundimiento final, los principios dispares permiten rastrillar con tanta mayor amplitud o compensar aquí un fallo, afirmando allí lo contrario. Las tensiones internas de la doctrina podrían, creo, resumirse en tres.

La primera encuentra su fuente en la antinomia filosófica fundamental de la necesidad y del libre albedrío. Por una parte, el curso del mundo obedece a una causalidad rigurosa, histórica y social según unos, biológica según otros. Todo lo que sucede debía suceder, pues todo está determinado de antemano por unas causas irresistibles. Pero, por otra parte, el porvenir está en nuestras manos: se propone un modelo ideal y se harán los esfuerzos necesarios para alcanzarlo. Se está dispuesto a hacer tabla rasa con el pasado para edificar un mundo mejor e, incluso, un hombre nuevo. El cientificismo resuelve esta antinomia gracias a la intervención de un tercer término, el conocimiento científico. Si, en efecto, el mundo es por completo cognoscible, si el materialismo histórico nos revela las leyes de toda sociedad y la biología, las leyes de toda vida, se nos hace posible, a los que dominamos los secretos de la ciencia, no sólo explicar las formas existentes, sino también orientar su transformación en la dirección que elijamos. De ese modo, en efecto, la técnica, que pertenece al dominio de la voluntad, puede reivindicar la ciencia, que intenta conocer las necesidades.

La tensión, sin embargo, es menos fácil de resolver a partir del instante en que el objeto que debe conocerse es la historia unidireccional y no un eterno recomienzo: si el curso de la historia humana es, de todos modos, ineluctable, ¿están justificados los sacrificios que exige su ínfima aceleración? Pues bien, comunistas y nazis a la vez afirman conocer de antemano el desenlace de los acontecimientos e intervienen, del modo más activo (la «revolución») para modificar su curso.

La segunda gran ambigüedad en las premisas filosóficas del totalitarismo se refiere a la modernidad: el totalitarismo es, a la vez, si puede decirse así, antimoderno y archimoderno, algo que ilustran ya el fatalismo, por una parte, y el activismo por la otra. Es antimoderno porque, como en las sociedades tradicionales, privilegia los intereses del grupo en detrimento de los de la persona, los valores sociales en lugar de los valores individuales; podríamos decir: los valores en lugar de los intereses. Aunque utilice una retórica igualitaria, la sociedad totalitaria es siempre jerárquica, como las sociedades tradicionales. El culto al jefe carismático va en la misma dirección. Y, sin embargo, es también una sociedad que favorece opciones que solemos considerar modernas: la industrialización, la globalización, las innovaciones técnicas. Los comunistas industrializaron Rusia a un ritmo acelerado. Hitler se hizo promotor del coche individual y de las autopistas: las aspiraciones modernistas no apuntan pues, sólo, a la eficacia militar. Todo ocurre como si, contra lo que caracteriza las sociedades tradicionales, las relaciones con las cosas se pusieran en lugar de las relaciones entre personas.

Esta ambivalencia es particularmente sensible entre los nazis, que decidieron vestir su doctrina con todo un aparato de referencia a la tradición germánica, a los dioses paganos, a los elementos constitutivos de la sociedad antigua, a una naturaleza que sería liberada de las intervenciones humanas. Esta ambigüedad que les permitía atraer ingenios a los que nada debiera acercar, tanto a los que creían en el determinismo biológico y el eugenismo como a los que, como Heidegger, soñaban en liberar el mundo del poder de la técnica.

La tensión es menos sensible en el Estado soviético, que tiende por completo hacia el «progreso», pero no por ello está ausente de él. La fórmula de Lenin, «el comunismo = la electricidad + el poder de los soviets», revela también esta dualidad. El Estado comunista es una sociedad industrial donde los factores económicos desempeñan un papel preponderante. Pero es también lo contrario: una sociedad sometida a un ideal moral, ideológico, teológico, dispuesta a sacrificar su eficacia para adecuarse a su modelo. La electricidad y los soviets pueden llevar a exigencias contradictorias. ¿Hay que despedir al buen ingeniero si no es un buen comunista? ¿Debe confiarse el cuidado de la instalación eléctrica a personas competentes, aun cuando no posean el carné del Partido? Ambas soluciones fueron probadas alternativamente, cuando su conjunción resultó imposible. Recuerdo que mi padre, que dirigía un instituto de documentación, se veía constantemente confrontado a este dilema: ¿debía emplear a personas que dominaran las lenguas «occidentales» aunque hubieran recibido, sin duda, una educación «burguesa», puesto que ésta comportaba la enseñanza de estas lenguas? ¿O sólo a buenos comunistas que no hablaban más que el búlgaro y, como máximo, el ruso? Haberse decantado por la primera opción le valió ser apartado de la dirección.

Esas dos opciones contradictorias tienen, sin embargo, un rasgo común que facilita su cohabitación: ambas se oponen a la afirmación del ser humano individual como objetivo último de nuestras acciones; este objetivo debe ser, aquí, supraindividual (el pueblo, el proletariado, el Partido) o infraindividual (la técnica). Éste es, sin duda, el rasgo históricamente más sorprendente de estos regímenes: acaban oponiéndose, a comienzos del siglo XX, al progresivo ascenso del individualismo, explotando todas las frustraciones que esta evolución engendra.

Por último, una tercera ambigüedad importante se refiere al papel de la ideología en estos regímenes. Los teóricos del totalitarismo están divididos en este tema. Los más antiguos de ellos, Raymond Aron por ejemplo, lo interpretan como una ideocracia, un Estado donde no sólo el poder encuentra su legitimidad en la ideología, sino donde la conformidad ideológica prevalece sobre cualquier otra consideración: el poder es aquí instrumento; el ideal político, objetivo. Una segunda interpretación fue, sin embargo, propuesta, por lo que se refiere al comunismo, especialmente por los disidentes del Este o, también, en Francia, por Cornelius Castoriadis:[1] la ideología es allí sólo una fachada, estando el poder, enteramente, a su propio servicio y apuntando sólo a su propio fortalecimiento; no ya una ideocracia, pues, sino, en cierto modo, una «estratocracia», un poder por el poder, una voluntad de voluntad.

Para ver más clara esa situación, debemos hacer un rodeo y examinar, brevemente, la historia del Estado totalitario, tomando como punto de partida su variante comunista, pues resulta particularmente rica en enseñanzas. En efecto, el nazismo sólo se mantuvo en el poder durante doce años y fue abolido por la fuerza, tras la victoria de los Aliados. El comunismo duró mucho más tiempo, setenta y cuatro años en vez de doce, y falleció, si puede decirse así, de muerte natural, sin guerra ni revolución. Como los «guías» del Partido Comunista gozaban de un poder ilimitado, podemos seguir la práctica por la que los períodos de la historia soviética son designados con un nombre propio: el de Lenin (hasta 1924), el de Stalin (hasta 1953), el de Jruschov (dimitido en 1964), el de Bréznev (muerto en 1982), para nombrar sólo los más importantes. Fácil es comprobar que los distintos elementos del régimen no evolucionaron al mismo ritmo.

La primera modificación notable se refiere al terror. Éste fue instaurado por Lenin y mantenido por Stalin a lo largo de todo su reinado, aunque conoció momentos de mayor o menor intensidad. Ahora bien, tras la muerte de Stalin se produjo un cambio, no ya de grado sino de naturaleza. Las ejecuciones en masa se suspendieron, se cerró un gran número de campos. Las torturas y deportaciones fueron sustituidas por vejaciones administrativas

---

1. *Devant la guerre*, Fayard, 1981. [Hay trad. cast.: *Ante la guerra*, Barcelona, Tusquets, 1986.]

y dificultades profesionales. Las persecuciones y nuevas medidas como el encierro en hospitales psiquiátricos siguen siendo moneda corriente, pero sus víctimas fueron ya individuos, no categorías de la población. Debe decirse que la lección dio resultados y que toda rebeldía fue ahogada. Naturalmente, se está lejos aún de la legalidad y de la libertad individual «burguesas»; el conjunto de la población es vigilado, el individuo no está protegido por la ley contra la arbitrariedad del poder. No obstante, esta evolución hizo posible la aparición de los disidentes, un grupo que expresaba, más o menos abiertamente, su oposición al Estado. Semejante grupo hubiera sido inconcebible bajo Lenin y Stalin, cuando los oponentes eran aniquilados de inmediato; entonces eran «sólo» vigilados, perseguidos, en último término enviados al campo o al manicomio.

Hemos puesto ya de relieve la segunda inflexión, cuando el ideal internacional se confunde con una política nacionalista e imperialista. Es una inflexión disimulada, sin embargo, por el mantenimiento de la retórica anterior. El mismo modelo sigue el tercer cambio, el más importante de todos ellos y que concierne, precisamente, a la naturaleza y el lugar de la ideología; se produce tras la muerte de Stalin. A partir de aquel momento, la ideología oficial se convirtió, cada vez más, en una cáscara vacía en la que nadie creía. La promesa milenarista de salvación para todos cayó, poco a poco, en el olvido; el ideal colectivista era recordado cada vez con menos frecuencia. En su lugar se afirmaron los habituales compañeros del deseo de poder: la sed de riquezas y privilegios, la sumisión de todos los demás objetivos a la consecución del interés personal. Los antiguos bolcheviques, los fanáticos de la fe comunista fueron sustituidos por burócratas preocupados, ante todo, por sus privilegios, y por cínicos trepadores.

Entre la doctrina y el mundo real siempre hay un abismo: pero no se reacciona del mismo modo antes y después de la mutación que aquí describo. Bajo Lenin y Stalin, cuando se descubría la distancia entre el discurso y el mundo, se intentaba transformar el mundo. Lenin impuso la república soviética, Stalin colectivizó las tierras e industrializó el país. No importaba el precio pagado en sufrimientos humanos y desastres económicos: lo esencial era poner en marcha un programa y colmar con ello el abismo entre teoría y práctica, entre representaciones y realidad. Tras la muerte de Stalin, la grieta entre el discurso y el mundo no era menor; pero, más que intentar colmarla, se procuró entonces ocultarla. A partir de aquel momento, en efecto, el discurso oficial comenzó a llevar una vida por completo independiente, sin verdadera conexión con el mundo. Los responsables económicos se preocuparon menos de cumplir el plan que de trucar las cifras y obtener ventajas personales de su situación. Era el reino del camuflaje, de la ilusión, de las falsas apariencias: se afirmaba que la ideología comunista dirigía el país; en realidad, salvo por algunas excepciones, lo hacían el deseo de poder y el interés personal. Modulada en función del contexto nacional, esta misma mutación podía observarse en los demás países comunistas, en la Europa del Este.

Como antiguo súbdito de país totalitario, puedo dar testimonio de ello: en la época que recuerdo, los años cincuenta, y en la gran mayoría de los casos, la ideología era sólo fachada; sin embargo, al mismo tiempo, era indispensable. Vivíamos en una seudoideocracia. Mis amigos y yo teníamos la sensación de vivir en el mundo de la mentira generalizada, donde los términos que designan ideales –la paz, la libertad, la igualdad, la prosperidad– habían llegado a significar lo contrario; sin embargo, la ideología oficial mantenía cierta coherencia retórica y permitía, primero, que sobrevivieran algunos fanáticos y, luego, que la gran mayoría –los conformistas– dispusiera de una racionalización de su situación. Y cada cual era conformista, al menos parte del tiempo. La ideología era pues necesaria, con aquel contenido y no otro, aunque fuese, más a menudo, medio y no fin. No puede sobrestimarse la importancia de este camuflaje. Debo añadir que, a fin de cuentas, preferíamos tratar, más que con personajes cínicos sólo fieles al poder, con comunistas «honestos» y sinceros: el hecho de que estos últimos creyeran por opción personal, no por sumisión al Partido, era indicio de que no habían renunciado por completo a su autonomía personal; su compromiso comunista podía, paradójicamente, desempeñar el papel de muralla contra la arbitrariedad del poder.

El papel cambiante de la ideología, en el núcleo o en la superficie del régimen, puede explicar otra disparidad. De creer en las consignas oficiales, los intereses de los individuos, de todos los individuos, estaban sometidos a los de la colectividad. Pero nosotros, los súbditos ordinarios del país totalitario, nos veíamos confrontados a una realidad muy distinta: el reinado ilimitado del interés personal, donde cada cual buscaba su mayor ventaja; el interés común era un simple papel de embalaje. Al criticar la sociedad individualista en nombre de la comunidad orgánica, el totalitarismo desemboca en un resultado opuesto al que afirma perseguir: acaba produciendo «masas» de individuos yuxtapuestos, no vinculados por ninguna pertenencia pública positiva. Por lo demás, cuando la fachada ideológica se derrumbó, en 1989 o en 1991, fue necesario rendirse a la evidencia: dejando aparte una pequeña fracción de la sociedad (los disidentes), los habitantes del país sólo conocían los imperativos del egoísmo.

La última mutación, de menor alcance, se produjo en los años setenta, bajo Bréznev. Consistía en infligir una pequeña alteración al principio monista. Vida pública y vida privada volvían a ser, de nuevo, distintas. Dicho de otro modo, se hacía posible tener una existencia privada independiente de las normas públicas (que, en cambio, seguían sometidas a la ideología): la moda de indumentaria, el lugar de vacaciones, los viajes al extranjero podían entonces ser elegidos con mayor o menor libertad.

Estas observaciones sobre la evolución del totalitarismo comunista, al igual que su comparación con el nazismo, permiten poner de relieve su núcleo duro e identificar la jerarquía que forman sus características. Este núcleo comporta, en primer lugar, la necesidad de una fase inicial, revolucionaria, durante la cual son apartadas todas las resistencias y eliminados todos los adversarios interiores, reales o imaginarios. Se constituye luego en torno a un principio: el rechazo de la autonomía personal, la supresión de la libertad, la sumisión de todos a un poder absoluto, sumisión garantizada por el terror o la represión. Están por fin las consecuencias de esta opción: afirmación del conflicto como verdad de la vida, reducción de cualquier alteridad a la oposición, y rechazo del pluralismo político o económico.

En cambio, otros rasgos del régimen, entre los más llamativos, pueden desaparecer sin que se abandone el «tipo ideal» totalitario. Es el caso del terror de masas, indispensable sólo durante el período de transición (el cual, de todos modos, ocupó la mitad de la historia de la Unión Soviética). O también, más sorprendente aún, de la ideología cientificista como motor de la acción: necesaria durante la fase inicial, una vez consumado su papel destructor, puede transformarse en simple espejismo.

Estas transformaciones progresivas del régimen totalitario, aceleradas, multiplicadas e intensificadas durante la *perestroika* y la *glasnost* de Gorbachov, permitieron, en 1991, la salida pacífica del sistema, una solución «a la española» podríamos decir, refiriéndonos a la relación entre el franquismo y la España contemporánea, con la gran diferencia de que los perjuicios provocados por el comunismo se revelaron mucho más profundos y siguen frenando la evolución de los países de la Europa del Este. La guerra fría que, tras la Segunda Guerra Mundial, opuso las democracias al totalitarismo, terminó pues con la derrota incondicional de uno de los beligerantes, el régimen comunista. Esta derrota no fue el resultado de una intervención externa, como en la Alemania nazi, sino del hundimiento del propio sistema totalitario.

Podemos encontrar en este desenlace ciertas razones para no desesperar, pues resulta que un sistema político que ignora y rechaza, tan masivamente, la libertad del individuo acaba derrumbándose. Setenta y cuatro años es un plazo excesivamente largo para una vida individual, pero sólo un instante de la Historia. El comunismo murió por un conjunto de razones políticas, económicas y sociales, pero también como consecuencia de una evolución de las mentalidades, tanto en la población como en los equipos dirigentes. Todos habían acabado aspirando a formas del bien que aquel régimen no podía asegurarles: tranquilidad y seguridad personal, abundancia material, autonomía individual; otros tantos valores trabados por el totalitarismo y favorecidos por la democracia. Ciertamente, ésta no asegura la salvación colectiva ni promete la felicidad; garantiza sin embargo que el timbre no sonará a «la hora del lechero» para que unos hombres de gris te conduzcan al interrogatorio. Aunque se sea un miembro del personal dirigente del Partido y privilegiado, esta última perspectiva no tiene nada de halagadora. El régimen democrático permite, además, llenar los anaqueles de las tiendas y no caer en el ridículo de despreciar a las poblaciones que prefieren ese efecto del «capitalismo» a la penuria comunista.

Sin embargo, el hundimiento del régimen comunista no aportó a las poblaciones de la Europa del Este y de la antigua Unión Soviética la felicidad esperada. Puesto que el poder del Partido había sustituido a la autoridad del Estado, la caída del uno reveló la anterior desaparición del otro; ahora bien, la ausencia de Estado es peor aún que la presencia de un Estado injusto, puesto que deja campo libre a la pura confrontación de fuerzas brutas, es decir, a un espantoso incremento de la criminalidad. Otro tanto podría decirse de todos los valores propios de la vida pública: contaminados en tiempos del comunismo por su utilización fraudulenta, han quedado hoy fuera de uso; de ahí el chiste de Adam Michnik: «Lo más terrible que tiene el comunismo es lo que viene después». El régimen no sólo había corrompido las instituciones políticas; tras su caída, se descubrieron los daños irreparables infligidos tanto a la naturaleza como a la economía y a las almas humanas. Los hijos tendrán que pagar, por mucho tiempo aún, los errores de sus padres. La nueva libertad se paga muy cara: renunciando a hábitos tranquilizadores, a la rutina económica, a cierta comodidad (comparable a la del prisionero que no debe preocuparse por su cama y su cubierto). Hasta el punto de que los habitantes de estos países se preguntan, a veces: ¿La vida del pordiosero libre es, realmente, preferible a la del esclavo tranquilo? Nadie puede garantizar que estén al final de sus penas. Una certidumbre sigue existiendo, y es decisiva: la sociedad totalitaria no aporta la salvación.

El siglo de Vasili Grossman

El siglo de las tinieblas no es sombrío de cabo a rabo. Algunos de los individuos que caminaron por él pueden servirnos de guías en esta travesía del mal.

Comenzaré mi galería de retratos por la figura de Vasili Grossman, uno de los grandes escritores de este siglo, de origen judío, de lengua rusa, de nacionalidad soviética, dos de cuyos libros, publicados varios años después de su muerte, *Vida y destino* y *Todo fluye,* contienen un extraordinario análisis de la sociedad totalitaria. Es extraordinario porque a pesar de estar hecho en un aislamiento integral, lejos de cualquier literatura sobre el tema, de cualquier discusión pública o incluso privada, accede, sin embargo, a la misma verdad que persiguen los escritos de los historiadores: la que desvela el sentido profundo de los acontecimientos.

El destino de Grossman comporta un enigma que podría formularse así: ¿cómo es posible que sea el único escritor soviético conocido por haber sufrido una conversión radical, pasando de la sumisión a la revuelta, de la ceguera a la lucidez? ¿El único en haber sido, primero, un servidor ortodoxo y temeroso del régimen, y en haberse atrevido, más tarde, a enfrentarse con el problema del Estado totalitario en toda su magnitud? Podríamos sentir la tentación de compararle con dos autores, Pasternak (al que no aprecia) y Solzhenitsin (al que admira), dos premios Nobel soviéticos. Pero aunque Pasternak sea, desde hace ya muchos años, un escritor soviético de primer plano, su novela *El doctor Zhivago,* publicada en 1958 en Occidente, no está centrada en el análisis del fenómeno totalitario. Solzhenitsin, que, por su parte, habló abiertamente de los campos y del terror cotidiano, y cuyo primer relato, *Un día en la vida de Iván Denísovich,* apareció en Moscú en 1962, es un debutante en el mundo literario soviético: en cierto modo, nada tiene que perder. Grossman es el ejemplo, si no único, más significativo en todo caso, de un escritor soviético de primer plano que sufre una metamorfosis completa: muerte del esclavo y resurrección del hombre libre. ¿Cómo se explica un destino tan poco común?

Recuerdo primero las grandes etapas de su existencia. Vasili Semiónovich Grossman nació en 1905 en Berdichev, una de las «capitales» judías de Ucrania. Sus padres procedían de familias acomodadas, aunque ellos mismos no dispusieran de grandes medios. Se separaron poco después de su nacimiento y el niño pasó dos años con su madre, en Ginebra, en 1910-1912; durante toda su vida utilizará la lengua francesa, que su madre enseñó más tarde para ganarse la vida. Grossman hizo sus estudios en un instituto de Kiev, mantenido por un tío médico, más rico; en 1923 estaba en Moscú, matriculado en la universidad para ser químico. Terminó sus estudios, sin gran entusiasmo, en 1929 y comenzó a trabajar, al año siguiente, en una mina. Sin embargo, una nueva vocación se afirmaba en él: quería convertirse en escritor. Y todo parecía ir bien, sus primeros textos se publicaron y fueron apreciados; en 1934, abandonó la química para convertirse en escritor profesional.

Durante un primer período, entre 1930 y 1941, aspiró a afirmarse como un autor de pleno derecho, a hacerse aceptar por sus colegas. Sus primeros escritos fueron aprobados por Gorki, lo que le sirvió de gran ayuda; pero también por escritores más marginales como Bulgákov o Bábel. Escribió narraciones, una novela, ensayos periodísticos *(Ocherki)*. Grossman se definía a sí mismo como marxista, pero sus tendencias humanistas hacían sonreír a sus amigos, que le trataban de «menchevique», es decir, el equivalente de un socialdemócrata; nunca fue miembro del Partido. Sus personajes son, preferentemente, gente sencilla, sinceramente apegada a los valores soviéticos.

Ser escritor en el mundo comunista era una posición envidiable y arriesgada al mismo tiempo. Envidiable por privilegiada: el literato cobraba unos buenos honorarios; como miembro de la Unión de Escritores, gozaba de numerosos privilegios (vivienda más confortable, casas de reposo a orillas del mar), era conocido y respetado. Pero esos privilegios tenían un precio: por ellos, los escritores despertaban la envidia y los celos, y estaban, pues, amenazados; al mismo tiempo, tenían que devolver al Estado, en cierto modo, su misma moneda, es decir, unas obras literarias útiles al poder. La intersección entre lo apropiado para el Estado y lo que conviene al talento de cada escritor disminuía, a veces, peligrosamente.

Los años treinta, en la Unión Soviética, no fueron una época tranquila. Y Grossman no podía ignorarlo, pues los golpes caían muy cerca; pero, si deseaba permanecer indemne, debía evitar manifestarse. En 1933 detuvieron a su prima Nadia, que le había ayudado mucho en sus primeros pasos como escritor (trabajaba en la Internacional Sindical) y en cuya casa vivía cuando iba a Moscú. Grossman se encogió de hombros y no emprendió gestión alguna en favor de Nadia. En 1937 detuvieron y deportaron a dos de sus mejores amigos, novelistas, vinculados como él al grupo Pereval, una asociación informal de escritores; idéntico silencio. En 1938, en Berdichev, detuvieron y ejecutaron a su tío, aquel que le había mantenido en los tiempos del instituto; Grossman siguió escondiéndose. En cambio, en 1937 se encuentra su firma al final de una carta colectiva publicada en la prensa, pidiendo la pena de muerte para los inculpados del gran proceso iniciado contra los dirigentes bolcheviques, entre ellos Bujarin, acusados de traición. En 1938 intervino, es cierto, para que liberaran de las cárceles del NKVD (el Ministerio del Interior) a su propia mujer, detenida como ex esposa de un «enemigo del pueblo». Su primer marido había sido un amigo de Grossman. La intervención de Grossman ante Ejov, jefe de la policía política, se ve coronada por el éxito, su mujer es liberada, pero el antiguo amigo, por quien Grossman no encontró palabra alguna de apoyo, fue fusilado en prisión.

Ese tipo de «incidente» era moneda corriente en los medios privilegiados de la época, puesto que la delación y la sumisión servil se habían convertido en un modo de supervivencia. Grossman no se siente orgulloso. Podemos hacernos una idea de su estado de ánimo a finales de los años treinta gracias a algunas narraciones que permanecían, entonces, inéditas («La joven y la vieja», «Cuatro días tristes»), narraciones impregnadas de una dolorosa conciencia de la debilidad humana. Algunos años antes (en 1931) se produjo otro episodio del que Grossman sólo habló mucho más tarde: tras una visita familiar a Berdichev, tuvo que tomar el tren. Apenas hubo subido vio que, entre los vagones, vagabundeaban unos seres demacrados, harapientos. Una mujer se acercó a su ventana y suplicó con voz apenas audible: «Pan, pan». Grossman no dijo nada.

En 1941 estalló la guerra y Grossman pareció lanzarse a ella con alivio: defendiendo su patria podía, por una vez, ofrecerle lo que le pedía sin tener que mentirse a sí mismo. Esta convergencia le dio esperanza. Como dice uno de sus personajes en *Vida y destino*: «Sentía que, luchando contra los alemanes, luchaba por una vida libre en Rusia, que la victoria sobre Hitler sería también una victoria sobre los campos de la muerte donde habían perecido su madre, sus hermanas, su padre».[1] Grossman se convirtió en el corresponsal de guerra más célebre de la Unión Soviética. Estuvo en todos los combates, ante Moscú, en Stalingrado, en Ucrania, en Polonia, y llegó a Berlín en 1945; siempre y en todas partes dio pruebas de un valor ejemplar. Sus crónicas, relatos y reflexiones aparecían en el periódico del Ejército Rojo y se reproducían luego en todas partes (en marzo de 1945, el Partido Comunista francés publicó una selección consagrada a Stalingrado).[2] Sus temas favoritos estaban siempre vinculados al destino de la gente ordinaria, su dignidad, su heroísmo. Pero en aquellos años vivió también una profunda tragedia: supo, en 1944, que su propia madre había sido víctima de los batallones de exterminio, los *Einsatzgruppen*, durante la ocupación de Berdichev, en 1941.

Antes de finalizar la guerra, inició también la redacción de una gran novela, titulada primero *Stalingrado*. La terminó en 1949. Entretanto, se había convertido en uno de los más respetados escritores soviéticos. Sin embargo, la publicación de esta novela chocó con ciertas dificultades: el libro no correspondía por completo a las normas en vigor. El personaje principal, Strum (volveremos a encontrarlo en *Vida y destino*), es judío, algo que no esta-

---

1. *Vie et destin*, Julliard-L'Âge d'Homme, 1983, p. 296. [Hay trad. cast.: *Vida y destino*, Barcelona, Galaxia Gutenberg, 2007.]
2. *Stalingrad: Choses vues*, Éd. France d'Abord, 1945.

ba muy bien visto en aquel período, y los héroes son también gente del pueblo más que comisarios portadores del espíritu del Partido. Grossman escribió a Stalin para que se acelerara la publicación (inimaginable centralización monista del Estado: ¡su jefe decide el ritmo de publicación en las distintas revistas!). Gracias a ciertas intervenciones favorables, la novela apareció en 1952, con el título de *Por una causa justa*.

Al principio, el libro fue saludado como una gran obra soviética. No obstante, a fines de 1952 y comienzos de 1953, algunos críticos especialmente serviles, escritores envidiosos o celosos administradores iniciaron ciertos ataques contra su autor: se estigmatizó lo que se había alabado. Grossman quedó abrumado: aunque él aceptaba todas las recomendaciones de los censores, el trabajo de sus últimos diez años no era apreciado. En aquel momento concreto se sitúa el último gesto que, más tarde, no quiso perdonarse. La campaña anticosmopolita (palabra en clave para designar «antisemita») está en su apogeo. La «conjura de las batas blancas» (médicos de origen judío que habrían intentado envenenar a los dirigentes del Estado) acababa de ser «descubierta». Grossman tuvo la desgracia de hallarse en una reunión de *Pravda* donde se redactó una carta pidiendo el severo castigo de los culpables, para que fueran respetados los «buenos» judíos. Grossman «se había dicho que, a costa de la muerte de algunos, podría salvarse ese infeliz pueblo y, con la mayoría de los presentes, estampó su firma». No olvidó esa experiencia al escribir *Vida y destino*, donde la atribuye a Strum. Así concluyó el segundo período de su vida, 1941-1952.

El punto de ruptura, aquí, es la muerte de Stalin, en marzo de 1953. Sólo podemos intentar adivinar lo que ocurrió en el espíritu de Grossman. Su mejor amigo, Semión Lipkin, cuenta que Grossman había hecho suya, por aquel entonces, una frase de Chéjov según la cual «era ya hora, para todos nosotros, de librarnos del esclavo que llevábamos dentro».[1] El sistema totalitario no se derrumbó, pero el terror se debilitó de un modo significativo;

---

1. S. Lipkin, *Le destin de Vassili Grossman*, L'Âge d'Homme, 1990, pp. 40 y 66.

las puertas de los campos se abrieron y salieron por ellas unos aparecidos que habían pasado allí quince o veinticinco años de su vida. Los arrestos y las ejecuciones arbitrarios concluyeron; se inició entonces el «deshielo», asociado al nombre de Jruschov. Grossman tomó conciencia del hecho de que el peligro de muerte no pendía ya sobre su cabeza y decidió no aceptar compromiso alguno sobre lo esencial.

La crisis interior que vivió corresponde al año 1954, del que no hay escrito alguno. En 1955, en cambio, fue la explosión. Grossman retomó y transformó lo que debía ser la segunda parte de su novela sobre Stalingrado; escribió *Vida y destino,* tal como hoy la conocemos. Aquel mismo año esbozó la primera versión de *Todo fluye,* un libro mucho más breve, en la frontera del relato y el ensayo, y también un texto corto, *La Madona sixtina,* que reúne los mismos temas en unas pocas páginas muy densas (todos los epígrafes del presente libro se han extraído de él). En 1956, rompiendo con otro espejismo, abandonó a su esposa e inició una nueva vida con la mujer a la que amaba.

Grossman finalizó *Vida y destino* en 1960 y decidió presentarla para su publicación; una decisión que parece, retrospectivamente, tan ingenua como temeraria: no es posible imaginar semejante libro publicado en la Unión Soviética totalitaria, ni siquiera bajo Jruschov. Y lo que debía suceder, sucedió: los pusilánimes redactores de la revista a la que Grossman envió su manuscrito se libraron precipitadamente de él haciéndolo llegar a los órganos del KGB. En febrero de 1961 se presentaron en su casa los oficiales de la policía política; signo de los tiempos, no detuvieron al escritor sino que se limitaron a «detener» el manuscrito, llevándose todos los borradores y todas las copias, para que el escritor no pudiera reconstruirlo (no olvidemos que Grossman vivía en una época anterior a la fotocopiadora, sin hablar de los ordenadores y demás correos electrónicos). Bajo Stalin, se detenía y se mataba a los escritores; bajo Jruschov, dejaban los cuerpos libres y se limitaban a encerrar las obras del espíritu.

Grossman se siente abrumado pero en absoluto vencido; esa vez no apareció en él veleidad alguna de arrepentimiento. Muy al contrario: protestó, clamó, aunque sin obtener el menor resultado. En febrero de 1962, escribió una larga carta a Jruschov solicitando reparaciones; no lamentaba en absoluto lo que había escrito en la novela. Jruschov no le respondió directamente pero, en julio de aquel mismo año, Grossman fue recibido por Súslov, jefe de la sección ideológica del Partido. Éste le trató con paternalismo: no le amenazó con enviarle al campo, pero le riñó y le recomendó que volviera a escribir como antes, buenas obras soviéticas.

Grossman murió en 1964, de un cáncer, sin haber sido detenido ni deportado, aunque sin saber, tampoco, si sus escritos iban a aparecer algún día. En el hospital, semanas antes de su muerte, preguntó a una amiga, al despertar: «Esta noche me han interrogado... Dígame, ¿he traicionado a alguien?».[1] Casi no publicó nada durante el último período. Tras la confiscación de *Vida y destino*, apenas tiene tiempo de redactar una nueva versión de *Todo fluye*, que no presentó a la publicación, y algunos breves relatos, el más significativo de los cuales es *Que el bien os acompañe*, notas de un viaje a Armenia. Sus libros sólo aparecieron, pues, muchos años después de su muerte, y primero en el extranjero: *Todo fluye* en 1970, *Vida y destino* en 1980.

Las líneas generales de la biografía de Grossman no nos confían, aún, la clave del enigma: ¿Por qué fue él, más que otro, capaz de esa metamorfosis? Podemos sentir la tentación de responder esta pregunta evocando el despertar de su conciencia judía; otra mutación, igualmente indiscutible. Debemos recordar, primero, que Grossman pertenecía a una familia de judíos asimilados, que sólo hablaba ruso. Al evocar su medio, en *Vida y destino* –atribuyéndolo a la familia Strum– hizo decir a la madre del físico: «Nunca me he sentido judía; desde la infancia he vivido entre amigas rusas, mis poetas preferidos eran Pushkin y Nekrásov»; cuando proponen a esa mujer que emigre, responde: «Nunca abandonaré Rusia, antes me colgaría». Lo mismo ocurre con su hijo: «Strum no había reflexionado nunca, antes de la guerra, en el hecho de que era judío, de que su madre era judía». Estas declaraciones adquieren todo su sentido si recordamos las sistemáticas persecuciones de las que fueron víctimas los judíos en la Rusia zarista,

---

[1]. A. Berzer, *Proshchanie*, Moscú, Kniga, 1990, p. 251.

desde el antisemitismo cotidiano hasta los pogromos. Los Grossman se sentían, por otra parte, y como muchos otros judíos de ciudad asimilados, atraídos por la revolución y por el nuevo régimen soviético: ambos suprimieron su estatuto anterior de parias en el Imperio ruso; condenaban el antisemitismo y proclamaban que todos los hombres son iguales.

Hitler fue el primero que se encargó de recordar a estos judíos asimilados, que se consideraban ante todo rusos y soviéticos, que serían siempre judíos. Desde entonces estuvieron dispuestos a reivindicar esa recuperada identidad, no porque se preocuparan de sus orígenes sino por solidaridad con los amenazados y los que sufrían.

La madre de Strum escribe, en su carta desde el gueto, redactada pocas horas antes de su muerte: «En estos días terribles, mi corazón se ha llenado de una ternura maternal hacia el pueblo judío».[1] Y así ocurrió con el propio Grossman, que inmortalizó en su novela el destino de su madre. Todos los judíos de Berdichev fueron fusilados: unos diez mil, el 5 de septiembre de 1941, los veinte mil restantes, el 15 de septiembre del mismo año; su madre formaba parte del segundo grupo. A diferencia del personaje de la novela, ella no consiguió enviar carta alguna a su hijo. Éste descubrió la verdad al llegar la reconquista de Ucrania, aunque lo temía desde el comienzo. Vivió la pérdida tanto más dolorosamente cuanto se reprochaba no haber intentado nada para sacar a su madre de Berdichev, entre el inicio de la guerra y su ocupación por el ejército alemán, dos semanas más tarde.

Y eso no es todo. En todos los territorios liberados, Grossman vio huellas de matanzas en masa. Acompañó a las primeras divisiones del Ejército Rojo que llegaron a Polonia y descubrió los restos del campo de Treblinka. Investigó durante varios días, interrogó a testigos y guardianes encarcelados, y sacó a la luz, poco después, el primer relato publicado sobre los campos de exterminio, titulado «El infierno de Treblinka».

Entretanto, el gobierno soviético había decidido que podía obtener cierto beneficio de la simpatía universal suscitada por el

1. *Vie et destin*, pp. 82, 92 y 86.

martirio de los judíos. En agosto de 1941 constituyó un Comité Judío Antifascista, incitándolo a apelar a la solidaridad de los judíos en el extranjero y encargando a los dos escritores judíos más conocidos por aquel entonces, Iliá Ehrenburg y Vasili Grossman, la constitución de un *Libro negro* que reuniera testimonios sobre la persecución y el aniquilamiento de los judíos soviéticos por los nazis. Grossman se consagró con fervor a esta tarea: encargó y reunió materiales, reescribió ciertos relatos, investigó personalmente.

Sin embargo, las cosas cambiaron, en la Unión Soviética, después de la guerra. No era ya de buen tono insistir en los sufrimientos especialmente graves de los judíos; por añadidura, debido a la guerra fría, la solidaridad internacional de los judíos no estaba bien vista. La publicación del *Libro negro* se retrasó y, luego, anuló; una versión abreviada, para la que Einstein había redactado, inicialmente, un prefacio, fue publicada en Estados Unidos. La versión completa sólo apareció en 1980 en Israel.[1] Puesto que el socialismo nacional, como lo llamaba Grossman, se manifestaba cada vez más abiertamente, también el antisemitismo hizo su reaparición. Las editoriales en yídish fueron cerradas, disueltos los comités judíos antifascistas, los personajes de origen judío de más relieve, detenidos y ejecutados. Se descubrió la supuesta conjura de las batas blancas; se hablaba de deportar a todos los judíos a algún lugar del Asia oriental.

Ante la persecución de los judíos, Grossman no podía olvidar que era judío, aunque no evitara los pasos en falso, como la carta firmada en 1952. Y esos temas no abandonaron ya sus libros: no sólo convirtió a Strum, un judío, en el personaje principal de *Por una causa justa* y *Vida y destino,* sino que el genocidio hitleriano se convirtió en uno de los temas principales de la segunda novela. El antisemitismo ruso y ucraniano no siguió siendo silenciado: Grossman le consagró significativos desarrollos, tanto en *Vida y destino* como en *Que el bien os acompañe.* Pero, aunque sea cierto que la dimensión judía de la obra de Grossman no puede ignorarse si se desea presentar un cuadro fiel de su pensamiento, su evocación no basta para explicar la radical conversión del escritor.

---

1. I. Ehrenburg y V. Grossman, *Le livre noir*, Arles, Actes Sud, 1995. [Hay trad. cast.: *El libro negro*, Barcelona, Galaxia Gutenberg, 2011.]

Se advierte, de entrada, en las fechas: entre 1941 y 1945, Grossman recibió la impresión que le produjo su pertenencia a la población destinada al exterminio durante la guerra; ahora bien, la reacción se produjo en 1953-1954. El contenido del cambio apunta también en otra dirección. Hitler hizo descubrir a Grossman su condición de judío, pero la estigmatización de Hitler era perfectamente lícita en la Unión Soviética. La conversión de Grossman concierne a Stalin, no a Hitler: consistió en tomar conciencia de que Hitler, condenado unánimemente por todos, no era mucho peor que Stalin, ídolo del mundo soviético. Ahora bien, por mucho que Stalin fuera, además, antisemita, la persecución de los judíos no constituye su mayor fechoría. Lo que llevó a Grossman a su conversión fueron ciertos acontecimientos sin vínculo directo con el descubrimiento de su identidad judía: el rechazo y luego la publicación de su novela *Por una causa justa;* las persecuciones que sufrió a causa de esta aparición; los compromisos a los que éstas le obligaron; finalmente, la muerte de Stalin.

Al propio Grossman no le hubiera gustado que su conducta se explicara por su particular identidad étnica; siempre quiso ser miembro, sólo, de una comunidad, el género humano, siendo el resto, únicamente, el recorrido que cada individuo sigue para acceder a ella. En las discusiones que rodearon la elaboración del *Libro negro*, tomó una posición bastante distinta a la del otro redactor, Iliá Ehrenburg. La estenografía de estas reuniones nos demuestra que deseaba evitar la frecuente repetición de la palabra «judío». Durante las discusiones afirmaba que las víctimas judías debían ser tratadas como seres humanos, no como una nacionalidad aparte. Quería que se las identificara, primero, como judías, pero que fueran reconocidas luego como personas individuales y miembros del género humano.[1] Generalizó este propósito en *Vida y destino*. recuperando los acentos de los humanistas del siglo XVIII: «Lo esencial es que los hombres son hombres y que sólo luego son obispos, rusos, tenderos, tártaros, obreros».[2] Descon-

---

1. J. y C. Garrard, *The Bones of Berdichev: The Life and Fate of Vasily Grossman*, Nueva York, The Free Press, 1996, p. 205.
2. *Vie et destin*, p. 263.

fiaba de cualquier nacionalismo, incluso del de los pueblos pequeños, objeto habitual de la persecución de los grandes, como explica con respecto al pueblo armenio en un capítulo de su relato *Que el bien os acompañe*: «El nacionalismo de un pueblo pequeño pierde, con insidiosa facilidad, su fundamento humano y noble».

Por ello, sin olvidar nunca que era judío, Grossman intentó desde entonces hacer que su amarga experiencia beneficiase a las víctimas de otras persecuciones, y no sólo a los judíos. *Vida y destino* sólo es posible gracias a ese paso de lo particular a lo general y, de ahí, a otro particular: puesto que sufrió en su carne las sevicias hitlerianas, Grossman llega a poder comprender el mundo soviético. El nazismo decía la verdad del comunismo, la revelación de los secretos del *gulag* se hizo posible gracias al *Lager*. Y el movimiento no se detiene ahí: cuando contó sus impresiones del viaje a Armenia, en 1962, relató que un viejo armenio le había agradecido que, mucho tiempo antes, hubiera hablado de las persecuciones sufridas por los armenios. «Hablaba de su compasión y su amor por las mujeres y los niños judíos que habían perecido en las cámaras de gas de Auschwitz. [...] Tenía ganas de que un hijo del pueblo mártir armenio escribiera sobre los judíos.»[1] El conocimiento del mal sufrido habrá servido, pues, para ayudar a los demás.

Sin duda no es un azar que el judío Grossman se interesara no sólo por la matanza de los armenios y la de los campesinos ucranianos, sino también por la de la población japonesa. Ésta, sin embargo, fue aniquilada por bombas atómicas producidas y lanzadas no por un régimen totalitario sino por un gran país democrático que profesa ideales humanistas. Grossman se informó bien sobre la fisión nuclear utilizada en la bomba (Strum, en *Vida y destino*, es un físico que hace un descubrimiento comparable; no olvidemos que Grossman era químico de formación). En 1953, consagró a la destrucción de Hiroshima un breve relato, «Abel», en el que imagina el

---

1. «Dobro vam!», en V. Grossman, *Pozdnjaja proza*, Moscú, Slovo, 1994, pp. 165-226 (trad. fr. *La paix soit avec vous*, de Fallois-L'Âge d'Homme, 1989). [Hay trad. cast.: *Que el bien os acompañe*, Galaxia Gutenberg, 2019.]

estado de ánimo de la tripulación que lanza la bomba sobre la ciudad, y también el de las víctimas: «Ni ese niño de cuatro años ni su abuela comprendieron por qué les incumbía a ellos, precisamente, pagar las cuentas de Pearl Harbor y de Auschwitz».[1]

¿Podemos hallar una explicación a la metamorfosis de Grossman en la personalidad que brota de sus propios escritos? Dos rasgos caracterizan, desde el comienzo, esta obra: el afecto por la gente sencilla y la afición a la verdad. Aunque él mismo procedía de una familia culta y tenía un oficio intelectual, Grossman da pruebas en toda su obra de una preferencia por los seres comunes, prolongando así una vieja tradición cristiana celebrada tanto por Rousseau («podemos ser hombres sin ser sabios») como por la *Imitación de Cristo*. La riqueza, la cultura, el propio talento no bastan, a su modo de ver, para asegurar el valor de un ser humano. Escribió al final de su vida: «Entre la gente dotada, con talento y, a veces, incluso los geniales virtuosos de la fórmula matemática, del verso poético, de la frase musical, del cincel y del pincel hay muchos que son, en su alma, nulos, débiles, mezquinos, sensuales, glotones, serviles, ávidos, envidiosos, moluscos, babosas, en quienes la irritante angustia de la conciencia acompaña el nacimiento de una perla».[2]

Grossman consagró también a este contraste uno de sus últimos relatos, «Fósforo»,[3] que cuenta el destino de un grupo de amigos. Todos son brillantes, ingeniosos, con talento, cada cual en un campo distinto: uno es matemático, el otro un músico genial, el tercero lleva a cabo descubrimientos paleontológicos, el cuarto dirige una inmensa fábrica, el quinto –Grossman– es un escritor conocido. Uno solo de ellos no es brillante, se llama Krugliak, pero es el que más atento está a los demás. Pasan los años, los antiguos amigos son todos unos triunfadores, cada cual en su profesión; Krugliak, en cambio, está en un campo, condenado a diez años de trabajos forzados. Cuando sale, prosigue su medio-

---

1. «Avel», en *Pozdnjaja proza*, p. 24.
2. «Dobro vam!», pp. 215-216.
3. «Fosfor», en *Prozdnjaja proza*; trad. fr. *Le Phosphore*, Aix-en-Provence, Alinéa, 1990.

cre existencia; es sin embargo el mejor de todos ellos, el único que ayuda a quienes lo necesitan.

La afición de Grossman a la verdad no era menos pronunciada y suscitó los comentarios de sus contemporáneos. A comienzos de los años treinta, provocó una reveladora reacción de Gorki. En el informe de lectura dirigido a una editorial, éste comentó así los primeros pasos del joven escritor: «El naturalismo no conviene a la realidad soviética y no hace más que deformarla. El autor dice: "He escrito la verdad". Pero hubiera debido hacerse dos preguntas: ¿qué verdad? Y: ¿por qué? [...] Tanto la materia examinada como el autor ganarían si el autor se preguntase: ¿Por qué escribo? ¿Qué verdad estoy confirmando? ¿Qué verdad deseo ver triunfar?».[1]

Para Gorki, por aquel entonces gran ordenador del realismo socialista, dicho de otro modo, de la literatura de propaganda, decir la verdad no era un principio suficiente. Había para él múltiples verdades que no eran, todas, apreciables, algo que, en el contexto político de la época, sólo significaba una cosa: convenía sólo decir la verdad si era ventajosa para la sociedad soviética. O más incluso: era verdad lo que era útil al Partido. Visiblemente, el joven escritor cuyos escritos evaluaba se había dejado guiar por otro precepto.

Cuando, treinta años más tarde, Grossman escribió a Jruschov, siguió reivindicando la verdad. «Escribí en mi libro lo que creía y sigo creyendo la verdad, sólo escribí lo que he pensado, sentido, sufrido.» Por esta razón, pese a la confiscación del manuscrito, Grossman no se retractó y no deseaba retirar frase alguna. Sus detractores, por lo demás, no le acusaron de haber mentido; afirmaban que semejantes verdades no podían servir bien al Estado soviético. Y los métodos empleados contra él –la disimulación del libro– confirmaban más aún que había dicho la verdad: las mentiras, en cambio, son refutadas. Grossman concluía: «Sigo creyendo que he dicho la verdad, que escribí el libro amando a los hombres, compadeciéndome de los hombres, confiando en ellos. Pido la libertad para mi libro».[2]

---

1. Garrard, pp. 106-107.
2. Lipkin, pp. 75-79.

No la obtuvo, como hemos visto. La explicación que Súslov se dignó proporcionarle sigue, por completo, el espíritu del comentario de Gorki: no todas las verdades deben decirse. «La sinceridad no es la única exigencia para la creación de una obra literaria contemporánea»; otra, evidentemente, es la utilidad. Ahora bien, la verdad de Grossman haría más daño a la sociedad soviética que *El doctor Zhivago* de Pasternak: ¡casi tanto como las bombas atómicas preparadas por los enemigos de la Unión Soviética! Ni la verdad ni la libertad tienen valor autónomo. «No entendemos la libertad al modo de los países capitalistas, como el derecho a decir todo lo que se quiera, sin preocuparse por los intereses de la sociedad. Los escritores soviéticos deben producir sólo lo que es necesario y útil a la sociedad.»[1] Se reconoce aquí la lógica del «no hay que desesperar a los obreros».

Ésas son las constantes del espíritu de Grossman. A partir de ellas estableció también su nueva personalidad. Pero, para que se iniciara la mutación decisiva, fue preciso que, poco a poco, en un proceso largo y lento, Grossman consiguiera dar sentido a aquel trauma excepcional, la muerte de su madre.

Tras la muerte de Grossman, se descubrió en sus papeles un sobre que contenía dos fotografías y dos cartas. En la primera fotografía se ve a Grossman de niño con su madre. La segunda es atroz: muestra una zanja llena de cuerpos de mujeres desnudas; fue tomada por un oficial SS tras una ejecución de mujeres judías en la Unión Soviética. Así debió de terminar su existencia terrenal la madre de Grossman. Las dos cartas fueron enviadas por Grossman a su madre, pero sus fechas son extrañas, el 15 de septiembre de 1950 y el 15 de septiembre de 1961, nueve y veinte años después del asesinato; pero Grossman le escribe como si estuviese viva. En la primera, redactada, pues, en un momento en el que no lograba publicar el primer volumen de su novela, le habla del descubrimiento de su muerte (en enero de 1944, aunque también, ya, en un sueño adivinatorio, en septiembre de 1941): entró en una habitación que sabía que era la suya, vio un sillón vacío, un chal que le había pertenecido, sobre un respaldo. En la carta le

---

1. Garrard, pp. 357-360.

habla de su amor intacto y de su pena, igualmente inmutable; no consigue imaginar su muerte.

La segunda carta, escrita en la época en que tenía dificultades con la segunda parte de la novela, *Vida y destino*, es más conmovedora aún. Sigue dirigiéndose directamente a su madre, le asegura que continúa viviendo en él y que la ama cada día más. Revela que *Vida y destino* le está dedicada, y que la novela es la expresión de los sentimientos y los pensamientos que ella le inspiró: compasión por su destino, admiración por su ejemplo. ¿Qué simbolizaba su madre para él: el destino de los rusos, el de las mujeres, el de los judíos? «Para mí, eres lo humano y tu terrible destino es el destino de la humanidad en estos tiempos inhumanos.» Al mismo tiempo, su madre encarnaba la actitud que él admiraba ante la desgracia y el mal: supo amar a los demás, con sus imperfecciones y sus debilidades, supo ser siempre tierna y generosa; el odio del que fue víctima no la hizo odiar. La matanza de los judíos fue, en efecto, el punto de partida de la conversión, pero es un movimiento que llevó a Grossman a abrirse a todos, a comprender al mundo y a amar a los hombres. Haber aprendido el sentido del destino de su madre le dio unas fuerzas sorprendentes: «No temo nada porque tu amor está conmigo y porque mi amor está contigo para toda la eternidad».[1] Su madre se convirtió en el testigo interno que le daba fuerza y valor; la certeza de su amor le hacía invulnerable y le permitía amar a los demás. Los libros que escribió posteriormente a esta toma de conciencia fueron su resultado directo, son sólo la traducción en palabras de un estado de ánimo que Grossman descubrió en su madre, proyectándose en ella hasta su tumba. Luego, la muerte de Stalin le liberó del miedo, cierto día despertó, pues, como un hombre distinto.

Podemos ahora volvernos hacia el pensamiento de Grossman y, particularmente, hacia el análisis al que somete al régimen totalitario. ¿Cuáles son sus rasgos constitutivos? Para el individuo que vivía en la Unión Soviética en los años treinta, cuarenta o cincuenta del siglo XX, la respuesta no es evidente. Sufría cotidianamente por la penuria económica, la exigüidad de las viviendas, la dificultad de

---

[1] «Pis'ma», en *Nedelja*, 47 (1988) o *Daugava*, 11 (1990); Garrard, pp. 352-353.

los transportes. Pero ésa era sólo una consecuencia de los rasgos estructurales del régimen. Lo que más le hacía sufrir era el miedo provocado por los relatos sobre ejecuciones, deportaciones, torturas. O también la arrogancia de los miembros de la *nomenklatura*, las mentiras de la propaganda, la delación y el servilismo erigidos en reglas de conducta cotidiana. Pero éstas son características de la vida bajo el comunismo, no la definición de su principio.

En la base de la sociedad totalitaria se halla, según Grossman, una exigencia: la de la sumisión del individuo. El fin al que aspira esta sociedad no es, en efecto, el bienestar de los hombres que la componen, sino el desarrollo de una entidad abstracta que podemos designar como el Estado y que se confunde, también, con el Partido e, incluso, con la policía. Al mismo tiempo, los individuos deben dejar de percibirse como fuente de su acción, deben renunciar a su autonomía y obedecer las leyes impersonales de la Historia, formuladas por los poderes públicos, y también las directrices dictadas, día tras día, por los distintos servicios. En este sentido podemos decir que el Estado soviético «tenía como principio esencial ser un Estado sin libertad».

La teoría marxista, origen ideológico del régimen comunista, no deja ya lugar alguno a la libertad del individuo. Pero el Estado soviético extendió este principio a campos insospechados por Marx, superponiendo las coacciones ejercidas por el poder a las de la historia o la economía. «La libertad no sólo ha sido vencida en el campo de la política y la actividad pública. La libertad fue aplastada en todas partes, ya se tratara de agricultura –el derecho a sembrar o a cosechar libremente–, de poesía o de filosofía. Fueras botero, te ocuparas de un círculo de lectura o desearas cambiar de domicilio, no había ya libertad alguna.»[1] La ausencia de libertad se extiende a todas las actividades, incluida la búsqueda de la verdad, lo que tiene como consecuencia transformar la ciencia en una subsección del departamento de propaganda: la Rusia soviética condenó, así, la «supuesta teoría de la relatividad» de Einstein.[2]

---

1. *Tout passe*, Julliard-L'Âge d'Homme, 1984, pp. 233 y 236. [Hay trad. cast.: *Todo fluye*, Barcelona, Galaxia Gutenberg, 2008.]
2. *Vie et destin*, p. 425.

El terror, medio empleado por el Estado para asegurarse de que la población siga siendo sumisa, en nada es irracional, pues; por el contrario, es indispensable. Nos equivocamos de época y de régimen cuando vemos sólo en él «la manifestación insensata de un poder sin control y sin límites ejercido por un hombre cruel». El terror es necesario para destruir cualquier autonomía de los individuos. «La antilibertad derramó esa sangre para vencer a la libertad»:[1] ése era el objetivo buscado. La policía de Estado invirtió el principio de Tolstói según el cual en el mundo no hay culpables. «Nosotros, los chequistas –dice un personaje de *Vida y destino*–, hemos puesto a punto una tesis superior: no hay en la Tierra gente inocente.»[2] Todos son culpables de querer seguir siendo individuos, actuando en nombre de su voluntad libre y dando como objetivo, a sus acciones, la felicidad de otros individuos. Si se parte de esta tesis, el terror es legítimo. Por eso, los campos de concentración se convierten en emblema de este régimen: la sumisión del individuo es su única justificación. Son, al mismo tiempo, la revelación de la verdad oculta de todo el régimen: «Fuera de las alambradas o en el interior de las alambradas, la vida, en su esencia secreta, era la misma».

¿Dónde hay que buscar el origen de la visión totalitaria del mundo? Sus actuales enemigos prefieren alejarlo tanto como sea posible de su propia tradición. Para el ruso Solzhenitsin, sólo puede ser una importación occidental; para el alemán Nolte, se trata de una influencia asiática o, en último término, francesa. Grossman, que se siente tan ruso como es posible, heredero de una gran tradición literaria, se pregunta primero si no tendrá la culpa cierta afición rusa a la sumisión, a la esclavitud incluso. Pero debe corregirlo: «Los rusos no son los únicos que conocieron este camino. No son raros los pueblos que, en otros continentes, conocieron de cerca o de lejos las mismas desgracias». Sólo puede decirse que una condición que facilita el advenimiento del totalitarismo es la tendencia, tan presente en Rusia como en otros países, a separar radicalmente el cuerpo y el espíritu, lo concreto y lo

---

1. *Tout passe*, pp. 235-236.
2. *Vie et destin*, p. 600.

abstracto, lo cotidiano y lo sublime: es más fácil aceptar la esclavitud del cuerpo cuando se cree que el alma es independiente.

Lo seguro, en cambio, es que en Rusia, en 1917, nació el primer Estado totalitario; y su partera se llamó Lenin. Ésta es una de las constantes tesis de Grossman: no es posible aislar a Ejov o Beria, los jefes de la policía política, de Stalin, jefe del Estado, ni separar a Stalin de Lenin. Éste fue quien fijó los grandes rasgos del nuevo régimen. La primera característica de su acción es estar por completo sometida a un objetivo, la de prevalecer a toda costa. Es un maquiavelismo llevado al extremo, donde el fin justifica todos los medios y donde no existe absoluto alguno. «Lenin en la discusión no buscaba la verdad, buscaba la victoria.»[1] Parece un cirujano que sólo cree en su bisturí, en el que evocaba Kaganóvich. Para acceder al objetivo, no vacila en cortar los tejidos vivos. Puesto que la guerra es la verdad de la vida, no hay razón alguna para abstenerse de practicarla; y la guerra contra el enemigo interior se llama terror.

La continuidad entre Lenin y Stalin no implica que Stalin no hubiera innovado; su contribución concierne a dos campos principales. En primer lugar, él puso de relieve, en la Unión Soviética, la idea de nación o, más exactamente, la prioridad concedida al Estado nacional. El régimen nacido de la Revolución de Octubre nada tenía, ya, de universalista, puesto que imponía la sumisión, la liquidación incluso, de una parte de la humanidad, la de las clases enemigas: «La nobleza, la burguesía industrial y mercantil». Desde el comienzo, también, el proyecto revolucionario se confundía con el destino de un país único, Rusia. En este sentido, escribe Grossman, Lenin, sin saberlo, «estaba fundando el gran nacionalismo del siglo XX». Pero el proyecto quedaba entonces disimulado por la promoción de la revolución mundial. Hay que esperar a Stalin para verlo sistematizado en la práctica e, incluso, introducido en la teoría («el socialismo en un solo país»).[2] Se descubre entonces que la verdad del socialismo internacional es ser un socialismo nacional: no deja de ser un socialismo, pero sus objetivos se confunden con los de la nación.

1. *Tout passe*, pp. 76, 221 y 208.
2. *Vie et destin*, pp. 627, 378 y 377.

Esta identificación del régimen con la nación permitió la gran reacción de los rusos durante la invasión hitleriana: moderadamente satisfechos con su régimen, se levantaron todos contra el invasor y combatieron encarnizadamente para defender su patria. Fue la «gran guerra patriótica», durante la que se cantó la gloria de Aleksandr Nevski y de Pedro el Grande, más que la de Marx y Engels. La victoria de Stalingrado fue una consecuencia de este «nacionalsocialismo» abiertamente asumido. Pero otra de sus consecuencias fue la persecución generalizada, durante aquellos mismos años, de las minorías nacionales que habitaban el mismo territorio y que, como entonces se recuerda, son los enemigos hereditarios de los rusos. Se deporta a la gélida taiga de Siberia a los calmucos y los tártaros de Crimea, a los chechenos y los balcánicos, a los búlgaros y a los griegos rusificados. Poco tiempo después, se comenzó a perseguir a otra minoría, la de los judíos...

La segunda innovación que sufrió el régimen comunista bajo Stalin consistió en que los hombres que habían llegado a sus convicciones por sí mismos fueron sustituidos, en la dirección del Estado, por individuos enteramente sometidos al poder central. Los unos pertenecían a la primera generación de bolcheviques, la que ante todo pensaba en introducir la utopía en la realidad y que, para llegar a este fin, no vacilaba en imponer el terror. Eran hombres caracterizados por la energía, el valor, la abnegación, pero también por la brutalidad, la impaciencia, la ausencia de preocupación por los destinos individuales. Fueron ellos quienes aplastaron toda manifestación de libertad. Pero llegó un momento en que esos personajes se hicieron molestos y, para librarse de ellos, de un modo perfectamente racional, Stalin organizó el Gran Terror, que afectó preferentemente a los cuadros comunistas.

El nuevo equipo que se instaló después de la guerra, en todos los niveles del poder, no estaba ya constituido por «hombres desinteresados», «apóstoles descalzos», sino por aficionados a las buenas dachas, a los coches y a las ventajas materiales. Su adversario no era la libertad, difunta ya, sino la revolución. La utopía inicial, la idea de una sociedad ideal, dejó de ser un objetivo y resultó que había sido sólo un medio, el que permitió tomar el poder, consolidarlo luego y reforzarlo, hasta hacerle ocupar el lugar del Estado. «Los hombres que crearon ese Estado creían que sería el medio para realizar estos ideales. Pero fueron sus sueños y sus ideales los que sirvieron de medio al Estado poderoso y temible.» No había ya lugar para los idealistas, para aquellos que actuaban en nombre de sus propias convicciones, por mucho que fueran estrictamente comunistas. Pero, como no se renuncia a la ideología inicial, la época estalinista vio instaurarse, al mismo tiempo, el reino de la hipocresía: el discurso no sirve para designar el mundo, ni siquiera para incitar a su transformación; su función fue entonces disimularlo. Se asistió a una «puesta en escena gigantesca»,[1] el mundo entero se hizo teatro: los electores fingían votar, los directores dirigir, los sindicatos imitaban la actuación de los verdaderos sindicatos, los escritores afirmaban expresar sus sentimientos, los campesinos fingían deslomarse trabajando. Sólo los espectáculos teatrales no aparentaban ser algo distinto a lo que eran. Para llevar a cabo esa tarea, los espíritus sumisos eran más adecuados que los espíritus independientes.

Esta descripción del Estado totalitario procede de la observación de la Rusia comunista. Muchos de sus rasgos se encuentran, no obstante, en la Alemania nazi. El fascismo alemán descansaba, a su vez, en la negación de la libertad individual; trataba a los hombres como si fueran materia inerte, lo que le emparentaba con los demás cientificismos contemporáneos. «El fascismo rechazó el concepto de individuo, el concepto de hombre, y operó por masas enormes.» Como el comunismo, postulaba que la guerra dice la verdad de las relaciones humanas. Como el comunismo también, pero de modo más abierto aún, combinó la idea socialista (la sumisión del individuo) con la idea nacional (el culto al poder ilimitado). Llegando después del comunismo, probablemente se inspiró en él. «Los apóstoles europeos de las revoluciones nacionales vieron la llama que se levantaba en el Este. Los italianos, los alemanes luego, se pusieron a desarrollar, cada uno a su modo, esta idea del socialismo nacional.» En fin, el terror les era común, lo que permite a Grossman hablar del «chirrido combinado de los alambres de púas de la taiga siberiana y del campo de Auschwitz».[2]

1. *Tout passe*, pp. 176, 199 y 234.
2. *Vie et destin*, p. 92; *Tout passe*, pp. 220 y 222.

El parecido entre las dos ramas del totalitarismo, comunista y nazi, es el tema de una gran escena de *Vida y destino*, aquella donde se enfrentan, un poco como personajes dostoyevskianos, Mostovskoy, un viejo bolchevique, detenido en un campo alemán, y Liss, un alto oficial de la Gestapo, representante directo de Himmler. Liss intenta convencer a Mostovskoy de que ambos regímenes son imágenes especulares el uno del otro. A las características comunes ya citadas, añade una estructura económica menos opuesta de lo que parece: los capitalistas alemanes no son realmente libres en sus movimientos. Ambos Estados, añade, tienen los mismos enemigos: «Los comunistas alemanes que nosotros encarcelamos en los campos, fueron también encarcelados por vosotros en 1937». En cuanto a la persecución de los judíos, Liss se limita a imaginar que «mañana, vosotros la emprenderíais por vuestra cuenta». Pero la imitación cambia a veces de dirección: «En nuestra Noche de los Cuchillos Largos encontró Stalin la idea de las grandes purgas de 1937». Este parecido no impide el conflicto entre los dos países, claro, pero lo hace paradójico: el vencido ve cómo triunfan sus propios principios. «Si perdemos la guerra, la ganaremos, seguiremos desarrollándonos bajo otra forma, pero conservando nuestra esencia.»[1] Mostovskoy se siente turbado pero no convencido.

¿Es posible mantener la idea de este parecido si se piensa en la mayor fechoría del nazismo, el exterminio de los judíos? Grossman, que nada ignoraba de él puesto que su propia madre había sido víctima, se interrogó sobre esto con respecto a la terrible matanza provocada por el poder comunista, la destrucción de los campesinos de Ucrania a comienzos de los años treinta. Ésta se desarrolló en tres etapas.[2] La primera fue la colectivización de las tierras y la «deskulakización» concomitante, es decir, la expropiación y la marginación de todos los campesinos cuya renta superaba el mínimo. Esta marginación significaba que los *kulaks* eran detenidos y una parte de ellos –la proporción varió según las regiones– fue-

---

1. *Vie et destin*, pp. 374, 375, 378 y 373.
2. *1933, l'année noire: Témoignages sur la famine en Ukraine*, Albin Michel, 2000.

ron ejecutados tras un juicio sumario. La segunda consistió en deportar a los *kulaks* supervivientes, acompañados por sus familias, a regiones deshabitadas de Siberia. Los vagones para ganado, atestados, tardaban hasta cincuenta días en llegar al destino final. Numerosos viajeros murieron en el camino. Descargaban a los unos y los otros en pleno bosque, sin abrigo, y les arrojaban algunas herramientas rudimentarias; tenían que construir casas, desbrozar las tierras, sembrar y cosechar. Una importante proporción de ellos no sobrevivió a la prueba.

Pero la principal desgracia debía llegar aún: no se produjo en Siberia sino en las fértiles tierras de Ucrania, vaciadas de los más emprendedores campesinos. Se puso en marcha un mecanismo infernal: en ausencia de los antiguos propietarios, las cosechas cayeron brutalmente, aunque los delegados del Partido afirmaran que todo iba bien. Los campesinos restantes eran incapaces de entregar al Estado las cantidades de trigo exigidas; el poder envió activistas para arrancarles, por la fuerza, todas las reservas de alimento. Para castigarlos por su mala voluntad, se les prohibió aprovisionarse en la ciudad. Los campesinos se comieron primero sus escasas reservas, luego las semillas, más tarde las patatas y, por fin, el ganado. Cuando llegó el invierno, se abalanzaban sobre las bellotas. Una vez devoradas, consumieron los perros, los gatos, las ratas, las víboras, las hormigas y los gusanos. A principios de la siguiente primavera, el hambre se generalizó pero, antes de morir, la gente se volvía loca: intentaban huir pero eran rechazados por la policía; se entregaron a actos de canibalismo. «La hambruna era total, actuó la muerte. Primero los niños y los ancianos, luego las personas de mediana edad. Al comienzo los enterraron, luego dejaron de hacerlo. Había cadáveres por todas partes, en las calles, en los patios... Quienes fueron los últimos en morir, permanecieron acostados en sus isbas. Se hizo el silencio. Toda la aldea murió.»[1] Hoy se estima que más de seis millones de personas perecieron en estas condiciones.

Los dos exterminios, el de los campesinos y el de los judíos, tienen muchos rasgos distintos, pero tienen también características

---

1. *Tout passe*, p. 164.

comunes. Es sorprendente, primero, comprobar que se desarrollaron, por una parte, en las mismas tierras: en estas mismas regiones de Ucrania hicieron estragos los *Einsatzgruppen* alemanes, las unidades móviles de matanza. Existe incluso una relación más estrecha, que Grossman indica sin demorarse en ello: la ejecución de los judíos fue facilitada por una milicia indígena ucraniana, que custodiaba a las víctimas. Los campesinos creían tomar así revancha de las sevicias sufridas en manos de los rusos y de los bolcheviques, asociados a los judíos para la ocasión. Observamos, tanto en las víctimas de los nazis como de los bolcheviques, la misma pasividad, la misma incapacidad para resistir el poder del Estado totalitario. Unas y otras eran castigadas por lo que eran, no por lo que hacían. «Algo me parece evidente –se dice Strum en *Vida y destino*–, es horrible matar a los judíos con el pretexto de que son judíos.» Es lo que hizo Hitler. «Pero, a fin de cuentas, seguimos el mismo principio: lo que cuenta es ser o no de origen noble, hijo de *kulak* o de mercader.» La violencia es semejante, sea cual sea el criterio elegido para la exclusión: «Salta de un continente a otro, se convierte en lucha de clases y de lucha de clases en lucha de razas».[1]

Para facilitarse la tarea, los verdugos dicen siempre: no son seres humanos, pertenecen a una especie inferior y por esta razón no merecen vivir. Un personaje de *Todo fluye* que ha participado en la «deskulakización», Anna Sergueievna, recuerda: «¡Cómo sufrió esa gente, cómo la trataron! Pero yo decía: no son seres humanos, son *kulaks*. [...] Para matarlos, era preciso declarar: "Los *kulaks* no son seres humanos". Al igual que los alemanes decían: "Los judíos no son seres humanos". Es lo que dijeron Lenin y Stalin: "Los *kulaks* no son seres humanos"».[2] Pero lo son, los unos y los otros; dejan, en cambio, de comportarse como humanos quienes matan en sí mismos cualquier humanidad para decidir el exterminio de los otros.

Y cuando Grossman evoca la muerte de las víctimas de uno u otro régimen totalitario, revela la misma emoción y experimenta la misma compasión. En *Vida y destino*, la madre de Strum, Anna

1. *Vie et destin*, p. 545; *Tout passe*, p. 247.
2. *Tout passe*, p. 150.

Semionovna, es fusilada por los *Einsatzgruppen*, como lo había sido la madre del propio Grossman; su amiga Sofía Ossipovna Levinton perece en una cámara de gas. Del otro lado, en *Todo fluye*, la dulce Masha se extingue en un campo, separada de su marido y de su hijo, como perece también la familia de Vassili Timofeievich, su mujer Danna, su hijo Grishka, agotados por el hambre. Una de las muertes es rápida y cruel, la otra lenta y cruel; sus víctimas merecen del mismo modo ser compadecidas y recordadas por la memoria de los hombres.

En la guerra, Stalin, aliado con las democracias occidentales, venció a Hitler y obtuvo de ello un inmenso prestigio; al triunfar sobre el fascismo, consiguió hacer olvidar o, al menos, subestimar sus propias fechorías, los sangrientos años treinta. Al modo de ver de algunos, la victoria permite incluso justificar retrospectivamente el terror: si no hubiera aplastado a todos sus adversarios del interior, ¿habría podido vencer al enemigo de fuera? Pero, una vez obtenida la victoria, la predicción de Liss comienza a realizarse. A Rusia le toca, entonces, someter a los países de la Europa del Este, le toca organizar la deportación de poblaciones enteras, le toca abrir de nuevo las puertas de los campos para que acojan no sólo a los prisioneros de guerra alemanes sino también a los prisioneros de guerra soviéticos, recién liberados de los campos alemanes. Le toca organizar una nueva persecución de los judíos y preparar una nueva deportación, la cual sólo fue suspendida por la muerte del tirano. Ambos totalitarismos no se parecen en todo, pero son equivalentes.

El pensamiento de Grossman no se detiene en el análisis crítico del fenómeno totalitario, aunque encuentre en él su fundamento. De lo que ve como fuente del mal totalitario –la sumisión y la degradación del individuo– deduce su propio valor supremo, el elogio del individuo a la vez como fuente de la acción (autonomía del *yo*) y como su destinatario (finalidad del *tú*), encarnación simultánea de la libertad y la bondad. En uno de los pasajes filosóficos de *Vida y destino*, Grossman escribe: «El reflejo del Universo en la conciencia de un hombre es el fundamento de la fuerza del hombre, pero la vida sólo se hace felicidad, libertad, valor supremo cuando el hombre existe como un mundo que nadie repetirá en el infinito de los tiempos. Sólo con esta condición experimenta el gozo de la libertad y de la bondad, encontrando en los demás lo que ha encontrado en sí mismo». El valor de la libertad y de la bondad se explica por la unicidad del individuo. En el libro, estas reflexiones se las inspira al narrador la agonía, en la cámara de gas, de Sofía Ossipovna y un muchachito desconocido, David, que se agarra desesperadamente a ella hasta el final. «"Soy madre", pensó. Fue su último pensamiento.»[1]

Grossman es el heredero de los grandes prosistas rusos del siglo XIX; sus personajes entablan debates filosóficos como en *Los demonios* o en *Los hermanos Karamázov* de Dostoyevski, y *Vida y destino* imita la estructura global de *Guerra y paz* de Tolstói. Sin embargo, desde el punto de vista ideológico, el «clásico» del que se siente más próximo, según su propia confesión, es Chéjov, pues éste aportó a la literatura rusa ese nuevo humanismo centrado en las ideas de libertad y de bondad. La libertad debe entenderse en sentido amplio, como la posibilidad de que el individuo actúe como sujeto autónomo. «Antaño –dice uno de los portavoces de Grossman–, yo pensaba que la libertad era la libertad de palabra, la libertad de prensa, la libertad de conciencia. Pero la libertad se extiende a *toda* la vida de *todos* los hombres. La libertad es el derecho a sembrar lo que se quiera, a hacer zapatos y abrigos, es el derecho del que siembra a hacer pan, a venderlo o a no venderlo, si lo desea. Es el derecho del cerrajero a fundir acero, el del artista a vivir y trabajar como desea y no como se le ordena.»[2] El hombre se distingue de la materia inerte e incluso de los demás animales en que puede elegir su destino, pues dispone de una conciencia; sólo al morir abandona el reino de la libertad para alcanzar el de la necesidad. Por esta razón, no todo lo real es racional. Si tomamos la palabra no en el sentido de la razón instrumental, sino en el de una justificación última: todo lo que, en el mundo, pone trabas a la libertad es contrario a esa racionalidad.

Que el impulso hacia la libertad forme parte de la vocación biológica de la especie humana puede parecer tranquilizador: eso

---

1. *Vie et destin*, pp. 523 y 522.
2. *Tout passe*, p. 110.

sugiere que los regímenes que descansan sobre una supresión sistemática de las libertades individuales están condenados en un plazo más o menos largo. Ni siquiera los Estados totalitarios consiguieron provocar una mutación de la especie para hacerle olvidar el sabor de la libertad. «El hombre condenado a la esclavitud es esclavo por destino y no por naturaleza. La aspiración de la naturaleza humana a la libertad es invencible, puede ser aplastada pero no puede ser aniquilada», escribe Grossman. Esto es algo que ilustran los acontecimientos del siglo XX, a pesar del formidable desarrollo de los medios de presión de que dispone el Estado moderno para someter a sus súbditos. Pero ello no puede bastar para tranquilizarnos: aunque ésta sea la dirección de la evolución biológica («Toda la evolución del mundo vivo va de una libertad mínima a una libertad máxima»),[1] nada prueba que sea también la dirección de la historia humana. ¿Eran nuestros antepasados menos libres que nosotros, que nos hemos dotado de Estados más poderosos que los suyos?

La libertad es el primer valor humanista; la bondad, el segundo. En efecto, el hombre solo no es el hombre completo, «el individualismo no es la humanidad», los hombres se hacen el objetivo de su acción y no sólo su fuente. Ahora bien, la cumbre de la relación con otro es la aparición de la simple bondad, el gesto que logra que, por nuestra mediación, otra persona sea feliz.

Grossman desarrolla su elogio de la bondad oponiéndola a las doctrinas del bien. Éstas tienen todas un defecto insuperable: ponen en lo alto de los valores una abstracción, no a los individuos humanos. Ahora bien, los hombres no hacen el mal por el mal, siempre creen perseguir el bien; sencillamente, resulta que por el camino se ven llevados a hacer sufrir a los demás. Es la tesis que desarrolla del modo más detallado, en *Vida y destino,* el «loco en Dios» Ikonnikov, detenido en un campo de concentración alemán, y que ha redactado un pequeño tratado sobre la cuestión. «Ni siquiera Herodes derramaba sangre en nombre del mal.» La persecución del bien, en la propia medida en que olvida a los individuos que debían ser sus beneficiarios, se confunde con la práctí-

---

1. *Vie et destin*, pp. 200 y 651.

ca del mal. Los sufrimientos de los hombres, incluso, proceden más a menudo de la persecución del bien que de la del mal. «Allí donde se levanta el alba del bien, perecen niños y ancianos, corre la sangre.» Esta regla se aplica tanto a las religiones antiguas como a las modernas doctrinas de salvación, como el comunismo. Más vale, pues, renunciar a cualquier proyecto global de extirpar el mal de la Tierra para que reine en ella el bien.

Chéjov enseña a Grossman que hay que dejar a un lado las «grandes ideas progresistas» y comenzar por abajo: «Comencemos por el hombre, mostrémonos atentos con respecto al hombre, sea cual sea: obispo, *mujik*, industrial millonario, forzado de Sajalín, camarero en un restaurante».[1] Este recordatorio del carácter irreductible del individuo permite saltarse la desviación de la benevolencia hacia el bien. Y es que, como puso de relieve Lévinas interpretando a Grossman, «la "pequeña bondad" que va de un hombre a su prójimo se pierde y se deforma en cuanto pretende ser doctrina, tratado de política y de teología, Partido, Estado e incluso Iglesia».[2] Los justos no persiguen el bien sino que practican la bondad: ayudan a un herido aunque sea un enemigo, ocultan a los judíos perseguidos, transmiten las cartas de los presos. Una escena de *Vida y destino* ilustra su aparición: una mujer rusa tiende un pedazo de pan al prisionero alemán, cuando él espera ser linchado. Esta bondad se encarna de modo emblemático en el amor materno. Así termina la vida de Sofía Ossipovna, convertida en madre por su gesto de bondad; de este modo también comienza la vida de los hombres: «La ternura, la solicitud, la pasión, el instinto maternal de la mujer son el pan y el agua de la vida».[3]

Sin embargo no basta con decir que los hombres son impulsados, por su propia naturaleza, hacia la libertad y la bondad. Y es que, al margen de su naturaleza, los hombres tienen también un destino, una historia, y en Europa, en el siglo XX, esta historia luce los colores del totalitarismo. Ahora bien, éste niega al individuo y suprime su libertad; los individuos que viven bajo coacción dejan

---

1. Ibíd., pp. 262, 380, 382 y 263.
2. *Entre nous*, p. 242.
3. *Tout passe*, p. 126.

de ser buenos. La persecución del bien les sirve de excusa para su dureza y su egoísmo. El amable Grishka (en *Todo fluye*), al que le gusta bailar y cantar por la noche en la aldea, lanza a la muerte a los campesinos hambrientos. Diez años más tarde, aquellos que sobrevivieron se alegran, a su vez, de ver sufrir a los judíos y poder apoderarse de sus muebles o sus casas. La «mala alegría»[1] forma parte de la interacción humana.

Un capítulo inolvidable de *Todo fluye* establece el retrato de una serie de «Judas»: todos se comportaron de un modo innoble con sus contemporáneos, denunciaron, calumniaron, traicionaron y, sin embargo, tienen también excusas. Bajo el totalitarismo, «todos son culpables» y «todos son inocentes» se confunden. Convencidos de que el Estado era, de todos modos, más poderoso que ellos, renunciaron al ejercicio de su libertad. Aseguraron así la victoria de ese Estado. Y sin embargo no dejaron de ser humanos, de amar a su prójimo, de admirar la música hermosa y la gran literatura, de hacer que avanzara el conocimiento. «Esos hombres no deseaban mal a nadie, pero habían hecho el mal toda su vida.»[2] La historia de los hombres no es menos poderosa que su naturaleza, al menos en un plazo tan breve como el de la vida humana.

¿Qué se puede deducir de ello? Por un lado, Grossman nos lleva hacia una conclusión que él no formula con todas sus letras. Su contacto con los más viles verdugos le convenció de una cosa: no es posible librarse de los malvados considerándolos por completo distintos a nosotros ni atribuyendo su conducta a su origen o su locura. Al descubrir a los asesinos de Treblinka, concluye: «Lo que debe dar horror son menos esos seres que el Estado que les sacó de sus agujeros, de sus tinieblas, de sus subterráneos porque le eran útiles, necesarios, indispensables».[3] No son «los alemanes» o «los rusos» los malvados, son el nazismo y el comunismo. Pero, entonces, hay que combatir un régimen y para eso no basta la simple bondad. No podemos contar con la virtud de los

---

1. *Vie et destin*, p. 81.
2. *Tout passe*, p. 253.
3. «L'enfer de Treblinka», en *Années de guerre*, Autrement, 1993, p. 266. [Hay trad. cast.: *Años de guerra*, Barcelona, Galaxia Gutenberg, 2009.]

hombres, demasiado débiles; el único medio de hacer imposible el totalitarismo es oponerle otra estructura política. Tal vez la justicia y el régimen democrático nacieron de la bondad y del amor, pero se han separado de ellos; pero ellos y sólo ellos, es decir, las fuerzas políticas, detienen el totalitarismo, por las armas si es necesario, y hacen posible el ejercicio de la bondad y de la libertad.

Por lo que se refiere a los individuos, es inútil oponer los buenos a los malos. «Todos eran débiles, tanto justos como pecadores.» La diferencia está más bien en la imagen que cada cual se hace de su acción, en su buena o mala conciencia, según recuerde preferentemente sus hazañas o sus traiciones. Nada se ha adquirido de una vez por todas. «Cada día, cada hora, año tras año, era preciso luchar por el derecho a ser un hombre, el derecho a ser bueno y puro. Y ese combate no debía estar acompañado por orgullo alguno, por pretensión alguna, sólo debía ser humildad.»[1] En este combate cotidiano por la libertad y la bondad, la presencia de un «testigo interior», el recuerdo de un ser que encarna el amor, puede resultar de gran ayuda.

Vasili Grossman supo obtener de él la fuerza para lograr su propia resurrección y escribir sus magníficos libros. No es seguro que hubiera podido encontrar en él descanso y serenidad. Tras haber recorrido las tierras de Treblinka, da así cuenta de la sensación que le invade: «Parece que el corazón va a dejar de latir, oprimido por tal tristeza, tal pesadumbre, tal angustia que un ser humano no es capaz de soportarlas». Y ya al final de su vida, cuando acaba de visitar una encantadora aldea armenia, reconoce: «La angustia del alma humana es terrible, inextinguible, no puede calmarse, no es posible huir de ella; ante ella son impotentes, incluso, las apacibles puestas de sol campestres, incluso el chapoteo del mar eterno, incluso la dulce ciudad de Dilijan».[2]

---

1. *Vie et destin*, pp. 791-792.
2. *Années de guerre*, p. 291 (trad. mod.); «Dobro vam l'», p. 200.

2

LA COMPARACIÓN

> Lo humano en el hombre sale al encuentro de su destino; ahora bien, esos destinos varían de una época a otra, nunca son los mismos. Su único rasgo común es que son siempre pesados.
>
> Vasili Grossman,
La Madona sixtina

NAZISMO Y COMUNISMO

El mero empleo de los términos «totalitario» y «totalitarismo» implica que pertenecen a una sola familia algunos Estados históricamente distintos y que son percibidos, ellos mismos, como opuestos entre sí. La extensión de los regímenes así comparados sigue siendo, al mismo tiempo, objeto de debate: ¿se trata, por un lado, del comunismo, o de su variante rusa, el bolchevismo, aunque éste pudo ser exportado a continuación, o del estalinismo, su período más intenso? Y, por el otro lado, ¿nos las vemos sólo con el nazismo o debemos incluirle en la familia, más extensa, de los fascismos? Y, si es así, ¿tiene ésta más miembros aparte de Alemania e Italia, por ejemplo España?

Sea cual sea la respuesta dada a estas preguntas, el propio hecho de comparar y relacionar nazismo y comunismo suscita, hoy aún, vivas resistencias. Hay varias razones para ello. La primera nada tiene que ver con el análisis político: procede del desagrado que nace en cada uno de nosotros cuando nos vemos reducidos a ser, sólo, un ejemplo entre otros de una generalización histórica. Un desagrado que se convierte en herida cuando se trata de experiencias dolorosas, y las que se refieren a los regímenes totalitarios lo son casi siempre. Está claro que, desde este punto de vista, la comparación resulta a menudo inconveniente, ofensiva incluso para el individuo. No se dirá a alguien que acaba de perder a su hijo que su pena es comparable a la de otros muchos padres desgraciados. Hay que insistir en ello y no olvidar este punto de vista subjetivo: para cada uno de nosotros la experiencia es, forzosamente, singular, y por añadidura la más intensa de todas. Hay una arrogancia de la razón, insoportable para el individuo, al verse desposeído del propio pasado y del sentido que le concedía, en nombre de consideraciones que le son ajenas.

Es comprensible también que quien esté envuelto en una experiencia mística rechace, por principio, cualquier comparación que se le aplique, incluso cualquier uso del lenguaje que se le refiera. La experiencia es, y debe seguir siendo, inefable e irrepresentable, incomprensible e incognoscible, por sagrada. Esas actitudes merecen en sí mismas respeto, pero están limitadas a la esfera privada y, por lo tanto, no nos conciernen aquí. Para el debate público, en cambio, la comparación, en vez de excluir la unicidad, es el único medio de fundamentarla: ¿cómo, en efecto, afirmar que un fenómeno es único si nunca lo hemos comparado con otra cosa?

La segunda razón de la resistencia a las comparaciones no es menos comprensible y, sin embargo, tampoco tiene su lugar aquí. Es que la rama alemana del fascismo, el nazismo, en especial con esa macabra institución de los campos de exterminio, se ha convertido para la mayoría de nosotros en la perfecta encarnación del mal. Este triste privilegio logra que cualquier otro acontecimiento con que la comparemos sea remitido, a su vez, a esta idea de mal absoluto. Por consiguiente, según el punto de vista en el que nos coloquemos, el del nazismo o el del comunismo, la comparación toma dos significados opuestos: para quienes reconocen un parentesco con los nazis, es una excusa; para quienes se sienten próximos a los comunistas, es una acusación. En realidad las cosas son algo más complejas, pues hay que distinguir, en cada bando, los verdugos de las víctimas; o, más exactamente, pues el paso del tiempo hace que cada vez tengamos menos trato con los propios protagonistas de estos dramas, los grupos que, por razones de pertenencia nacional o ideológica, se reconocen, aunque sea sólo inconscientemente, en uno u otro papel. Lo que nos llevaría a distinguir cuatro reacciones típicas ante la comparación entre Auschwitz y Kolymá, viéndose los verdugos de los unos paradójicamente comparados con las víctimas de los otros:

1) Los «verdugos» del lado nazi defienden la comparación, pues les sirve de excusa.

2) Las «víctimas» del lado nazi están contra la comparación, pues ven en ella una excusa.
3) Los «verdugos» del lado comunista están en contra de la comparación, pues ven en ella una acusación.
4) Las «víctimas» del lado comunista defienden la comparación, pues les sirve de acusación.

Naturalmente, hay excepciones a este determinismo psicopolítico, y volveré a ello. Pero, en una primera aproximación, hay muchas posibilidades de que podamos adivinar la opinión de una persona sobre el tema si sabemos en qué grupo se reconoce. Para los disidentes y opositores al régimen comunista en las últimas décadas de su reinado, por ejemplo, la comparación caía por su propio peso, hasta el punto de que Yeliu Yelev, ya mencionado, por aquel entonces oscuro investigador en historia y ciencias políticas, se había limitado a escribir, para combatir el régimen comunista en Bulgaria, una obra titulada *El fascismo* y consagrada a los movimientos políticos de los años treinta en la Europa occidental. La censura oficial comprendió perfectamente el sobrentendido y prohibió el libro; a consecuencias de lo cual, Yelev fue despedido de su empleo. En su prefacio a la reedición del libro, en 1989, tras la caída de los regímenes comunistas, Yelev, que podía ya llamar al pan pan y al vino vino, habla de la «coincidencia absoluta de las dos variantes del régimen totalitario, la versión fascista y la nuestra, comunista»; si debe encontrarse, a toda costa, una diferencia, ésta favorece al fascismo: «Los regímenes fascistas no sólo perecieron antes sino que se instauraron más tarde, lo que viene a probar que son sólo una pálida imitación, un plagio del régimen totalitario verdadero, auténtico, perfecto y consumado».[1]

Quienes se sienten cercanos a las tesis o los poderes comunistas, tanto en el Este como en el Oeste, están en contra de la comparación; al igual que quienes se reconocen en las víctimas judías o gitanas del hitlerismo. Ambas oposiciones pueden unirse, claro está (se puede ser, a la vez, projudío o procomunista, por razones históricas fáciles de comprender). Los alemanes, por su parte,

---

1. *Le Fascisme*, Ginebra, Rousseau, 1993, p. 15.

pueden proyectarse en ambos tipos de actitud provocados por el nazismo y subrayar, como ha ilustrado la reciente «querella de los historiadores», los parecidos o las diferencias entre ambos regímenes. Las resistencias de este tipo, perfectamente comprensibles e, incluso, aceptables en el plano privado (¿quién querría formar parte de la familia del diablo?) no debieran sin embargo detener al historiador del siglo XX ni al teórico de la política. La comparación es una herramienta indispensable del conocimiento en estos campos; produce, claro está, parecidos y diferencias. La ciencia es siempre sacrílega, se niega a aislar cada acontecimiento, cuando quien lo ha vivido personalmente siente la tentación de hacerlo. El juicio moral, por su lado, debiera seguir al trabajo de conocimiento en vez de precederlo. Ése es, creo, el consenso actual tanto de los historiadores como de los sociólogos que han tratado en todos los sentidos la cuestión; y, con más razón, el de la sociedad en su conjunto, tanto en Francia como en los demás países europeos. Es también la posición que he adoptado en las páginas precedentes. Eso no prueba, sin embargo, que el concepto de totalitarismo esté justificado. Los conceptos no existen en la naturaleza, esperando que los descubramos. No podemos decir, pues, de ningún concepto, que es verdadero sino sólo que es más o menos útil. Si «totalitarismo» contribuye a definir los rasgos esenciales del nazismo y del comunismo, su uso es esclarecedor; si sólo capta características superficiales, podemos prescindir de él. Debemos ver, pues, en qué es ilustradora la comparación y en qué no lo es.

La comparación se justifica, primero, en la perspectiva de una tipología global de los regímenes políticos. El totalitarismo se opone significativamente a la democracia; se distingue por otra parte, con no menor claridad, de los regímenes despóticos del pasado. No volveremos ya a las características a las que acabamos de pasar revista: la necesidad de una fase revolucionaria, la transformación de la autonomía colectiva en pura fachada, el rechazo de la autonomía individual, el monismo preferido –en todos los planos– al pluralismo, el conflicto como verdad de la vida, la eliminación radical de las diferencias como objetivo de la sociedad, y por tanto la destrucción sistemática de una parte de la población, el terror generalizado, el colectivismo programático. Estos rasgos son, a la vez, comunes y esenciales.

La comparación se justifica, luego, en el plano estrictamente histórico. La historia de la primera mitad del siglo no puede comprenderse sin ese complejo entrelazado. No llegaremos a afirmar que el nazismo es sólo una reacción ante el bolchevismo, pues supondría negar la fuerza de las tradiciones locales: no es un azar que Renan situara su utopía en Alemania ni que Tocqueville predijera a Gobineau que su libro sobre la desigualdad de las razas tendría allí el mayor éxito. Sin embargo, no podemos dejar de comprobar la estrechez de su interacción, tanto para combatirse como para imitarse: interacción unas veces secreta, como en la utilización del modelo de los campos rusos en Alemania, otras abierta, como en el momento del pacto germano-soviético.

Podemos decir, en efecto, que el totalitarismo llega a su apogeo en Europa entre agosto de 1939 y junio de 1941, cuando la Unión Soviética y Alemania firman conjuntamente varios tratados que les permitían repartirse Europa. Entre 1939 y 1941, la Unión Soviética ocupó los Estados bálticos, algunas zonas de Rumania, de Polonia y de Finlandia. Por lo que a la Alemania nazi se refiere, tomó el control del resto de Europa, a excepción de Gran Bretaña: algunos Estados fueron anexionados, otros ocupados, otros por fin eran aliados obedientes, el resto se acantonaba en una neutralidad favorable a Hitler. Si éste hubiera podido limitarse a esta situación, si se hubiera satisfecho con consolidar y organizar mejor lo adquirido, la Europa de hoy estaría aún, probablemente, en manos de sus herederos. Por añadidura, los dos movimientos arraigan en una crítica común de la democracia liberal y la autonomía individual; reciben un impulso paralelo de las carnicerías de la Primera Guerra Mundial.

Hay que advertir, por fin, que los dos regímenes, nazi y soviético, se prestan igualmente al conocimiento racional. Debemos insistir en ello pues también se ha podido afirmar lo contrario. La causa de esta reticencia a concebirlos como racionales tal vez sea que concedemos un prestigio a la razón y, por ello, nos cuesta reconocer que unas acciones consideradas como execrables puedan relacionarse con racionalidad alguna. Cuando calificamos acciones horribles como las de Stalin o Hitler de «locas», «paranoicas» o «irracionales», o también de «demoníacas», levantamos una barrera entre ellos y nosotros, intentamos inconscientemente protegernos, lanzando a sus agentes hacia los márgenes de la humanidad: ¡hay que estar loco para actuar de ese modo, un ser normal como yo nunca podría hacer lo mismo! Eso nos permite no sentirnos demasiado amenazados por sus actos.

Pero la razón sirve indiferentemente al bien y al mal, se puede doblegar a voluntad, está dispuesta a convertirse en el instrumento de un fin cualquiera. Benjamin Constant advertía, a comienzos del siglo XIX: «En nombre de la razón infalible se entregó a los cristianos a las fieras y se mandó a los judíos a la hoguera».[1] Tomemos este hecho: Stalin decidió matar de hambre a la población campesina de las regiones más fértiles del país. La decisión se desprende lógicamente de sus representaciones concernientes a la naturaleza del Estado soviético, el papel que debe desempeñar en él el campesinado o su propia función como jefe; es la continuación de la política iniciada por Lenin al día siguiente de la revolución, una política de brutal transformación de la sociedad. No hay motivo alguno para hablar aquí de irracionalidad; y lo mismo ocurre, en un contexto distinto, en el exterminio de los judíos por Hitler: se inscribe lógicamente, a su vez, en su proyecto de transformación del mundo. Por lo que se refiere a las representaciones, imágenes, creencias o convicciones que sirven de fundamento a las acciones, no son racionales ni irracionales, sino más o menos acertadas, fieles, reveladoras, sugerentes. Las interpretaciones del mundo no son, en sí mismas, verdaderas ni lógicas. Difieren unas de otras en grado, no en naturaleza.

Me separaré pues, también en este punto, de la interpretación de Raymond Aron en *Democracia y totalitarismo*. «La propia empresa [el exterminio de los judíos] es tan irracional con respecto a los objetivos de la guerra como lo es la gran purga con respecto a los objetivos del régimen soviético», escribe por ejemplo.[2] Sin embargo, esta misma afirmación parece aquí irracional: Aron elige objetivos que le parecen razonables, en el lugar de Stalin y de Hitler, en

---

1. *De la religion*, Arles, Actes Sud, 1999, p. 592. [Hay trad. cast.: *De la religión considerada en sus fuentes, formas y desarrollo*, Madrid, Trotta, 2008.]
2. *Démocratie et totalitarisme*, p. 298.

vez de observar los suyos. Las acciones que cita tal vez no eran útiles para el Estado nazi en sí mismo ni para el Estado soviético; pero nada nos dice a priori que todas las acciones de ambos jefes apuntaran a esa finalidad. En su punto de vista, con los objetivos que se atribuían, las opciones de Stalin y de Hitler eran, lamentablemente, racionales, ni más ni menos que nuestra elección cotidiana de determinado medio para alcanzar determinado objetivo, aunque sea mucho menos criminal. Debe recordarse sin embargo que Aron analiza lúcidamente, en otros textos, la racionalidad de estos gestos aparentemente desprovistos de razón.

No necesitamos introducir aquí una categoría aparte para dar cuenta de esos actos y sólo de ellos, del mismo modo que no necesitamos postular la existencia de un «mal radical» cualitativamente distinto de todos los que conoce la historia de la humanidad, un mal que se consumaría por sí mismo, como inspirado por el diablo. El mal totalitario es extremo sin ser «radical», en este sentido de la palabra; el viejo adagio socrático por el que nadie desea el mal sigue aquí en vigor, aunque sea preciso añadir, algo que Sócrates no hace, que la aspiración al bien puede llevarnos a ser malvados con los demás. Cualquier acción, aun la más condenable, tiene razones. Montesquieu escribía por su parte: «Nadie es malo gratuitamente. Es preciso que exista una razón que lo determine, y esta razón es siempre una razón de interés».[1] Ello no significa que todo, en la Historia, sea explicable; sino que no debemos renunciar a la razón como instrumento de análisis.

El chequista o el SS que ejecuta a los «enemigos» cree contribuir al bien y actuar racionalmente. Como dice Rony Brauman, actúa «no atenazado por una oscura sed de mal sino empujado por un sentido del deber, un respeto sin fisuras de la ley y la jerarquía».[2] El autor del mal se presenta siempre, tanto desde su propio punto de vista como del de los suyos, como un combatiente del bien. Ni siquiera Hitler, que se ha convertido para nosotros en la encarnación del mal puro, lo reivindicó nunca. En el camino

---

1. *Lettres persanes*, I, 83; en *Oeuvres complètes*, Seuil, 1964, p. 106. [Hay trad. cast.: *Cartas persas*, Madrid, Cátedra, 1997.]
2. R. Brauman, «Mémoire, savoir, pensée», en *Le Débat*, 96, 1997, p. 144.

del infierno sólo encontramos buenas intenciones. Desde esta perspectiva, la de los motivos psicológicos individuales, nuestro «mal del siglo» no es nuevo en absoluto ni tiene especificidad alguna; la estructura política del totalitarismo y la mentalidad cientificista que le sirve de base son las que resultan nuevas y responsables de que las mismas disposiciones iniciales desemboquen en un resultado mucho más catastrófico. Y, por lo que se refiere a los individuos responsables o no de la consumación del mal: no pertenecen a especies distintas, aunque unos hayan dejado que sus sentimientos de humanidad se atrofiaran, y otros no.

Las razones de estos actos criminales pueden, sin embargo, ser o no compartidas por todos. La separación significativa estaría, por consiguiente, entre acciones cuya racionalidad es puramente subjetiva (existe sólo en la perspectiva del sujeto individuo) o también intersubjetiva, es decir, que puede, con justo derecho, ser aceptada por los contemporáneos o los historiadores posteriores. Sólo esta segunda forma de racionalidad puede transformarse en legitimidad. Las deducciones de Hitler no son irracionales desde su propio punto de vista, parten de observaciones indiscutibles, como por ejemplo la gran proporción de judíos en la dirección inicial del partido bolchevique; pero no son compartibles, pues contravienen las intuiciones morales comunes a la especie humana.

Si nos atenemos a la mera lógica del Estado, podemos comprender la necesidad de señalar un enemigo al resto de la población, de despojarlo de todos sus bienes y reducirlo a la esclavitud; pero el propio exterminio no sirve para reforzar el poder. Vemos, por el contrario, lo que pierde el Estado: servidores competentes y abnegados, una mano de obra gratuita y eficaz (particularmente en tiempo de guerra). Se advertirá también que esos actos, precisamente porque no corresponden a la expectativa de quienes no han asimilado aún la lógica del Estado totalitario, exigen el secreto y el disfraz. Mientras que la Noche de los Cristales Rotos, ejemplo de persecución antisemita, recibe toda la publicidad posible, la «solución final» sigue siendo secreto de Estado. En Rusia, de un modo semejante, se combate sin ocultarse a los adversarios declarados o los rivales; para los procesos de los altos cuadros comunistas, hay que arrancar confesiones o, más bien, es preciso imputar a los acusados crímenes imaginarios para que puedan ser condenados. Eso es cierto y explica nuestras reticencias. Sin embargo, el poseedor del poder supremo puede actuar al margen de la lógica del Estado tradicional, sin por ello convertirse en irracional; el bien al que aspira ha cambiado, no ha desaparecido. Las acciones citadas por Aron no son «irracionales» aunque no puedan inscribirse en la lógica de un Estado no totalitario. Y es que, en el proyecto comunista, todas las voluntades individuales deben estar íntegramente sometidas a la voluntad del partido, encarnado por su jefe; cualquier otra legitimidad que no sea la procedente de su poder debe ser aniquilada. Esta exigencia explica el absurdo aparente: organizar los procesos de Moscú; matar, en nombre del comunismo, a los comunistas más convencidos.

Lo mismo ocurre, creo yo, con el exterminio de los judíos, que es, en efecto, el mayor crimen del nazismo. Para Hitler, en un momento preciso de la historia de la guerra, el exterminio de los judíos se convirtió en el objetivo que prevalecía sobre todos los demás. Un indicio de la presencia de esa otra lógica nos lo proporciona una semejanza entre las decisiones de Stalin y de Hitler: éste, como sabemos, utilizó trenes del ejército para aprovisionar los campos de la muerte con nuevas víctimas judías; menos se sabe que aquél reservó cuarenta mil vagones y ciento veinte mil hombres del NKVD para efectuar la deportación a Asia de los chechenos, los ingushes y los tártaros de Crimea, en una época (febrero de 1944) en que el Ejército Rojo carecía cruelmente de hombres y de material. ¿Absurdo? No: ambos organizaban su acción en torno a un objetivo prioritario, inscrito en su propio programa.

Sean las que sean las razones particulares de esos actos memorables, se impone una observación suplementaria: fueron cometidos por voluntad de un individuo, Stalin o Hitler, en vez de desprenderse, simplemente, de la lógica abstracta del sistema totalitario. El Estado nazi se derrumbó con la muerte de Hitler, no hay pues comparación posible; pero podemos suponer sin que sea inverosímil que un Estado dirigido por Göring habría mantenido los campos de concentración y suprimido los de la muerte. En Rusia, en cambio, la comparación es fácil: el terror fue instaurado por Lenin tras la victoria de la revolución y prosiguió, intensificándose periódicamente, hasta la muerte de Stalin. Sin embargo, ningún proceso o asesinato de alto cargo comunista se produjo antes del de Kírov ni después del de Beria. Los dirigentes apartados del poder, antes o después de esas fechas, fueron jubilados, puestos eventualmente en arresto domiciliario, pero no se les exigió que confesaran crímenes imaginarios.

La realización de esos actos no puede disociarse, pues, de la voluntad y la libertad de un individuo: Stalin aquí, Hitler allá; no por ello se hacen irracionales. Aquí coincido de nuevo con Aron, que habla, a este respecto, de «intervención de la personalidad», pues postula que la libertad del individuo es inalienable y, por lo tanto, que las acciones humanas son también producto de la voluntad del actor. Esta voluntad implica, a su vez, que se tengan en cuenta las intenciones de un Stalin o un Hitler, no para preferir la explicación «intencional» a la explicación «funcional», según los términos de un viejo debate, sino rechazando considerar ambos términos como mutuamente excluyentes.

Esos crímenes, particularmente graves, fueron concebidos y realizados por sujetos individuales. Sin embargo, el contexto totalitario, evidentemente, no es ajeno a ellos: permitió la extremada concentración de poder en manos de un solo hombre a quien se garantizaba una total impunidad. Para perfeccionar el régimen al que servía, Stalin necesitaba librarse de la vieja guardia bolchevique e introducir el terror en todos los niveles de la vida social. Hitler siguió fiel a su sueño, que no era, simplemente, asegurar el poder de Alemania sino librar al mundo de sus judíos. Sin embargo, fue la estructura totalitaria la que permitió la realización de estos proyectos criminales y provocó la muerte de millones de hombres.

DIFERENCIAS

Los parentescos entre nazismo y comunismo son indiscutibles y justifican no sólo la comparación entre ambos –que posee de todos modos la legitimidad de un útil de conocimiento– sino también su inclusión como especies en el seno de un género común: el totalitarismo. Sus diferencias no son menos significativas y tienen repercusiones tanto sobre el análisis tipológico de los regímenes como sobre el estudio de los procesos históricos en el siglo XX.

Podríamos enfocar la cuestión de las diferencias observando que las realidades de ambos regímenes se parecen mucho más que las representaciones que eligieron dar de sí mismos. Entre el programa del Partido, tal como consta en los periódicos o los folletos de propaganda, y la vida día tras día de los súbditos de un país totalitario hay siempre cierta distancia; pero es mucho mayor en el comunismo que en el nazismo. El programa nazi dice más la verdad sobre el sistema nazi que el programa comunista sobre el régimen comunista. Pero, como ambos regímenes se parecen, el programa nazi dice también la verdad sobre el régimen comunista. En ello reside una primera gran diferencia: la ideología comunista está mucho más alejada de la realidad que la ideología nazi, incita pues a una mayor violencia o, a partir de cierto momento de la historia, a un intenso trabajo para disimular el abismo entre el mundo y sus representaciones. El régimen soviético es mucho más mentiroso, ilusorio y teatral que el régimen nazi.

Así, confrontando ambas ideologías, podría creerse que, según los términos de la propaganda soviética, los comunistas optaron por la paz y los nazis por la guerra. En realidad, la política soviética, al igual que la de los nazis, tiene como objetivo la expansión imperialista. A este respecto, pues, la ideología nazi describe el mundo comunista mejor que la ideología comunista. Pero cierto es que la intensidad de esta política no es la misma aquí que allá: Hitler es en efecto responsable del inicio de la Segunda Guerra Mundial, aunque la firma del pacto con la Unión Soviética le alentara en esta dirección.

El comunismo reivindica no sólo el ideal transnacional de la paz, sino también el de la igualdad. Ahora bien, la sociedad comunista está muy lejos de ser una sociedad igualitaria: primero porque, como en las democracias, algunos individuos son más ricos que otros, o tienen más éxito, o más influencia; luego, y sobre todo, ya lo he dicho, porque esta sociedad genera en su seno un sistema de privilegios y de castas que recuerda más bien el del Antiguo Régimen. Margarete Buber-Neumann, una atenta observadora de la realidad soviética en los años treinta, advierte con asombro que en las residencias de vacaciones, destinadas a los empleados de algún ministerio, no había menos de cinco categorías de lujo, según el puesto ocupado por cada cual en la escala burocrática. Algunos años más tarde, durante su deportación en un campo, descubrió que la estratificación proseguía allí: ¡cuatro regímenes alimentarios destinados a las distintas categorías de detenidos! La ideología comunista no predica abiertamente el culto a los superhombres; sin embargo, en el interior del país, todo estaba organizado para que se venerase a los más poderosos. Cierta casta, la «nueva clase» –altos dignatarios del Partido, del ejército, de la policía política–, gozaba de una libertad y un poder inaccesibles a los simples mortales. Del mismo modo, el culto al *vozhd'*, el guía, está mucho más alejado del programa igualitario que el del *Führer* en relación a las consignas abiertamente jerárquicas del régimen nazi.

Esta diferencia entre teoría y práctica, en el comunismo, explica otra diferencia observada a menudo: los presos políticos de los campos nazis sabían por qué estaban encerrados, pero no los deportados políticos en la Unión Soviética, que creían ser buenos comunistas. Esto producía la situación patética –aunque numéricamente insignificante– de algunos dirigentes comunistas, en los años treinta, que pedían socorro a Stalin antes de pedir perdón a la mano que les golpeaba: amaban al Partido en el mismo instante que éste les castigaba; puesto que siempre tenía razón, ellos mismos debían condenarse a muerte.

En otro plano, por el contrario, el programa comunista dice la verdad sobre el nazismo. Éste pretende, en efecto, restaurar los valores tradicionales: devolver a las personas a su ambiente natural, arraigar al individuo en el grupo; quiere ser mucho más antimoderno que el comunismo. Ahora bien, en la práctica, las exigencias de la sociedad de masas, la modernización y la industrialización liberan a los individuos de su identidad tradicional y los transforman en elementos anónimos de una multitud. La revolución consumada por el nazismo no es mucho más conservadora que la del comunismo; de ahí el conflicto final, en Alemania, entre nazis y conservadores.

Se dice a menudo también que el programa nazi era hostil a las Luces, mientras que el comunismo reivindicaba su herencia. Pero esta presentación simplifica en exceso las cosas. Las «Luces» no corresponden a un pensamiento único: incluían al materialista Helvétius y a su crítico Rousseau, el programa cientificista que quería someterlo todo a la necesidad y el programa humanista que definía al hombre por su libertad. El nazismo era tan cientificista como el comunismo (fueron entonces los nazis, entre ellos el propio Hitler, quienes tuvieron que ocultar sus antepasados), y los unos eran tan hostiles como los otros a la tradición humanista. De nuevo, la diferencia es mayor en las respectivas instancias entre teoría y práctica que entre ambas prácticas. En cambio, las referencias a la tradición romántica, la mística de la tierra y de los muertos y los héroes paganos medievales son propias sólo de la ideología nazi, están ausentes del programa comunista (aunque no del espíritu de alguno de sus adherentes).

Cierto es que fascismo y nazismo se perciben como pertenecientes a la derecha, mientras que los comunistas reivindican la izquierda; cada uno de esos partidos encuentra, efectivamente, apoyo en las capas de la población que se reconocen, tradicionalmente, en estas dos grandes orientaciones. Pero es preciso, también aquí, estudiar los hechos que recubren las palabras. El contenido de la oposición se ha transformado durante los dos últimos siglos hasta hacerse, a veces, indiscernible. ¿Es preciso decir que la izquierda está al lado de los pobres y los explotados mientras que la derecha se adecua a los ricos y a los explotadores? Costaría encontrar una distribución tan sencilla en la Europa del siglo XX. En primer lugar porque se ha constituido una clase media, mayoritaria en numerosos países. Luego, porque la derecha recluta también seguidores entre los pobres: Hitler gozaba del apoyo popular; el Frente Nacional francés –para poner un ejemplo contemporáneo– se situó, en cierto momento, en primer lugar en el voto obrero. Finalmente, porque los comunistas en el poder son, a la vez, dominadores y «de izquierdas».

Tampoco puede decirse que la izquierda defienda la libertad de las personas, mientras que la derecha esté por el mantenimiento del orden, por el Estado fuerte y centralizado. En efecto, estos términos, que corresponden al combate de los liberales contra los ultras, de Constant contra Bonald, después de la Revolución Francesa, ya no nos conviene. El Estado no sólo se ha convertido en el detentador de la violencia legítima, sino también en una fuente de protección y de beneficios para los individuos (un Estado-providencia); no se opone ya a la libertad de los individuos, la garantiza. Por lo que a los individuos se refiere, su libertad puede convertirse en fuente de amenaza para los demás que les rodean; restringir esta libertad se convierte, a su vez, en una medida de izquierdas. En fin, la izquierda y la derecha no se oponen ya como la autonomía y la heteronomía, como actuar en nombre de la voluntad general del pueblo o en nombre de las tradiciones: todos los partidos democráticos reivindican hoy la soberanía del pueblo y el sufragio universal, sólo difieren en las dosis de conservadurismo y de reformismo, que dependen a menudo del hecho de que esos partidos estén en el poder o en la oposición, más que de consideraciones propiamente programáticas.

Lo que no significa que la oposición izquierda-derecha haya perdido todo su sentido, sólo que este sentido es relativo y cambiante. Las oposiciones entre reformismo y conservadurismo, igualdad y jerarquía, libertad y autoridad se mantienen en todas las sociedades democráticas, y no hay razón alguna para que desaparezcan, puesto que siguen siendo compatibles con los postulados básicos de estas sociedades; por lo demás, cada uno de esos términos corresponde a una faceta de la condición humana y puede ser erigido en ideal. Los principios de autonomía individual y autonomía colectiva, de libertad y de igualdad pueden ellos mismos, como hemos visto, entrar en contradicción.

La izquierda y la derecha políticas, que se adueñan sucesiva o simultáneamente de estas oposiciones y de otras semejantes, tienen pues hermosos días ante sí: ese gran antagonismo seguirá estructurando la vida política en el interior de cada país. Su razón de ser no es el abismo ideológico que separaría ambos términos (no existe), sino la necesidad de una alternancia para mantener con vida el principio pluralista y para ofrecer a cada ciudadano una acción. El consenso no basta, en efecto, para asegurar una vida política en democracia. Es preciso, además, que en su seno el individuo pueda elegir entre dos equilibrios distintos de ingredientes democráticos, y también entre dos grupos de personas con estilos distintos. Al hacerlo, este individuo se adecua –sin saberlo– a una antiquísima regla de las sociedades humanas que organiza la rivalidad en su seno, lo cual permite así canalizar en estructuras comunes las ambiciones y los resentimientos personales.

Sin embargo, por importante que sea la oposición izquierda-derecha en la vida política interior de una democracia, se muestra a nuestro modo de ver como subordinada a otra, que ha desempeñado un papel estructurante en la historia del continente europeo en el siglo XX y en las conciencias individuales. Es, precisamente, la del totalitarismo y la democracia, que nos obliga a poner a un lado el bloque de los extremos, sean de izquierda o de derecha, y al otro el de los regímenes moderados, que a su vez pueden ser gobernados por una izquierda o una derecha «parlamentaria», como solemos decir en estos casos. Lo que no impide a los dos extremos atacarse el uno al otro, verbal e incluso físicamente (combaten por el mismo lugar); ni a los dos grupos «moderados» mantener su rivalidad.

No tiene pues mucho interés oponer el nazismo «de derechas» al comunismo «de izquierdas»: ambos son, y eso es mucho más importante, «extremos», totalitarios y no democráticos. Ya en 1931, Semión Frank, en un ensayo titulado «Más allá de izquierda y derecha», veía llegar el momento en que el parecido entre los «rojos» y los «negros» justificaría su inclusión en una categoría única.[1] A la diferencia radical utilizada por los programas, no corresponde una diferencia tan sensible en la práctica. Más significativa es, en cambio, si adoptamos una perspectiva genealógica y no estructural: el comunismo pretende ser una culminación de las ideas propagadas por el cristianismo, el nazismo desprecia esta tradición y se presenta como heredero del pensamiento pagano. El primero se considera una victoria de los antiguos esclavos, el segundo de los dueños; y así sucesivamente.

¿Y qué pasa con lo que parece, a menudo, la más impactante singularidad del régimen nazi: su política de aniquilación de las

---

1. *Po tu storonu pravogo i levogo*, op. cit., p. 58.

«razas inferiores» y, especialmente, de los judíos? Tiene, en efecto, una especificidad cuya naturaleza es necesario precisar. El sentido singular del exterminio judío no está en el número de muertos, puesto que Stalin provocó intencionalmente la muerte de otras tantas personas, en 1932-1933. No está tampoco, contrariamente a lo que a menudo se dice, en el hecho de que las víctimas lo fueran por lo que eran y no por lo que hacían, que resultasen «culpables» por el mero hecho de haber nacido: éste es también el caso, en ciertos momentos particulares, de los miembros de las clases «burguesas» o de los *kulaks* o incluso de los «campesinos», cuando las mujeres y los hombres, los niños y los ancianos perecían, unos junto a otros, a causa de su pertenencia al grupo, no de una acción cualquiera; en efecto, todo el grupo había sido declarado indigno de vivir: Grossman tenía razón a este respecto. Tampoco está en la presencia de una decisión global y una planificación, asumidas por las más altas autoridades del Estado, aquí pero no allí: existen en ambos lados. No está, como se sugiere a veces, en el hecho de que los alemanes fueran un pueblo muy culto en el centro de Europa: se sabe, desde Rousseau por lo menos, que la cultura no produce automáticamente la virtud, y la inmoralidad de la gente culta no debiera ya sorprendernos. ¿Dónde se sitúa entonces?

Por una parte, la especificidad de este crimen reside en el proyecto *asesino* nazi. Hemos visto que la idea de eliminar una parte de la humanidad para asegurar la armonía final existía aquí y allá; es incluso más radical en la ideología comunista, que postula la desaparición pura y dura de las clases enemigas mientras que el nazismo quiere eliminar algunas «razas» (los judíos) y se limita a reducir a las demás (los eslavos) a la esclavitud. Sin embargo, en realidad, la balanza se inclina hacia el otro lado: a pesar de una cifra de víctimas comparable, nada puede ponerse en paralelo con la sistemática destrucción por los nazis de los judíos y otros grupos considerados indignos de existir. Para decirlo en una frase, mientras que Kolymá y las islas Solovkí son el equivalente ruso de Buchenwald y de Dachau, nunca hubo un Treblinka en la Unión Soviética.

Sólo en los campos de exterminio nazis la ejecución se convirtió en un fin en sí misma. Cierto es que los ideólogos nazis, si hubieran deseado justificarla, habrían invocado razones superiores: asegurar la felicidad del pueblo alemán, de la «raza aria», incluso de la humanidad así purificada. Pero la existencia de ese lejano objetivo no impide que la acción concreta en la que estaban envueltos los verdugos tuviera una finalidad única: la de acabar con sus víctimas. De ahí la creación de campos destinados exclusivamente al asesinato: Treblinka, Sobibor, Belzec, Chelmno, o de sectores de asesinato en el seno de los campos de concentración, como en Auschwitz y en Majdanek. Las grandes masas de víctimas, en la Unión Soviética, son engendradas por una lógica distinta: la privación de la vida no es aquí un objetivo; es un castigo y un medio de terror o una pérdida y un accidente insignificantes. Los habitantes del *gulag* se extinguían al cabo de tres meses, de agotamiento, de frío o de enfermedad; nadie se preocupaba de ello puesto que eran una cantidad desdeñable y serían sustituidos por otros. Los campesinos pueden morir de hambre, puesto que ésta es la condición de una colectivización de la agricultura o una sumisión de Ucrania a Rusia, del campo a la ciudad. La muerte no toma aquí sentido sino que la vida no tiene ya valor alguno. Las clases enemigas deben ser eliminadas, en efecto, pero en lo esencial será un trabajo de la historia y la naturaleza (la helada tundra de Siberia). Los nazis practican el mismo desprecio por la vida en los campos de concentración o explotando el trabajo forzado; pero, en los campos de exterminio, la muerte se convierte en un fin en sí misma. Cada uno de ambos regímenes mantiene, desde este punto de vista, su especificidad, a pesar del parecido en los programas.

Debemos al mismo tiempo recordar que algunas acciones comparables a los exterminios nazis se produjeron en el campo soviético, aunque allí no fueran la mayor fuente de mortalidad: existieron, en efecto, ejecuciones directas que no apuntaban a los individuos sino a grupos enteros. No hay que citar ya, aquí, los muertos provocados por la hambruna, el frío o los malos tratos en los campos, sino la destrucción por fusilamiento de grupos sociales o étnicos. En el mes de julio de 1937 se declaró necesaria la liquidación definitiva de los *kulaks* como clase, aunque ya sólo fueran ex *kulaks*. Su ejecución no estaba motivada individualmente sino de acuerdo con un sistema de cuotas (del orden de uno de cada cuatro); unas doscientas mil personas fueron así pasadas por las armas.

El episodio de los oficiales polacos encarcelados desde la ocupación de parte de Polonia, en 1939, se inscribe en la misma lógica. El grupo tenía una identidad social –eran oficiales, enemigos del proletariado por tanto– y nacional al mismo tiempo: polacos, potenciales enemigos de los rusos. Una decisión del comité político, del 5 de marzo de 1940, decidió brutalmente su suerte: todos debían ser fusilados; veintiún mil novecientas personas (de ellas cuatro mil cuatrocientas en el bosque de Katyn) fueron ejecutadas con un tiro en la nuca, sin que se celebrara el menor proceso. Como si advirtiera, incluso en el contexto soviético, el carácter excepcional de esta decisión, Stalin exigió a todos los miembros del comité político que estamparan su firma al pie de la resolución: ninguno de ellos pudo ya decir que no estaba al corriente, todos fueron cómplices. Este tipo de ejecución sistemática, que durante mucho tiempo fue negada por el poder soviético, se emparenta pues con el genocidio nazi, pero fue mucho más limitada: los nazis, por su parte, ejecutaron a dos millones y medio de judíos polacos.

La especificidad del exterminio del pueblo judío puede contemplarse, también, desde otro punto de vista. Se distingue de otras grandes matanzas llevadas a cabo en el marco totalitario por la naturaleza de la víctima. El pueblo, la religión y las tradiciones judías desempeñaron un papel central en la historia de Europa, comparable, por una parte, al de la antigua Grecia, pero más duradero aún. Eso no hace más excusable el asesinato del campesino ucraniano, pero indica que el proyecto que deseaba desarraigar y eliminar este ingrediente de la identidad europea o, incluso, de la humana, tiene pues un alcance histórico mayor que los demás proyectos de exterminio, en los que se deseaba «simplemente» terminar con una población.

Las matanzas y genocidios llevados a cabo en el seno del comunismo fueron, a su vez, también centrales para esa historia, aunque de un modo muy distinto: no por la naturaleza de las víctimas, que por lo demás varía según los períodos y las regiones (nada tan preciso, aquí, como el antisemitismo), sino por la de los verdugos. Ciertamente, el antisemitismo está estrechamente vinculado a la historia del cristianismo, y por tanto de Europa, aunque este último nunca se haya acercado al proyecto nazi de exterminio global; pero la empresa comunista es, por su parte, la culminación catastrófica, la perversa desviación de tendencias esenciales de esta misma historia: las utopías igualitarias, el milenarismo cristiano, el voluntarismo, el racionalismo, el elogio de la ciencia.

Junto a la ideología oficial y a la práctica de los individuos, existen representaciones que los individuos se hacen de sí mismos. A este respecto, las diferencias son especialmente grandes: un comunista no se percibe como un nazi, ni tampoco a la inversa; es imperativo tenerlo en cuenta y no limitarse a afirmar que se parecen «objetivamente». En el plano de la vivencia personal, la oposición es irreductible; por eso es tan difícil convencer a un antiguo militante –por lo tanto antiguo creyente también–, de que se parece a su enemigo jurado. Mientras permanezcamos en el interior de la memoria individual, esta autorrepresentación mantiene toda su legitimidad; ésta disminuye a medida que nos alejamos de la memoria para entrar en la Historia.

Creo que se impone una conclusión: la comparación de ambos totalitarismos es fecunda; no representa por ello una llave que permita abrir todas las cerraduras. Así sucede con el propio concepto de totalitarismo. Yo diría, más específicamente, que me parece más útil como concepto englobado que como concepto englobante. Entiendo por ello que la identificación como «totalitarios» de los regímenes comunistas o fascistas sólo nos proporciona sus características más generales; no es que sean superficiales, ni mucho menos, pero no bastan. Tras haber desempeñado un papel revelador, tras haber fijado las grandes orientaciones, su utilidad cesa y nos vemos llevados a introducir nuevas variables. La estructura del Estado, aquí y allá, tiende siempre hacia la unificación, pero la burocracia no desempeña en ello el mismo papel, y el culto al jefe no tiene el mismo sentido cuando se trata de Hitler o de Stalin, ni, por lo demás, de Lenin, Stalin o Bréznev. El terror está presente, los campos florecen aquí y allá, pero, aunque los relatos de sus víctimas se parezcan, sus funciones no coinciden exactamente. La lista podría alargarse hasta el infinito. Es, en cambio, del todo ilustrador calificar esos regímenes como «totalitarios» por comparación con los que no son: los regímenes democráticos, la sociedad individualista, la filosofía humanista, pero también los regímenes conservadores o las dictaduras militares.

JUICIOS

¿Qué juicios pueden hacerse de las dos variantes del totalitarismo? Primero habría que distinguir entre los regímenes y sus actores. Por lo que a los primeros respecta, suscribo una conclusión que otros han formulado ya: son igualmente detestables. Sus víctimas directas se cuentan, en ambos casos, por millones, y tendría algo de indecente intentar establecer, desde este punto de vista, un palmarés. El sufrimiento de un individuo encerrado en un campo de concentración, que sufre hambre, frío, parásitos y violencia, es atroz. No importa que el campo sea alemán o soviético: los hombres no sufren de una infinidad de modos distintos. El exterminio directo practicado por los nazis no tiene verdadero equivalente en el lado soviético, pero provocar por hambre la muerte de millones de personas, en el transcurso de un año, es a su vez un acto horrible.

Esta condena global debe modularse, claro está, según los conceptos específicos. Es evidente, por ejemplo, que la dictadura nazi provocó en Polonia destrucciones humanas mucho mayores que la dictadura comunista; pero en Bulgaria, para poner otro ejemplo, el reparto se invierte. Recuerdo, para dar idea de ello, que durante toda la guerra, de 1939 a 1944, período de la represión más severa en el lado profascista, se contaron 357 ejecuciones, sin distinción de penas; sólo durante el año 1944-1945, tras la entrada de Bulgaria en la órbita soviética, el número de personas ejecutadas por el nuevo poder ascendió a dos mil setecientas.

Si nos situamos en una perspectiva histórica, el comunismo ocupa el lugar central: duró mucho más tiempo, comenzó antes y se extinguió más tarde; se extendió a todos los continentes de la Tierra y no sólo al centro de Europa; provocó un número de víctimas mayor aún. Desde el punto de vista del presente, su condena es también de mayor actualidad: la mistificación que operó es más poderosa, más seductora, desenmascararla es más urgente. Pero un evidente desequilibrio caracteriza los juicios oficiales sobre ambos regímenes: dejando aparte algunos marginales, el de los nazis es unánimemente estigmatizado, mientras que el comunismo goza aún de buena reputación en círculos mucho más vastos (como, en Francia, su variante «trotskista»). El antifascismo es de rigor, el anticomunismo sigue siendo sospechoso. En Francia o en Alemania, el «negacionismo» es un crimen castigado por la ley; la negación de los crímenes comunistas, incluso el elogio de la ideología que los presidió, es perfectamente lícita.

A causa de las circunstancias del fin del comunismo –una «muerte natural» más que una derrota militar–, los dirigentes comunistas nunca fueron juzgados, ninguno de ellos ha pedido perdón, sus innumerables víctimas no han recibido la menor indemnización. Sería deseable que la balanza se nivelara, al menos en el plano simbólico e ideológico, no para disimular o disminuir los horrores imputables al nazismo sino para recordar, también, los del comunismo, no menos cercanos.

Si nos volvemos ahora hacia los actores, nazis o comunistas, se imponen nuevas distinciones para saber, primero, si estuvieron en el poder o en la oposición, y luego, si se trató de miembros del personal dirigente o de militantes de base. En los países donde ocupaban el poder, la condena no será igual si se refiere a los que decidían o a los que ejecutaban: éstos fueron, muy a menudo, conformistas y trepadores, no muy distintos en sí mismos a la gran masa de la población en democracia, pero que se vieron arrastrados por el régimen establecido a la tormenta totalitaria.

En los países donde los comunistas permanecieron siempre en la oposición (la cuestión no concierne a los nazis), no hay razón para hablar de crímenes y nos sentimos tentados, incluso, a mirar con simpatía el impulso que lleva a simples militantes a querer ayudar a los más desfavorecidos y luchar por una mayor justicia social, por la libertad o por la paz. Debemos añadir sin embargo que semejante ideal nada tiene de específicamente comunista sino que es compartido por otros movimientos sociales o religiosos. Lo que caracteriza al comunismo no es el ideal de armonía final sino el camino elegido para alcanzarlo: sumisión de las opciones personales a las del Partido, exclusión de una parte de la población (las clases enemigas), toma del poder revolucionario y dictadura del proletariado, abolición tanto de la propiedad privada como de las libertades individuales. Es, también, el elogio incondicional de la Unión Soviética u otros Estados comunistas, convertidos en encarnación de la justicia, de la paz y del bienestar. Comportarse como si estas opciones no formaran parte integrante del programa comunista se debe al disimulo o a una ignorancia deliberada.

Cierto es que, siendo grande la parte de mistificación en el caso del comunismo, son bastante frecuentes las situaciones en las que antiguos comunistas se convierten en feroces anticomunistas; el caso es menos frecuente entre los nazis, cuyo programa describe relativamente bien la práctica; la suya y también, a menudo, la de los regímenes. Por esta razón, los antiguos comunistas gozarán siempre, y con motivos, de un capital de simpatía que se niega a los antiguos nazis.

El siglo de Margarete Buber-Neumann

El 8 de febrero de 1940, a primera hora de la tarde, un grupo de treinta prisioneros –veintiocho hombres y dos mujeres– fue llevado por los oficiales del NKVD, la policía política soviética, hacia el puente que, en Brest-Litovsk, cruza el río Bug. En aquel preciso momento el río no corría ya por el centro de Polonia sino que separaba los territorios polacos ocupados por los dos imperios totalitarios: Alemania se había apoderado de las tierras al oeste del Bug, la Unión Soviética de las del este. Las dos mujeres, al igual que dos hombres enfermos, habían sido dejadas ante el puente por un camión que las había recogido en la estación de Brest-Litovsk; los demás hombres habían caminado desde la estación. Su punto de partida más lejano era Moscú, donde, tres días antes, los servicios del NKVD les habían puesto, bien custodiados, en el tren. Más lejos aún estaban los campos y las cárceles soviéticas de donde habían sido extraídos, un mes antes, para ser agrupados en Moscú. Todos son antiguos comunistas, o socialistas de izquierdas, alemanes y austríacos, muchos de ellos son judíos que emigraron a la Unión Soviética en los años treinta, huyendo de las persecuciones nazis; poco después fueron detenidos y deportados.

En la entrada del puente, el grupo de prisioneros temblorosos se inmovilizó. Por delante se acercaba un militar alemán. Cuando estuvo muy cerca, los detenidos reconocieron el uniforme de los SS. Ambos oficiales, el soviético y el alemán, se saludaron con cortesía y comprobaron, juntos, una lista en la que figuraban los nombres de los prisioneros. No cabía duda ya: los antiguos emigrados alemanes y austríacos eran entregados por la policía de Stalin a la de Hitler. En aquel momento, tres de los detenidos varones comenzaron a agitarse. El uno era un judío de origen húngaro; el segundo, un antiguo comunista, profesor de alemán; el tercero, un joven obrero de Dresde que participó en una acción contra los nazis, en Alemania, donde fue condenado en rebeldía. Los tres estaban convencidos de que ponerlos en manos de los SS equivalía a condenarlos a muerte, y se debatían con violencia. Los soldados del NKVD los agarraron y los arrastraron por el puente hasta que sus colegas alemanes tomaron el relevo. Media hora más tarde, todo había terminado; los antiguos prisioneros de Stalin eran ya prisioneros de Hitler. Una de las mujeres se llamaba Margarete Buber-Neumann; ella preservó el recuerdo de esta escena.[1]

El pacto germano-soviético de 1939-1941 parecía entonces un idilio, la amistad de ambos dictadores estaba en su apogeo. Como prenda de buena voluntad, el gobierno soviético había aceptado «devolver» a la Alemania nazi los emigrados políticos que se pudrían, entonces, en sus campos y prisiones. Fueron un millar en total, una tercera parte judíos, los así expulsados por los soviéticos. No se ha reconstruido la suerte de cada uno, pero conocemos sus líneas generales: algunos fueron fusilados, otros perecieron en los campos de concentración; otros, por fin, amargamente decepcionados por la Unión Soviética, adoptaron la ideología nazi. En aquel momento concreto, la aproximación nazismo-comunismo difícilmente puede escapar a nadie.

El destino de Margarete Buber-Neumann es muy singular y merece que lo sigamos con detalle. Nacida en 1901, en Potsdam, ciudad monárquica y militar, la que entonces se llamaba Grete Thuring creció en una familia de modestos burgueses, procedentes a su vez de familias campesinas. Un conflicto latente, que probablemente será responsable de sus primeras opciones, oponía a sus padres. El padre era un admirador de la disciplina militar prusiana, del espíritu monárquico y nacionalista; la madre, en cambio, tenía convicciones liberales y simpatías socialistas. La joven Grete y sus dos hermanas se convirtieron en miembros de las *Wandervogel,* una organización juvenil apolítica aunque opuesta a las convenciones de vida burguesa, animada por un espíritu romántico; su divisa

---

1. *Déportée en Sibérie,* Seuil, 1986, pp. 213-214. [Hay trad. cast.: *Prisionera de Stalin y Hitler: un mundo en la oscuridad,* Galaxia Gutenberg, 2005.]

era: «Veracidad interior, pureza exterior». Puesto que la Primera Guerra Mundial aportaba su lote de sufrimientos, los jóvenes miembros del movimiento comenzaron a buscar responsabilidades sociales. Tras el instituto, Grete aprende, en Berlín, el oficio de encargada de parvulario y allí encuentra, también, el primer empleo. Leía con admiración los escritos de espíritu socialista de August Bebel, Leonhard Frank y de Rosa Luxemburg; en 1921 se inscribió en las Juventudes Comunistas. En 1926 entró en el Partido; a partir de 1928, trabajó para una de sus instituciones, la *Inprekor*, una revista de información producida por el Komintern.

¿Por qué y cómo se hacía uno comunista en la Alemania de los años veinte? Buber-Neumann se vio a menudo llevada a hacerse la pregunta y le dio una detallada respuesta. En el punto de partida estaban los buenos sentimientos: una necesidad de libertad, es decir, de abandono de los prejuicios sociales puramente tradicionales (compromiso social, amor libre y vida bohemia iban entonces fácilmente juntos); una convicción de la igualdad de todos los seres humanos, fuera cual fuera su origen, condición o sexo; un amor a los hombres y la justicia; una sensibilidad ante el sufrimiento de los demás. Cuando el portador de tales sentimientos abre los ojos al mundo, sólo puede advertir el abismo que separa el ideal de la realidad. «Mi compasión se convirtió en un profundo sentimiento de culpabilidad social.»[1] La persona joven se siente entonces animada por el deseo de mejorar el mundo y, en particular, la condición de los más desvalidos; y ése era precisamente el programa del Partido Comunista.

Una vez rodeado por otros simpatizantes, el nuevo aspirante goza de varias ventajas. Primero, el hecho de participar en una comunidad mientras que, hasta entonces, ha sufrido el aislamiento en que la sociedad individualista sume a sus miembros. Ahora, miles de personas se convierten en tu prójimo, en tus «hermanos», puesto que comparten los mismos valores. «La palabra NOSOTROS se escribía entonces en letras muy grandes.»[2] El sentimiento

---

1. *La Révolution mondiale*, Casterman, 1971, p. 74. [Hay trad. cast.: *Historia del Komitern. La revolución mundial*, Barcelona, Picazo, 1975.]
2. «Mein Weg zum Kommunismus», en *Plädoyer für Freiheit und Menschlichkeit*, Berlín, Hentrich, 2000, p. 37.

de pertenecer a un movimiento de conjunto permite superar la maldición de la soledad. Otra ventaja procede de que se poseen certidumbres, de que se conoce la respuesta a todas las preguntas, en vez de fluctuar al albur de las propias vacilaciones, angustiarse presa de las dudas. «De pronto todo me parecía maravillosamente fácil de comprender.»[1] Este pensamiento sistemático, con ambiciones científicas, no se limita a explicar todo lo que existe en el mundo; indica también el medio para alcanzar la sociedad ideal. El progreso, la razón nos lo demuestra, es preferible a la reacción, y la Unión Soviética es el país del progreso. La promesa de felicidad está garantizada por la ciencia; su atractivo se hace irresistible.

Vinculado al movimiento comunista por la halagadora imagen que éste le envía de sí mismo y los beneficios psicológicos que le asegura, el nuevo converso puede verse llevado a dar el paso siguiente, es decir, renunciar a su juicio personal y someterse a la disciplina del Partido. Aprende entonces a establecer la diferencia entre una adhesión puramente sentimental a la causa de los oprimidos –un amor abstracto por la justicia– y la eficacia del combatiente organizado. «Los idealistas, los reformadores del mundo, los amigos del género humano eran rápidamente ridiculizados, despreciados más tarde y, finalmente, perseguidos incluso por el Partido. Éste exigía algo muy distinto, a saber, una fidelidad incondicional, el abandono constante de la opinión personal –fidelidad a la línea, como decían–, la disciplina de hierro.»[2] Sabe ahora distinguir entre fines y medios, o al menos entre fines lejanos e inmediatos: admite que pueden ser necesarias acciones contrarias a la compasión inicial, puesto que sirven al objetivo final, fijado por el partido. La autonomía individual se sacrifica en aras de la futura autonomía colectiva. A partir de este momento comunistas y nazis alemanes, dos partidos pertenecientes a la oposición que combaten entre sí en las calles, comienzan a parecerse sin saberlo –por esta alienación del juicio y de la voluntad personales, por este compromiso de fidelidad al Partido y a su jefe–, mientras que, hasta entonces, seguían oponiéndose, los primeros movidos por la generosi-

---

1. *Révolution*, p. 74.
2. «Mein Weg», pp. 34-35.

dad universal, los segundos por la defensa del interés de su propio grupo. En el mismo momento se dibujan, también, ciertas convergencias entre las estrategias políticas de uno y otro partido. Poniendo así de relieve las razones del compromiso comunista, nos sorprende ver hasta qué punto es semejante a la experiencia religiosa, que procura las mismas ventajas: adhesión a ideales elevados, sentimiento de pertenencia a una comunidad, comodidad proporcionada por las certidumbres dogmáticas; la fidelidad al partido ocupa el lugar de una ciega sumisión a la Iglesia. Cierto es que el dogma comunista pretende ser de inspiración científica. «En el brillo que, durante los años veinte, emanaba de la religión terrenal del comunismo, la fe en la ciencia desempeñaba un papel importante.»[1] Las hipótesis económicas, sociales o históricas de Marx y Engels se convierten en artículos de fe y está prohibido discutirlas. Más tarde, mientras vive en la Unión Soviética, la joven descubre que así ocurre con todas las demás ciencias. Una amiga psicóloga se le queja: «Nos obligan a aceptar la doctrina [de Pávlov] en bloque, como si no se tratara de ciencia sino de un artículo de fe política».[2] Puede comprenderse así por qué el régimen comunista persigue con tanto encarnizamiento a los representantes de la religión cristiana, cuando en su punto de partida ambas doctrinas no son antinómicas: es que cualquier otra religión es un rival directo y que sólo hay lugar para un único Dios.

A partir del momento en que el militante abraza la fe comunista, no tiene ya vida privada separada de la vida pública. Grete lo aprendió rápidamente, a sus expensas. En 1920 conoció, en el medio de los judíos de izquierdas, al hijo del filósofo alemán Martin Buber, Rafael; comenzó a vivir con él y, en cuanto llegó a su mayoría de edad, se casó. Poco después nacieron dos hijas de aquella unión. Pero en 1925 la pareja se separó: una de las grandes razones de su alienación fue que Rafael Buber, entretanto, se había alejado del Partido. La madre educó sola a sus hijas hasta 1928, cuando una decisión de la justicia atribuyó la custodia a su suegra. Entre 1928 y 1934, sólo las vio dos veces al año. De 1934 a 1945, se interrum-

---

1. *Révolution*, p. 70.
2. *Von Potsdam, nach Moskau*, Berlín, Ullstein, 1990, p. 388.

pió cualquier contacto; la madre sólo volvió a ver a sus hijas en 1947. «Al entrar en el Partido, un comunista debía renunciar a su vida privada», advierte en su autobiografía.[1]

En 1929, conoció a Heinz Neumann y comenzó a vivir con él (nunca se casaron, pero añadió su apellido al suyo unos años más tarde). Neumann era entonces uno de los principales dirigentes del Partido Comunista alemán. Procedente de una familia judía liberal y acomodada, rechazaba cualquier identificación étnica y soñaba con ser ciudadano del mundo. En 1920, a la edad de dieciocho años, se adhirió al Partido y puso a su servicio su brillante ingenio, convirtiéndose en uno de los propagandistas más activos e, incluso, en uno de los principales dirigentes, justo después de Thaelmann. Como muchos intelectuales, se sentía atraído por el pensamiento radical y despreciaba los compromisos o la moderación. Tras haber aprendido muy pronto el ruso, era especialmente apreciado por los camaradas soviéticos y, en particular, por Stalin, del que se convirtió en hombre de confianza. Pero actuaba en función de sus convicciones, no de las directrices procedentes de arriba, y su radicalismo le condujo a predicar el conflicto abierto, tanto con los nazis como con los socialdemócratas. Ahora bien, a comienzos de los años treinta la política soviética con los nazis dio un giro y la intransigencia no era ya de recibo. Neumann fue convocado a Moscú, donde acudió con Grete en 1932. Su posición violentamente antinazi era percibida entonces como «desviacionista» y sus críticas a la línea oficial le aproximaban peligrosamente a los trotskistas, convencidos de que Stalin había traicionado a la revolución. Éste mantuvo sin embargo su benevolencia hacia Neumann e invitó incluso a la pareja a pasar unas vacaciones con él, a orillas del mar Negro. Se produjeron unas chuscas escenas, contadas por Buber-Neumann en su autobiografía.

Sin embargo, Neumann no pudo regresar a Alemania. El Komintern le mandó a España en 1933 y luego, a finales de año, le ordenó que se dirigiera a Suiza, rompiendo el contacto con él. Heinz y Grete llegaron a Zúrich sin papeles ni dinero. Malvivieron unos meses, hasta que Heinz fue detenido un día, por azar. Se des-

---

1. *Postdam*, p. 115.

cubrió su verdadera identidad; la Alemania hitleriana exigió su extradición para llevarlo ante la justicia. Las autoridades suizas se negaron pero mantuvieron a Neumann en la cárcel. Entonces, la Unión Soviética se ofreció para acogerle; la pareja embarcó en Le Havre y llegó a la Unión Soviética en 1935. En Moscú, se alojaron de nuevo en el hotel Lux, reservado para los comunistas extranjeros, pero el ambiente había cambiado. Ya nadie les invitaba; sus antiguos amigos habían muerto o tenían miedo de tratar con aquellos individuos de incierto destino. Los grandes procesos de Moscú estaban en su punto álgido. Heinz y Grete trabajaban para las publicaciones en lenguas extranjeras del Komintern. Cierto día, Dimitrov, el nuevo jefe del Komintern, convocó a Neumann y le pidió que redactara una obra a la gloria de la nueva política de los frentes populares –encarnada por él, Dimitrov–, la cual habría de comenzar por una sólida autocrítica. Neumann se negó: no quería escribir lo contrario de lo que pensaba. Aquel día firmó su propia sentencia de muerte. El Partido no deseaba individuos valerosos que actuaran por convicción autónoma, necesitaba seres sumisos, dispuestos a renegar de sí mismos en cualquier momento.

El fin de Neumann fue trágico. Se daba cada vez más cuenta de que la Unión Soviética era una sangrienta dictadura que nada tenía que ver con los ideales por los que creía combatir. Le indignaba escuchar, durante algunos procesos, a los antiguos bolcheviques confesando lamentablemente sus «errores» o sus «traiciones» y abrumar a sus mejores amigos. Dijo a Grete: «Te lo aseguro, si me llevan a juicio en un proceso público, encontraré fuerzas para gritar "¡Abajo Stalin!". Nadie podrá impedírmelo».[1] Los últimos meses de su vida en el hotel Lux los pasaron escuchando, todas las noches, el ruido de los pasos en el corredor, acechando los arrestos. Fue también el momento del más ferviente amor entre ambos, como si la pasión política tuviera que debilitarse para que floreciese la ternura. La última carta que mandó a su mujer está compuesta, sólo, por los tiernos apodos que él empleaba: ¡había más de cuarenta! En la noche del 26 al 27 de abril de 1937, los pasos en el corredor se detuvieron ante su puerta. Neumann fue

---

1. *Révolution*, p. 371.

detenido; apenas tuvo tiempo de decirle a Grete: «Llora, vamos, ¡hay motivos para llorar!».[1] Sólo cincuenta años más tarde se conocería con exactitud su destino: fue condenado a muerte y fusilado el 26 de noviembre de 1937. Se quiso que figurara en un nuevo gran proceso que nunca se celebró. Neumann no tuvo la oportunidad de gritar su verdad a la cara del mundo.

Hasta aquella fecha, Margarete Buber-Neumann había seguido, en su vida pública, el destino de otro; sólo era, según sus propias palabras, «el accesorio». A partir de entonces se inició una existencia de la que se siente responsable. La vida en común con un dirigente comunista no la obligaba a cerrar los ojos ante todo lo que la rodeaba, aunque no intentara profundizar en sus impresiones. De visita en Rusia, en 1932, ignoró la hambruna que sacudía parte del país; cierto día, sin embargo, vio una infinita cola ante la central de correos, en Moscú, y supo con sorpresa que toda aquella gente mandaba pan a su familia. La indiferencia de la población ante los acontecimientos políticos la sorprendió también, al igual que la injusticia social y el fortalecimiento de las desigualdades que reinaban en la «patria del socialismo». Descubrió, por lo demás, que el internacionalismo enarbolado en la fachada era sólo una retórica destinada a camuflar la privilegiada posición de los rusos; llamarlo «patriotismo» sería más justo. A partir de 1937, en todo caso, nada le impidió ya ver el mundo tal como era.

Entre el arresto de Neumann y el suyo propio, el 19 de junio de 1938, transcurrió un año que ella considera peor que los que vivió en el campo. «El año entre el arresto de mi hombre y mi propio internamiento fue el más atroz de mi vida.»[2] Buber-Neumann pasó los primeros meses haciendo cola ante las cárceles de Moscú para saber dónde estaba el detenido Neumann y entregarle algo de dinero. Acabaron revelándole su presencia en la Lubianka, pero en diciembre rechazaron su dinero. «Neumann no está ya aquí», le dijeron (había sido fusilado ya). La privaron de pasaporte, no tenía permiso de trabajo ni el menor medio de subsistencia; sobrevivió vendiendo libros y ropa en los mercados de ocasión.

---

1. *Sibérie*, p. 10.
2. «Menschen unter Hammer und Sichel!», en *Plädoyer*, p. 128.

Daba un respingo cada vez que unos pasos sonaban cerca. Pidió ir a Francia, donde vivía su hermana Babette Gross, la compañera de Willi Münzenberg, un antiguo personaje importante del Komintern; su petición fue rechazada. Su arresto se produjo casi como una liberación. Se había convertido en uno de esos comunistas alemanes de los que hablaba Vasili Grossman, perseguidos por Hitler primero y, luego, por Stalin.

Buber-Neumann permaneció medio año en detención preventiva, antes de ser condenada a cinco años de deportación en un campo, con una vaga fórmula como principal acusación: «Elemento socialmente peligroso». A comienzos de 1939, llegó al campo de Karaganda, en las estepas de Kazajistán, en los confines de China. El campo era inmenso, como dos veces el territorio de Dinamarca, con una población de unos ciento setenta mil internos. La vigilancia no era estricta, pero la fuga era imposible: el desierto a centenares de kilómetros a la redonda. Los detenidos políticos, poco numerosos, estaban sometidos al terror que imponían los presos comunes. Las condiciones higiénicas eran lamentables, los prisioneros iban cubiertos de piojos y chinches. Pero lo peor era la relación establecida por la dirección del campo entre cantidad de trabajo realizada y cantidad de alimento entregado. Los detenidos trabajaban en los campos o las minas, debían alcanzar cierta norma. Si no lo hacían, comenzaban a disminuir sus raciones alimenticias. Pero el alimento era ya muy escaso, sopa y pan, salvo para las distintas categorías de privilegiados. Cuanto menos alimento recibían los detenidos, menos capaces de trabajar eran; pero cuanto menos trabajaban, menos eran alimentados. Recibiendo porciones cada vez más pequeñas, agotados por el hambre, morían al cabo de unos meses. Buber-Neumann sólo debió su supervivencia a la misericordia de un detenido médico, que le extendió un certificado con este diagnóstico: «No apta para trabajos penosos».

Al cabo de un año, a comienzos de 1940, la convocaron en la oficina del comandante, que le anunció que debía partir. Tras un largo viaje, se encontró en la cárcel, en Moscú, aunque en condiciones mucho mejores: sábanas limpias, agua caliente, comida a voluntad. Todo ocurría como si sus nuevas compañeras y ella misma, todas antiguas detenidas de origen alemán o austríaco, tuvieran que ser puestas «en condiciones» antes de ser enviadas a otra parte. Pero ¿adónde? Todas aquellas antiguas comunistas o compañeras de comunistas no podían imaginar que iban a entregarlas a Hitler. Incluso cuando el grupo, constituido ya por hombres y mujeres, fue puesto en un tren en dirección al oeste, imaginaron que los liberarían en un país neutral. Hasta el 8 de febrero de 1940, cuando vieron al oficial SS ir a su encuentro, en el puente del Bug, en Brest-Litovsk.

Comenzó entonces el segundo episodio de su epopeya en campos de concentración. Tras seis meses de estancia en la cárcel, fue enviada a Ravensbrück, el campo de las mujeres, sin juicio ni plazo de detención determinado. Permaneció allí hasta abril de 1945. Las condiciones de vida fueron primero decentes: limpieza, alimento suficiente, sin trabajo agotador; se degradaron a partir de 1942 hasta alcanzar, progresivamente, las de Karaganda. En 1944 comenzaron las «selecciones» de los débiles, enfermos y viejos, y su exterminio. Pero las detenidas sufrieron, desde el comienzo, torturas mentales y físicas, y Buber-Neumann advierte que eso las corroía y corrompía profundamente; acababan adoptando, más o menos conscientemente, los valores de los vigilantes SS. «El cristianismo afirma que el sufrimiento purifica y ennoblece al hombre. La vida en el campo de concentración ha demostrado lo contrario. Creo que nada es más peligroso que el sufrimiento, el exceso de sufrimiento. Y eso vale tanto para los individuos como para pueblos enteros.»[1] A consecuencia de las enfermedades o los castigos (pasó quince semanas en el calabozo), Buber-Neumann rozó varias veces la muerte.

A la persecución de los SS se añadía, para Buber-Neumann, la de las detenidas comunistas, alemanas o checas, numerosas en el campo y que ocupaban, a menudo, posiciones de poder. La interrogaron cuando llegó a Ravensbrück; tras haber escuchado su relato de los campos soviéticos, la clasificaron de «trotskista» y la condenaron al ostracismo. Para aquellas mujeres, los individuos no tenían valor en sí mismos, sino sólo como representantes de

1. *Déportée à Ravensbrück*, Seuil, 1988, p. 42.

una categoría, pero Buber-Neumann pertenecía, era evidente, a la clase de los «enemigos de la Unión Soviética».

Afortunadamente para ella, Buber-Neumann hizo en Ravensbrück otros encuentros. Ya en el primer año conoció a Milena Jesenska, periodista checa, antigua amiga de Franz Kafka, internada en el campo por actividades antifascistas; nació entre ambas mujeres una intensa amistad que fue interrumpida, en 1944, por la muerte de Milena. Otra checa, Inka, joven estudiante de medicina, aunque comunista también, desobedeció las directrices del Partido y se convirtió en su amiga; más tarde, le salvó la vida robando medicamentos para cuidarla. Algunas francesas, deportadas políticas no comunistas, como Germaine Tillion, Anise Postel-Vinay y Geneviève de Gaulle, fueron también sus amigas. Como ninguna de ellas sabía si iba a sobrevivir, se confiaban unas a otras lo que algún día habría que transmitir a la memoria de los pueblos. Durante varios domingos consecutivos, Buber-Neumann contó a las amigas francesas su experiencia de los campos soviéticos, haciendo las veces de intérprete Postel-Vinay para las que no dominaban bastante el alemán (Germaine Tillion, en cambio, para alegrar a sus compañeras, cuenta más bien las cómicas aventuras que había vivido como etnóloga en Argelia).

En abril de 1945, el Ejército Rojo se acercaba a Ravensbrück. La dirección del campo liberó a gran número de detenidas, entre ellas Buber-Neumann; ésta, para escapar al control soviético, se marchó a pie hacia el oeste. Tras dos meses errando por una Alemania en ruinas, llegó a la granja de su abuelo. Comenzaba una nueva vida.

Tras siete años de cárcel y campo, Buber-Neumann era libre de nuevo, pero nada sería ya, nunca, como antes. Su padre, muerto durante la guerra, había desheredado a Grete y a su hermana Babette: ¡eran comunistas! Grete se instaló en Frankfurt e intentó reanudar su antigua profesión de maestra de escuela, pero la administración militar americana rechazó su petición: ¡era demasiado vieja! Le pidieron que fuera a contar su experiencia a los jóvenes socialdemócratas de la región, aunque avisándola: ¡Debe hablar de los campos nazis, no de los soviéticos! Reanudó el contacto con sus dos hijas, adultas ya, que vivían en Jerusalén y descubrió que ambas eran grandes admiradoras de la Unión Soviética, vencedora de la

Alemania nazi. Decididamente, Buber-Neumann era un personaje de molesta biografía.

A comienzos de 1946 fue invitada a Suecia, a casa de un millonario sueco, Olof Aschberg, que había conocido a Münzenberg y sus redes antes de la guerra y que conservaba simpatías comunistas. Estaba dispuesto a ayudar a la antigua kominterniana alemana, pero no quería oír hablar de los campos soviéticos. El apacible ambiente de Estocolmo le sentó bien a Buber-Neumann; su protector le encontró un trabajo de oficina y una vivienda. Entonces descubrió su nueva vocación. En Ravensbrück, Milena y ella habían proyectado escribir, juntas, un libro titulado *La era de los campos de concentración*, que debía contar la experiencia paralela de ambos totalitarismos. Entonces, Milena no existía ya y Buber-Neumann decidió asumir sola la tarea, un deber para con su amiga y todos aquellos que, en uno u otro campo, le habían dicho: ¡No lo olvides, cuenta a todos mi historia! Mientras no se había consagrado a ese trabajo, Buber-Neumann sufrió la vergüenza de los supervivientes, común a muchos ex prisioneros; y cada noche las pesadillas la devolvían al campo. Comenzó a escribir y la liberación llegó poco a poco. Su nueva vocación era la de testigo ejemplar, por no decir único, de la inhumanidad de ambos totalitarismos. La increíble vitalidad de aquella mujer sencilla y modesta, llegada como una recompensa por los años pasados en el campo, le permitió convertirse en memorialista e historiadora: escribió libros para combatir el mal siempre presente, habló a públicos muy variados, dio testimonio.

Su primera obra, *Prisionera de Stalin y de Hitler,* en la que cuenta siete años de su vida, de 1938 a 1945, apareció en 1948, en traducción sueca y, poco después, en alemán. El efecto inmediato de la publicación fue perder el trabajo y la vivienda en Suecia: su protector millonario se indignó por aquella propaganda antisoviética. Regresó, pues, a Alemania. Aquel mismo año, el libro fue traducido al inglés, en una versión abreviada y, al año siguiente, al francés, reducido, en este caso, sólo a la primera parte, con el título de *Deportada en Siberia;* la continuación, titulada *Deportada en Ravensbrück*, sólo aparecería en 1988, ¡cuarenta años más tarde!

La contribución original de este libro consiste en una yuxtaposición de las dos experiencias totalitarias, comunista y nazi, sobre cada una de las cuales existe un gran número de relatos que encuentran, con facilidad, un público ya conquistado: no faltan ni comunistas ni anticomunistas. Ahora bien, aquí lo importante y lo que molesta al lector –o, más raramente, lo que suscita su entusiasmo– es la continuidad de ambos. Pues la proximidad se descubre ahora doble: a la vez de contigüidad, como simboliza el recorrido biográfico de Buber-Neumann o el apretón de manos entre oficiales NKVD y SS en el puente del Bug; y de parecido, como mostrará el análisis de la vida cotidiana en ambos campos. Por esta razón es lamentable que la edición francesa del libro, completa hoy, se mantenga dividida en dos volúmenes, cada uno de ellos con vida autónoma, cuando el proyecto de Buber-Neumann (y de Milena) era precisamente estudiar juntos ambos totalitarismos.

En sus escritos de historiadora y memorialista, Buber-Neumann puso de relieve numerosos puntos de contacto o de analogía entre los dos regímenes, antes incluso de iniciar su experiencia en los campos de concentración. Ya en 1923, Radek, el dirigente del Komintern, recomendó a los comunistas alemanes que colaboraran con los nacionalsocialistas. La Noche de los Cuchillos Largos, arreglo de cuentas entre nazis, y también el incendio del Reichstag dieron a Stalin la idea de utilizar el asesinato de Kírov como pretexto para «purgar» el Partido e instaurar una dictadura más implacable que antes (Buber-Neumann comparte, a este respecto, la opinión de Vasili Grossman, aunque, naturalmente, la ignore). Los dirigentes soviéticos, Mikoyán o el propio Stalin, expresaron ante Heinz Neumann su admiración por las hazañas de Hitler. Comparando el poder del aparato policíaco sobre la población en conjunto, Buber-Neumann advierte que, a este respecto, los nazis tenían que recuperar un gran retraso: sólo parte de los ciudadanos alemanes, judíos y opositores activos, sufría los efectos del terror, mientras que la población soviética, por completo, experimentaba su acción en la vida cotidiana. Pero la comparación se hace especialmente ilustradora cuando Buber-Neumann analiza su propia experiencia de interna en los campos.

La comparación puede realizarse en varios planos. En primer lugar, los campos asumieron, en ambos regímenes, un lugar y una función próximos: la de ejercer un terror político al tiempo que procuraban al Estado una mano de obra barata y utilizable a voluntad. «Los dos sistemas existentes en los campos de concentración partieron de datos políticos y metapolíticos distintos, pero no debemos olvidar que alcanzaron en su principio un idéntico y mismo objetivo». Por esta razón, ambos merecían una condena igual; es decir, absoluta. «Mi odio hacia los campos de concentración alemanes es exactamente el mismo que hacia los campos del dictador Stalin».[1] Dicho esto, la comparación permite descubrir semejanzas y diferencias.

Concretamente, en uno y otro bando, los deportados políticos (y «raciales» entre los nazis) se veían cada vez más sometidos a la violencia y la arbitrariedad de los «comunes», salvo en algunos campos alemanes, como Buchenwald, donde eran los deportados comunistas alemanes quienes dirigían, día a día, la vida del campo. Los golpes y castigos eran frecuentes aquí y allá. Los recién nacidos eran inmolados en Alemania, no en la Unión Soviética, donde eran arrebatados a las madres algo más tarde. El orden meticulosamente observado por los alemanes se oponía al caos que reinaba, a menudo, en los campos rusos, pero no es fácil decidir cuál de ambas situaciones era preferible. «Me pregunto en el fondo qué es peor: la choza de adobe infestada de piojos de Burma o ese orden de pesadilla.»[2] En los campos rusos, a diferencia de los campos alemanes, no había casi verdaderos enemigos del régimen. David Rousset, deportado político en Buchenwald, dijo más tarde (en *Sobre la guerra*): «Éramos culpables. Nuestra fuerza era nuestra culpabilidad». Pero la proporción de los políticos disminuyó progresivamente, pues quedaban diluidos entre otros detenidos que nunca habían sido opositores: judíos, gitanos, «asociales».

No había en la Unión Soviética cámaras de gas ni campos de exterminio. La diferencia es significativa, aunque no baste para

---

1. «Qui est pire, Satan ou Belzébuth?», en *Le Figaro Littéraire*, 25 de febrero de 1950; reproducido en *Commentaire*, 81, 1998, pp. 244 y 241.
2. *Ravensbrück*, p. 53.

hacer agradables los campos rusos. En efecto, aquí, el hambre infligido voluntariamente como castigo por un trabajo que se consideraba insuficiente, las enfermedades no cuidadas y propagadas por la mugre o el frío de las tundras siberianas mataban con igual crueldad que el gas, aunque algo más lentamente. «Es difícil decidir qué es menos humanitario, gasear a las personas en cinco minutos o matarlas lentamente, por hambre, en un plazo de tres meses», observará Buber-Neumann en su declaración en el proceso de David Rousset.[1] La diferencia significativa se halla más bien en el lugar que ocupa esta ejecución con respecto al proyecto de conjunto de cada régimen. Los soviéticos, cuyo marco teórico global era histórico y social, dejan actuar a la «selección natural»: los más débiles morían de hambre, de frío y de enfermedad. Los nazis, que reivindicaban principios biológicos, practicaron en cambio una «selección artificial», en Auschwitz pero también en Ravensbrück. Ellos, sus médicos y sus guardianes decidían la muerte de determinado detenido, mientras concedían a otro un aplazamiento. Unos sacrificaban vidas humanas como si no valieran nada, otros fueron presa de un verdadero «frenesí del crimen».[2]

La diferencia sobre la que más insiste Buber-Neumann está también vinculada a la oposición ideológica entre ambos regímenes. Consiste en que los detenidos de los campos eran tratados por los soviéticos según el modelo de los *esclavos*, mientras que los nazis lo hacían según el de los *subhombres*. En la Unión Soviética, la justificación de los campos era doble: mantener el terror político y proporcionar una mano de obra gratuita y obediente para el trabajo en las minas, las fábricas o los campos. Esta segunda función es esencial y el *gulag* iba a desempeñar un papel fundamental en la economía soviética. Lo que distingue esta práctica de la antigua esclavitud es, sencillamente, que la vasta población de la Unión Soviética representaba una inagotable reserva de mano de obra y, por consiguiente, la dirección de los campos no tenía cuidado alguno con sus esclavos: era inútil alimentarlos bien, darles ropas de abrigo y cui-

1. «Déposition de Margarete Buber-Neumann», en D. Rousset *et al.*, *Pour la vérité sur les camps concentrationnaires*, Ramsay, 1990, p. 183.
2. «Satan ou Belzébuth», p. 244.

darlos en sus enfermedades; si morían, se obtendrían otros. Por otra parte, esas dos funciones, política y económica, se ocultaban tras un discurso destinado a los visitantes occidentales, pero en el que no creía nadie en la Unión Soviética, según el cual el objetivo de los campos era reeducar a los individuos en falta y transformarlos en florecientes hombres soviéticos.

Los campos alemanes asumían también una función de terror con respecto al resto de la población pero, al principio, estaban muy lejos de asumir un papel económico comparable; sólo en los últimos años de la guerra comenzaron a obtener en ellos, sistemáticamente, mano de obra. En cambio, se llevaba a cabo una práctica de humillación y corrupción de los individuos, como si el objetivo del sistema fuese reducir a los hombres al estado de bestia. «El papel principal no era ya desempeñado por el trabajo de los esclavos, sino por la tortura y la degradación sistemática», escribe Buber-Neumann.[1] En el mismo sentido, no podemos evitar que nos impresione el hecho de que, en los campos nazis pero no en los comunistas, los seres humanos fueran utilizados como cobayas en experimentos médicos. En Ravensbrück, precisamente, podía verse a un grupo de jóvenes polacas con las piernas cubiertas de horrendas cicatrices: les habían inoculado bacilos para observar su evolución. Puesto que son subhombres –hombres incompletos– los judíos, gitanos, eslavos, enfermos o ancianos deben morir, sin preocuparse por su eventual rentabilidad económica.

Buber-Neumann no escribió sólo este libro para librarse de sus pesadillas; lo concibió también como un arma contra el régimen totalitario que seguía triunfando: el comunismo soviético. Su experiencia ejemplar debía servir para abrir los ojos a los demás, a quienes no lo habían vivido, y por eso la autora debía contar su historia con tanta sencillez y fidelidad como fuese posible. Ese era su deber. El comunismo no es peor que el nazismo, pero tampoco es mejor. Ahora bien, como escribe en el prefacio de la traducción inglesa de su libro, «una de esas dictaduras ha sido destruida hoy

---

1. «Wie verhält sich der Mensch in extremen Situationen?», en *Plädoyer*, p. 244.

y sus víctimas han sido salvadas de las cárceles y los campos de concentración. La otra sigue existiendo y millones de personas siguen sufriendo en sus cárceles y campos».[1] Más que complacerse en la evocación de sus pasados sufrimientos, Buber-Neumann empleó sus fuerzas en combatir el mal presente, el régimen totalitario comunista.

No fue la única. Otro libro impresionaba entonces los espíritus de los lectores occidentales, el de Viktor Kravchenko, titulado *Yo elegí la libertad* y publicado en inglés en 1946, y en 1947 para su traducción francesa. Kravchenko, refugiado político soviético, cuenta en él su vida en la Unión Soviética y las fechorías del régimen comunista. El semanario cultural comunista *Les Lettres Françaises* organizó una campaña denigratoria contra Kravchenko, quien afirmaba que los campos de concentración florecían en la Unión Soviética: era, pues, un mentiroso. Kravchenko denuncia al semanario por difamación. Citó para que declararan a unos veinte testigos que habían conocido la vida en la Unión Soviética; entre ellos a Margarete Buber-Neumann, cuyo libro fue publicado poco después. El proceso se celebró en los primeros meses de 1949.

El testimonio de la prisionera de Stalin y Hitler causó una fuerte impresión: aquella mujer frágil de increíble destino obtiene la convicción. Durante aquel proceso, los abogados de *Les Lettres Françaises*, con Joe Nordmann a la cabeza, intentaron aplicarle su táctica habitual: más que discutir la veracidad de lo que la testigo afirmaba, trataron de desacreditarla en el plano moral. Kravchenko ganó su proceso; la sentencia fue apelada. Entre ambos juicios, los abogados de *Les Lettres Françaises* aportaron un documento, una carta firmada por cuatro comunistas checas, antiguas deportadas de Ravensbrück, en la que Buber-Neumann es acusada de haber sido, durante su estancia en el campo, una confidente de los SS y de la Gestapo. La calumnia fracasa, pues otras antiguas deportadas de Ravensbrück, francesas y noruegas, envían al tribunal sus testimonios en sentido contrario. La

---

[1]. «Author's Preface», en *Under Two Dictators*, Londres, V. Gollanz, 1949, p. XII.

sentencia del proceso Kravchenko fue confirmada en la apelación.

Un detalle del episodio conmovió, sin embargo, a Buber-Neumann. Una de las firmantes de las cartas calumniadoras era Inka, la joven médico que, pese a ser comunista, se había convertido en su amiga en el campo y que una vez le había salvado la vida cuidándola. ¿Cómo era posible que hubiera testimoniado contra ella? ¿Había sido Inka sometida a tortura? ¿O Buber-Neumann se había equivocado con ella? Ambos términos de la alternativa eran dolorosos; Buber-Neumann no sabía qué decidir.

Sólo mucho más tarde se conoció la verdad. Durante el proceso Kravchenko, el aparato comunista se movilizó para neutralizar sus efectos negativos; buscaron, pues, antiguas deportadas de Ravensbrück, en Checoslovaquia también. Dos de ellas eran comunistas dóciles que escribieron su carta sin escrúpulos; luego tenía que firmarla Inka. Ésta se hallaba entonces en el hospital, donde acababa de dar a luz a su primer hijo; las antiguas camaradas la visitaron para explicarle que Kravchenko y Buber-Neumann estaban dirigiendo una campaña de calumnias contra la Unión Soviética. Apelaron a su sentido del deber comunista; presionada, y para librarse de ellas, Inka firmó. Pero no olvidó su acto. Pasó el tiempo, su hijo creció; en 1967, Inka fue a la Unión Soviética por primera vez y regresó abrumada. Participó en la «primavera de Praga» de 1968; al año siguiente fue excluida del Partido. Leyó entonces *La revolución mundial*, de Buber-Neumann, que le impresionó mucho. Ya sólo tuvo un deseo: encontrarse con su antigua amiga para explicarle su gesto de cobardía.

Pasó mucho tiempo aún antes de que se presentara la ocasión: pudo ir a París en 1986, a un encuentro de las antiguas deportadas de Ravensbrück. Lamentablemente, Buber-Neumann, demasiado anciana, no acudió. Con la ayuda de su común amiga Anise Postel-Vinay, Inka se lanzó entonces a una acción arriesgada (pero ese tipo de empresa no impresiona demasiado a las antiguas resistentes): cruzó la frontera alemana en coche, sin visado, para encontrarse en Frankfurt con Buber-Neumann. Inka buscaba a su lado un remedio contra las heridas que le infligía su propia memoria de lo que le parecía la peor acción de toda su vida. Por desgracia, la liberación no pudo producirse: Buber-Neumann las recibe con alegría pero, puesto que sufre pérdida de memoria, no sabe ya, en absoluto, de qué carta se trata. La memoria había degenerado, esta vez, no por efectos de la presión política sino por la degradación física; la verdad humana no pudo ya restablecerse. Inka será torturada, para siempre, por los remordimientos: «No puede desescribir aquella carta».[1]

El proceso Kravchenko tuvo gran resonancia internacional y la declaración de Buber-Neumann no pasó desapercibida; su nombre empezó a ser conocido, su libro se tradujo a otras once lenguas. Al año siguiente, declaró de nuevo en París, en el proceso por difamación que David Rousset entabló contra las mismas *Lettres Françaises*. Entretanto, también ella había entablado un proceso semejante. A consecuencia de su aparición en el proceso Kravchenko, un comunista alemán, Emil Carlebach, antiguo deportado en Buchenwald, inició en la prensa comunista de Alemania una campaña de calumnias: Buber-Neumann, escribe, es una antigua trotskista que trabaja hoy como agente americana. Afirma haber sido injustamente perseguida en la Unión Soviética y luego, aunque comunista, entregada por el NKVD a los SS. En realidad, era ya –como los otros trotskistas, por lo demás– una agente de la Gestapo, felizmente detenida por la vigilante policía soviética, que la entregó a la propia Gestapo puesto que ésta quería utilizarla de nuevo... El proceso contra Carlebach, que se prolongó hasta 1952, fue finalmente ganado por Buber-Neumann, pero eso no impidió a la prensa comunista reanudar sus acusaciones.[2]

En los años siguientes, Buber-Neumann dio numerosas conferencias públicas, en las que evocaba su experiencia personal y analizaba el mundo comunista. Participó con entusiasmo en el

---

1. Janine Platen, en Buber-Neumann, *Plädoyer*, pp. 182-183; y la señora Anise Postel-Vinay, comunicación personal (reciba desde aquí mi agradecimiento).
2. *Plädoyer*, pp. 53-63; Hans Schafranek, *Zwischen NKVD und Gestapo: Die Auslieferung deutscher und österreichischer Antifaschisten aus der Sowjetunion an Nazideutschland 1937-1941*, Frankfurt, ISP Verlag, 1990.

Congreso por la Libertad de la Cultura, una organización internacional animada, especialmente, por ex comunistas de las redes de Münzenberg, como Arthur Koestler y Manès Sperberg, y que asume como tarea combatir la propaganda soviética. Animó también un Comité para la Liberación de las Víctimas de la Arbitrariedad Totalitaria y saludó con alegría la acción de los disidentes del Este. Al mismo tiempo siguió escribiendo libros. En 1957 apareció, un nuevo tomo de su autobiografía, que cubría los años 1901-1937. Se titulaba *De Potsdam a Moscú. Etapas de un extravío*[1] y es un libro apasionante (no traducido) que permite comprender el sentido del compromiso comunista entre ambas guerras.

En 1963, cumplió su segunda promesa a Milena, hecha en el campo de Ravensbrück, la de nunca olvidarla: consagró un libro a la propia Milena.[2] La obra destaca entre la literatura de testimonios sobre los campos porque convierte a un tercero, y no al autor del libro, en centro del relato. El encuentro con Milena trastornó, en efecto, su vida, hasta el punto de que Buber-Neumann pudo escribir esta sorprendente frase: «Agradezco al destino que me mandara a Ravensbrück y me permitiera así conocer a Milena».[3] El precio de este afecto fue, sin embargo, muy alto: tras la muerte de Milena, durante algún tiempo, tuvo la sensación de que su vida había perdido cualquier sentido y que la propia libertad dejaba de ser deseable. Cuando, veinte años más tarde, Buber-Neumann decidió contar su vida, no se fio sólo de su memoria sino que reconstruyó a partir de documentos la vida anterior de Milena. Y obtuvo el efecto deseado: el nombre de Milena salió del olvido, no fue ya sólo la destinataria de las cartas de amor de Kafka sino también un ser de pleno derecho, escritora y amiga generosa.

En las siguientes obras de Buber-Neumann, la historia prevalece más aún sobre la memoria: son *La revolución mundial*[4] y *La*

---

1. *Von Potsdam nach Moskau: Stationen eines Irrwegs*, Berlín, Ullstein, 1990.
2. *Milena*, Seuil, 1986. [Hay trad. cast.: *Milena*, Barcelona, Tusquets, 2017.]
3. *Ravensbrück*, p. 40.
4. *Kriegsschauplätze der Weltrevolution, ein Bericht aus der Praxis der Komintern 1919-1943*, Stuttgart, Seewald Verlag, 1967; traducción francesa: *La Révolution mondiale*, Casterman, 1971.

clandestinidad comunista,[1] en las que relató la evolución del movimiento comunista internacional entre ambas guerras. En sus últimos libros, por fin, volvió al testimonio: una serie de retratos reunidos en *La llama apagada*,[2] y finalmente el último volumen de su autobiografía, *Libertad, de nuevo eres mía*,[3] que cuenta los años 1946-1951. Al mismo tiempo, trabajaba para la radio y la televisión y, desde 1968, tuvo que sufrir los ataques de la «nueva izquierda» alemana, a la que, como a la antigua, no le gusta que se recuerde la proximidad de Stalin y Hitler.

Buber-Neumann murió en noviembre de 1989, tras la caída del muro de Berlín. A fines del siglo se nos muestra como el testimonio ejemplar del mal que dominó la vida política en Europa, el totalitarismo. Un «testimonio excepcional», dijo ya Albert Béguin en 1949,[4] un «testimonio absoluto», añadió Alain Brossat en 1999.[5] Es ejemplar, primero, por su destino, luego por su actitud, hecha de rectitud y de rigor: en sus declaraciones sólo contaba lo que había vivido o conocido de primera mano, daba primacía a los hechos en detrimento de los juicios, no buscaba atribuirse el buen papel y ni siquiera permanecer siempre en el centro de la atención. En ese mundo donde se enfrentan absolutos, supo guardar el sentido del matiz y su viaje al infierno no fue por completo deprimente. Uno sale, incluso, de la lectura de sus libros confiando un poco más en los recursos de la especie humana: he aquí una ex deportada que no perdió el sentido del humor, su respeto por el poder del relato, su equidad. Ella misma supo no desesperar en el campo porque no ignoró las manifestaciones del bien, por raras que fueran: de los meses pasados en el bloque disciplinario, en Karaganda, prefiere recordar, no el hambre que la corroía ni las noches de combate contra piojos y chinches, sino los cigarri-

1. *Der kommunistische Untergrund*, 1970.
2. *Die erloschene Flamme: Schiksale meiner Zeit*, Múnich, Langen Müller, 1976.
3. *Freiheit, du bist wieder mein... Die Kraft zu überleben*, Múnich, Langen Müller, 1978.
4. «Postfacio», en M. Buber-Neumann, *Déportée en Sibérie*, p. 253.
5. Margarete Buber-Neumann, *Témoin absolu du XX siècle*, Lyon, Horlieu, 1999.

llos que le liaba otro detenido y las canciones que cantaba ante ella.

Además de la ejemplaridad de su destino y de su testimonio, lo que impresiona en Margarete Buber-Neumann es el simple hecho de haber sobrevivido a siete años de campo, a pesar de que las condiciones fueron a menudo terribles. ¿Cómo lo logró? Cuando se le hacía la pregunta, enumeraba varios factores. Al principio estaba bien de salud, había sido educada en una familia donde el trabajo no repugnaba; además, su vida antes del campo, en la clandestinidad comunista, le había enseñado a desconfiar de las apariencias. Conseguía siempre mantener su curiosidad por el mundo y los hombres, algo que, añadido a su excepcional memoria de los detalles, aseguró la calidad de sus relatos. Mantuvo también sus intereses espirituales y eso le permitió evadirse de la abrumadora vida material en la que estaba sumergida día y noche. Pero lo que desempeñó, tal vez, el papel más importante fue su don para la amistad y la camaradería. «La conciencia de ser necesario a otro ser humano es lo que, en el campo, te procuraba la mayor fuerza.»[1] En este sentido, tuvo suerte: «Siempre he encontrado personas a las que era necesaria».[2] Entre esas personas, Milena ocupó el primer lugar.

En todos los seres que encontró, Buber-Neumann supo separar la parte del individuo y la de las categorías ideológicas o sociológicas en cuya encarnación se había convertido. Lo advirtió ya antes de la guerra: aunque dos comunistas pertenezcan a tendencias políticas divergentes, basta con que pasen unos momentos de conversación personal y los enemigos de antaño, que no querían oír hablar el uno del otro, descubren afinidades, se hacen amigos. O esa hotelera parisina, en la calle del Ouest, que se niega por principio a alojar niños en sus habitaciones y que se enternece al ver el primer bebé real. Buber-Neumann recordó la lección y la convirtió en regla de vida: el compromiso político no agota nunca la identidad de los individuos; la historia de los seres y la de las sociedades, regímenes y países pocas veces están coordinadas. En

---

1. «Wie verhält sich der Mensch», en *Plädoyer*, p. 124.
2. *Ravensbrück*, p. 73.

Ravensbrück, al ver acercarse los bombarderos aliados en una misión, se alegraba, pues la derrota de Alemania aceleraría la caída del nazismo, pero no podía impedir pensar en todos los alemanes, en absoluto fascistas, sobre quienes caían también «bombas incendiarias y bombas de fósforo».[1] Después de la guerra, siguió negándose a asimilar los seres a su función, como quedó patente, por ejemplo, cuando la guardiana de Ravensbrück, Langefeld, llamó un día a la puerta de su casa, en Francia.

Y así pudo reservar un lugar aparte, en sus libros, para Heinz Neumann, cuyas debilidades y errores vio entonces, cuyas ideas y acciones condenó, y que fue, sin embargo, durante ocho inolvidables años, el amor de su vida. El comunista fanático, el dogmático estalinista era, también, un ser humano tierno y vulnerable. Buber-Neumann supo practicar la intransigencia con las ideas y los regímenes, sin olvidar que se encarnan en seres humanos dignos de ser amados. La lucidez para con los primeros no impide cierta fidelidad a los segundos. Ésa es la última lección que nos dejó esta mujer cuyo destino se confundió con el del siglo.

---

1. *Ibíd.*, p. 110.

3
LA CONSERVACIÓN DEL PASADO

> La Madona lo ha vivido todo con nosotros pues es nosotros, su hijo es nosotros.
> Creo que esta Madona es la vida en su expresión más atea, lo humano sin la participación de lo divino.
>
> Vasili Grossman,
> *La Madona sixtina*

CONTROLAR LA MEMORIA

Los regímenes totalitarios del siglo xx revelaron la existencia de un peligro antes insospechado: el de un completo dominio sobre la memoria. No es que en el pasado se hubiera ignorado la destrucción sistemática de los documentos y monumentos, lo que supone un modo brutal de orientar la memoria de toda la sociedad. Sabemos, para poner un ejemplo alejado de nosotros en el tiempo y el espacio, que el emperador azteca Itzcoatl, a comienzos del siglo xv, ordenó hacer desaparecer las estelas y los libros para poder recomponer a su modo la tradición; los conquistadores españoles, un siglo más tarde, se empeñaron a su vez en quemar y hacer desaparecer las huellas que atestiguaban la antigua grandeza de los vencidos. Pero, al no ser totalitarios, esos regímenes sólo la emprendían con los depósitos oficiales de la memoria, dejando sobrevivir muchas de sus otras formas, por ejemplo, los relatos orales o la poesía. Tras haber comprendido que la conquista de las tierras y los hombres pasa por la de la información y la comunicación, las tiranías del siglo xx sistematizaron su dominio sobre la memoria e intentaron controlarla hasta en sus más secretos rincones. Esas tentativas fueron puestas, a veces, en jaque, pero cierto es que, en otros casos (que por definición somos incapaces de citar), las huellas del pasado fueron eliminadas con éxito.

Los ejemplos de este esfuerzo por controlar la memoria son innumerables y muy conocidos. «Toda la historia del "Reich milenario" puede releerse como una guerra contra la memoria», escribe con razón Primo Levi;[1] y lo mismo podría decirse de la Unión Soviética o de la China comunista. Entre los procedimientos más comunes utilizados, aquí y allá, para controlar la circulación de la información, podemos mencionar primero la *desaparición de las huellas*. Ya en el verano de 1942 y, sobre todo, tras la derrota de Stalingrado, los nazis empezaron a desenterrar los viejos cadáveres para quemarlos y transformarlos en polvo. En los propios campos construyeron, para este fin, inmensos hornos crematorios. Los testigos de las matanzas y el propio personal fueron, a su vez, eliminados. Los regímenes comunistas no se preocuparon de eso, pues se creían instalados para toda la eternidad; los espacios del Gran Norte, en la Unión Soviética, albergan innumerables sepulturas. En vísperas de la evacuación de los campos, los SS quemaron todos los archivos y demás documentos comprometedores; de momento no podemos saber si los representantes de los distintos servicios de seguridad en los países comunistas hicieron otro tanto en los días que precedieron a su caída.

Un segundo procedimiento de control consiste en la *intimidación* de la población y la prohibición que se le impone de intentar informarse o difundir las informaciones. Está rigurosamente prohibido escuchar emisoras de radio extranjeras, o se las parasita y se las hace inaudibles. Estas prohibiciones se extienden a los propios ejecutantes. «Todos los SS que participaban en la acción de exterminio habían recibido las más severas órdenes de callar», cuenta Rudolf Hess,[2] el comandante de Auschwitz; tras el cierre de los campos, fueron a menudo enviados a los sectores más peligrosos. Fue también una de las grandes razones por las que se sustituyeron las unidades móviles de matanza (los *Einsatzgruppen*) por campos de la muerte: en las primeras, demasiados individuos estaban al corriente de los hechos. Por lo que se refiere al personal superior, estaba informado, claro, pero Himmler apelaba a su sentido de la responsabilidad: debía aceptar resistir solos el peso del secreto, para ahorrárselo

---

1. *Les Naufragés et les Rescapés*, Gallimard, 1989, p. 31. [Hay trad. cast.: *Los hundidos y los salvados*, Barcelona, Muchnik Editores, 1989.]
2. *Le commandant d'Auschwitz parle*, Maspero, 1979, p. 272. [Hay trad. cast.: *Yo, comandante de Auschwitz*, Barcelona, Ediciones B, 2009.]

al resto del pueblo alemán, que podría no tener la dureza necesaria. En su célebre discurso de Poznań, en octubre de 1943, afirmó paradójicamente: «Es una página gloriosa de nuestra historia que nunca ha sido escrita ni lo será nunca».[1] Pero ¿cómo este hecho nunca mencionado puede contribuir a la gloria de los nazis? Sólo Hitler, en la cumbre del Estado, soñaba con conmemorar más tarde el exterminio con placas de bronce erigidas en los lugares del crimen.

En los países comunistas, la prohibición de saber afectaba a vastos sectores de la vida, pero era particularmente estricta en lo que se refiere a los campos. La población sólo tenía vagos presentimientos. Los guardianes debían mantener el secreto profesional; los propios detenidos, que aquí tenían más oportunidades de salir, eran obligados a prestar un juramento de silencio, so pena de nuevos castigos. En las islas Solovkí se fusilaba, decían, a las gaviotas para que no pudieran llevar mensajes. Si se concedía una visita a la mujer de un detenido, «se la obliga a firmar una declaración por la que se compromete a no decir una sola palabra a nadie, tras su regreso a casa, de lo que ha visto en el campo a través de las alambradas»; el detenido, por su parte, firmaba otra, acompañada por amenazas, «por la que promete [...] no mencionar en su conversación las condiciones de vida que existen en el campo».[2] Cuando un detenido era liberado del campo, en Bulgaria, firmaba también una declaración de que no diría nada de lo que había visto durante su detención; de lo contrario, sería acusado de hacer correr «rumores» y todo podría recomenzar. A menudo ha sido necesario esperar veinte años para que los antiguos detenidos se atrevan a contar lo que habían vivido.

Otro medio para disimular la realidad y eliminar toda huella de la memoria consiste en el uso de *eufemismos*. Entre los nazis, éstos eran especialmente abundantes en torno al secreto central del exterminio; el sentido de estas fórmulas, célebres, se hizo transparente luego –«solución final», «tratamiento especial»– pero, ya por aquel entonces, eran lo bastante sugerentes («el tratamiento especial se

---

1. *Procès des grands criminels de guerre devant le tribunal militaire international*, Núremberg, 1947, t. III, p. 145.
2. G. Herling, *Un monde à part*, Denoël, 1985, p. 112. [Hay trad. cast.: *Un mundo aparte*, Madrid, Amaranto Editores, 2000.]

aplica por ahorcamiento»).[1] En cuanto se conoce su sentido secreto, deben ser sustituidas por nuevas expresiones, más neutras aún y que, sin embargo, corren el peligro de volverse inutilizables a su vez: evacuación, deportación, transporte; numerosas circulares daban instrucciones precisas a este respecto. El objetivo de estos eufemismos es impedir la existencia de ciertas realidades en el lenguaje y, de ese modo, facilitar a los ejecutantes el cumplimiento de su tarea. Veinte años más tarde, durante su interrogatorio, Adolf Eichmann seguía expresándose así: «Una zona enteramente libre de judíos», «la evacuación de todos los judíos hacia el campo de Auschwitz», «fatigarme con todos esos asuntos de deportación»... Está claro que esa costumbre le hacía más aceptables las matanzas; es preferible, explicó, «decir la cosa con mayor humanidad».[2]

La transformación del lenguaje se extiende mucho más allá de esos pocos eufemismos notorios y desemboca en lo que el filólogo antinazi Victor Klemperer denomina LTI, *Lingua Tertii Imperii*, la lengua del Tercer Reich.[3] Del lado comunista, también afectó a la palabra en su conjunto y dio nacimiento a lo que denominamos jergas: un discurso hecho de expresiones estereotipadas que no mantenían ya relación alguna con la realidad.

Un último y gran procedimiento utilizado para controlar la información y manipular la memoria es, simplemente, la *mentira* o, como se dice en esos casos, la propaganda. El régimen nazi tiene fama de haber alcanzado, en sus comienzos, un gran dominio en el arte de la propaganda, y se citan, con admiración o espanto, las proezas del ministro Goebbels. Pero si comparamos los dos regímenes totalitarios, advertimos que los nazis fueron, a este respecto, unos torpes debutantes; no por casualidad cada célula del Partido tenía su responsable de «agitación [en el sentido de adoctrinamiento] y propaganda».

---

1. E. Kogon, H. Langbein y A. Rückerl, *Les Chambres à gaz, secret d'État*, Seuil, 1987, p. 14.
2. *Eichmann par Eichmann*, Grasset, 1970, pp. 295, 297, 314 y 402. [Hay trad. cast.: *Eichmann por Eichmann*, Barcelona, Aymá, 1972.]
3. *LTI*, Albin Michel, 1996. [Hay trad. cast.: LTI. *La lengua del Tercer Reich*, Barcelona, Minúscula, 2001.]

Reanudando con la tradición de las aldeas de Potenkin, decorados teatrales erigidos a lo largo de la ruta de los visitantes, los empleados del KGB o de sus antepasados no temían las visitas de extranjeros, tanto más crédulos cuanto ineluctable era su profesión. Édouard Herriot, presidente del Consejo Francés y jefe del Partido Radical, visitó Ucrania en tiempos de hambruna: le mostraron a unos niños risueños que declararon comer *pirojki* todos los días. Solicitó ver una iglesia y le abrieron una adrede, que había sido transformada en almacén: los chequistas, conteniendo apenas las carcajadas, se disfrazaron de fieles; su jefe se puso una barba postiza para hacer de pope; Herriot quedó tranquilizado. Romain Rolland aplaudió, en compañía del siniestro jefe de la policía, Yagoda, un espectáculo montado por los internos de los campos e intentó convencerse de que esta reeducación por el trabajo suponía una maravillosa experiencia pedagógica, la formación de un hombre realmente nuevo. Bernard Shaw visitó los campos para cantar su elogio; Gorki hizo lo mismo (aunque tal vez tuviera otras razones para no decir la verdad). Durante la guerra, el vicepresidente de Estados Unidos Henry Wallace acudió al campo de Kolymá. Su relato del viaje, desbordante de entusiasmo, constituye un documento aterrorizador.

Un caso especialmente instructivo es el de Jerzy Gliksman.[1] Este judío polaco, socialista, visitó la Unión Soviética en 1935, como turista simpatizante; jurista de formación, solicitó visitar un campo de reeducación. Le llevaron a Bolchevo, no lejos de Moscú, donde quedó maravillado al ver los rostros radiantes de los jóvenes delincuentes, reeducados ya. Cinco años más tarde, se hallaba en la zona de Polonia ocupada por el Ejército Rojo, de acuerdo con el pacto germano-soviético firmado por Ribbentrop y Mólotov. Comenzó entonces una segunda estancia en los campos, involuntaria esta vez y mucho más larga: sus impresiones fueron muy distintas. En todas partes, una eficaz puesta en escena obtenía la adhesión de los observadores (que, cierto es, sólo pedían creerlo). Los nazis nunca supieron hacer lo mismo.

1. *Tell the West*, Nueva York, Gresham, 1948. [Hay trad. cast.: *Que lo sepa el Occidente*, México D.F., Unión Cívica Internacional, 1955.]

En el antiguo campo de Terezín, en Checoslovaquia, puede verse una película de propaganda nazi sobre la vida en el gueto: Terezín era el ejemplar más presentado, era un gueto modelo (cuyos habitantes, sin embargo, eran «transportados» regularmente a Auschwitz), podían pues mostrarlo al mundo exterior. Hoy, la película nos parece abrumadora para los nazis: sus efectos de embellecimiento son muy evidentes y, por lo demás, lo que muestran no es muy alegre. Los equipos de fútbol juegan con una sospechosa aplicación, los barracones están superpoblados, la mirada de los detenidos que la cámara capta de paso está cargada de desesperación. Los soviéticos produjeron una película semejante sobre el campo de las islas Solovkí, donde las torpezas son igualmente visibles: la diligencia de los detenidos parece, también, forzada; sus sonrisas, artificiales. Pero pensemos, sobre todo, en la inmensa producción de libros y películas soviéticas que inundó el planeta durante aquellas décadas y que dio a millones de hombres una razón para vivir o esperar, una imagen de la felicidad que debían alcanzar: la patria del socialismo y de la justicia, el paraíso en la Tierra; imagen que persiste aún en ciertos rincones apartados del mundo. En tiempos de Hitler, también los jóvenes alemanes debían estar tan ilusionados como lo estábamos, en Sofía, mis compañeros de colegio y yo; pero, fuera del país, la propaganda nazi nunca conoció un éxito comparable.

Estos medios y algunos más eran sistemáticamente empleados por el poder totalitario para asegurar su superioridad en la guerra que se desarrollaba paralelamente a la de los ejércitos, la guerra de la información. Debido sin duda a que los regímenes totalitarios convirtieron el control de la información en una prioridad, sus enemigos, a su vez, se empeñaron en hacer fracasar esta política. El conocimiento y la comprensión del régimen totalitario y, especialmente, de su institución extrema, los campos, fueron primero un medio de supervivencia para los detenidos. Pero había más: informar al mundo sobre los campos era el mejor medio de combatirlos; alcanzar ese objetivo justificaba los sacrificios. Por ello, sin duda, los penados de Siberia se cortaban un dedo y lo ataban a uno de aquellos troncos de árbol que mandaban flotando por el río; más que una botella lanzada al mar, indicaba a quien lo descubría por qué especie de leñador había sido derribado el árbol. La información que se extiende permite salvar vidas humanas: durante el verano de 1944, la deportación de los judíos de Hungría se detuvo, entre otras cosas, porque Vrba y Wetzler consiguieron huir de Auschwitz y transmitir un informe sobre lo que allí ocurría. Los riesgos de esta actividad, claro está, no eran desdeñables. Anatoly Marchenko,[1] un veterano del *gulag*, fue encarcelado de nuevo porque consiguió dar testimonio; murió encarcelado.

Así se comprende fácilmente por qué la memoria se vio aureolada de semejante prestigio para todos los enemigos del totalitarismo, porque cualquier acto de reminiscencia, por humilde que fuese, pudo ser asimilado a la resistencia antitotalitaria (antes de ser acaparada por una organización antisemita, la palabra rusa *pamjat'*, memoria, servía de título a una notable serie publicada en samizdat: la reconstrucción del pasado era percibida como un acto de oposición al poder). En los países democráticos, la posibilidad de acceder al pasado sin someterse a un control centralizado es una de las libertades más inalienables, junto a la libertad de pensar y de expresarse. Es especialmente útil por lo que se refiere a las páginas negras en el pasado de esos propios países. La historia colonial de Francia, por ejemplo, tal vez no esté aún escrita de modo satisfactorio, pero en principio no hay obstáculo alguno para hacerlo. Mientras que en la inmediata posguerra se intentó atenuar y embellecer el papel de Vichy durante la Segunda Guerra Mundial, hoy es posible recordarlo y analizarlo sin encontrar resistencias políticas significativas. Con más razón son libres las investigaciones sobre el pasado de los regímenes totalitarios. Los crímenes nazis son uno de los hechos mejor documentados de toda la historia del siglo xx. Las fechorías llevadas a cabo bajo los regímenes comunistas están menos presentes en la memoria común y, sin embargo, no puede decirse ya que sean ignorados, como tras la Segunda Guerra Mundial. *El libro negro del comunismo* fue un éxito editorial.

El estatuto de la memoria en las sociedades democráticas no parece, no obstante, definitivamente asegurado. Tal vez bajo la influencia de ciertos escritores de talento que vivieron en países

1. *Mon témoignage*, Seuil, 1970. [Hay trad. cast.: *Mi testimonio*, Barcelona, Acervo, 1970.]

totalitarios, la valoración de la memoria y, a la par, una acusación contra el olvido se han extendido, en estos últimos años, fuera de su contexto original. En nuestros días es frecuente oír formular una crítica a las democracias liberales de la Europa occidental o de América del Norte, reprochándoles que contribuyan al deterioro de la memoria, al reinado del olvido. Lanzados a un consumo de información cada vez más desenfrenado, estaríamos condenados a su eliminación igualmente acelerada; separados de nuestras tradiciones y embrutecidos por las exigencias de una sociedad del ocio, desprovistos tanto de curiosidad espiritual como de familiaridad con las grandes obras del pasado, estaríamos condenados a la vanidad del instante y al crimen del olvido. Así, de modo menos brutal pero, a fin de cuentas, más eficaz, puesto que no suscita nuestra resistencia, convirtiéndonos por el contrario en agentes consentidores de esta marcha hacia el olvido, los Estados democráticos conducirían a su población hacia el mismo objetivo que los regímenes totalitarios, es decir, hacia el reinado de la barbarie.

Pero, generalizándose así, el elogio incondicional de la memoria y la condena ritual del olvido se convierten, a su vez, en problemáticos. La carga emotiva de todo lo que se refiere al pasado totalitario es inmensa y quienes la experimentan desconfían de los esfuerzos de clarificación, de las llamadas a un análisis que preceda al juicio. Ahora bien, los envites de la memoria son demasiado grandes para ser abandonados al entusiasmo o a la cólera. Es preciso comenzar reconociendo las grandes características de este fenómeno complejo, la vida del pasado en el presente.

LOS TRES ESTADIOS

Los acontecimientos pasados dejan dos clases de huellas: unas, denominadas «mnésicas», en el espíritu de los seres humanos; otras en el mundo, en forma de hechos materiales: un rastro, un vestigio, una carta, un decreto (también las palabras son hechos). Estas distintas huellas tienen varios rasgos comunes: primero, constituyen sólo una pequeña parte de los acontecimientos pasados, habiéndose perdido el resto; luego, la elección de la parte restante no es, por regla general, producto de una decisión voluntaria sino del azar o de pulsiones inconscientes en el espíritu del individuo (siendo la excepción, precisamente, los tiranos antiguos o modernos que se esfuerzan por controlar estrechamente esta inevitable selección). La erupción del Vesubio, al suprimir la vida en algunas ciudades vecinas al volcán, preservó sus huellas para la eternidad; respetó las demás ciudades y aldeas que, luego, desaparecieron de la memoria. Lo mismo ocurre con los individuos: lo lamentemos o no, no podemos elegir entre recordar u olvidar. Por mucho que hagamos para expulsar ciertos recuerdos, vuelven a obsesionarnos en nuestros insomnios. Los antiguos conocían bien esta imposibilidad de someter la memoria a la voluntad; según Cicerón, Temístocles, célebre por su capacidad de memorizar, se lamentaba: «Recuerdo incluso lo que no quiero recordar, y no puedo olvidar lo que quiero olvidar».[1]

Si pretendemos, por el contrario, hacer revivir el pasado en el presente, el trabajo pasará necesariamente por varias etapas. En la práctica, éstas se confunden entre sí o se suceden en desorden; las enumero aquí separadamente por razones de claridad.

Establecimiento de los hechos. Es la base sobre la que deben reposar todas las construcciones ulteriores. Sin este primer paso, ni siquiera es posible hablar de un trabajo sobre el pasado. Antes de hacerse otras preguntas, es preciso saber: ¿de dónde procede el expediente de Dreyfus, y éste traicionó o no? ¿Quién ordenó el fusilamiento en el bosque de Katyn, los alemanes o los rusos? ¿Quiénes estaban destinados a las cámaras de gas en Auschwitz, los hombres o los piojos? Por ahí pasa, irreductible, la frontera entre historiadores y fabuladores. Pero lo mismo ocurre en la vida cotidiana: nunca dejamos de distinguir entre testigos fiables y mitómanos. Tanto en la esfera privada como en la esfera pública, mentiras, falsificaciones o fabulaciones son implacablemente perseguidas en cuanto intentamos que reviva el propio pasado, y no sólo confortar nuestras propias convicciones.

---

1. Citado por H. Weinrich, *Léthé: Art et critique de l'oubli*, Fayard, 1999, p. 29. [Hay trad. cast.: *Leteo. Arte y crítica del olvido*, Madrid, Siruela, 1999.]

Sin embargo, no basta con buscar ese pasado para que se inscriba mecánicamente en el presente. De todos modos, sólo subsisten algunas huellas, materiales y psíquicas, de lo que fue: entre los hechos en sí mismos y las huellas que dejan, se desarrolla un proceso de selección que escapa a la voluntad de los individuos. Ahora se añade a ello un segundo proceso de selección, consciente y voluntaria ésta: de todos los rastros dejados por el pasado, decidiremos retener y consignar sólo algunos, considerándolos, por una razón u otra, dignos de ser perpetuados. Este trabajo de selección es, necesariamente, secundado por otro, de disposición y, por lo tanto, de jerarquización de los hechos así establecidos: algunos serán puestos de relieve, otros rechazados hacia la periferia.

El restablecimiento del pasado puede detenerse en este primer estadio. Tenemos, en Francia, un ejemplo notable de semejante trabajo de establecimiento de los hechos: el *Memorial de los deportados judíos,* establecido por Serge Klarsfeld. Los verdugos nazis quisieron aniquilar a sus víctimas sin dejar rastros; el *Memorial* documenta, con conmovedora sencillez, nombres propios, lugares y fechas de nacimiento, fechas de partida hacia los campos de exterminio. Al hacerlo, devuelve a los desaparecidos su dignidad humana. La vida perdió contra la muerte, pero la memoria gana en su combate contra la nada. Un ejemplo comparable es la publicación, en 1997, de los documentos referentes a la matanza llamada «de Katyn», la ejecución sin juicio de todos los oficiales polacos hechos prisioneros en 1939: esta publicación,[1] uno de cuyos principales artífices fue Aleksandr Yákovlev, el colaborador de Gorbachov, permite establecer la verdad de los hechos, independientemente de cualquier cuestión sobre el sentido último del acontecimiento o sobre el uso que de él se haría; el establecimiento de los hechos es, en sí mismo, un fin digno de estima.

En un país democrático, como hemos visto, ninguna traba debe pesar sobre esta primera fase del trabajo sobre el pasado. Ninguna instancia superior, en el Estado, debería poder proclamar: no tenéis derecho a buscar por vosotros mismos la verdad,

---

1. R. Pikhoia y A. Geisztor, eds., *Katyn,* Moscú, Demokracija, 1997, prefacio de Aleksandr Yákovlev.

quienes no acepten la versión oficial del pasado serán castigados. De eso depende la propia definición de la vida en democracia: tanto los individuos como los grupos tienen derecho a saber por sí mismos (autonomía de juicio) y también, por lo tanto, a conocer y hacer conocer su propia historia; el poder central no tiene por qué prohibírselo o autorizárselo. Cuando los acontecimientos vividos por el individuo o por el grupo son de naturaleza excepcional o trágica, ese derecho se convierte en un deber: el de recordar y dar testimonio.

Una consecuencia marginal de esta exigencia es que legislar sobre la labor de establecimiento de los hechos es abusivo. Por ello, aunque parta de buenas intenciones, la reciente «ley Gayssot» que castiga, en Francia, las elucubraciones negacionistas no es bienvenida. Las leyes anteriores permitían ya castigar la difamación o la incitación al odio racial, proteger a las personas; en cambio, los tribunales no están cualificados para establecer hechos históricos, aun tan graves como los crímenes de los regímenes comunistas, del poder nazi o de los Estados coloniales.

Construcción del sentido. La diferencia entre la primera y la segunda fase en la labor de apropiación del pasado es la diferencia entre la constitución de los archivos y la escritura de la historia propiamente dicha. Una vez establecidos los hechos, hay que interpretarlos, es decir, relacionarlos unos con otros, reconocer las causas y los efectos, establecer parecidos, gradaciones, oposiciones. Aquí se encuentran, una vez más, los procesos de selección y combinación. Pero el criterio que permite juzgar este trabajo ha cambiado. Mientras que la prueba de verdad (¿se produjeron estos hechos?) permitía separar a los historiadores de los fabuladores, a los testigos de los mitómanos, una nueva prueba permite ahora distinguir a los buenos historiadores de los malos, los testigos notables de los mediocres. El término «verdad» puede servir otra vez aquí, pero siempre que le demos un nuevo sentido: ya no una verdad de *adecuación,* de correspondencia exacta entre el discurso presente y los hechos pasados («cuatro mil cuatrocientos oficiales polacos fusilados por las tropas del NKVD en el bosque de Katyn en 1940»), sino una verdad de *desvelamiento*, que permite captar el sentido de un acontecimiento. Un gran libro de historia no sólo contiene informaciones exactas, nos enseña también cuáles son los resortes de la psicología individual y de la vida social. Sin duda, verdad de adecuación y verdad de desvelamiento no se contradicen sino que se completan.

No podría medirse del mismo modo esta nueva forma de verdad. El establecimiento de los hechos puede ser definitivo, mientras que su significado es construido por el sujeto del discurso y puede, pues, cambiar. Una determinación de hecho es verdadera o falsa. Una interpretación de los hechos puede ser insostenible –refutable–, pero no tiene, en el otro extremo, un umbral superior. Saber si Stalin era un genio, un tirano o un perverso no depende de la determinación de los hechos. Una interpretación brillante no impide que otra, más brillante aún, pueda intentarse aún. Pero no disponemos de ningún instrumento impersonal de medida para juzgar el «brío» de esa o aquella interpretación histórica. Ocurre aquí con los historiadores como con los novelistas y los poetas: el indicio de que han alcanzado una más profunda verdad de desvelamiento se encuentra en la adhesión de sus lectores, próximos o lejanos, presentes y posteriores; el criterio último de la verdad de desvelamiento es intersubjetivo, no referencial. Sin embargo, la ausencia de una verdad fáctica no implica que, en el plano del significado, todas las interpretaciones equivalgan.

La construcción del sentido tiene como objetivo comprender el pasado; y querer comprender –tanto el pasado como el presente– es propio del hombre. ¿Por qué podemos afirmar que se trata de una característica de la especie? Porque el hombre, a diferencia de los demás animales, dispone de una conciencia de sí mismo; eso significa que es constitutivamente doble, pues subsiste siempre una parte de sí mismo que reflexiona sobre lo demás y escapa, por ello, de la reflexión. Ese rasgo, responsable de su capacidad de actuar libremente, es también la causa de su vocación interpretativa. Los hombres realizan tanto más su humanidad cuanto refuerzan esta actividad de la conciencia e intentan comprender el mundo entero y, por consiguiente, comprenderse a sí mismos.

Podríamos preguntarnos si, cuando el objeto que debe conocerse está formado por males tan extremos como los del siglo XX, sigue siendo recomendable la actitud de comprensión. ¿No corremos, acaso, el riesgo de trivializar el mal al intentar comprenderlo? Un testigo tan escrupuloso como Primo Levi ha podido escribir, refiriéndose a Auschwitz: «Tal vez lo que ocurrió no deba ser comprendido, en la medida en que comprender es casi justificar».[1] Procedente de un autor de tamaña probidad, la advertencia merece reflexión. Habría que recordar primero, sin embargo, que no impidió al propio Levi pasar la mayor parte de su existencia intentando comprender, extraer todas las lecciones de su experiencia en un campo de concentración. En otros momentos, lo dijo con fuerza: «Para un hombre laico como yo, lo esencial es comprender y hacer comprender. Intentar, precisamente, desmitificar esta representación maniquea del mundo en blanco y negro».[2] Por otro lado, podemos preguntarnos a quién se dirige, ante todo, esta advertencia. Podemos encontrarla perfectamente justificada si su destinatario es el propio Levi o los demás supervivientes de los campos: las antiguas víctimas no tienen que intentar comprender a sus asesinos, ni tampoco las mujeres violadas tienen que interesarse por la psicología de sus violadores. La comprensión implica, en ese caso, una identificación, por parcial y provisional que sea, con el verdugo, y eso puede acarrear una destrucción de sí mismo.

Para nosotros, que no somos antiguas víctimas, la pregunta sigue planteada: ¿podemos ahorrarnos un intento de comprender el mal, aun el más extremo? Es posible también cuestionar la relación automática que parece establecer Levi: «Comprender es casi justificar». Cualquier concepción moderna de la justicia criminal descansa sobre un postulado distinto. El asesino, el torturador, el violador debe pagar por su crimen. Sin embargo, la sociedad no se limita a castigarle, procura también descubrir por qué fue cometido el crimen y actuar sobre sus causas para prevenir otros crímenes semejantes. No es que lo consiga fácilmente; pero al menos se impone esta tarea. Si la pobreza contribuyó a llevar al individuo al

---

[1]. *Si c'est un homme*, Julliard, 1987, p. 261. [Hay trad. cast.: *Si esto es un hombre*, Barcelona, Muchnik Editores, 1987.]
[2]. *Conversations et entretiens*, Robert Laffont, 1998, p. 242. [Hay trad. cast.: *Entrevistas y conversaciones*, Barcelona, Ediciones Península, 1998.]

crimen, intenta combatir la pobreza. Si fue la angustia afectiva durante la infancia, intenta ocuparse mejor de los niños abandonados o maltratados. No por ello la justicia moderna elimina, nunca, la idea de libertad humana y, por lo tanto, salvo entre los enfermos mentales, de responsabilidad del individuo: en sí misma, una causa no lleva nunca automáticamente a una consecuencia (el hombre puede siempre, decía Rousseau, «asentir o resistir»);[1] por ello comprender el mal no significa justificarlo sino, más bien, darse los medios para impedir su regreso.

Una dificultad aparece ante aquel que debe, a la vez, *comprender* y *juzgar*. Pues juzgar es trazar una separación entre el sujeto que juzga y el objeto juzgado, mientras que comprender es reconocer nuestra común pertenencia a la misma humanidad. Ambos actos no se sitúan en el mismo plano: se intenta comprender a los seres humanos, susceptibles de una multitud de acciones, mientras que se juzgan las acciones efectivamente cometidas, en cierto momento y en un medio dado. Que todos estemos hechos de la misma pasta no significa que debamos ignorar el abismo que separa lo posible de lo real: sin duda somos todos egoístas, pero no nos volvemos todos racistas y, entre los racistas, sólo los nazis, en Europa, llegaron a ese extremo que es el exterminio racial. Todos los hombres son *potencialmente* capaces del mismo mal, pero no lo son *efectivamente*, pues no han tenido las mismas experiencias: su capacidad de amor, de compasión, de juicio moral ha sido cultivada y ha florecido o, por el contrario, ha sido ahogada y ha desaparecido.

Ésa es la diferencia entre Pola Lifszyc, una muchacha que vivía en el gueto de Varsovia y subió por su propia voluntad en el tren de Treblinka, para poder acompañar a su madre,[2] y Franz Stangl,[3] que presidía las actividades de este campo de exterminio e inten-

---

1. *Discours sur l'origine et les fondements de l'inégalité parmi les hommes*, op. cit., t. III, p. 142. [Hay trad. cast.: *Discurso sobre el origen y los fundamentos de la desigualdad entre los hombres*, Barcelona, Península, 1970.]
2. M. Edelman y H. Krall, *Mémoires du ghetto de Varsovie*, Éd. du Scribe, 1983.
3. G. Sereny, *Au fond des ténèbres*, Denoël, 1975. [Hay trad. cast.: *En aquellas tinieblas*, Madrid, Unión Editorial, 1978.]

taba tanto concentrar su atención en los medios de su acción como rechazar sus objetivos. Algunos seres humanos pueden matar y torturar, otros no; por esta razón, evitaremos hablar de la «banalidad del mal», como hace Hannah Arendt en sus reflexiones sobre el proceso de Eichmann: el mal llevado a cabo por Eichmann o Stangl no sólo no es banal sino que esas mismas personas, cuando participan en la ejecución de otras miles, tampoco son en absoluto banales. La diferencia existe, es incluso decisiva, y es lo que justifica el trabajo de educación y de acción pública al que Levi se consagró a lo largo de su vida. Por mucho que los hombres sean semejantes, los acontecimientos son únicos; ahora bien, la Historia está hecha de acontecimientos y sobre ellos debemos meditar y juzgar.

Pero mantenerse sólo en el plano de la responsabilidad legal y moral tampoco es suficiente; hay que reconocer, también, nuestra pertenencia a la misma humanidad e interrogarse sobre sus consecuencias. En esta nueva perspectiva, aunque no perdamos por completo nuestra autonomía de sujetos, podemos reconocer que no hay ya ruptura entre uno mismo y los otros (porque los demás están en nosotros y vivimos a través de ellos) ni entre el mal extremo de los campos o los genocidios y el mal cotidiano que nos es familiar a todos. Necesitamos, es cierto, esta doble visión, y todos sabemos hacernos, alternativamente, justicieros de los individuos y abogados del género humano.

¿Qué debe comprenderse, en definitiva, en una aparición del mal tan extrema como la del siglo XX? Los procesos –políticos, sociales, psíquicos– que conducen a ella. En la propia medida en que las víctimas vieron alienada su voluntad, no reclaman semejante trabajo de comprensión. Una mujer violada debe ser compadecida, consolada, protegida, amada; ¿qué puede comprenderse de su comportamiento cuando no ha hecho más que sufrir la violencia? Lo mismo ocurre con una población entera: nada hay que «comprender», en este sentido de la palabra, del sufrimiento de los campesinos ucranianos condenados al hambre, o de los niños y ancianos judíos arrojados a las cámaras de gas; la comprensión desaparece aquí en beneficio de la compasión. Pero no ocurre lo mismo cuando se quiere resistir al mal. Más vale, entonces, no eludir las cuestiones propiamente políticas, «sustituyendo el espectáculo de la desgracia por la reflexión sobre el mal», según la fórmula de Rony Brauman.[1] Lo que debe comprenderse es, mucho más que la acción sufrida, la acción asumida: la de los malhechores, pero también la de los individuos que supieron combatirles, resistentes o salvadores de vidas humanas.

La comprensión siempre puede ir más lejos, lo que no significa que pueda llegar «hasta el fin»; una vez más, el límite lo establece esta innata característica de la especie humana, la capacidad de actuar libremente, más allá de todas las causas y pese a todas las verosimilitudes. La conducta de los individuos alberga una parte irreductible de misterio, y por eso son humanos. Eso concierne, de nuevo, tanto a los actos de consecuencias individuales como a aquellos que afectan el destino de pueblos enteros. Abro el periódico: en un barrio residencial de París acaban de encontrar los cadáveres de una familia, los padres y los dos hijos; la investigación revela que la mujer drogó y degolló al marido y a los hijos antes de colgarse. Nada en la vida de esa familia permitía prever semejante drama: todos daban la impresión de la felicidad y el éxito más completos. ¿No es impensable, incomprensible, el gesto de esta madre que degüella a sus hijos? Cambiando de escala, encontramos la misma pregunta: ¿puede «comprenderse» la acción que desembocó en los millones de cadáveres de Auschwitz? ¿Puede «comprenderse» a Stalin, el hombre de hierro, cuando decidió que millones de ucranianos merecían morir? Los actos que llevan a tan macabros resultados no son forzosamente irracionales, ya lo hemos visto. Sin embargo, podemos dudar de que nuestro conocimiento de los individuos y las sociedades humanas nos permita, como suele decirse, «engendrar» estos acontecimientos, es decir, reunir todos sus ingredientes para poder producirlos de un modo mecánico.

Observando así las dos primeras frases del trabajo de rememoración, se impone otra conclusión: que la memoria no se opone en absoluto al olvido. Los dos términos que forman un contraste son

---

[1]. R. Brauman y F. Sivan, *Éloge de la désobéissance*, Le Pommier, 1999, p. 100. [Hay trad. cast.: *Elogio de la desobediencia*, Buenos Aires, Fondo de Cultura Económica, 1999.]

el borrado (el olvido) y la conservación; la memoria es, siempre y necesariamente, una interacción de ambos. La restitución íntegra del pasado es algo imposible. Si no fuera así, sería espantoso, como mostró Borges en su historia de *Funes el memorioso*. La memoria es forzosamente una selección: se conservarán algunos rasgos del acontecimiento, otros serán desdeñados, de buenas a primeras o poco a poco, y olvidados pues. Por eso es tan desconcertante que se llame «memoria» a la capacidad que los ordenadores tienen de conservar la información: a esta operación le falta un rasgo constitutivo de la memoria, a saber, el olvido.

Conservar sin elegir no es todavía una labor de memoria. Lo que reprochamos a los verdugos nazis y comunistas no es que retuviesen ciertos elementos del pasado más que otros –tampoco nosotros pensamos proceder de otro modo– sino que se arrogaran el derecho a controlar la elección de los elementos que debían retener. Paradójicamente, casi podría decirse que, en vez de oponerse a él, la memoria *es* el olvido: olvido parcial y orientado, olvido indispensable.

Puesta en servicio. Podría designarse con esta expresión algo irreverente un tercer estadio de la vida del pasado en el presente, que es su instrumentalización con vistas a objetivos actuales. Tras haber sido *reconocido* e *interpretado*, el pasado será ahora *utilizado*. Así proceden las personas privadas que ponen el pasado al servicio de sus necesidades presentes, pero también los políticos, que recuerdan hechos pasados para alcanzar objetivos nuevos.

A los historiadores profesionales les repugna, por lo general, admitir que participan en este tercer estadio; prefieren considerar que su misión ha terminado en cuanto han hecho revivir los acontecimientos en su materialidad y su sentido. Semejante rechazo de cualquier uso es, naturalmente, posible, pero lo creo excepcional. El trabajo del historiador es inconcebible sin una referencia a valores. Éstos son los que le dictan su conducta: si formula algunas preguntas, determina algunos temas, es porque los considera útiles, importantes, que exigen incluso un examen urgente. Luego, en función de su objetivo, selecciona –de entre todos los datos que le facilitan archivos, testimonios y obras– los que le parecen más reveladores y los coloca, más tarde, en el orden que considera propicio para su demostración. Finalmente, sugiere la enseñanza que puede extraerse de ese fragmento de historia, aunque su «moraleja» no sea tan explícita como la del fabulista. Los valores están por todas partes. Y eso no escandaliza a nadie. Pero quien dice valores dice también deseo de actuar en el presente, de cambiar el mundo y no sólo de conocerlo.

La utilización que puede hacerse del pasado motiva, abiertamente, acciones políticas, pero también, de modo menos flagrante, las que se adornan con las bazas de la ciencia. Lo que distingue a los historiadores de tantos otros productores de discurso es, ciertamente, la exigencia básica de verdad y, por lo tanto, también la escrupulosa recolección de informaciones; pero esta orientación no excluye en absoluto la puesta en servicio de su saber. Aquel que cree normal esta exclusión sufre cierto angelismo y postula una oposición ilusoria. «La ciencia nada gana con la aparente neutralidad del lenguaje», observaba David Rousset cuando se dedicaba a la meticulosa búsqueda de documentos referentes a los campos de concentración.[1] El trabajo del historiador, como cualquier trabajo sobre el pasado, nunca consiste exclusivamente en establecer ciertos hechos, sino también en elegir algunos de ellos como más sobresalientes y más significativos que otros y relacionarlos entre sí; ahora bien, ese trabajo de selección y combinación está necesariamente orientado a la búsqueda no sólo de la verdad sino también del bien. La ciencia no se confunde con la política, es cierto; pero eso no impide que la propia ciencia humana tenga finalidades políticas y que éstas puedan ser buenas o malas.

En la práctica, los tres estadios que acabo de distinguir existen simultáneamente; se empieza, más a menudo, no por la búsqueda desinteresada de los hechos sino por el proyecto de un uso. Puesto que se propone actuar en el presente, el individuo busca en el pasado ejemplos susceptibles de legitimarlo. O, más bien, estas dis-

---

1. «Le sens de notre combat», en Paul Barton, *L'Institution concentrationnaire en Russie 1930-1957*, Plon, 1959, reproducido en *Lignes*, mayo de 2000, p. 206.

tintas fases del trabajo histórico, como de cualquier resurrección del pasado, coexisten en el mismo instante. Puesto que la memoria es selección, fue necesario encontrar criterios para elegir entre todas las informaciones recibidas; y esos criterios, fueran o no conscientes, servirán también, verosímilmente, para orientar la utilización que haremos del pasado.

TESTIGOS, HISTORIADORES, CONMEMORADORES

Mantenidas en el presente, las huellas del pasado se organizan en algunos grandes tipos de discursos, entre los que mencionaré tres: el del testigo, el del historiador y el del conmemorador.

El *testigo:* llamo así al individuo que reúne sus recuerdos para dar una forma, y por lo tanto un sentido, a su vida y construirse así una identidad. Cada uno de nosotros es el testigo de su propia existencia, cuya imagen construye omitiendo ciertos acontecimientos, reteniendo otros, deformando o arreglando otros más. Ese trabajo puede nutrirse con documentos (huellas materiales) pero es por definición solitario: no tenemos que dar cuentas a nadie por nuestra propia imagen. Lo hacemos, es cierto, por nuestra cuenta y riesgo: el olvido voluntario hace nacer remordimientos, la represión de algunos recuerdos lleva a la neurosis. El interés del individuo preside la construcción de esta imagen: le ayuda a vivir algo mejor, contribuye a su comodidad mental y a su bienestar. Nadie tiene derecho a imponernos la imagen que tenemos de nuestro propio pasado, aunque sean numerosos quienes lo intentan; en cierto sentido, nuestros recuerdos son irrefutables, pues cuentan por su propia existencia, no por la realidad a la que remiten.

El *historiador:* utilizo este nombre para designar al representante de la disciplina cuyo objetivo es la restitución y el análisis del pasado; y, más generalmente, a cualquier persona que intenta realizar este trabajo eligiendo como principio regulador y horizonte último no ya el interés del sujeto, sino la verdad impersonal. En el curso de los últimos siglos, los filósofos, y los propios historiadores, han sometido esta noción de verdad a una crítica severa y, a menudo, justificada, para recordarnos la fragilidad de nuestros instrumentos de conocimiento, así como las inevitables intervenciones del sujeto que intenta comprender; no deja por ello de ser cierto que, si desaparece cualquier frontera entre discurso verídico y discurso de ficción, la Historia no tiene ya razón de ser.

Es una evidencia si nos volvemos hacia la práctica. El historiador, aunque sea humano y, por lo tanto, falible, y determinado hasta cierto punto por las circunstancias temporales y espaciales de su existencia, tiene un rasgo distintivo: en la medida de sus medios, intenta establecer lo que considera la verdad, en su alma y conciencia. Se trata primero de una verdad de adecuación, pero también, aunque la demostración sea más difícil de realizar, de una verdad de desvelamiento. En este plano, ningún «relativismo» es admisible: bastaría con que un historiador inventase un hecho, falsificara una fuente, para que le excluyéramos inmediatamente de la comunidad profesional y le cubriéramos de oprobio. Sucede entonces con él como con un biólogo o un físico que falsificara los resultados de su experimento: no es un sabio algo menos estimable que otro, defendiendo unos valores que no coinciden con los nuestros. Se ha colocado, de entrada y por completo, fuera del propio marco de la ciencia. El historiador que incumple la exigencia de verdad deja de pertenecer al grupo de los historiadores para no ser ya más que un propagandista.

El contraste entre el testigo (de su propia vida) y el historiador (del mundo), animado uno por su interés y el otro por el deseo de verdad, parece completo. Sin embargo, el testigo puede considerar que sus recuerdos merecen entrar en la esfera pública, que pueden servir para la educación de los demás y no sólo para su propia formación. En este momento, da un «testimonio» que hace la competencia al discurso histórico, en especial ante el gran público. Los historiadores contemplan los testimonios con ciertas reservas. Que sean populares tiene un pase, aún; mientras no hayan sido sometidos al examen propiamente histórico (que a menudo resulta imposible), no tienen un gran valor de verdad. Los testigos, por su parte, desconfían de los historiadores: no estaban allí, no han sufrido en su carne, cuando los hechos sucedían iban en pantalón corto o ni siquiera habían nacido. El conflicto larvado podría, sin embargo, ser superado si se reconociese que, aun sin estar dominado del mismo modo por el deseo de verdad, el discurso del testigo enriquece realmente al del historiador. ¿Cómo?

Quisiera ilustrar esta complementariedad con algunos extractos de una investigación entre antiguos testigos, que realicé (con Annick Jacquet) sobre el comportamiento cotidiano en una situación extrema,[1] es decir, durante la ocupación de Francia, en 1940-1944. La historia nos enseña que, en pleno desastre, el ejército francés dejó de combatir, provocando la consternación de la población. Una historia muy detallada especificará que, el 17 de junio de 1940, el séptimo cuerpo del ejército se replegó al sur de Bourges, y que una compañía senegalesa pasó la noche en el bosque antes de abandonar, al día siguiente, la región. Cuando la señora Y. B. recuerda aquellos días, procede de otro modo. Durante la noche, cuenta, los soldados acantonados en el bosque dispararon para vaciar sus armas. El ruido traumatizó a sus vecinos, que perdieron la razón. «Pasaron tres días y tres noches agarrados entre sí. Creímos que terminarían haciéndose daño, que iban a ahogarse. Metimos a uno en una habitación, a otro en otra, pero ni por ésas, por la noche volvieron a juntarse. Se mantenían abrazados. Tenían una sobrinita de ocho años, que estaba de vacaciones en su casa, la habían metido bajo un colchón para que no la encontraran. La chiquilla se ahogaba...» Semejante evocación, aunque sea parcial, ¿no es tan elocuente, tan reveladora sobre el estado de ánimo como la generalización del historiador?

Bien sabemos, por los libros de historia, que los resistentes caídos en manos del enemigo vivían un calvario. Para los testigos no hay «resistentes» en general, sino grupos e individuos; no hay sufrimientos abstractos sino, por ejemplo, la terrible sed durante su estancia en prisión. «Orinamos en un culo de botella y nos humedecimos con eso los labios», cuenta el señor F. B. «A las nueve, los alemanes nos bajaron a los urinarios y, aunque estaban verdes de moho, les pusimos enseguida la lengua encima. Cuando los alemanes lo vieron, nos dieron a cada uno una taza de agua», añade

---

1. T. Todorov y A. Jacquet, *Guerre et paix sous l'Occupation*, Arléa, 1996.

el señor P. S. Al oír semejantes detalles, que hacen palpables las abstracciones, tenemos la sensación de que nos permiten acceder a la verdad de esta experiencia.

Los historiadores nos enseñan cuál fue el número de deportados que regresaron a Francia, pueden también evocar las dificultades de su reinserción. El señor R. M., en cambio, recuerda muy bien a *un* repatriado. «Había estado ya en el hospital, en un centro de readaptación, porque se había pasado días y noches con pesadillas, recordando las torturas. Era de una delgadez que daba miedo. Prácticamente no hablaba de su deportación. No me pareció que sintiera odio contra los alemanes, ni contra el conjunto de franceses que había cooperado con ellos. Llevaba la cabeza afeitada e iba al baile con la hermana de su amiga, una muchacha que había sido rapada en la Liberación. Les veíamos bailar juntos, cabeza pelada con cabeza pelada.» La imagen de aquellas dos cabezas, una afeitada por los alemanes enemigos, la otra a causa de los alemanes amigos, esa aproximación de dos seres humillados, más allá de las causas opuestas con las que les habían asimilado, ¿no tienen acaso una fuerza de convicción tan grande como largas demostraciones argumentadas?

Eso no significa, claro está, que sea preciso, en cualquier circunstancia, dar primacía al discurso del testigo sobre el del historiador. Más que en oposición, esas dos andaduras son, una vez más, complementarias. Si deseamos conocer desde el interior las experiencias de los defensores de ideologías opuestas, haríamos bien escuchando el relato de un miliciano y el de un resistente. Si intentamos estimar el valor de estas posiciones, las consecuencias prácticas de la una y la otra, la relación entre palabras y actos, mejor haríamos volviéndonos hacia los trabajos de los historiadores. Si queremos disponer de fechas, cifras, nombres propios, preferiremos la investigación del historiador; si intentamos sumergirnos en la vivencia de los protagonistas, el relato del testigo es irreemplazable. Si deseamos comprender el destino de los deportados de Kolymá, no debemos elegir entre el análisis histórico de Conquest y el testimonio de Guinzburg, al igual que no estamos obligados a optar por Raul Hilberg y contra Primo Levi cuando nos interesamos por Auschwitz.

La vida del pasado en el presente conoce, entre las modalidades del testigo y el historiador, la del *conmemorador*. Como al testigo, al conmemorador le guía ante todo el interés; pero, como el historiador, produce su discurso en el espacio público y lo presenta como dotado de una irrefutable verdad, lejos de la fragilidad del testimonio personal. Se habla a veces, en su caso, de «memoria colectiva», pero semejante apelativo, como ha advertido a menudo Alfred Grosser,[1] es desconcertante: la memoria, en el sentido de huellas mnésicas, es siempre y sólo individual; la memoria colectiva no es una memoria sino un discurso que se mueve en el espacio público. Este discurso refleja la imagen que una sociedad, o un grupo en la sociedad, quisieran dar de sí mismos.

La conmemoración tiene sus lugares preferentes: la escuela (donde se transmite una imagen común del pasado), los medios de comunicación (por ejemplo, los documentales o las películas «históricas» en la televisión), las reuniones de ex combatientes o demás grupos de este tipo, la vida política: los discursos sobre el pasado (desde el presidente de la República hasta el alcalde de un pueblecillo), los debates parlamentarios, los artículos en la prensa. La conmemoración se alimenta, claro está, de elementos aportados por los testigos y los historiadores; pero no se somete a las pruebas de verdad que se imponen a unos y otros. Las circunstancias no se prestan a ello: en la escuela, el maestro sabe y los alumnos se limitan a aprender; en la televisión, los espectadores son mudos, y también lo son los asistentes al discurso del alcalde; en el parlamento, los diputados de la oposición no sabían que el primer ministro fuera a evocar una página del pasado, precisamente aquel día, no se habían preparado y callan.

Por eso, mientras que testigos e historiadores pueden complementarse fácilmente unos a otros, hay entre el historiador y el conmemorador una diferencia tanto de objetivos como de métodos, que hace que sus andaduras sean difícilmente compatibles. Esta oposición merece ser subrayada, tanto más cuanto el conme-

---

1. *Les Identités difficiles*, Presses de la FNSP, 1996. [Hay trad. cast.: *Identidades difíciles*, Barcelona, Ediciones Bellaterra, 1999.]

morador quisiera aprovechar la impersonalidad de su discurso (en efecto, no habla de sí mismo) para darle una apariencia de objetividad, de verdad. Pero no es en absoluto así. La historia complica nuestro conocimiento del pasado; la conmemoración lo simplifica, puesto que su objetivo más frecuente es procurarnos ídolos para venerar y enemigos para aborrecer. La primera es sacrílega; la segunda, sacralizante. Un reciente ejemplo, en Francia, a escala de todo el país, de los efectos de la conmemoración sobre el conocimiento del pasado fue la entronización de André Malraux en el Panteón. Durante semanas enteras, políticos y periodistas se pusieron las botas, cantando el ditirambo del difunto; por eso se silenciaron rasgos tan esenciales para la comprensión del personaje como su desenfrenado estalinismo, antes de la guerra, y su uso de las drogas, después. Rememoración: intento de aprehender el pasado en su verdad. Conmemoración: adaptación del pasado a las necesidades del presente. Se comprende, en este contexto, por qué es lamentable que el término «revisionista» haya llegado a significar el rechazo políticamente motivado de la realidad de las cámaras de gas en los campos alemanes, algo que designa mucho mejor la palabra «negacionismo». La verdad histórica, verdad de desvelamiento, está siempre, y por fortuna, sujeta a revisión. Lo contrario de la historia revisionista, en el otro sentido de la palabra, es la historia piadosa, que precisamente depende más de la conmemoración que de la investigación.

Aunque sea inevitable, la conmemoración no es el mejor modo posible de hacer vivir el pasado en el presente: el *homo democraticus* necesita algo distinto a imágenes piadosas. Cuando a su vez se inmoviliza en formas inmutables cuya menor modificación levanta gritos de sacrilegio, podemos estar seguros de que la conmemoración sirve más a los intereses particulares de los protagonistas que a su elevación moral. Hay un ejemplo de ello en la reciente actualidad: poco antes de su muerte, el dramaturgo alemán Heiner Müller acudió a Verdún invitado por el teatro local, para participar en la preparación de un espectáculo. Interrogado por los periodistas sobre sus impresiones tras la visita a los vestigios y los monumentos, declaró: «La escenografía de los lugares mata la emoción. Estos monumentos son expresiones de un arte para los muertos, un arte gigantesco, pero no vale nada. El verdadero gran arte es el arte que se hace para los vivos».[1] Estas declaraciones, como puede imaginarse, provocaron la indignación de las asociaciones que se consagran a ese templo del recuerdo; por lo que al ayuntamiento de Verdún se refiere, ordenó al teatro que suspendiera cualquier colaboración con Müller, so pena de que le retiraran las subvenciones y provocaran, pues, su cierre. Puesto que nunca los he visitado, no tengo opinión personal sobre los elementos conmemorativos de Verdún; pero, en el principio, Müller tiene razón: en nuestro mundo deben sacralizarse los valores humanos, no los monumentos.

EL JUICIO MORAL

Poner el pasado al servicio del presente es una acción. Para juzgarla, no basta con exigirle una verdad de adecuación (como en el establecimiento de los hechos) o una verdad de desvelamiento (como en la construcción del sentido); es preciso evaluarla en términos de bien y mal, con criterios políticos y morales. Está claro que no todos los usos del pasado son buenos y que el mismo acontecimiento puede dar lugar a lecciones muy diversas. En los años treinta, el escritor austríaco Franz Werfel contaba, en *Los cuarenta días de Musa Dagh*, la epopeya del genocidio armenio y de la resistencia que se le había opuesto; su objetivo era, entre otros, reforzar la resistencia frente al antisemitismo nazi. En la misma época, Hitler evocaba en sus charlas de sobremesa el mismo genocidio, para encontrar en él una esperanza de impunidad en caso de llevar a cabo un crimen semejante: «¿Quién recuerda hoy la matanza de los armenios?». El mismo acontecimiento pasado, dos usos presentes opuestos.

La primera pregunta que debe hacerse en este contexto sería: ¿es legítimo hacer juicios sobre el pasado? A decir verdad, bastaría con observar la práctica de los historiadores para advertir que

---

1. I. Sadowska-Guillon, «Heiner Müller à Verdun», en *Bulletin de la Lettre Internationale*, 5, 1996, pp. 106-109.

sólo excepcionalmente se privan de hacerlo. Pero ¿tienen razón procediendo así?

La legitimidad de estos juicios podría ponerse en cuestión de varias maneras. La primera consistiría en negar la existencia de libertad humana, en considerar, pues, que nuestros actos obedecen, lo sepamos o no, a una necesidad implacable; es irrisorio, en este caso, alabar o condenar. Un acto sólo puede tener valor moral si hubiese podido no producirse. Por eso físicos y biólogos no hacen juicios sobre los objetos que estudian: éstos se mueven exclusivamente en el reino de la necesidad.

La tendencia a imitar los conocimientos de la naturaleza está muy extendida entre los especialistas de lo humano: historiadores y antropólogos, psicólogos y sociólogos. Desde comienzos del siglo XIX, estos sabios han intentado demostrar que los hombres se someten a causas que les trascienden; y estas causas son más concretas que la pertenencia al cosmos armonioso o a la intervención de la divina providencia, justificación del fatalismo entre los antiguos. Aquí hay que citar, primero, la propia historia, entendida esta vez como encadenamiento de acontecimientos; o, y eso supone lo mismo, el contexto social. Benjamin Constant escribió en los primeros años del siglo XIX: «Un siglo es el resultado necesario de los que lo precedieron. Un siglo sólo puede ser siempre lo que es». Hay algo irrisorio, pues, en querer juzgar el pasado. «No hay materia para censura ni para elogio. [...] El espíritu de un siglo es un hecho necesario, un hecho físico. Ahora bien, un hecho físico se cuenta y no se juzga.»[1] Cien años más tarde, en 1914, Nikolái Bujarin, teórico del comunismo, afirma que «nada hay más ridículo que el intento de transformar la teoría de Marx en teoría "ética". La teoría de Marx conoce la ley natural de la causa y el efecto, y no puede conocer ninguna otra».[2]

En la segunda mitad del siglo XIX, la invocación de una causalidad biológica se añade a la del determinismo social. Si actuamos

---

1. «Littérature du XVIIIe siècle», en *Oeuvres complètes*, t. III, vol. 1, Tubinga, Max Niemeyer Verlag, 1995, p. 528.
2. Citado por Stephen Cohen, *Bukharin and the Bolshevik Revolution*, Londres, 1974, pp. 167-168 (tr. fr. Maspero, 1979).

como lo hacemos por la fuerza de nuestra pertenencia a una raza, ¿es razonable aún considerarnos responsables? Maurice Barrès lucha para que Dreyfus sea condenado pero, al mismo tiempo, tiende a absolverle de cualquier reproche moral. «Exigimos de este hijo de Sem los hermosos rasgos de la raza indoeuropea. [...] Si fuéramos inteligencias desinteresadas, en vez de juzgar a Dreyfus según la moralidad francesa y nuestra justicia, como a un semejante, reconoceríamos en él al representante de una especie distinta.»[1] Más que de la justicia, Dreyfus depende de la zoología: ilustra el comportamiento de otra especie humana, los judíos, sobre la que nosotros, los arios, no tenemos realmente derecho a formular un juicio... Finalmente, a comienzos del siglo XX, una tercera forma de causalidad se añade a las precedentes (o las combate para ganar la supremacía): la conducta del individuo, se dirá ahora, le es dictada por una configuración establecida en su infancia (las relaciones con sus parientes inmediatos) que determina la forma de sus pulsiones inconscientes. Por lo tanto, no le pedirá a su psicoanalista un juicio moral sino ayuda para avanzar por el camino de la comprensión.

Esas tres formas de determinismo –social, biológico y psíquico– (cuya sucesión parece tener su lógica), tienen en común que, movidas por una ambición totalizadora, no dejan lugar alguno para el juicio moral: si los hombres son en todo parecidos a las hormigas, no hay que juzgarlos; como máximo podemos intentar explicarlos. Sin embargo, esta presentación no satisfizo a los mismos que descubrían los diversos determinismos que actuaban en la existencia humana, puesto que debían rendirse a la evidencia: ninguna explicación causal homogénea permitía prever las acciones de los individuos («engendrarlas»); todo ocurría como si cierta dosis de libertad escapara siempre del poder de las causas. Benjamin Constant añadía, pues, a las frases que acabo de citar: incluso cuando las condiciones históricas determinan el movimiento de conjunto, dejan un gran margen de libertad a los individuos. «Todo es moral en los individuos, pero todo es físico en las masas. [...] Cada cual es libre individualmente porque sólo tiene que vérselas, individualmente, consigo mismo, o con fuerzas

---

1. *Scènes et doctrine du nationalisme*, 1925, t. I, pp. 153 y 167.

iguales a las suyas. Pero, en cuanto entra en un conjunto, deja de ser libre.» El individuo actúa de acuerdo con su voluntad; sus actos pueden, pues, evaluarse en el plano moral. Sea cual sea la forma filosófica que demos a este argumento, estamos obligados a admitirlo: todos se comportan como si supusieran la presencia, en cada cual, de una dosis de libertad, puesto que nadie se priva de juzgar los actos de los demás.

Habría sin embargo un segundo modo de discutir la legitimidad de los juicios morales en historia; consistiría no en negarles el derecho a la existencia sino en advertir su plétora, y en declararlos puramente arbitrarios. Entramos ahí en el «perspectivismo» nietzscheano. Si todos los juicios equivalen, ¿qué nos importa conocerlos, puesto que los hechos pertenecen al pasado? Si la moral y el derecho son sólo una máscara que al deseo y a la voluntad de poder les gusta utilizar para mejor imponerse, podemos advertir su presencia en el discurso del historiador, no pueden discutirse racionalmente. El relativismo no niega la existencia de valores distintos a los personales, pero los circunscribe siempre en un tiempo y un lugar particulares; los valores son el producto exclusivo de la historia y la cultura.

Esta sospecha se refuerza a partir del momento en que se considera que, hágase lo que se haga, siempre nos las vemos sólo con discursos, como afirma una corriente de pensamiento de moda en las universidades americanas, llamada «deconstrucción». Para citar sólo un ejemplo entre mil, un comentador se preguntaba recientemente: ¿Por qué voy a respetar a quienes conceden sus simpatías al poeta ruso Ósip Mandelshtam en el conflicto que le opuso a Iósif Stalin, si en sus discursos cada uno de ambos diaboliza al otro? O también, Solzhenitsin es tan intolerante como el jefe del KGB: ¿qué valor tiene el juicio que consiste en preferir el uno al otro? Los disidentes soviéticos encerrados en el hospital psiquiátrico trataban a los psiquiatras de impostores; su discurso no era pues menos intolerante que el de los propios psiquiatras. Cada cual juzga según su propio punto de vista. Los juicios son arbitrarios; más vale eliminarlos cuando se habla del pasado.

Aunque, en nuestros días, es frecuente oír este punto de vista relativista, no creo que sea preciso tomárselo por completo en serio; sólo podemos hacerlo, en efecto, si cortamos previamente todo contacto entre los discursos y el mundo en el que fueron pronunciados. Stalin y Mandelshtam tal vez odiaran, ambos, a sus enemigos, pero sólo el gran Iósif pudo mandar a quince millones de ellos a los campos de concentración, el pequeño Ósip se limitó a formar parte de ellos y a morir agotado en cuanto llegó. Solzhenitsin y los disidentes no encerraron a nadie en la cárcel ni en el hospital psiquiátrico. Por eso, la inmensa mayoría de nosotros reservamos la condenación para los unos y la simpatía para los otros: tal vez insultar a alguien no sea una buena acción, pero infligirle infinitos sufrimientos deportándolo, hambreándolo y humillándolo antes de asesinarlo es algo infinitamente peor.

Además, nada es menos evidente que la relatividad de todos los valores. Aunque esté claro que numerosos valores son relativos, tenemos también, creo, el sentimiento y la intuición de que algunos de ellos no lo son y de que ninguna circunstancia histórica, ninguna particularidad cultural permite contradecirlos en derecho. Por eso, además, no nos cuesta captar intuitivamente el contenido de la enseñanza moral de Buda, Sócrates o Jesús, incluso si de ellos nos separan milenios. Tal vez no todos estarían de acuerdo con esta tesis; pero, en la práctica, actuamos como si nos adhiriéramos a ella. No aceptamos que el sacrificio humano, o el genocidio, o la reducción a la esclavitud, o la tortura puedan excusarse en nombre del contexto histórico en el que se produjeron. Eso no nos dispensa, claro está, de intentar comprender por qué y cómo semejantes actos pudieron parecer aceptables, loables incluso, a poblaciones enteras.

Conscientemente o no, nos remitimos todos a criterios que nos permiten distinguir, si no el bien y el mal absolutos, al menos lo mejor y lo peor. ¿Cuáles son estos criterios? Debemos iniciar, aquí, un breve análisis del propio juicio moral.

La dificultad de responder sencillamente procede de que, aun si nos atenemos a la mera tradición europea, pronto se descubre que la concepción del bien no se ha mantenido intacta a lo largo de los siglos. La oposición entre nuestras ideas morales y las de nuestros lejanos antepasados podría, pues, permitirnos identificar los criterios que utilizamos de modo más o menos consciente. El primer contraste sería –empleando el vocabulario kantiano– el paso de la heteronomía a la autonomía, es decir, de un Estado en el que te sometes a una ley llegada de fuera a un Estado en el que tú mismo eliges esta ley. Para los antiguos –admitamos por unos instantes esta generalización–, sería absurdo ser uno mismo la fuente de la ley: ésta está inscrita en el orden cósmico o procede de una revelación divina. En ambos casos, pues, tanto en Atenas como en Jerusalén, se es tanto más virtuoso cuanto más conforme se está con esta ley procedente de fuera. Para los modernos, en cambio, no hay mérito moral alguno en someterse simplemente a la ley; el mérito comienza con la libertad y sólo me corresponde si el acto en cuestión es fruto de mi propia voluntad.

El segundo rasgo que separa las dos concepciones del bien consiste en el paso de la objetividad a la intersubjetividad. En el mundo antiguo, el ideal es el de una vida buena, que no excluye aunque tampoco tematiza la relación con los demás. El sabio es, incluso, más bien el que vive retirado, alejado de los demás hombres. El cambio se prepara ya, aquí, en la religión judeocristiana. Cualquier Ley, dice Cristo, se resume en estos dos mandamientos: amar a Dios, amar al prójimo como a sí mismo. Y precisa: Dios está en cada hombre, por humilde que sea. Cada vez que alguien cuida a ese hombre, el amor de Dios ha hablado.[1] San Pablo saca la conclusión: amar a Dios es sólo amar al prójimo; sin el amor de caridad, la fe es insuficiente.[2] Dios se manifiesta a los hombres a través de la alteridad humana. El ideal no es ya el de la excelencia o la perfección, sino el de la beneficencia, una relación necesariamente intersubjetiva.

Cierto es que, en la perspectiva religiosa, el amor a las criaturas es, a su vez, estimado sólo en la medida en que lleva al amor del Creador. Pero toda la evolución del humanismo occidental, desde el Renacimiento hasta las Luces, consistió en preservar este ideal de benevolencia y beneficencia, liberándolo del inicial aval divino. Para los humanistas, el bien sólo puede existir en el seno de la comunidad humana, no en el individuo tomado aisladamente.

---

1. Mateo 22, 37-40; 25, 34-40.
2. Romanos 13, 8-10, etc.

«Sólo haciéndose sociable [el hombre] se hace un ser moral», advierte Rousseau, que ama sin embargo la soledad. Por añadidura, el otro debe ser favorecido con respecto a uno mismo. «Cuanto más estén sus desvelos consagrados a la felicidad del otro –prosigue Rousseau–, menos [el hombre] se equivocará sobre lo que está bien o mal.»[1] Por eso, a su vez, Kant insiste en la imposibilidad de permutar los elementos de lo que denomina los fines morales del hombre, «mi perfección propia» y «la felicidad del otro»[2] si el individuo se preocupara por su felicidad propia, sólo sería un egoísta; si todos sus esfuerzos sólo apuntaran a la perfección del otro, sería sólo uno de esos insoportables moralizadores que ven la paja en el ojo ajeno pero no la viga en el propio. Podríamos añadir: tratar al prójimo como a uno mismo es cosa de la justicia (todos obedecemos las mismas leyes). Tratarlo mejor que a uno mismo, ya sea por amor o por sentido del deber, nos hace entrar en el reino de la moral. Así puede comprenderse la fórmula de Lévinas que evoca «el humanismo del otro hombre», otro modo de decir que el acto moral es, desde nuestro punto de vista de modernos, necesariamente desinteresado. «El único valor absoluto –escribe Lévinas– es la posibilidad humana de dar una prioridad al otro sobre uno mismo.»[3]

Esta descripción del juicio moral no es aún suficiente. Imaginémonos ahora la situación siguiente: un personaje público elige un papel permanente, que le permite asumir, ante su propia comunidad, la defensa sistemática de los demás y la crítica constante de los suyos. No por ello el mérito moral de quien enuncia estos juicios nos parece mucho mayor. ¿Por qué? Conocemos bien, de hecho, este nuevo papel. Es el del antiguo profeta que fustiga a su propio pueblo porque vive en el pecado; o también el del viajero que canta el elogio de las poblaciones lejanas (los «buenos salvajes») con el mero objetivo de abrumar a los suyos. Es, ya más recientemente, el del escritor que se toma por la conciencia de la

---

1. *Fragments politiques*, II, *op. cit.*, t. III, p. 477; *Émile*, IV, *op. cit.*, t. IV, pp. 547-548.
2. *Doctrine de la vertu*, *op. cit.*, t. III, p. 664.
3. *Entre nous*, p. 119.

nación y clama eternamente su culpa, asimilando su propio grupo al papel –aborrecido– del agresor o el verdugo. Es el alemán para quien los alemanes son el peor pueblo de la Tierra, el americano para quien la historia de Estados Unidos es una ininterrumpida sucesión de agresiones imperialistas e injusticias raciales. Ahora bien, esta nueva postura, precisamente la del *moralizador*, tiene también como resultado prohibir al individuo que la adopta la vía de la moral.

Podríamos evocar aquí otra actitud que se alimenta de buenos sentimientos, pero que acaba impidiendo cualquier gesto auténticamente moral: la de la *compasión automática*. Todos nos vemos incitados por el modo como circula la información en nuestra sociedad. En cuanto se produce una guerra, una matanza, una hambruna, un desastre natural, las imágenes de cadáveres, de heridos no cuidados, de adultos derramando lágrimas, de niños demacrados llenan las pantallas de la televisión, hasta que nos arrancan un grito: «¡Eso debe cesar!». Y nos sentimos dispuestos a contribuir con nuestro saco de arroz o nuestro cheque, por modesto que sea, a la buena causa. Esta compasión, claro está, vale más que la indiferencia, pero tiene también efectos secundarios indeseables: los de transformar sistemáticamente, como dice Brauman, el mal en desgracia, los de reemplazar el análisis político «frío» por la erupción de sentimientos y, al mismo tiempo, confortar nuestra buena conciencia al colocarnos, valerosamente, al lado de las víctimas. Mi breve presentación de la ética moderna no era, pues, suficiente. No basta con decir que hay que preferir los demás a uno mismo, y menos aún arrogarse el papel de un impartidor de lecciones morales. Debemos volver pues, una vez más, al acto moral.

Observemos por un instante la evolución del niño. Aquí, el momento fundador es la propia distinción del bien y del mal, y el pequeño ser humano llega a ella tanto por el placer que siente viéndose rodeado y querido por las personas que le son próximas, como por el disgusto al verse separado de ellas. Estas experiencias afectivas contienen el germen de las categorías éticas: el bien es lo que está bien para él, el mal también. No hay que subestimar este primer paso: sin el amor primario, sin la certidumbre inicial de estar rodeado de cuidados y caricias, el niño corre el peligro de crecer en un estado de atrofia ética, de *nihilismo* radical; y, una vez adulto, de llevar a cabo el mal sin tener la menor conciencia de ello.

Este primer paso en la adquisición del sentido moral, la propia distinción del bien y el mal basada en el amor, no es sin embargo suficiente. Un poco mayor ya, integrado en el medio de sus iguales, el niño hace un segundo descubrimiento y lo vive, a veces, de modo doloroso: la necesidad de disociar el par bien y mal del par *yo* y los demás, o, sustituyendo la identidad individual por la identidad colectiva, nosotros y los otros. No somos forzosamente una encarnación del bien, ni los otros son necesariamente peores que nosotros; comenzamos, pues, a superar nuestro *egocentrismo*.

Una tercera etapa puede iniciarse entonces, y sólo entonces, aunque quienes acceden a ella no sean numerosos. En su transcurso se renuncia a cualquier distribución exclusiva y definitiva del bien y del mal, sin dejar por ello de distinguirlos; lo que se combate y supera ahora no es ya el nihilismo ni el egoísmo, sino el *maniqueísmo*. Sería, en efecto, igualmente nefasto, si no más, ver el mal siempre en uno mismo o en el propio grupo y el bien en los demás. El hecho de que una acción se adecue a nuestros intereses no nos permite, en absoluto, saber si es «buena» o «mala».

Puede comprenderse ahora por qué vacilamos en conceder un gran prestigio moral al personaje que condena sistemáticamente a los suyos y alaba a los demás: sentimos que el papel que se ha reservado en el seno de su propia comunidad es, para él, suficientemente gratificante. Él es quien detenta los valores morales, quien muestra a los demás el recto camino, quien tiene para sí el privilegio de la virtud. Decir que «todos somos culpables» implica aquí decir «pero yo menos que vosotros, puesto que yo lo digo». El contemporáneo que procede así no puede ya ser acusado de etnocentrismo ni de xenofobia. Asume un papel ventajoso con respecto a su propio grupo: el de custodio de los valores. Así se asegura su propia gratificación.

Al mismo tiempo, no rompe realmente la asociación inicial entre nosotros y el bien, los demás y el mal, se limita a invertirlo y sigue siendo, pues, igualmente maniqueo. Su debilidad reside en el carácter sistemático de la distribución: en vez de buscar el bien y el mal, decide de antemano dónde va a encontrarlos. Para escapar de esta nueva trampa, hay que ser capaz de separarse del propio grupo original, sin identificarse por ello con el grupo de enfrente y darle sistemáticamente la razón.

Comprender la necesidad de superar esta tercera etapa es esencial. En el punto de partida del totalitarismo, recordémoslo, se hallaba la distribución maniquea del mundo en seres buenos y malos, que debían favorecerse o eliminarse. Auschwitz y Kolymá son sólo la culminación extrema de esta división inaugural; y participamos en ella cuando vemos como puros enemigos que deben suprimirse a los protagonistas de lo que consideramos el mal. Si debemos hacernos totalitarios para vencer el totalitarismo, éste habrá obtenido de todos modos la victoria.

Aceptamos todo eso en abstracto y, sin embargo, es difícil atenernos a estas conclusiones. Y con motivo: la tentación maniquea y la ilusión egocéntrica están vinculadas a nuestras tendencias más íntimas, y la mayoría de nuestras reacciones espontáneas frente a la adversidad proceden de ellas. ¿Resulta extraño, entonces, encontrarlas en los distintos movimientos ideológicos que nuestra historia ha conocido?

LOS GRANDES RELATOS

Éstos son nuestros criterios. Pero ¿a qué vamos a aplicarlos? Los hechos que constituyen el pasado no nos llegan en estado bruto; se presentan en forma de relatos.

El relato histórico de un acto que no es moralmente neutro puede dirigirse hacia el bien o hacia el mal; y concierne, por lo menos, a dos protagonistas, el agente y el paciente. Eso permite distinguir, en todo relato histórico referente a los valores, cuatro papeles principales: puedo haber sido el bienhechor o el beneficiario de su acto, y también el malhechor o su víctima. A primera vista, sólo dos de estos papeles están claramente marcados en el plano de los valores –el bienhechor y el malhechor–, mientras que los otros dos siguen siendo neutros por pasivos: el beneficiario y la víctima.

En realidad, los dos últimos papeles están, por la fuerza de su relación con los dos primeros, moralmente connotados: ser beneficiario de un acto es una situación mucho menos gloriosa que ser su agente, pues marca el momento de nuestra impotencia; ser víctima de una fechoría es, evidentemente, más respetable que ser su responsable. Reconocemos aquí dos grandes tipos de construcción histórica: el relato heroico, que canta el triunfo de los míos, y el relato victimista (permítasenos emplear este término), que cuenta su sufrimiento.

Podría extrañarnos ver figurar, aquí, a las víctimas junto a los héroes, admirados por todos. ¿Qué hay de agradable en el hecho de ser víctima? Nada, sin duda. Pero aunque nadie quiera ser una víctima, son numerosos, en cambio, quienes desean haberlo sido, sin serlo ya: aspiran al *estatuto* de víctima. La vida privada conoce perfectamente este guion: un miembro de la familia se apodera del papel de víctima pues, de entrada, puede atribuir a quienes le rodean el papel mucho menos envidiable de culpable. Haber sido la víctima te da derecho a quejarte, a protestar y reclamar; salvo si rompen cualquier vínculo contigo, los demás están obligados a responder a tus demandas. Es más ventajoso permanecer en el papel de víctima que recibir una reparación por la ofensa sufrida (suponiendo que esa ofensa sea real): en vez de una satisfacción puntual, se conserva un privilegio permanente, la atención y, por lo tanto, el reconocimiento de los demás están garantizados. El poder del relato victimista queda ilustrado, en un nivel muy distinto, por la historia de la pasión de Cristo, piedra angular de la religión cristiana.

Lo que es cierto para los individuos lo es más aún para los grupos. Si se consigue establecer, de modo convincente, que determinado grupo fue víctima de injusticia en el pasado, eso le abre en el presente una inagotable línea de crédito. Si la sociedad reconoce que los grupos, y no sólo los individuos, tienen derechos, mejor aprovecharlo; ahora bien, cuanto mayor haya sido la ofensa en el pasado mayores serán los derechos en el presente. En vez de tener que luchar para recibir un privilegio, se recibe de oficio, por la mera pertenencia al grupo antaño desfavorecido. De ahí la encarnizada competencia para obtener, no la cláusula de nación más favorecida, como entre países, sino la de grupo más desfavorecido.

Los afroamericanos nos dan un ejemplo elocuente de esta conducta. Fueron víctimas indiscutibles tanto de la esclavitud como de la discriminación racial, y, aunque se condenen resueltamente estas injusticias, no desean en cambio abandonar en absoluto el papel de la antigua víctima, que les asegura un privilegio moral y político duradero. Es lo que comprendió Louis Farrakhan, jefe de la Nación del Islam: «¿Qué suponen, por lo demás, seis millones de judíos muertos fuera de América? –exclama–. El holocausto del pueblo negro fue cien veces peor que el holocausto de los judíos». A víctima, víctima y media; es lo que Jean-Michel Chaumont pudo llamar la «competencia de las víctimas».[1] ¿Es ésta una política deseable? En nuestros días, voces convincentes afirman que una parte no desdeñable de los sinsabores de los afroamericanos no sólo procede de las discriminaciones que sufren en el presente, sino también de su incapacidad por superar un pasado traumatizante, el de la esclavitud y sus crueldades; y también de la tentación subsiguiente, como escribe Shelby Steele, de «explotar este pasado de sufrimientos como una fuente de poderes y privilegios».[2]

Es importante ver aquí que las gratificaciones obtenidas por el estatuto de víctima no tienen necesidad alguna de ser materiales. La deuda es simbólica y, comparadas con ella, las ventajas materiales son irrisorias. Los beneficios obtenidos por el miembro de un grupo que ha obtenido el estatuto de víctima son de una naturaleza muy distinta, como vio muy bien Alain Finkielkraut: «Otros habían sufrido y yo, puesto que era su descendiente, recogía de ello todo su beneficio moral. [...] El linaje me convertía en concesionario del genocidio, en su testigo y casi su víctima. [...] Comparado con semejante investidura, cualquier otro título me parecía miserable o irrisorio».[3]

Dos de estos papeles son, pues, favorables al sujeto, el del héroe bienhechor y el de la víctima inocente, y dos le son desfavorables, el del malhechor y el del beneficiario pasivo. Si, durante la

---

1. *La concurrence des victimes*, La Découverte, 1997.
2. *The Content of Our Character*, Nueva York, Harper Perennial, 1991, p. 118.
3. *Le juif imaginaire*, Seuil, 1980, p. 18. [Hay trad. cast.: *El judío imaginario*, Barcelona, Anagrama, 1981.].

evocación del pasado de nuestro grupo, lo identificamos con las figuras positivas, nos gratificaremos directamente atribuyéndonos el mejor papel; lo mismo ocurre si, paralelamente, instalamos a los demás en el papel del beneficiario impotente de la acción heroica o en el del malhechor. Esta descripción, tan ritual como agradable, no produce evidentemente beneficio moral alguno para el que la enuncia.

Se sabe que la Historia siempre ha sido escrita por los vencedores, pues el derecho a escribir la Historia era uno de los privilegios que concedía la victoria. Durante nuestro siglo se ha pedido, a menudo, que en vez de o, al menos, junto a esta historia de los vencedores figure también la de las víctimas, la de los sometidos, la de los vencidos. Esta exigencia es más que legítima en el plano estrictamente histórico, puesto que nos invita a conocer grandes jirones del pasado antes ignorado. Pero, en el plano ético, reivindicarnos como víctimas no nos confiere mérito suplementario alguno. Tanto si nos reconocemos en los héroes como en las víctimas, en los aviadores que concluyeron la Segunda Guerra Mundial o en la población pasiva que sufrió el infierno del aniquilamiento atómico, siempre estamos del lado de los «inocentes» y de los «buenos».

La única oportunidad que tenemos de progresar en la escala de la moral consiste en reconocer y en combatir el mal en nosotros mismos. Evocar el hecho de que «los míos» pudieron, a su vez, ser el agente del mal o el destinatario pasivo de la hazaña heroica de los demás, ver a los demás como víctimas o bienhechores, no proporciona ahora al individuo beneficio directo alguno; sin embargo, sólo de ese modo le resulta posible iniciar un examen crítico de su identidad colectiva y poner la felicidad de los demás y su propia perfección por encima de sus intereses; se compromete, pues, en una acción moral. Recordar páginas del pasado en las que nuestro grupo no es ni un puro héroe ni, por lo demás, pura víctima sería, para los autores de los relatos históricos, un acto de superior valor moral. No hay beneficio moral posible para el sujeto si su evocación del pasado consiste en instalarse en un buen papel sino, por el contrario, si ésta le hace tomar conciencia de las debilidades o los errores de su grupo. La moral es desinteresada o no lo es.

Mi clasificación de los papeles y de sus efectos morales puede parecer demasiado abstracta; tomemos, pues, algunos ejemplos para ver si es cierto que nos complacemos instalándonos en el papel del héroe o en el de la víctima. El 9 de mayo de 1945 es, para los rusos de la segunda mitad del siglo, el día de la victoria final sobre el fascismo nazi, el fin de una guerra que costó al país más de veinticinco millones de muertos. Los hombres rusos se entregan pues, de buena gana, a esta conmemoración de su propio papel histórico. Pero, para los pueblos de la Europa del Este, esta fecha simboliza su caída bajo la férula soviética, anuncia una esclavitud y no una liberación.

El pasado está hecho de acontecimientos múltiples de significación indeterminada; los actores presentes son los que deciden dotar a estos acontecimientos de un valor indudable. El mismo 8 de mayo de 1945 es, para los franceses, un día de orgullo nacional, porque los generales franceses participaron, junto a sus colegas americanos, ingleses y rusos, en la firma de la capitulación alemana. No gusta, en cambio, recordar, en esta fecha de aniversario, que es también la de las matanzas de Sétif en Argelia. La población argelina creyó ingenuamente que, cuando los franceses se liberaran de los alemanes, los argelinos podrían, a su vez, liberarse de los franceses. Éstos, por el contrario, tras la Segunda Guerra Mundial, comenzaron a tener ciertas dudas sobre su papel de potencia mundial y se agarraron con mucha mayor fuerza a su imperio, extendido por varios continentes; la derrota inicial sufrida ante los alemanes les hacía muy intransigentes ante los argelinos. El resultado de la manifestación de Sétif fue una represión cuyo número exacto de víctimas sigue siendo muy incierto, puesto que las estimaciones varían entre mil quinientas y cuarenta y cinco mil.

Podríamos ilustrar la misma configuración evocando otro episodio de la historia reciente (sobre el que volveré de nuevo): el de las bombas atómicas arrojadas sobre Hiroshima y Nagasaki, y la controversia suscitada por el proyecto de exposición del *Enola Gay*, el bombardero de Hiroshima, en el Smithsonian Institute. John Dower, historiador americano especialista en el Japón moderno, ha consagrado a la cuestión varios estudios; muestra cómo, según se cuente la historia desde el punto de vista de los americanos o desde el de los japoneses, se ve presentada y valorizada de modo completamente distinto, aunque nadie invente hechos inexistentes ni falsifique las fuentes: bastan la selección y la combinación de los datos iniciales.

Del lado americano, se cuenta preferentemente «un relato heroico o triunfal, en el que las bombas atómicas representan el golpe final dado a un enemigo agresivo, fanático y salvaje». Del lado japonés, en cambio, lo que predomina es un «relato de victimización» en el que «las bombas atómicas se han convertido en símbolo de una especie particular de sufrimiento bastante parecido al holocausto para los judíos».[1] En el propio Museo de Hiroshima, se complacieron en el exclusivo papel de víctima, sin formular la menor pregunta referente a la responsabilidad del gobierno japonés en la declaración y la prosecución de la guerra, ni en los tratos inhumanos que sufrían, por parte de los japoneses, los prisioneros de guerra o las poblaciones civiles sometidas. Un gran parque, en cuyo seno se levantan el museo y un monumento funerario que contiene los nombres de las 176.964 víctimas de la bomba, permite al millón y medio de visitantes anuales conmemorar con emoción el acontecimiento. Pero el monumento a la memoria de los veinte mil coreanos que estaban en el lugar como trabajadores forzados y murieron al mismo tiempo está fuera de ese territorio sagrado. Nada en la ciudad de Hiroshima, por otra parte una ciudad esencialmente militar antes de la guerra, recuerda las matanzas de Nankín, perpetradas en China, en 1938, por el ejército japonés y, especialmente, por las guarniciones acantonadas en Hiroshima, matanzas cuyas víctimas se estiman en casi trescientas mil. Está claro que tanto los abogados americanos del relato heroico como los defensores japoneses del relato de victimización se limitaban, unos y otros, a promocionar a «los suyos».

Esta diferencia se vio exacerbada durante las conmemoraciones que debían señalar el quincuagésimo aniversario de la explosión atómica, en 1995. El avión que arrojó la bomba sobre Hiro-

---

1. J. Dower, «Three Narratives of Our Humanity», en E. Linenthal y T. Engelhardt, eds., *History Wars*, Nueva York, Metropolitan Books, 1996, pp. 72, 65 y 66.

shima, el *Enola Gay*, debía ser el centro de una exposición que se proponía mostrar, al mismo tiempo, el acontecimiento en su complejidad. Sin embargo, por la presión de ex combatientes y de otros grupos patrióticos, muy pronto relevados por los elegidos de la nación, el proyecto de exposición fue anulado pues se consideró ofensivo para la memoria: ya no reducía a los americanos al papel de héroe bienhechor, vencedor del militarismo japonés, sino que sugería que eran los responsables de una matanza que no estaba por completo justificada.

¿Qué aspecto tendría un relato cuyo autor evitara identificarse tanto con el héroe como con la víctima? John Dower nos da un ejemplo de ello en su estudio de las reacciones americanas y japonesas ante el aniversario de Hiroshima. Él podía reconocerse en cada uno de los dos grupos: personalmente pertenece a uno, su trabajo le ha llevado a conocer íntimamente el otro. Como resultado, el título que dio a esa tercera versión de los hechos, después de «Hiroshima como victimización» (el punto de vista japonés) e «Hiroshima como triunfo» (el punto de vista americano), fue: «Hiroshima como tragedia».

¿Por qué una tragedia? Sin duda, de entrada, porque la Historia tiene predilección por los acontecimientos graves: la felicidad no es un acontecimiento, el relato idílico no suele ser huésped de las obras históricas. Luego porque, en la historia, el bien y el mal no se encarnan nunca en estado puro. La Segunda Guerra Mundial (muy distinta, en eso, a la Primera) podría sin embargo parecer una buena candidata a la distribución sin equívocos: puesto que Hitler encarnaba, indiscutiblemente, el mal, ¿no estaba cualquier lucha contra él marcada con el signo del bien? Pero razonar de este modo es admitir que el fin justifica los medios y que, para vencer al enemigo, es aceptable imitarlo. Hasta 1942, los gobiernos británico y americano denunciaron la destrucción de las poblaciones civiles como un acto de barbarie; pero, a partir de esta fecha, adoptaron por su cuenta la táctica. En febrero de 1945, cuarenta mil personas pertenecientes a la población civil murieron en los bombardeos de Dresde. En marzo del mismo año, cien mil civiles murieron del mismo modo en Tokio. Debían llegar todavía Hiroshima y Nagasaki. Los autores de esos actos, concluye Dower, «se convirtieron en héroes con la sangre de mujeres y niños en sus manos y, desde este punto de vista, en protagonistas de un relato trágico más que de un relato triunfalista». La antigua víctima imitó al antiguo malhechor.

Tragedia: la palabra designa propiamente, recordémoslo, no sólo el sufrimiento y la angustia, no sólo la ausencia de bien; ésta puede también fundirse en el relato de victimización. No, la tragedia reside en la imposibilidad del bien: sea cual sea el final elegido, engendra lágrimas y muerte. La causa de los Aliados era, indiscutiblemente, superior a la de los nazis alemanes o los militaristas japoneses: la guerra contra ambos fue justa y necesaria. Sin embargo, provocó una desgracia que no puede apartarse de un manotazo con el pretexto de que fue «la de los demás». La pequeña fiambrera de un niño de doce años pulverizada en Hiroshima, esa lata preservada por el azar, con su arroz y sus guisantes carbonizados por la explosión atómica, tiene casi tanto peso como la fortaleza volante *Enola Gay*. En efecto, su presencia entre los objetos prestados por el museo de Hiroshima a la institución americana fue la que hizo inaceptable la exposición para los antiguos héroes. Si se tiene el valor de pensar simultáneamente en el bombardero y la fiambrera, no se puede ya escapar a una visión trágica de la Historia.

El siglo de David Rousset

David Rousset nació en 1912 y murió en 1997. Antes de la guerra, militó en el partido socialista y, luego, en círculos trotskistas. Detenido por actos de resistencia en abril de 1943, fue enviado a Buchenwald, de donde salió en abril de 1945. De regreso a Francia, publicó dos libros que tuvieron una gran resonancia: *El universo de los campos de concentración*, en 1946, que recibió el premio Renaudot, relato y análisis del sistema represivo nazi, al mismo tiempo; y *Los días de nuestra muerte,* en 1947, que se presenta como una ficción polimórfica, síntesis de numerosos relatos de deportados. Ambas obras imponen durante años el propio término de *concentrationnaire* y la imagen de lo que fue la vida de los campos para un deportado político. En los años siguientes, Rousset prosiguió su combate político (fue por un tiempo diputado en la Asamblea Nacional) y publicó otros libros de historia y de reflexión.

Lo que hace excepcional a David Rousset no es que haya sido militante, deportado, superviviente o testigo, sino que iniciara, entre todas las antiguas víctimas, en 1949, el combate político contra los campos que existían aún por aquel entonces. El 12 de noviembre de aquel año, publicó una llamada a los ex deportados de los campos nazis para que se encargaran de la investigación sobre los campos soviéticos que seguían en actividad. Esa llamada produjo el efecto de una bomba: los comunistas estaban abundantemente representados entre los antiguos deportados y la opción entre ambas lealtades era desgarradora; como consecuencia de la llamada, numerosas federaciones de deportados se escindieron en dos. Otros ex deportados apoyaron a Rousset en esa lucha, pero él tomó la iniciativa, actuó con abnegación. Fue un acto valeroso:

fue atacado inmediata y violentamente. Sus antiguos amigos le abandonaron, hasta su compañero de campo, el comunista alemán Emil, a quien dedicó *Los días de nuestra muerte;* otros cambiaban de acera cuando lo encontraban por la calle. La prensa comunista *(Les Lettres Françaises)* cubrió a Rousset de injurias y eso le llevó a entablar un proceso por difamación, que ganó (Margarete Buber-Neumann declaró en él como testigo). Sus antiguos amigos de izquierdas le repudiaron. Sartre y Merleau-Ponty firmaron en *Les Temps Modernes* (en enero de 1950) un artículo titulado «Los días de nuestra vida» en el que cortaron los vínculos con el antiguo camarada. «La verdad es que ni siquiera la experiencia de un absoluto como el horror de los campos de concentración determina una política», escriben, justificando así su negativa a condenar a la Unión Soviética, y proporcionando una abrumadora ilustración de la irresponsabilidad política en los intelectuales franceses de más relieve por aquel entonces.

Rousset no sólo no se lamentó: reincidió. En aquel mismo mes de enero de 1950, fundó, con un grupo de ex deportados, una Comisión Internacional contra el Régimen de los Campos de Concentración (la CICRC), que debía investigar sobre los campos de concentración que seguían en activo se hallaran donde se hallasen. Las convicciones políticas, religiosas o filosóficas de los fundadores eran muy variadas; sólo les unía la experiencia común, haber estado encerrados en los campos nazis, y una certeza común de que, en el mundo donde vivían, era de la mayor urgencia hacer desaparecer los demás campos. Ante la negativa de las autoridades soviéticas a acceder a su petición de investigar en su país, la comisión convocó, en 1951, una sesión pública en Bruselas, durante la que un tribunal de honor compuesto por personalidades de distintos países (Germaine Tillion representó a Francia) estableció el estado de los conocimientos sobre el sistema de los campos de concentración soviéticos; Rousset asumió el papel de fiscal.

En los años siguientes, hasta 1961, la comisión inició numerosas actividades. Sin saberlo, Rousset inventó el principio de las ONG, las organizaciones no gubernamentales, que actúan fuera del marco de los Estados pero ejercen sobre ellos una presión apelando a la opinión pública. Cierto es que la división del mundo en dos campos antagónicos, la atmósfera de guerra fría, no favorecieron, entonces, la acción de tales organismos «humanitarios», como los denominamos hoy. Pero eso no detuvo a Rousset y la comisión comenzó a trabajar. Era preciso, primero, elaborar una documentación fiable: miles de testigos fueron interrogados, sus relatos analizados y comparados unos con otros; se recogieron documentos, se tradujeron y publicaron. A partir de entonces, la acción pública se hacía posible: interpelar a los gobiernos, presentar denuncias ante los tribunales, informar a la prensa. Lo que Rousset constituyó era, en cierto modo, un adelanto de Amnistía Internacional; sus numerosas intervenciones dieron fruto, especialmente en los países «capitalistas».

Rousset consagró abnegadamente doce años de su vida a proseguir esta tarea. El trabajo de los miembros de la comisión era, sin embargo, doblemente ingrato. Al no disponer de medios financieros, sólo podían contar con la acción voluntaria, viéndose cada uno obligado, por lo demás, a ganarse la vida; las reuniones se celebraban en la cocina, en el apartamento de uno u otro. Al mismo tiempo, en la prensa «progresista», las voces más escuchadas por la opinión pública les cubrían de oprobio: ¡eran agentes de los americanos! ¡Enemigos de la paz! ¡Mentirosos redomados! Para proseguir, había que saber permanecer insensibles a la oleada de calumnias e injurias que caía sobre ellos, aceptar que los antiguos amigos se alejaran o recibir el apoyo de alguien a quien no estimaban. Germaine Tillion lo recordó cincuenta años más tarde: «Para defender lo Justo y lo Verdadero, a veces hay que afrontar grandes sufrimientos que pueden llegar hasta la muerte (aunque con el apoyo, continuo y profundo, de seguir siendo así amigos de nuestros amigos). Un valor distinto es necesario cuando Verdad y Justicia exigen que nos enfrentemos *también* a nuestros amigos, nuestros camaradas, nuestros íntimos... David Rousset tuvo esos dos valores».[1]

Algunos días, incluso entre los más decididos, se introdujo la duda y también la tentación, muy comprensible, de renunciar a un combate aparentemente desesperado. Rousset y sus amigos permanecían, como los demás hombres, «constantemente paralizados por nuestros afectos o nuestros odios que saben hallar en la

---

1. «En souvenir de David Rousset», en *Voix et Visages*, 258, 1998, p. 3.

ambigüedad de las cosas tantas sutiles razones para maquillar nuestras cobardías». Continuaron actuando porque, marcados en lo más profundo de ellos mismos por su dolorosa experiencia como deportados, sabían que «donde doblan las campanas de los campos de concentración, doblan por ellos». Pese a todos los inconvenientes, aquello les daba la sensación de realizar la obra «más necesaria y más salubre desde la última guerra».[1] Y bien hay que decirlo: el único medio de combatir los campos por aquel entonces consistía en ejercer una presión desde el exterior sobre los gobiernos totalitarios.

Si hubiera querido preocuparse, ante todo, por sí mismo, Rousset habría pasado el resto de su vida rememorando su pasado, vendando sus heridas, alimentando su resentimiento hacia quienes le habían infligido una ofensa inolvidable. Al preferir la preocupación por los demás, eligió transformar la experiencia pasada en razón para actuar en el presente, en el interior de una situación nueva de la que no es protagonista, que sólo conoce por analogía o desde fuera. Así comprendió su deber de ex deportado y por eso se dirigió, preferentemente –y eso es esencial– a otros ex deportados. «No podéis rechazar el papel de juez –les dijo–. Es, precisamente, vuestra tarea más importante como ex deportados políticos. [...] Los otros, quienes nunca fueron concentracionarios, pueden alegar la pobreza de la imaginación, la incompetencia. Nosotros somos profesionales, especialistas. Es el precio que debemos pagar por el exceso de vida que se nos concedió.»[2] El deber de los ex deportados es investigar sobre los campos existentes. Contrariamente a lo que preconizaban Sartre y Merleau-Ponty, en esta experiencia esencial se basan las buenas opciones políticas, esa experiencia que les inoculó lo que Rousset denominaba la «locura de la verdad y de la justicia».

Esa elección implicaba, evidentemente, que se aceptara la comparación entre campos nazis y campos soviéticos. Rousset conocía los riesgos de la operación. Algunas diferencias son irreductibles:

---

1. «Le sens de notre combat», en *Lignes,* mayo de 2000, pp. 221, 203 y 205.
2. E. Copfermann, *David Rousset,* Plon, 1991, pp. 199 y 208.

no había en la Unión Soviética campos de exterminio; de momento, éstos no se prestaban a la extrapolación ni a la generalización. Pero no por ello llevaban, tampoco, a una acción en el presente, sólo al mudo estupor y a la infinita compasión por sus víctimas. Ahora bien, el fenómeno concentracionario era, en cambio, común a ambos regímenes, y las demás diferencias, reales sin embargo, no justificaban el abandono de la comparación. Ésta era, para Rousset, el más valioso instrumento de trabajo, pues, llevando de lo conocido a lo desconocido, permitía la comprensión.

Una segunda pregunta surgió entonces: ¿No debemos generalizar aún más y asimilar los sufrimientos en los campos al «universal lamento secular de los pueblos», a cualquier desgracia, a cualquier injusticia? En efecto, existía el peligro de que la comparación se diluyera en una analogía universal, donde todos los gatos de la angustia fueran pardos. Eso supondría no sólo condenarse a la parálisis ante la enormidad de la tarea, sino también, además, desconocer el hecho de que los campos no representaban una injusticia entre otras, sino la mayor decadencia a la que fue conducido el ser humano en el siglo XX. Como dijo Rousset en su proceso: «La desgracia concentracionaria no tiene común medida con las demás».[1] Rousset generaliza, aunque de modo limitado; no hace desaparecer la identidad de los hechos, sólo los relaciona unos con otros. Y «sin común medida» no significa «sin vínculo»: lo extremo germina en lo cotidiano. Sin embargo, hay que saber distinguir entre germen y fruto.

Mantener este equilibrio era una constante preocupación en Rousset. Por una parte, mantener el sentido de una escala de los valores y los crímenes, denunciar «las hipócritas equivalencias, esos negros de los estados del Sur que pesan tanto como Kolymá». Por otra parte, no prohibirse acción alguna contra las injusticias corrientes, que parecen palidecer junto al mal absoluto. «Con el pretexto de la inconmensurable diferencia, ¿hay que [...] callar sobre las torturas en Argelia?»[2] Y eso es lo que caracterizó la acti-

---

1. D. Rousset *et al.*, *Pour la vérité sur les camps concentrationnaires*, Ramsay, 1990, p. 244.
2. «Le sens», p. 222.

vidad de la comisión: publicó los resultados de sus investigaciones tanto sobre los campos de trabajo en la Unión Soviética y en China como sobre las prisiones en España y Grecia, el encarcelamiento en Túnez y la tortura en Argelia. La investigación en las cárceles argelinas por un grupo de ex deportados, entre ellos, del lado francés, Germaine Tillion y Louis Martin Chauffier, muestra que es preciso seguir siendo críticos con el propio país, aunque ya no viva bajo un régimen totalitario.

He tenido ya ocasión de analizar, en otra parte, el proceso de Rousset;[1] quisiera consagrarme aquí a otra cuestión: ¿cómo llegó Rousset a ser apto para un acto tan meritorio, qué fuerzas le prepararon para ese excepcional destino? Buscaré la respuesta en el relato de su propia experiencia en un campo de concentración, *Los días de nuestra muerte*.

Lo que sorprende primero, si leemos hoy este libro, es el lugar que en él ocupan los debates políticos. Rousset quiso plasmar todos los enfrentamientos, todas las posiciones asumidas entonces por los deportados políticos. Otros supervivientes contaron, al regresar, el detalle de la vida cotidiana, las menudencias de la experiencia individual. Rousset también era capaz de ello, como muestra su relato del viaje entre Drancy y Buchenwald; pero no era eso lo que le interesaba en primer lugar. Como los personajes de Tucídides, los suyos discurren sin cesar, hasta el punto de que al lector de hoy pueden parecerle enojosas algunas de estas páginas. Atestiguan, sin embargo, la perspectiva elegida por Rousset para contar su experiencia: no hace literatura gratuita, ni moral, ni filosofía, vivió en el campo una vida política y como político razona una vez libre. Los comunistas, en los campos, soñaban en una sociedad que contribuirían a construir después de la liberación, una sociedad que estaría libre de cualquier barbarie. Sus sueños, los de él, no coincidían exactamente con los de sus compañeros, pero no vaciló en declarar, dirigiéndose a sus guardianes alemanes: «Siempre he combatido a los capitalistas. Hay que li-

---

1. T. Todorov, «Les procès Kravchenko et Rousset», en *L'homme dépaysé*, Seuil, 1996, pp. 89-100. [Hay trad. cast.: *El hombre desplazado*, Barcelona, Taurus, 1997.]

brarse de ellos y de su sistema. Es preciso, después de la guerra, construir en Europa una economía unificada y planificada, en el marco de verdaderas democracias populares».[1]

Este proyecto político orientó, de entrada, la actitud del deportado David Rousset. Hoy estamos acostumbrados a pensar que, una vez superadas las inmensas dificultades iniciales, los más valerosos de los deportados se veían alentados, ante todo, por un deseo de dar testimonio, de luchar contra el olvido, de presentar un rastro de la barbarie de los verdugos y de la humanidad de las víctimas. Pero ese proyecto no bastaría a Rousset. No podía limitarse a recordar, reiterar, rumiar, mantener en vida el pasado; intentaba comprender para actuar. «Desde Buchenwald, sin descanso, me había esforzado por comprender, por observar escrupulosamente [...], por vincularme estrechamente a los comunistas alemanes, por preparar así, gracias a esta cordial cohabitación, este aprecio cotidiano obligatoriamente sincero [...], un clima favorable para un común examen político después de la guerra: la experiencia de los campos debía servirnos, tanto a los unos como a los otros, para construir unos Estados Unidos socialistas de Europa.»[2] Las palabras clave son aquí: comprender, política, servir.

Ya en la época de su deportación, pues, Rousset se dijo que su experiencia, por dolorosa que fuese, no debía permanecer aislada ni ser sacralizada; era preciso instrumentalizarla con vistas a un proyecto político. Por ello, en el campo, su primer deber fue el de hacer cualquier cosa para comprender. Volvió a ello más tarde (en *Sobre la guerra*): «El dilema es simple pero imperativo. Dejar que el azar decida o comprender y actuar. Actuar no siempre es posible. Es posible siempre comprender».[3] A la fórmula «aquí no hay por qué» de las SS, mencionada por Primo Levi, se opone el deseo de Rousset de preguntar siempre: ¿Por qué?

Un proyecto político, pues. Sin embargo, otro rasgo no menos patente del universo evocado en *Los días de nuestra muerte*, y que

---

1. *Les jours de notre mort*, Hachette, 1992, t. II, pp. 108-109.
2. *Ibíd.*, t. II, pp. 78-79.
3. Citado por D. Bensaïd, «La raison des déraisons», en *Lignes*, mayo de 2000, p. 127.

no adopta en línea recta la dirección de la política habitual, es lo que podríamos denominar una disolución de las categorías que sirven para designar los cuerpos colectivos, categorías a las que está acostumbrado, precisamente, el análisis político. Nada más alejado del cuadro descrito por Rousset que un esquema con dos términos, los guardianes y los detenidos, los verdugos y las víctimas. El universo que representa está hecho de estratificaciones y subdivisiones múltiples. Entre los distintos grupos de detenidos, la lucha por el poder es a menudo feroz. Los nacionales de los distintos países no se comportan de un modo semejante; tampoco los medios sociales se parecen. Las condiciones políticas modifican estas categorías sociales: los comunistas nunca se confunden con los trotskistas, que a su vez se distinguen de los demócratas «burgueses». El número de años pasados en el campo influye mucho en el comportamiento. Y ahí está el resultado: los campos son un mosaico de actitudes variadas que no permite captar ninguna clasificación simple. «El blanco no era allí siempre blanco ni el negro, negro», resume el biógrafo de Rousset, Émile Copfermann.[1]

Entre los detenidos, algunos están resignados, aceptan someterse sin réplica tanto a las órdenes de sus superiores como al deseo de escapar al hambre, al frío, a la fatiga: es el «concentracionario» de base, el que se ha dejado transformar de acuerdo con las exigencias que le impone este universo. Nadie está al abrigo de este destino, y Rousset, que a menudo escapa de él, sabe que puede fácilmente caer de nuevo. Hubiera preferido las relaciones desinteresadas entre camaradas; sin embargo, advierte que cediendo su tabaco a un capo amigo suele recibir un suplemento de sopa y de pan. «Comía. ¡Tenía tanta hambre! Pero cómo lamentaba esa hambre. Qué no habría dado yo para evitar esa experiencia.»[2]

Otros detenidos no sólo han aceptado someterse sino que pretenden demostrar que esta sumisión era inevitable; en cuanto disponen de un mínimo poder, se empeñan en obligar a sus camaradas a comportarse como ellos. «Era una justificación de uno mismo destruir en los demás la dignidad, hacer la magnífica demostración de

---

1. *Op. cit.*, p. 15.
2. *Les Jours*, t. II, p. 299.

que el hombre no resiste, de que basta con imaginar las condiciones adecuadas para arruinar todos los valores.» Otro individuo se hace la misma pregunta para rechazarla: «¿De modo que no todo es mierda en el hombre? La duda debía de serle insoportable». Ese hombre necesita ver que todos se le parecen. «Verme [...] envuelto en la misma desesperanza, rompiendo a mi vez todos los vínculos, negando la última, la postrera solidaridad, era para él un triunfo, la plena y entera justificación de su suicidio, el único verdadero, el único importante, el que blasfema sobre la vida.»[1] Pero ¿cuál es esa dignidad que algunos individuos intentan destruir y otros intentan preservar a toda costa? Puede ser, sencillamente, el hecho de lavarse, es decir, de no abandonarse, de no ceder a la fatiga. «Estar limpio a pesar de todo era salvar parte de la propia dignidad, es decir, resistir.» O, también, preferir el trabajo bien hecho, lo que indica la excelencia del obrero. Para otros deportados es devolver golpe por golpe. «El ruso recuperó una dignidad matando.» El que participa en una organización de resistencia se sabe provisto de una dignidad que ni siquiera la muerte mancillará. Otro elige dar sentido a su vida preocupándose por los demás. «Hewitt ha encontrado el camino de su resistencia personal, una decisión de sacrificarse por los demás. Necesitaba, para vivir, tener el sentimiento de su utilidad, la certidumbre de que cumplía una función humana.» Un tercero resiste, a su modo, enseñando a sus camaradas la música de cámara de Mozart y prendiendo así una chispa de belleza en su existencia. «Toco un domingo por la tarde. [...] Escuchan admirablemente la música. Yo era feliz.»[2]

Una de las constantes preocupaciones de Rousset es romper el estereotipo de las nacionalidades y, ante todo, el de los alemanes-todos-nazis, tan tentador. Esta ecuación es imposible para él, aunque sólo fuera a causa de los detenidos políticos alemanes, animadores de la resistencia antinazi. Pero no todos los guardianes están tampoco hechos de la misma pasta. Un *Kommandoführer* se niega a golpear e incluso a vigilar; al marcharse, desea a los detenidos que regresen a casa lo antes posible (es un personaje excepcional;

1. Ibíd., t. I, p. 176; t. II, p. 305.
2. Ibíd., t. II, pp. 212 y 287; t. I, pp. 121-122; t. II, p. 260.

inmediatamente después de haberlo descrito, Rousset añade: «También los había brutos»). Otro *Meister* deja diariamente una tostada a sus subordinados. Un tercero «lleva, a hurtadillas, tomates o fruta». Rousset concluye: «La mayoría no eran nazis. Estaban hartos del terror y de la guerra. Pero no sabían qué camino seguir. [...] Habían perdido la confianza en sí mismos y en los demás. Estaban desesperados y eran obedientes».[1] Lo que es cierto para los alemanes también lo es para otras nacionalidades, rusos, polacos o franceses.

Este rechazo del determinismo nacional es compartido por los comunistas, con quienes trata Rousset todos los días. Pero en ellos sirve, simplemente, de transición hacia otro determinismo, social y político esta vez, pero no menos rígido. Un detenido se comporta mal, explican los camaradas comunistas, no porque sea ruso o ucraniano sino porque es «preso común», «*kulak*» o está «vendido al fascismo». Para ellos, el mundo está dividido en dos partes mutuamente excluyentes: quien no está con los soviéticos pacta forzosamente con los nazis. «La insurrección de Varsovia fue cosa de los fascistas polacos, a sueldo de Londres.»[2]

La diferencia es, aquí, decisiva: Rousset no pide que se sustituya un determinismo por otro ni que se añada el segundo al primero. Advierte que los seres humanos nunca se dejan explicar enteramente por las categorías a las que pertenecen; que junto a las fuerzas que los rigen, y contra ellas, los individuos pueden también desear, elegir y actuar, ejercer pues su libertad. Por eso son tan diferentes entre sí: si obedecieran por completo las leyes, serían tan semejantes unos a otros como productos industriales.

En eso veía Rousset la principal transformación que había sufrido en el campo; su resultado le era muy valioso. «Siempre había sentido una apasionada curiosidad por las ideas. ¿Quién se preocupaba de eso en nuestro mundo? En Buchenwald, tal vez, pero el pueblo de los transportes. Aprendía a mirar cómo vivían los hombres que no piensan. Descubría por ellos un interés singular y que

---

[1]. Ibíd., t. II, pp. 108, 266 y 109.
[2]. Ibíd., t. I, p. 121; t. II, p. 143.

el más sórdido ofrecía a menudo rasgos sorprendentes. Me daba cuenta de que las ideas no son en absoluto indispensables para la existencia y de que el mundo se hace sin ellas.»[1] Eso no significa que Rousset renuncie a su pasión por las ideas; sino que pone por encima de ellas a los individuos.

Mucho tiempo después, en su autobiografía (confirmada por Émile Copfermann), volvió sobre el mismo tema. Antes de ser detenido, dice, vivía en un mundo libresco, poblado de abstracciones: la revolución, la humanidad, el socialismo. Una vez en la cárcel, sufrió cruelmente: estaba privado de libros. Luego encontró en sí mismo un remedio al que, poco a poco, comenzó a querer: el interés por los individuos. «Fue el comienzo de una experiencia excepcional, de una inmensa riqueza para mí. [...] El campo de la lectura estaba cerrado. Pero yo descubría a los hombres.»[2] No los seres más que los libros; al salir del campo, Rousset se sumió de nuevo en la lectura y la escritura. Más bien los seres por encima de los libros. Por esta razón, tras entrar en el campo con sus prejuicios («como un partisano», dice), superó esa costumbre de vivir con abstracciones, tan peligrosa para los intelectuales y los militantes, y comprendió que, para él, el sufrimiento de los seres era, en adelante, irreductible a categorías. Éstas sólo justifican las condenas absolutas (el nazismo es un mal); los individuos son juzgados, pero con matices: «Algunos se convirtieron en bestias feroces, pero es el sistema lo que pudre a los hombres».[3]

Dos fuerzas se oponían en el universo de los campos de concentración, aunque había también numerosas tomas de posición intermedias. Por un lado, los SS, cuya acción tendía a probar que la humanidad no es una sino que comporta dos especies radicalmente distintas: los señores y los esclavos, quienes actúan y quienes sufren (el miedo, el hambre, el instinto). Los señores habrán conseguido su objetivo si los esclavos creen que son de una esencia distinta, si renuncian por sí mismos a cualquier protesta, a

---

1. *Ibíd.*, t. II, p. 229.
2. É. Copfermann, *op. cit.*, p. 65.
3. *Les Jours*, t. II, p. 267.

cualquier veleidad de dar testimonio, a cualquier intento de compartir con los SS un sentimiento cualquiera.

Por el otro lado, los que resistían, una actividad mucho más extensa que la participación en la resistencia organizada. Quienes seguían actuando *también* –aunque no fuese, evidentemente– *sólo*, a partir de su voluntad de sujeto libre y responsable y que, por consiguiente, se negaban a creer que existen dos especies de hombres, libres los unos, enteramente sometidos los otros. «Los civiles y los militares nos consideraban desechos de bestias. A su modo de ver no teníamos ya nada de humanos.» El que resistía, por el contrario, afirmaba la unidad de la especie: «El mayor servicio que nos hizo fue imponernos a los demás como hombres», dice Rousset de su camarada Emil Carlebach. Esta unidad se logra con la afirmación de la libertad interior de la que goza el sujeto humano: ésta es la conclusión general del libro. «Tal como somos, tan miserables y terroríficos, llevamos sin embargo un triunfo, más allá de nosotros mismos, para toda la colectividad de los hombres. Nunca renunciamos a luchar, nunca renegamos. [...] Nunca creímos en el desastre final de la humanidad.»[1]

Entre los ex deportados, David Rousset es, por muchos motivos, una figura excepcional. No fui uno de sus íntimos y no sé cómo se comportaba en la vida cotidiana (sus amigos me dicen que su vida privada se adecuaba a su espíritu público). Sus escritos, en todo caso, no respiran esa atmósfera angustiada que caracteriza tantos relatos de ex deportados. Vio y conoció el horror, es cierto, pero supo sacar provecho de él. Y él, más que cualquier otro, hizo fructificar estas lecciones: la experiencia de los campos pasados servirá para luchar contra los campos presentes y para hacer imposibles los campos futuros. La lección que aprendió es política, define una actitud en el espacio público; al mismo tiempo, su política tiene algo de paradójico: descansa sobre la fe en el sujeto autónomo. Dicho de otro modo: el ideal colectivo consiste en la libertad del individuo. Este descubrimiento explica la conducta del propio Rousset que, una vez fuera del campo, eligió la verdad, prefiriéndola a la fidelidad a las organizaciones. «No es

1. *Ibíd.*, t. II, pp. 68 y 685.

posible remitirse, para la elección entre la verdad y la mentira, ni a la propia clase, ni al propio partido, ni al propio Estado. El tribunal de última instancia está siempre en uno mismo.»[1]

Esta convicción le permitió atravesar la experiencia de los campos sin daños excesivos, e incluso con beneficio: descubrió que los seres cuentan más que las ideas y que la vida, aun la más coaccionada, puede seguir siendo una vida humana. Era, nos dice, el secreto de la supervivencia de Emil Carlebach, el viejo comunista alemán al que admira: aceptar vivir en el presente, no resignarse a sufrirlo como una pura privación con respecto a un pasado mejor (algo que «le había permitido sobrevivir años y años a ese infierno: la decisión tomada, cierto día, de vivir en el universo de los campos de concentración, de acabar con todas las malsanas ensoñaciones del pasado»). Es lo que acaba aprendiendo, también, para sí mismo: no abandonarse a la nostalgia de los momentos o los seres lejanos, abrir los ojos al mundo que le rodea, recuperar la exaltación de vivir, incluso en esas condiciones envilecedoras, aceptar el presente con las personas que lo pueblan. «Debía a esa nueva afición por el comportamiento animal de mi especie no haber muerto por asfixia mental. Por el contrario, me parecía que me enriqueciera.»[2]

Ésa es, en efecto, la más vivificante experiencia que se haya contado de los campos de la muerte.

---

[1]. «Le sens», p. 222.
[2]. Les Jours, t. II, pp. 87 y 229.

4

LOS USOS DE LA MEMORIA

> Ella caminaba con leves pasos, descalza sobre la temblorosa tierra de Treblinka, desde el lugar de descarga del tren hasta la cámara de gas.
> Sí, era ella. La vi en 1930, en la estación de Konotop, se acercó al vagón del rápido, con la tez entenebrada por el sufrimiento y, levantando sus maravillosos ojos, dijo sin voz alguna, sólo con los labios: «Pan...».
>
> Vasili Grossman,
> *La Madona sixtina*

NI SACRALIZAR NI BANALIZAR

En este momento, que señala el paso del tiempo, fin de un siglo y comienzo de otro, los europeos, y muy especialmente los franceses, parecen obsesionados por un culto: el de la memoria. Como presos de nostalgia por un pasado que se aleja irrevocablemente, veneran de buena gana sus reliquias y se entregan con fervor a ritos conjuratorios, que al parecer van a mantenerlo vivo. Se inaugura, o eso parece, un museo por día en Europa, y actividades antaño utilitarias se hacen objeto de contemplación: se habla de un Musco de la Crêpe por aquí, de una Casa del Asno por allá... Se conmemoran cada año tantos acontecimientos notables que nos preguntamos, con inquietud, si quedan días disponibles bastantes para que se produzcan nuevos acontecimientos, que se conmemorarán el siglo que viene...

Esta preocupación compulsiva por el pasado no puede considerarse como natural, exige ser interpretada. El culto a la memoria no sirve siempre a las buenas causas y eso no puede asombrarnos. Como recuerda Jacques Le Goff, «la conmemoración del pasado conoce un punto álgido en la Alemania nazi y la Italia fascista»,[1] y a esta lista podría añadirse la Rusia estalinista: un pasado cuidadosamente elegido, es cierto, pero un pasado a fin de cuentas, que permite halagar el orgullo nacional y suplir la declinante fe ideológica. Las democracias occidentales no están amenazadas por este peligro. Hay que ver en ello, pues, el signo de la salud de esos países pacíficos donde, por fortuna, no ocurre nada.

[1]. *Histoire et mémoire*, Gallimard, 1988, p. 158.

La Historia se hace, todos los días, en Yugoslavia; ¿quién querría vivir allí? ¿Se trata de nostalgia por una época pasada, cuando esos países eran potencias mundiales? ¿O sencillamente debemos alegrarnos de que las nuevas generaciones puedan aprovecharse así de la experiencia de sus mayores?

Desgraciadamente, el efecto positivo de esos recuerdos no se obtiene siempre, ni mucho menos. Durante estos últimos años, para poner el ejemplo de Francia, no pasa ni una semana sin que una de las cadenas de televisión difunda un reportaje, un documental, una película o un debate sobre la Segunda Guerra Mundial: los actos heroicos de unos y otros, el ascenso del nazismo, la persecución y el genocidio de los judíos. Durante estos mismos años, sin embargo, el partido de extrema derecha que reivindica, más o menos abiertamente, la ideología racista y una parte, al menos, del proyecto nazi (sin compartir, cierto es, los proyectos exterminacionistas) ha podido obtener hasta el 15 por 100 del voto global de la población francesa e incluso, aquí o allá, la mayoría absoluta. Lo mismo ocurre en otros varios países de Europa. Nace una duda: ¿y si, como escribe el analista americano Philip Gurevich acerca del Museo del Holocausto de Washington, «ser puesto ante la barbarie no es un antídoto contra ella»?[1]

Me había sorprendido ya esa carencia de efecto automático durante el proceso de Klaus Barbie por crímenes contra la humanidad. Por primera vez en su historia, el gobierno francés había decidido entablar ese proceso, adoptando como blanco al jefe de la Gestapo en Lyon. El proceso se llevó a cabo, puede pensarse, no con el objetivo de castigar a un individuo por fechorías llevadas a cabo más de cuatro décadas antes, sino para educar a la población y recordarle los horrores a los que puede llevar una política de discriminación racial. Los discursos públicos y los medios de comunicación dedicaron un gran espacio al proceso; nadie debía escapar de la virtuosa educación. Sin embargo, durante su desarrollo, en junio de 1987, un obrero de origen tunecino fue golpeado hasta la muerte en las calles de Niza por una pandilla de jóvenes que, detenidos, declararon a la policía: «Nosotros somos racistas, no nos gustan los ára-

---

1. «Behold Now Behemoth», en *Harper's,* julio de 1993.

bes». El padre de uno de los muchachos decía, a quien quisiera oírle, que comprendía y aprobaba los móviles de su hijo.

Y, claro está, no hay razón alguna para limitar la observación de esos «fracasados» de la memoria sólo a Francia. En el mundo entero, mientras que la información nunca había circulado tan bien y no se deja de denunciar el mal, éste sigue haciendo estragos. La tesis que quisiera desarrollar aquí es la siguiente: en sí misma, y sin ninguna otra restricción, la «memoria» no es buena ni mala. Los beneficios que se espera obtener de ella pueden ser neutralizados, desviados incluso. ¿De qué modo? En primer lugar, por la propia forma que adoptan nuestras reminiscencias, navegando constantemente entre dos escollos complementarios: la *sacralización*, aislamiento radical del recuerdo, y la *banalización*, o asimilación abusiva del presente al pasado.

La sacralización de un acontecimiento pasado no se confunde con la afirmación de su singularidad. Volvamos al ejemplo del exterminio de los judíos de Europa por los nazis. Describirlo como un acontecimiento singular y específico es legítimo, siempre que se precise el nivel en el que nos situamos. No en el plano de los valores: todos los seres humanos son igualmente valiosos unos que otros, y cuando las víctimas de un régimen se cuentan por millones es vano, por no decir más, querer establecer jerarquías en el martirio, sobre todo porque, como dice uno de los personajes lúcidamente desesperados de Woody Allen con respecto al exterminio judío: «Los recuerdos están hechos para vencerlos». Más allá de cierto umbral, por mucho que los crímenes de esta naturaleza sigan siendo específicos, se reúnen en el horror sin matices que suscitan y en la condena absoluta que merecen. Eso vale tanto, a mi entender, para el exterminio de los amerindios como para la esclavización de los africanos, para los horrores del *gulag* como para los de los campos nazis. La vida y la dignidad de un hombre o una mujer, de un niño o un anciano son igualmente valiosas, sea cual sea su raza, nación o cultura. La aniquilación de los pueblos sin escritura no es menos innoble que la de un grupo cuyos antepasados inventaron el monoteísmo y la religión del Libro.

Corremos el riesgo, además, de atribuir el grado superlativo, sencillamente, a las acciones que nos conciernen más directamente. Puesto que cada uno de nosotros se halla en el centro de sí mismo, considera lo que le afecta más importante que el resto. Así, para citar un ejemplo distinto, el de la bomba de Hiroshima: para el japonés Kenzaburo Oé, premio Nobel de literatura, se trata de la «experiencia más cruel que haya conocido el hombre en nuestro siglo», «el peor delirio del siglo XX», etc.[1] La interrogación sobre la especificidad tampoco concierne a los hechos. La unicidad de cada acontecimiento es, en sí misma, una evidencia y no necesita ser reivindicada. Lo específico, y que merece ser examinado, es, claro está, el sentido del acontecimiento. Ya hemos visto en qué consistía la singularidad del exterminio nazi: la ejecución sistemática como objetivo asumido, que afecta a un pueblo indisociable de la identidad europea a través de los tiempos.

Esta especificidad –establecida por medio de múltiples comparaciones, de una precisa inscripción en la historia–, puede sin embargo recibir otro sentido: el de lo sagrado. Sacralizar la aniquilación del propio pueblo es, ciertamente, una andadura desconcertante; pero, además, esta nueva equivalencia entre sagrado y específico, está muy lejos de caer por su propio peso. La sacralización es, por principio, un atrincheramiento, una puesta a parte, una prohibición de tocar (a veces, incluso, con un nombre, sobre todo si es un nombre común, como «genocidio» o «totalitario»). Pero no porque los acontecimientos pasados sean únicos y cada uno de ellos tenga un sentido específico es preciso no relacionarlos con otros; muy al contrario. La especificidad no separa un acontecimiento de los demás, lo une a ellos. Cuanto más numerosas son estas relaciones, más particular (o singular) se hace el hecho. Dios, en cambio, es sagrado; sin embargo, es absoluto y omnipresente, no particular, como un hecho que ocupa un tiempo y un espacio únicos.

Si entendemos en este nuevo sentido la singularidad del exterminio judío, si declaramos que no tiene relación alguna con cualquier otro acontecimiento pasado, presente o futuro, tenemos derecho a

---

[1]. *Notes d'Hiroshima*, Gallimard-Arcade, 1996, citado por A. Brossat, «Massacres et génocides: Les conditions du récit», en *Parler des camps, penser les génocides*, Albin Michel, 1999, p. 164. [Hay trad. cast.: *Cuadernos de Hiroshima*, Barcelona, Anagrama, 2013.]

denunciar las amalgamas que se practican aquí o allá y a anatematizar los intentos de comprensión o de representación (las formas «no puede comprenderse», «no puede explicarse», «no puede representarse», «no puede decirse» significan en realidad «no se debe»). Pero nos prohibimos, al mismo tiempo, cualquier lección para el resto de la humanidad, cualquier «puesta en servicio». Sería paradójico, como mínimo, afirmar a la vez que el pasado debe servirnos de lección y que no tiene relación alguna con el presente: lo que es sacralizado de este modo no puede ayudarnos en absoluto en nuestra existencia actual. Si se desea mantener el acontecimiento pasado en cuarentena, es todavía posible mantenerlo en la memoria y actuar en función de este recuerdo, pero no podría ya servir para comprender mejor la especie humana y su destino.

El pasado sirve entonces de pantalla ante el presente en vez de llevar a él, y se convierte en una excusa para la inacción. En su libro sobre el genocidio ruandés,[1] Gurevich cuenta que, en la primavera de 1994, fue a Washington para asistir a las conferencias de prensa de la Casa Blanca. Se daba largas al asunto porque el gobierno americano había decidido no intervenir en Ruanda. Por el azar de la proximidad de los lugares, Gurevich se encontró cierto día ante el Museo del Holocausto, donde proliferaban las pegatinas «Nunca más», «Recordemos», «No olvidemos nunca». Pero esa llamada a la memoria no combatía en absoluto la represión que estaba produciéndose en aquel mismo instante; a su modo, contribuía a ella.

Más recientemente aún, en enero de 2000, los jefes de Estado de numerosos países se reunieron en Estocolmo para conmemorar el genocidio de los judíos; ninguno de ellos aprovechó la ocasión para protestar públicamente (como había hecho David Rousset cincuenta años antes y como les exigía una petición) contra las sevicias infligidas a su propia población por otro régimen totalitario, el de Corea del Norte en ese caso. En este país, recordaba la

---

1. *We Wish to Inform You that Tomorrow We Will Be Killed With our Families*, Nueva York, Farrar, Strauss & Giroux, 1998; tr. fr.: *Nous avons le plaisir de vous informer que demain nous serons tués avec nos familles*, Denoël, 1999. [Hay trad. cast.: *Queremos informarle de que mañana seremos asesinados con nuestras familias*, Madrid, Debate, 2009.]

petición, siguen floreciendo decenas de campos de concentración y entre uno y tres millones de personas han muerto de hambre durante los cinco últimos años.

No basta sin embargo con poner en guardia contra los efectos de la sacralización; igualmente peligroso es el proceso inverso, la banalización, donde los acontecimientos presentes pierden toda su especificidad, siendo asimilados a los del pasado. Un mal tan extremo como el del siglo XX se transforma fácilmente en arma retórica. Pero, cada vez que eso sucede, renunciamos a cualquier relación con su identidad y, lo que es mucho más grave, corremos el riesgo de equivocarnos por completo sobre el sentido de los nuevos hechos. El mal de los campos de concentración, como decía Rousset, no sólo es más intenso que los demás, su propio significado es distinto: las carnicerías humanas de Auschwitz y de Kolymá revelan la verdad sobre una ideología y una estructura política muy nuevas.

Cuando se utiliza el término «nazi» como simple sinónimo de «canalla», toda la lección de Auschwitz se ha perdido. El personaje de Hitler, en particular, se guarnece regularmente con todas las salsas, lo encontramos por todas partes, incluso a pesar de que el genocidio de los judíos se considere único. En 1956, los gobiernos occidentales habían descubierto ya una reencarnación de Hitler: era Nasser, que había tenido la desvergüenza de nacionalizar el canal de Suez. Desde entonces, los avatares del difunto dictador proliferan. Al gobierno americano le gusta designar así a sus enemigos para asegurarse el apoyo incondicional de la comunidad internacional: Saddam Hussein es un nuevo Hitler, Milošević otro. Los acusados se entregan a las mismas proyecciones, naturalmente con menos éxito, ante el público occidental.

En el Próximo Oriente, se tiene la impresión de que la comparación sirve a diario. Unas veces los vecinos árabes –desde Nasser hasta Arafat– son representados con los rasgos del cabo bigotudo; otras, la prensa árabe describe a determinado estadista israelí, con espíritu guerrero, como un Hitler en acción. El insulto puede utilizarse en ambos bandos: «Una página web estadounidense representa al señor Barak [primer ministro israelí] con los rasgos de Hitler, vistiendo uniforme nazi, desplegando una bandera palestina y diciendo: "Voy a terminar el trabajo, *mein Führer*".[1] A veces incluso, paradójicamente, sacralización y banalización van de concierto, como cuando los responsables del Museo del Holocausto en Washington prohibieron la visita de Yasser Arafat con el pretexto de que éste era un «Hitler reencarnado»...[2]

En suma, los gritos de «CRS-SS», que se escuchan puntualmente en las calles de París desde mayo de 1968, no están más justificados que esas recientes declaraciones de Guennadi Ziugánov, jefe de los comunistas rusos actuales, contra el presidente Yeltsin y sus partidarios, a quienes acusa de practicar un genocidio contra el pueblo ruso: «Ninguna bomba, ningún Auschwitz puede compararse al crematorio encendido en nuestras tierras por los reformadores».[3] Estas proyecciones puramente afectivas del pasado sobre el presente no permiten en absoluto comprender éste, e impiden incluso percibirlo en sí mismo. Decir que Putin, el nuevo presidente ruso, sigue los pasos de Stalin impide saber quién era Stalin y quién será Putin.

AL SERVICIO DEL INTERÉS

La memoria puede ser esterilizada por su forma: porque el pasado, sacralizado, sólo nos recuerda a sí mismo; porque el mismo pasado, banalizado, nos hace pensar en todo y en cualquier cosa. Pero, además, las funciones que hacemos asumir a ese pasado no son todas igualmente recomendables.

El recuerdo del pasado es necesario para afirmar la propia identidad, tanto la del individuo como la del grupo. Uno y otro se definen también, claro está, por su voluntad en el presente y sus proyectos de porvenir; pero no pueden prescindir de ese primer recuerdo. Ahora bien, sin un sentimiento de identidad con uno mismo, nos sentimos amenazados en nuestro propio ser y paralizados. Esta exigencia de identidad es perfectamente legítima: el individuo necesita

---

1. *Le Monde* del 16-17 de julio de 2000.
2. *Le Monde* del 21 de enero de 1998.
3. *Le Monde* del 27 de noviembre de 1998.

saber quién es y a qué grupo pertenece. Saber que se es católico, o del Berry, o campesino, o comunista aporta el reconocimiento de nuestra existencia; no somos anónimos, no corremos el riesgo de ser devorados por la nada. Si recibimos una revelación brutal sobre el pasado, que nos obliga a reinterpretar radicalmente la imagen que nos hacemos de nuestros íntimos y de nosotros mismos, lo que se ve alterado no es un compartimento aislado de nuestro ser sino nuestra propia identidad. Los ataques no deseados a la memoria no son menos graves. ¿Quién no ha visto nunca a una persona afectada por la enfermedad de Alzheimer? Tras haber perdido gran parte de su memoria, ha perdido también su identidad.

Nada hay que objetar a esta necesidad de identidad, aunque sería más acertado pensar en ella como móvil y múltiple, no como única y rígida. Pero tanto los hombres como los grupos viven entre otros hombres, entre otros grupos, y por eso no basta con afirmar que cada cual tiene derecho a existir; es preciso también ver cómo influye en la existencia de los demás esa defensa de uno mismo. Los actos que refuerzan tanto la identidad del individuo como la del grupo pueden serles útiles, pero no tienen en sí mismos valor moral; sólo lo tienen los que benefician a los otros. La política de la identidad no se confunde con la moral de la identidad.

Recordemos ahora los grandes papeles identificados en el seno del relato histórico. Para juzgar el valor moral de quien, en el presente, hace revivir el pasado, debemos preguntarnos sobre qué protagonista o qué grupo de personajes se proyecta en la historia, con quién se identifica.

De entrada no hay certidumbre alguna de que se elija seguir el ejemplo de los personajes «positivos»; los «malos» pueden también inspirarnos, siempre que encontremos en ello alguna ventaja. En cualquier crimen hay un malhechor y una víctima; nada garantiza que quienes toman conocimiento del pasado abracen, todos, la causa de las víctimas más que la de los criminales. Germaine Tillion nos pone en guardia: «El universo enloquecido creado por los nazis estaba hecho para estimular las imaginaciones sadomasoquistas».[1] El relato de una matanza puede suscitar la compasión pero también

---

1. *La traversée du mal*, Arléa, 1997.

el goce del sádico o el mirón; esas pulsiones no son ajenas a la naturaleza humana. Georges Bensoussan recordaba recientemente[1] que el pogromo de Kielce, perpetrado en Polonia en 1946, tomó su violencia prestada de las matanzas de la guerra: la lección aprendida era la facilidad del crimen. Hemos visto ya el paradójico modo que tenía Hitler de recordar el genocidio de los armenios: el de los judíos, o eso esperaba, sería olvidado del mismo modo. Stalin formuló el mismo razonamiento, ante Mólotov y Ejov, en el momento de firmar las condenas a muerte de sus ex camaradas bolcheviques: «¿Quién se acordará de toda esta purria dentro de diez o veinte años? Nadie. ¿Quién se acuerda de los nombres de los boyardos que eliminó Iván el Terrible? Nadie».[2] Afortunadamente, Stalin y Hitler se equivocaron, la memoria ha vencido al olvido que intentaban imponer; no deja por ello de ser cierto que, recordando el pasado, se identificaban con el verdugo, no con la víctima.

Pero admitamos que se haya elegido ponerse del lado del «bien». Podemos haber sido víctimas aquí y convertimos allá en verdugos, con tanta mayor facilidad cuanto el marco es distinto. En términos de Primo Levi: «Un oprimido puede convertirse en un opresor. Y a menudo lo hace».[3] El sufrimiento padecido, recordaba Margarete Buber-Neumann, no ennoblece a quienes afecta. Albert Camus comparó, muy pronto, la Segunda Guerra Mundial y la guerra de Argelia, dos conflictos en los que el ejército francés asumió papeles opuestos: «El hecho está ahí, claro y horrendo como la verdad: hacemos, en estos casos, lo que reprochamos a los alemanes que hicieran».[4] En 1958, cuando estaban frescos aún, en Francia, los recuerdos de la Segunda Guerra Mundial y de sus atrocidades, comenzó a generalizarse en Argelia el uso de la tortura. En su artículo sobre *La Question* de Henri Alleg, Sartre escribe a su vez: «En 1943, en la

---

1. «Pour une lecture politique de la Shoah», en *Parler des camps, penser les genocides, op. cit.*, p. 146.
2. D. Volkogonov, *Lenin: Life and Legacy*, Londres, 1994, p. 310; citado por J. Glover, *Humanity*, Londres, Jonathan Cape, 1999, p. 328.
3. *Conversations et entretiens*, Robert Laffont, 1998, p. 242. [Hay trad. cast.: *Entrevistas y conversaciones*, Barcelona, Península, 1998.]
4. *Combat* del 10 de mayo de 1947, citado en *Actuelles: Chroniques 1944-1948*, Gallimard, 1950, p. 128.

calle Lauriston, algunos franceses gritaban de angustia y de dolor; Francia entera les oía. El final de la guerra no estaba claro y no queríamos pensar en el porvenir; sólo una cosa nos parecía imposible en cualquier caso: que se pudiera hacer gritar, algún día, a otros hombres en nuestro nombre. Lo imposible no es francés: en 1958, en Argelia, se tortura regular, sistemáticamente, todo el mundo lo sabe, [...] nadie habla de ello».[1]

Lo imposible no es francés, pues. Pero no nos simplifiquemos la tarea: la incapacidad por extraer las lecciones adecuadas del pasado, aun cuando éste sea bien conocido, nada tiene de específicamente francés. Podríamos incluso formular una máxima general, al modo de los antiguos moralistas: nada se aprende de los errores de los demás. El «se» que empleo aquí designa una entidad colectiva: un pueblo, una clase, un grupo del que participamos o con el que nos identificamos. Así, retomando mi ejemplo, no creo que los franceses hayan aprendido gran cosa del relato de los crímenes cometidos por los alemanes durante la guerra. Si, siendo víctimas en 1944, pudieron transformarse en verdugos en 1958, fue precisamente porque en 1944 no estaban del lado de los verdugos.

Podemos reconocernos en la víctima de las fechorías pasadas y sacar de ello la conclusión de que ese pasado autoriza, impone incluso, una actitud agresiva en el presente. Es, a fin de cuentas, el caso de cualquier venganza: el mal sufrido legitima el mal infligido. Aquí lo distinto es que, si la antigua víctima se vuelve agresor, la nueva víctima, en cambio, nada tiene que ver con el antiguo agresor. Es el caso trágico de los padres torturadores que, como sabemos, fueron muy a menudo, a su vez, niños maltratados o violados. Veinte, treinta, cuarenta años después de haber sufrido la ofensa, y sin ni siquiera percibir su gesto como una compensación vinculada a ella, el niño, adulto ya, inflige los mismos tormentos a sus propios hijos.

Podemos encontrar una situación paralela, en cierto modo, en la política de la memoria que se practica hoy en Israel. Sin entrar en el detalle de un tema que ha sido ya explorado por muchos

---

1. *Situations V*, Gallimard, 1964, p. 72.

autores, podemos advertir que en ningún otro país del mundo, y con motivo, está tan presente el recuerdo del genocidio de los judíos; ahora bien, la política de este país para con sus actuales vecinos, y en particular los palestinos, no es irreprochable por lo que se refiere a los derechos de los demás a la existencia y a la dignidad. La experiencia pasada no sólo no ha transmitido, automáticamente, una lección que podría beneficiar a los demás; se invoca, por el contrario, para justificar una política aquí que, sin ser evidentemente idéntica a aquella de la que fueron víctimas los judíos, coloca a sus descendientes o compatriotas en el papel opuesto, convirtiéndose los palestinos, según la fórmula de Edward Saïd, en «las víctimas de las víctimas».[1] No hay ahí, sin embargo, fatalidad alguna. Conociendo el doloroso pasado del pueblo judío, el juez Landau, del Tribunal Supremo de Israel, dictaminó que era lícito torturar a los prisioneros palestinos, para que su pueblo quedara protegido de sus actuaciones y fueran desbaratados los atentados «terroristas»; del mismo pasado, en el mismo país, el profesor Leibovitz había extraído la conclusión contraria, a saber, que era preciso oponerse por todos los medios posibles a la práctica de la tortura. Dos lecciones que no pueden juzgarse por su relación con el pasado, sino sólo a partir de nuestras convicciones presentes, morales y políticas.

Las repetidas violencias de las que somos testigos en la Argelia de hoy presentan otra variante de esta situación, en la medida en que se ejercen entre dos conjuntos de la misma población. Ahora bien, esta violencia no ilustra sólo la criminal deriva de grupos cuyo fanatismo religioso ya sólo es una fachada, ni la crueldad de la venganza, ya que las matanzas parecen invocarse mutuamente. Remite también a un pasado algo más lejano, el de la violencia sufrida durante ciento veinte años por la población argelina a manos del colonizador francés. Las matanzas de la guerra de conquista, las humillaciones sistemáticas de los tiempos de paz, la brutalidad del conflicto final son traumas que no se borran fácilmente y pueden engendrar, años más tarde, actos de una violencia semejante, como entre los niños maltratados que se convierten en

---

1. *Le Monde* del 27 de mayo de 1998.

adultos maltratadores. Una vez introducido en la Historia, el mal no desaparece con la eliminación de su protagonista original. Todavía hoy, tanto los crímenes de Hitler como la violencia de la guerra de Argelia contribuyen a la propagación del mal.

VOCACIÓN DE LA MEMORIA

Al observar así los posibles abusos de la memoria, tanto en su forma como en sus funciones, nos sentimos tentados a preguntarnos: ¿no vale más el olvido que el recuerdo? Esta pregunta no puede recibir una respuesta simple y uniforme. Sin duda es así en algunas situaciones. Recobrar el pasado es, en democracia, un derecho legítimo, pero no debe convertirse en un deber. Sería de una crueldad infinita recordar a alguien, sin cesar, los acontecimientos más dolorosos de su pasado; el derecho al olvido existe también. Yevfrosíniya Kersnóvskaya escribe, al finalizar su sorprendente crónica ilustrada de doce años pasados en el *gulag*: «Mamá, ¡me pediste que escribiera la historia de esos tristes "años de aprendizaje!"*.* He cumplido con tu última voluntad. Pero tal vez hubiera valido más que todo eso cayese en el olvido».[1] Jorge Semprún contó, en *La escritura o la vida*,[2] cómo, en un momento dado de su vida, se vio como salvado gracias al olvido de su experiencia en el campo de concentración. En el plano individual, cada cual tiene derecho a decidir.

También en la vida pública puede preferirse el olvido a la memoria del mal. Escuchemos esta historia contada por Américo Vespucio, explorador del continente americano. Tras haber descrito los encuentros de los europeos con la población indígena, que unas veces se convierten en colaboración y otras en enfrentamientos, cuenta que los distintos grupos indígenas a menudo hacen la guerra entre sí. ¿Cuál es la razón? He aquí la explicación propuesta por Américo: «No combaten por el poder, ni para extender su territorio, ni alentados por otro deseo irracional, sino a causa de un odio antiguo, instalado en ellos desde hace mucho

---

1. *Coupable de rien*, Plon, 1994, p. 253.
2. *La escritura o la vida*, Barcelona, Tusquets, 1995.

tiempo».[1] Si Américo tiene razón, ¿no debería desearse, a estas poblaciones, que olvidaran un poco el odio para poder vivir en paz, que dejaran extinguirse sus rencores y encontraran un mejor uso para la energía así liberada? Pero eso sería, sin duda, quererlos distintos de lo que son.

Es el momento de recordar, también, los primeros artículos del Edicto de Nantes (1598), que permitieron poner fin a las guerras civiles que desgarraban Francia: «Que la memoria de todo lo pasado, en una y otra parte, desde el comienzo del mes de marzo de 1585 hasta nuestro advenimiento a la corona, y durante los demás disturbios precedentes, y en ocasión de éstos, permanezca extinta y adormecida, como de cosa no sucedida: y no será lícito ni estará permitido a nuestros procuradores generales, ni a otras personas cualesquiera, públicas ni privadas, en tiempo alguno, ni en ocasión alguna que sea, hacer mención, proceso o persecución en ningún tribunal y jurisdicción que sea. [...] Prohibimos a todos nuestros súbditos de cualquier estado y calidad que sean, renovar su memoria...».[2]

Más cerca de nosotros, en 1881, Paul Déroulède, fundador de la Liga de los Patriotas y militarista convencido, clama, con un espíritu opuesto:

Sé de algunos que creen que el odio se apacigua:
¡No, no!, el olvido no entra en nuestros corazones.

Así allana el camino para la carnicería de Verdún. Sin saberlo, confirmaba con sus palabras una fórmula de Plutarco[3] según la cual la política se define como lo que arrebata al odio su carácter eterno; dicho de otro modo, lo que subordina el pasado al presente. Los recuerdos de la derrota de 1870-1871, los gritos guerreros de Dé-

1. A. Vespucio et al., Le Nouveau Monde, Les Belles Lettres, 1992, p. 90. [Hay trad. cast.: El nuevo mundo. Viajes y documentos completos, Madrid, Akal, 1985.]
2. B. Cottret, L'édit de Nantes, Perrin, 1997, p. 363, citado por P. Chaunu, «Les jumeaux "malins" du deuxième millénaire», en Commentaire, 81, 1998, p. 224.
3. Citado por Nicole Loraux, en Usages de l'oubli, Seuil, 1988. [Hay trad. cast.: Usos del olvido, Buenos Aires, Nueva Visión, 1989.]

roulède, Barrès, Péguy y otros enemigos del olvido fueron, ay, escuchados; contribuyeron al inicio de la Primera Guerra Mundial. Al finalizar ésta, Hitler halló, en el recuerdo del humillante Tratado de Versalles, materia para convencer a sus compatriotas de que era preciso iniciar, resueltamente, la segunda. Las consignas del tipo «ni perdón ni olvido» que suelen escucharse en nuestros días no son, en absoluto, indicio de un progreso en el proceso de civilización.

Si el recuerdo del pasado lleva a la muerte, ¿cómo no preferir su olvido? ¿No tuvieron razón esos israelíes y esos palestinos que, reunidos en torno a una misma mesa, en Bruselas, en marzo de 1988, expresaron la convicción de que, «sencillamente para comenzar a hablar, es preciso poner el pasado entre paréntesis»?[1] Si el pasado debe regir el presente, ¿quién, entre los judíos, los cristianos o los musulmanes, renunciará a sus pretensiones territoriales sobre Jerusalén? En Irlanda del Norte, hasta un momento muy reciente, ambos partidos extremistas declaraban su voluntad de «no olvidar y no perdonar», y añadían diariamente nuevos nombres a la lista de las víctimas de la violencia, que a su vez provocaba una «contraviolencia» vengativa. Sin duda por eso, tras la Segunda Guerra Mundial, uno de sus grandes protagonistas, Winston Churchill, declaraba: «Debe existir un acto de olvido de todos los horrores del pasado». «Olvidaba», sin duda, que el olvido no se ordena...

Mientras que los genocidios de mediados de siglo, desde el de Rusia hasta el de Camboya, se llevaban a cabo en nombre del futuro (el totalitarismo se proponía crear un hombre nuevo; era preciso, pues, eliminar a quienes no se prestaban al proyecto), las matanzas más recientes han sido todas perpetradas en nombre de un recuerdo del pasado.

En Ruanda, los hutus quisieron eliminar a los tutsis para vengarse de las humillaciones sufridas durante las décadas precedentes. En las guerras de Yugoslavia, no dejaron de recordar las matanzas pasadas de las que, unos siglos o algunos años antes, unos y otros habían sido víctimas; en Argelia, los crímenes de hoy se han vuelto tanto más fáciles cuanto no se han olvidado los de

---

1. Citado por N. Loraux, «Pour quel consensus?», en *Politiques de l'oubli: Le genre humain*, 18, 1988.

ayer. La memoria de la violencia pasada alimenta la violencia presente: ése es el mecanismo de la venganza.

En nuestros días, la venganza no tiene buena prensa. No se reivindica de buena gana; pero eso no quiere decir que nos sea ajena, aunque prefiramos darle la apariencia de la justicia. Eso se observa especialmente cada vez que se produce un asesinato. ¿No vemos a menudo a los padres de los niños violados o asesinados lamentando que los criminales escapen a la pena excepcional, la pena de muerte? Algo parecido ocurrió, en Francia, en los recientes casos de sangre contaminada: los padres de las víctimas infectadas de ese modo por el sida querían que los responsables administrativos fueran condenados por asesinato, para que su pena se aproximara, por lo menos, a la sufrida por las víctimas.

Ahora bien, la diferencia entre justicia y venganza es doble. En primer lugar, la venganza consiste en responder a un acto individual con otro acto individual, comparable en principio: mataste a mi hijo, yo mataré al tuyo. La justicia, en cambio, confronta el acto individual a la generalidad de la ley; el anonimato de los justicieros (policías o magistrados) se opone a la identidad singular del vengador. La venganza, como el perdón, es personal; la justicia no lo es, la ley no conoce individuos. Por otra parte, la pena no es un reflejo especular del crimen sino proporcionada a las demás penas; en vez de estar directamente motivada, forma parte de un sistema. El acto de justicia repara la ruptura del orden social, confirma la validez de la ley (escrita o, como en los crímenes contra la humanidad, no escrita) y, por lo tanto, el propio orden social; no compensa necesariamente la ofensa sufrida por el individuo. Lo importante desde este punto de vista no es que la justicia sea más o menos severa, sino que sea.

En la venganza, una violencia nueva responde a la violencia antigua, a la espera de provocar una futura violencia de compensación: el mal aumenta en vez de disminuir. Cada cual puede ilustrar esta ley con ejemplos antiguos y modernos, desde *La Orestíada* de Esquilo hasta los recientes crímenes de Belfast; todo el mundo sabe que, para enterrar el hacha entre los Montesco y los Capuleto, es preciso renunciar, en cierto momento, a la venganza más que llevarla a cabo. El acto de venganza es un inconveniente suplementario: conforta a quien lo realiza en su perfecta buena conciencia y nunca le permite interrogarse sobre el mal que hay en él. La cuestión moral se evacúa en beneficio de la reparación física. Por su lado, la justicia tiene el inconveniente de la abstracción y la despersonalización; pero es la única oportunidad que tenemos para hacer disminuir la violencia.

Así ocurre con esta forma de venganza legalizada que es la pena de muerte, que sigue en vigor en numerosos países no europeos y, especialmente, en Estados Unidos. Todos los repetidos estudios lo demuestran: la pena de muerte es un puro castigo –el que mata debe morir–, y no es en absoluto, como pretenden sus defensores, una prevención. En su alegato contra la pena de muerte, Albert Camus[1] mencionaba una cifra reveladora: entre los doscientos cincuenta ahorcados por la justicia, a comienzos de siglo, en Inglaterra, ciento setenta habían presenciado personalmente una ejecución capital. El conocimiento de primera mano no había, pues, cambiado en nada su comportamiento. La proximidad con la venganza personal queda, por otra parte, puesta de relieve por el hecho de que hoy, en Estados Unidos, se invite a las víctimas a asistir a la ejecución de los asesinos. No es causalidad, por lo demás, que este país sea el único de Occidente que la practique: la ley del más fuerte, el rechazo de una justicia impersonal, la ley del talión también, por lo tanto, presidieron su constitución (lo que se denominaba púdicamente la «conquista del Oeste», como si aquellos inmensos territorios nunca hubieran sido habitados).

La pena de muerte no es sólo ineficaz como medio para combatir la criminalidad; produce también efectos negativos en la sociedad que la practica. Por una parte, como toda venganza, le permite creer que puede librarse del mal, circunscrito en este caso en la persona del culpable. Por otra, dado su carácter definitivo e irreversible, niega al criminal la capacidad de cambiar. Rousseau veía en esta «perfectibilidad» la propia definición de nuestra humanidad: a diferencia de las demás especies, el ser humano no está enteramente determinado por su «naturaleza», puede transformarse por efecto

---

1. A. Camus y A. Koestler, *Réflexions sur la peine capitale,* Calmann-Lévy, 1979. [Hay trad. cast.: *Reflexiones sobre la pena de muerte,* Madrid, Capitán Swing, 2011.]

de su voluntad. Esta concepción del hombre se halla en la base del régimen democrático, que respeta y protege la autonomía del individuo; de modo que podemos preguntarnos, seriamente, si un país como Estados Unidos, que practica la pena de muerte a gran escala, merece realmente ser calificado de democracia.

Mantener la memoria del mal sufrido puede conducir a las reacciones de venganza; pero el olvido puede, también él, producir efectos funestos. La vida afectiva del individuo nos ofrece aquí un paralelismo ilustrador. Como es sabido, el psicoanálisis concede un lugar central a la memoria: la neurosis descansa en ese trastorno particular de la memoria que es la represión. El sujeto ha apartado de su memoria viva, de su conciencia, ciertos hechos y acontecimientos acaecidos en la infancia y que le resultan, por una razón u otra, intolerables. Su curación –por el análisis– pasa por recobrar los recuerdos reprimidos. Pero ¿qué uso hará de ellos el sujeto, a partir del momento en que los ha devuelto a la conciencia? Mientras estaban reprimidos, los recuerdos permanecían activos (e impedían vivir al sujeto). Ahora, cuando han sido recobrados, pueden ser devueltos a su justo lugar. El objetivo del psicoanálisis, decía Pierre Nora, «no es encerraros definitivamente en la rumiación de vuestro pasado, sino más bien liberaros de él».[1] Otra forma de marginalización de los recuerdos opera en el luto: al principio, nos negamos a admitir la realidad de la pérdida que acabamos de sufrir pero, progresivamente, y sin dejar de querer al muerto, modificamos el estatuto de las imágenes que le están vinculadas y cierto alejamiento empieza a atemperar el dolor. De un modo general, estimamos que el pasado no debe regir el presente.

En la vida pública, a su vez, el recuerdo del pasado no es en sí mismo su propia justificación. Para sernos verdaderamente útil, exige, como la reminiscencia personal, un proceso de trabajo transformador (*durcharbeiten* es la palabra de Freud). La transformación consiste, esta vez, en pasar del caso particular a una máxima general–, principio de justicia, ideal político, regla moral –que deben ser legítimos en sí mismos y no porque procedan de un recuerdo que nos es querido. La singularidad del hecho no impide la uni-

---

1. *La fragilité du bien: Le sauvetage des Juifs bulgares*, Albin-Michel, 1999.

versalidad de la lección que de él se extrae. La salvación de los judíos búlgaros durante la Segunda Guerra Mundial, por poner ese ejemplo,[1] es un acontecimiento único, que no se parece a ningún otro; no por ello deja de ser portador de un sentido y una enseñanza que se dirigen a todos, tanto ayer como hoy. La memoria del pasado puede sernos útil si permite el advenimiento de la justicia, en su sentido más general, que supera con mucho el marco de los tribunales; lo que significa, también, que el particular debe someterse al precepto abstracto. La propia justicia criminal, como hemos visto, nace de la generalización de la ofensa particular, y por eso se encarna en la ley impersonal, aplicada por un juez anónimo y puesta en práctica por jurados que lo ignoran todo tanto sobre la persona del ofensor como sobre la del ofendido. Éste es el precio de la justicia, y no es una casualidad que no sea aplicada por los mismos que han sufrido la ofensa: precisamente la desindividualización, si podemos decirlo así, permite el advenimiento de la ley.

El uso adecuado de la memoria es el que sirve a una causa, no el que se limita a reproducir el pasado. Recordemos los procesos de Viktor Kravchenko o de David Rousset: quienes se oponían a su intento de combatir los campos existentes no habían olvidado su experiencia pasada. Pierre Daix, Marie-Claude Vaillant-Couturier, los demás ex deportados comunistas que declararon habían vivido el infierno de Mauthausen o de Auschwitz y el recuerdo de los campos estaba muy presente en su memoria. No se negaron a combatir el *gulag* por un defecto de la memoria, sino porque sus principios ideológicos se lo prohibían. Como declaró la diputada comunista, se negaba a considerar la cuestión porque sabía que «no existen campos de concentración en la Unión Soviética».[2] Por lo tanto, esos ex deportados se transformaban en verdaderos negacionistas, más peligrosos aún que quienes niegan hoy la existencia de las cámaras de gas, porque los campos soviéticos estaban entonces en plena actividad y denunciarlos públicamente era el único medio de combatirlos. Los recuerdos de Daix no

---

1. *Le Monde* del 29 de noviembre de 1994.
2. M.-P. Vaillant-Couturier, en D. Rousset *et al.*, *Pour la vérité sur les camps concentrationnaires, op. cit.*, p. 194.

eran menos precisos que los de Rousset; lo que preferimos en estos últimos es que defienden la democracia contra el totalitarismo. Es superfluo preguntarse si es o no preciso conocer la verdad sobre el pasado: la respuesta, aquí, es siempre afirmativa. No ocurre lo mismo con los objetivos a los que se desea servir con la ayuda de este recuerdo del pasado. Y el juicio que sobre ello hacemos procede de una elección de valores, no de la fidelidad del recuerdo.

Afirmar la propia identidad es, para todos y cada uno, legítimo. No debemos ruborizarnos si preferimos los nuestros a los desconocidos. Si vuestra madre o vuestro hijo fueron víctimas de la violencia, esos recuerdos os harán sufrir más que la muerte de gente desconocida, y procuraréis con más ahínco mantener viva su memoria. Hay sin embargo mayor dignidad y mérito cuando se pasa de la propia desgracia, o la de los íntimos, a la desgracia de los demás. Le preguntaban a ese notable escritor que es André Schwarz-Bart por qué se había vuelto, tras *El último de los justos,* libro que cuenta el genocidio de los judíos, hacia el mundo de los esclavos negros: «Un gran rabino a quien le preguntaron: "La cigüeña en judío [sic] fue llamada *Hassida* (afectuosa) porque amaba a los suyos, y sin embargo se la coloca en la categoría de las aves impuras. ¿Por qué?", repuso: "Porque sólo dispensa su amor a los suyos"».[1]

En 1957, un funcionario francés, Paul Teitgen, que era también un ex deportado de Dachau, dimitió de su puesto de secretario de la prefectura de Argel; explicó su gesto por el parecido entre las huellas de tortura que hallaba en los cuerpos de los prisioneros argelinos y las de las sevicias que había sufrido personalmente en los sótanos de la Gestapo, en Nancy.

El extraordinario escultor Georges Jeanclos se zambulló en una exigente búsqueda de la tradición judía y hallaba en ella una fuente de inspiración; sin embargo, en 1960, el grupo escultórico llamado *Hiroshima* (o *Galut* en hebreo, «exilio, destrucción») encarna con inolvidable fuerza una tragedia lejana. Tras un viaje a Guatemala, Jeanclos tomó conciencia del martirio sufrido por la

---

1. Citado por Alfred Grosser, *Le crime et la mémoire,* Flammarion, 1989, p. 239. [Hay trad. cast.: *El crimen y la memoria,* Buenos Aires, El Ateneo, 2010.]

población de ese país y produjo una conmovedora *Guatemala City* (1982), un monumento en miniatura a la angustia humana. Aquel mismo año, como eco a la matanza de los campos palestinos, creó *Sabra y Chatila*, medio cuerpo masculino contra el que se aplica un tronco de mujer. Es, dijo en una entrevista, «siempre la misma historia que, desde el holocausto, continúa».[1]

La conmemoración ritual no es sólo de escasa utilidad para la educación de la población cuando se limita a confirmar, en el pasado, la imagen negativa de los demás o su propia imagen positiva; también contribuye a apartar nuestra atención de las urgencias presentes, al tiempo que nos procura una buena conciencia a poco coste. La lacerante repetición del «Nunca más», tras la Primera Guerra Mundial, no impidió en absoluto el inicio de la Segunda. Que se nos recuerde hoy minuciosamente los pasados sufrimientos de unos, la resistencia de otros, tal vez nos mantenga atentos con respecto a Hitler y a Pétain, pero también nos ayuda a ignorar los peligros actuales, puesto que éstos no amenazan a los mismos protagonistas y no adoptan las mismas formas. Denunciar las debilidades de un hombre bajo Vichy logra que el «vigilante» actual aparezca como un valeroso combatiente por la memoria y la justicia, sin hacerle correr el menor riesgo y obligarle a asumir sus eventuales responsabilidades ante las angustias contemporáneas. Conmemorar las víctimas del pasado es gratificante, ocuparse hoy de ellas es más delicado.

Se nos dice a menudo en nuestros días que la memoria tiene derechos imprescriptibles y que debemos constituirnos en militantes de la memoria. Es preciso darse cuenta de que, cuando se escuchan esas llamadas contra el olvido o en favor del deber de la memoria, la mayoría de las veces no se nos invita a un trabajo de recuperación de la memoria, de establecimiento e interpretación de los hechos del pasado (nada ni nadie, tanto en un país democrático como en los Estados de la Europa occidental, impide a nadie realizar ese trabajo), sino más bien a la defensa de una selección de hechos entre otros, la que asegura a sus protagonistas que se mantendrán en el

---

1. «Entretiens avec Françoise Magny», en *Catalogue des Musées de Saintes*, 1989, p. 62, citado por Jacques Sojcher, *Jeanclos*, Cercle d'Art, 2000, p. 99.

papel de héroe, de víctima o de moralizador, por oposición a cualquier otra selección, que podría atribuirles papeles menos gratificantes. Por esta razón es preciso evitar «caer en la trampa del deber de memoria», según las palabras de Paul Ricoeur,[1] y empeñarse, preferentemente, en el trabajo de memoria.

Si no deseamos que el pasado regrese, no basta con recitarlo. ¿Quién no conoce la gastada fórmula del filósofo americano George Santayana,[2] según la cual quienes olvidan el pasado están condenados a repetirlo? Ahora bien, con esta forma general la máxima es falsa o carece de sentido. El pasado histórico, al igual que el orden de la naturaleza, no tiene sentido en sí mismo, no secreta por sí solo valor alguno; sentido y valor proceden de los sujetos humanos que los examinan y los juzgan. El mismo hecho, como hemos visto, puede recibir interpretaciones opuestas y servir de justificación a políticas que se combaten mutuamente.

El pasado podrá contribuir tanto a la constitución de la identidad, individual o colectiva, como a la formación de nuestros valores, ideales, principios, siempre que aceptemos que éstos estén sometidos al examen de la razón y a la prueba del debate, en lugar de desear imponerlos sencillamente porque son los nuestros. Este vínculo con los valores es esencial; es, al mismo tiempo, limitado. El pasado puede alimentar nuestros principios de acción en el presente; no por ello nos ofrece el sentido de este presente. El racismo, la xenofobia, la exclusión que afectan, hoy, a los demás, no son idénticos a los de hace cincuenta, cien o doscientos años, no tienen las mismas formas ni las mismas víctimas. La sacralización del pasado le priva de cualquier eficacia en el presente; pero la asimilación pura y simple del presente al pasado nos ciega sobre ambos y provoca, a su vez, la injusticia. El camino entre sacralización y banalización del pasado, entre servir al propio interés y dar una lección de moral a los demás puede parecer estrecho, y sin embargo existe.

---

1. «L'écriture de l'histoire et la représentation du passé», en *Le Monde* del 15 de junio de 2000; *La mémoire, l'histoire, l'oubli*, Seuil, 2000. [Hay trad. cast.: *La memoria, la historia, el olvido*, Madrid, Trotta, 2003.]
2. En *The Last Puritan*, 1935. [Hay trad. cast.: *El último puritano*, Barcelona, Edhasa, 1981.]

El siglo de Primo Levi

El intento de los nazis de disimular sus fechorías en los campos de concentración y exterminio se saldó con un completo fracaso: pocos acontecimientos de la historia contemporánea, ya lo he dicho, están tan bien documentados. Los supervivientes de estos campos se sintieron a menudo investidos de una misión –dar testimonio– y no dejaron de hacerlo, algunos a la misma liberación; otros, cuarenta o cincuenta años más tarde. Todos estos testimonios son conmovedores y a menudo están, por añadidura, preñados de sentido. Uno de estos testimonios ha adquirido notoriedad y reconocimiento mundial: el de Primo Levi.

Este judío italiano, nacido en 1919, fue deportado a Auschwitz en febrero de 1944 y salió de allí, moribundo, un año más tarde. Su primer libro de testimonio, *Si esto es un hombre*, apareció en Italia en 1947, sin suscitar gran interés. Durante los años siguientes, Levi se consagró a dos carreras, la de químico profesional y la de escritor (como Grossman, aunque a lo largo de toda su vida); algunos de sus libros, pero no todos, evocan aún sus experiencias en el campo de concentración: *La tregua*, que cuenta su liberación; *Ahora o nunca*, una novela sobre la resistencia judía; *El sistema periódico*, algunas de cuyas secciones describen la vida en los campos, o también algunos relatos más breves. Con el paso de los años, su primer testimonio fue imponiéndose, poco a poco, como un clásico y, una vez jubilado, Levi se vio llevado a volver, cada vez más a menudo, a su experiencia de los campos: primero en numerosas entrevistas y, luego, en un libro de reflexiones, *Los hundidos y los salvados*. Murió en 1987.

Primo Levi es tan admirado hoy que está transformándose, él mismo, en icono, un efecto que sin duda no le hubiese gustado. Su obra y su destino han suscitado numerosísimas interpretaciones. Puesto que yo mismo he escrito sobre él,[1] quisiera limitarme aquí a una sola cuestión entre las que le preocuparon en sus textos sobre los campos, cuestión capital, es cierto: la del mal. La actitud adoptada por Levi con respecto a los agentes del mal puede describirse así: ni perdón ni venganza, sino justicia. Ni perdón: «No tiendo a perdonar, escribe, nunca he perdonado a ninguno de nuestros enemigos de entonces, al igual que no me siento dispuesto a perdonar a sus imitadores [...] porque no conozco actos humanos que puedan borrar una falta». Ni venganza: «La venganza no me interesa; [...] me convenía mucho más que los demás, la gente del oficio, se encargara de los ahorcamientos, obra de justicia».[2] ¿Cuáles son las razones de esta opción?

Primero, no es posible perdonar lo que uno mismo ha sufrido. ¿Cómo podría arrogarme el derecho a perdonar lo que ha sufrido otro? Por esta razón, el asesinato –y el genocidio es un asesinato en masa– es por definición imperdonable. Los familiares de la víctima pueden decidir no seguir persiguiendo con su odio al asesino; no pueden sustituir a aquel que ha perdido la vida. Tenemos la impresión de que el perdón es, sobre todo, útil para quien lo concede, para permitirle vivir en paz; pero no tenemos derecho a convertirlo en una exigencia general. El perdón judicial, o amnistía, es igualmente inaceptable si se produce antes de cualquier juicio y se refiere a actos tan graves como el asesinato, la tortura, la deportación o la esclavización: supone suspender la propia idea de justicia en nombre de factores considerados superiores, como la paz civil. El perdón es una opción personal, mientras que el crimen desborda el marco privado. La falta, la ofensa, el crimen no sólo lastimaron al individuo que fue su víctima; quebraron, o en todo caso perturbaron, el propio orden social, que implica la idea de justicia y de retribución. Cuando un individuo perdona a otro, decide no reprocharle la ofensa sufrida; eso en nada repara el atentado contra el orden social.

La tentación de venganza no es menos discutible. La venganza, advierte Levi, no arregla nada: añade una nueva violencia a la

---

1. T. Todorov, *Face à l'extrême*, Seuil, 1994, pp. 275-287.
2. *Les naufragés et les rescapés*, Gallimard, 1989, pp. 134 y 165.

violencia precedente; pero esta adición no detiene la violencia, prepara nuevos estallidos de ésta en el porvenir. «La violencia sólo engendra violencia, en un movimiento pendular que se amplía con el tiempo en vez de amortiguarse»;[1] los ejemplos, como hemos visto, no faltan.

El castigo del mal no es la cuestión más difícil que le concierne; Levi se demora mucho más en el juicio que debemos hacer sobre él. En *Los hundidos y los salvados,* el capítulo que sigue inmediatamente a «La memoria de la ofensa» se titula «La zona gris». Con este término, cuya paternidad le corresponde, Levi designa, primero, a todos los que no puede clasificar sencillamente como «detenidos» o «guardianes». En efecto, tanto en el *lager* como en el *gulag,* los guardianes superiores, SS o NKVD, se aseguran la ayuda de numerosos detenidos a quienes elevan por encima de la masa, aunque manteniéndoles por debajo de sí mismos: capos reclutados habitualmente entre los criminales comunes, personal técnico o médico, obreros especializados o encargados de tareas particulares. Éste es, a fin de cuentas, el caso del propio Levi, que probablemente debió su vida al hecho de trabajar como químico y no como un peón sin cualificación. Aquellos individuos participaban a la vez de ambas categorías, eran –con grandes diferencias entre sí– detenidos y privilegiados.

Pero Levi emplea la expresión «zona gris» en un sentido más amplio aún. Cuenta que cierto SS, por lo general implacable y cruel, sintió un día un impulso de compasión hacia una de las víctimas: «Aquel único instante de piedad, que se esfumó inmediatamente, no basta sin duda para absolver a Muhsfeld, pero basta para situarle, también a él, aunque sólo sea a un extremo del margen, en la zona gris».[2] Por otro lado, incluso quienes siguieron siendo simples detenidos no estaban al abrigo de actos egoístas que perjudicaban a sus vecinos: también ellos pertenecen a la «zona gris», aunque en el otro extremo. En otras palabras: esta zona incluye, parcialmente al menos, a todos los habitantes del campo. Comprometido en un combate frontal contra el mani-

---

1. *Ibíd.,* p. 197.
2. *Ibíd.,* p. 57.

queísmo, a Levi le importa este concepto por encima de todo. Comenta, en una entrevista, su libro *Los hundidos y los salvados*: «El capítulo central, el más importante del libro, es el titulado "La zona gris".[1] Y quienes están en desacuerdo con Levi saben que es el punto neurálgico de su pensamiento lo que debería discutirse.

Hay que deshacer aquí, de entrada, un posible malentendido vinculado a esta noción. Lo que Levi sobrentiende, sin formularlo siempre, es que las acciones humanas deben situarse y examinarse tanto en un plano jurídico como en un plano antropológico (o psicológico); ninguna de ambas cosas debe omitirse en beneficio de la otra. O, según sus propias palabras: «No quiero decir que todos seamos iguales. Porque no somos todos iguales ante Dios, para los creyentes, y ante la justicia, para los no creyentes. No somos iguales, nuestra culpabilidad alcanza grados distintos. Pero todos estamos hechos de la misma pasta».[2]

El mantenimiento del plano jurídico implica que el hombre es considerado siempre como un agente libre, y que es, por consiguiente, el sujeto responsable de sus actos. En este sentido, no es admisible confusión alguna entre verdugos y víctimas. Levi se alza vehementemente contra quienes parecen enmarañar la frontera entre ambos papeles, como la cineasta Liliana Cavani, autora de la controvertida película *Portero de noche*, que pretende evocar la vida en los campos. Cita las palabras de la cineasta: «Todos somos víctimas o asesinos y aceptamos de buena gana estos papeles», y protesta: «Ignoro [...] si un asesino anida en mis profundidades, pero sé que he sido víctima sin culpabilidad, y no un asesino; sé que los asesinos existieron [...] y que confundirlos con sus víctimas es una enfermedad moral o una coquetería estética o un siniestro signo de complicidad».[3]

Al mismo tiempo, Levi se siente irritado ante quienes describen a los criminales como la encarnación de un mal absoluto. Otra película italiana, *Saló o los 120 días de Sodoma*, de Pasolini, que mezcla la historia de la república mussoliniana con reminiscencias

---

1. *Conversations et entretiens*, op. cit., p. 242.
2. *Ibíd.*, p. 242.
3. *Naufragés*, p. 48.

de Sade, provoca a su vez una reacción negativa: «Esta película me disgustó vivamente, me pareció la obra de un hombre desesperado. [...] No era así. Esta ferocidad total no existió. Había una vasta zona gris. Lo englobaba, incluso, casi todo. Por aquel entonces, todos éramos grises». Los unos no eran por completo negros, ni los otros por completo blancos: «De eso no cabe duda alguna, cada uno de nosotros puede convertirse, potencialmente, en un monstruo».[1] No es posible dividir a los hombres en dos categorías estancas, ángeles y demonios. Advertir eso en nada quita negrura a los crímenes cometidos. Ambas reacciones ante películas contemporáneas pueden parecer contradictorias, no lo son; los dos extremos son igualmente inaceptables: todos uniformemente grises, ni la menor zona gris.

Puede comprenderse, en este contexto, por qué Levi nos parece tan distinto a tantos otros autores y hombres públicos de nuestro siglo que evocan regularmente, en sus discursos, esa o aquella catástrofe reciente. Junto a esos imprecadores de voz tonante, que buscan en las hazañas, desgracias o crímenes de su pueblo la certidumbre de tener razón, Primo Levi parece una encarnación de la humildad: no vocifera sino que habla a media voz («No me gusta levantar el tono», dice de sí mismo en una entrevista);[2] sopesa los pros y los contras, recuerda las excepciones, busca las razones de sus propias reacciones. No ofrece para los hechos del pasado explicaciones estruendosas ni adopta las entonaciones del profeta directamente conectado con lo sagrado; frente a los extremos, sabe permanecer humano, sencillamente humano. Y cuando habla del mal, fuente de la ofensa, no lo hace para señalarlo con dedo acusador entre los otros, sino para escrutarse más atenta, más implacablemente, a sí mismo.

En *Los hundidos y los salvados*, Levi cuenta detalladamente la historia de Chaim Rumkowski, el presidente del gueto de Łódź. Rumkowski se embriagaba con el irrisorio poder que le había sido otorgado por los alemanes e intentaba comportarse casi como un soberano, lo que, en las atroces condiciones de vida del gueto, era

1. *Conversations*, pp. 245-246.
2. *Ibíd.*, p. 212.

grotesco y ridículo. Pero, más que reírse o indignarse ante ello, Levi inicia a partir de ahí una meditación sobre el efecto corruptor de cualquier poder sobre el que lo ejerce. Rumkowski no supo resistirlo; pero ¿estamos seguros de ser más fuertes que él? «¿Cómo se comportaría cada uno de nosotros si fuera empujado por la necesidad y, al mismo tiempo, alentado y tentado?» El dedo que señalaba se ha vuelto hacia su autor; la tragedia de Rumkowski es la nuestra. «También nosotros estamos tan deslumbrados por el poder y el prestigio que olvidamos nuestra fragilidad esencial: pactamos con el poder, de buen o mal grado, olvidando que todos estamos en el gueto [...] y que, no lejos de allí, espera el tren.»[1]

Unas líneas más adelante, Levi cuenta un episodio que le aconteció personalmente: un día de mucha sed, había hallado un poco de agua, y la había compartido con su amigo más íntimo, pero no con los demás. Reflexionando, posteriormente, sobre este «nosotrismo», ese egoísmo extendido a los íntimos, no intenta abrumarse: cualquiera hubiera actuado del mismo modo y, además, no hizo mal alguno, no mató a nadie. Sin embargo, el ínfimo episodio basta para introducir en él «la sombra de una sospecha: que cualquiera es el Caín de su hermano, que cada uno de nosotros [...] ha suplantado a su prójimo y vive en su lugar».[2]

Para el hombre provisto de conciencia moral, esta conclusión es terrorífica. ¿Realmente no hay barrera alguna entre el mal y uno mismo? El mal es extremo; ninguno de nosotros está indemne de él: la yuxtaposición de ambas informaciones tiene de qué conducir a la desesperación a la mejor voluntad del mundo. Pero ¿se trata, en efecto, del mismo mal aquí y allá? Levi escrutó con mucha atención, con angustia sin duda, el lugar donde habría podido aparecer una ruptura; le importa la respuesta a esta pregunta no sólo en abstracto, sino también para el mantenimiento de su propia existencia. Podríamos formular así el dilema: o existe un mal radical, un mal que es fin en sí mismo, que se hace para servir al diablo, como habrían dicho los cristianos; es el que empuja al

1. *Naufragés*, p. 68.
2. *Ibíd.*, p. 80.

hombre a hacer pedazos el cuerpo de un niño, a torturar al prójimo hasta que llegue la muerte. Este mal radical no es conocido por todos. O sólo existe un mal banal, común, ordinario, el que procede de que nos prefiramos a los demás, como Caín a Abel; en algunas circunstancias extremas –guerras, dictaduras totalitarias y militares, desastres– este mal ordinario tiene consecuencias extraordinarias. Aquí no es ya necesaria la hipótesis del diablo.

Levi se interesa por esta cuestión en un capítulo del mismo libro, titulado «La violencia inútil», una fórmula que es eco de la de Grossman en «El infierno de Treblinka»: «La crueldad alógica».[1] La violencia «útil» es demasiado fácil de observar: si una persona no puede lograr su objetivo por la vía pacífica, y se siente lo bastante segura de sí misma, recurre a la fuerza. El mal, aquí, es sólo un medio brutal, un atajo cómodo para llegar al bien, el del individuo o el de su comunidad. Pero Levi observa también, en el universo de los campos de concentración, toda clase de acciones que parecen ilustrar la violencia «inútil»: ¿Por qué no haber previsto letrinas en los vagones para ganado que transportan a los detenidos hacia los campos, ni la menor gota de agua? ¿Por qué imponer tan a menudo la desnudez a los detenidos? ¿Por qué privarlos de cuchara, obligándoles así a lamer su sopa como perros? ¿Por qué hacer que el hecho de pasar lista dure horas y horas? ¿Por qué exigir que las «camas» sean hechas y vueltas a hacer a la perfección? ¿Por qué llevar al campo incluso a los moribundos, a quienes de todos modos van a morir en los próximos días? ¿Por qué imponer a los detenidos un trabajo fútil? ¿Por qué considerar a los seres humanos como simple depósito de materias primas, metal, fibras o fosfatos, cuando, vivos, pueden producir un valor añadido mucho mayor?

Se comprende así el envite de la cuestión a la que me he referido anteriormente, al hablar de racionalidad en el mal: si puede demostrarse que esta violencia es realmente inútil, el mal será de una especie radicalmente distinta a la que nos es familiar a todos, y se habrá levantado un muro entre él y nosotros; de lo contrario, corremos el riesgo de poder encontrarlo en el interior de todo y de

---

1. *Années de guerre*, p. 266.

cada uno. Levi vacila en la respuesta y no decide. Sin embargo, a fuerza de examinar lo que describe, se ve obligado, cada vez, a admitirlo: la acción que, a primera vista, parecía «inútil», encuentra, en otro plano, su racionalidad. Deshumanizar a los detenidos era lógico porque se había planteado, de entrada, que eran menos que humanos. Hacer sufrir al enemigo era lógico porque eso consolidaba nuestra fuerza y nuestra superioridad. Exigir obediencia a unas órdenes absurdas era lógico porque demostraba que la sumisión no tenía por qué mostrar justificación. Mostrar la propia fuerza superior era lógico porque el objetivo de toda la operación era alcanzar la superioridad absoluta. En una palabra: si se admite que preocuparse por el propio bien es lógico y útil, no hay que sorprenderse ya de «el gozo que procura el daño hecho al prójimo».[1]

A Levi le gusta recordar el famoso verso de John Donne, «ningún hombre es una isla»: lo que sucede a los demás nos concierne directamente. Esta verdad encuentra aquí una aplicación atroz: el individuo logra afirmarse tanto rebajando a los demás o haciéndoles sufrir como elevándose o dándose placer. Nosotros, los hombres, formamos un todo, pero la medida de los seres es relativa: la nulidad de uno produce la grandeza de los demás. El conocimiento de una desgracia contribuye directamente a la felicidad de quienes la contemplan desde fuera, a menos que consideren a quienes la sufren como una emanación de sí mismos, como su familia, sus íntimos, en cuyo caso la desgracia de los demás se convierte inmediatamente en la propia. Así, bien y mal brotan de la misma fuente, como decía Rousseau, de la continuidad entre yo y el otro, entre nosotros y los demás; nos alegramos de la felicidad de los demás y de su desgracia por la misma razón: porque realmente no están separados de nosotros mismos. La única diferencia está en la naturaleza de la relación que el individuo mantiene con los demás: su desgracia le alegra cuando se compara con ellos, sin dejar de serles ajeno; su felicidad también, cuando los vive como una extensión de sí mismo. Sufre de su desgracia por contigüidad, se alegra de ella porque es su semejante.

1. *Naufragés*, p. 106.

¿Podemos esperar que cambie ese estado de cosas? ¿Qué podemos hacer para contribuir a ese cambio? Comentando con escepticismo la actitud de Jean Améry, otro ex prisionero convertido en escritor pero que, por su parte, había elegido «devolver los golpes», Levi escribe: «Quien se pelea a puñetazos contra el mundo entero [...] está seguro de la derrota».[1] El propio Levi optó por otro camino, el de la razón y la discusión. Pero ¿es menos segura la derrota de quien se pelea contra el mundo entero a golpes de argumentos? Podemos, debemos incluso, seguir resistiendo, pero nunca podemos estar seguros de conseguirlo. Todos los caminos pueden parecer cerrados; se comprende entonces por qué a Liana Millu, ex prisionera de Birkenau, con la que Levi había hecho amistad, le parecía que su mirada se hacía cada vez más dolorosa con el paso de los años. Su primer libro, *Si esto es un hombre*, da testimonio de un mal particular; el último, *Los hundidos y los salvados*, advierte que el mal se ha instalado insidiosamente en todas partes.

¿Se trata, una vez más, del mismo mal, ayer y hoy? La historia es siempre singular, la repetición idéntica es imposible; y, durante una generación por lo menos, la memoria de los crímenes pasados impide, en Europa, el regreso de lo mismo. Pero eso es sólo, para Levi, un débil consuelo. El crimen siguiente revestirá una forma levemente distinta para que no lo reconozcan, y ése será el truco. Puesto que lo que aparece ante nuestros ojos no es ya el fascismo sino el nacionalismo o el fanatismo religioso, no nos inquietaremos ya. Una sospecha se apodera de Levi: Auschwitz no ha servido de nada, la abrumadora historia de la humanidad prosigue su curso.

Continúan produciéndose grandes matanzas, aunque sea fuera de Europa. Entre 1975 y 1979, el régimen comunista de Pol Pot, en Camboya, exterminó a todos los que no apoyaban su proyecto de crear un hombre nuevo: un número de víctimas difícil de precisar pero, probablemente, próximo al millón y medio, es decir, en el conjunto de la población, una persona de cada siete. Levi sabe que se trataba de un genocidio: «Si sabemos tan poco sobre ello es culpa nuestra. Culpa nuestra porque habríamos podido leer me-

---

1. *Ibíd.*, p. 134.

jor, saber más. [...] No lo hicimos por pereza mental, por deseo de tranquilidad».[1]

En abril de 1994, cincuenta años después de Auschwitz y siete después de la muerte de Levi, comenzó el genocidio ruandés, el de los tutsis a manos de los hutus, que provocó la muerte de centenares de miles de personas. En su testimonio, Yolande Mukagasana, tras haber descrito las matanzas que afectaron a su propia familia, dice: «Que quienes no tengan fuerza para leer esto se denuncien como cómplices del genocidio ruandés. [...] Quien no quiera enterarse del calvario del pueblo ruandés es cómplice de los verdugos. El mundo sólo renunciará a ser violento cuando acepte estudiar su necesidad de violencia».[2] No es que nos pida mucho, ni que seamos justicieros, ni siquiera que tomemos partido, sólo que nos tomemos el trabajo de leer y escuchar. Pero eso no es nada: el mal extremo es frecuente; el mal ordinario, omnipresente. No sólo el combate universal, incluso la compasión universal es imposible, salvo para los santos: «Si debiéramos y pudiéramos sufrir los sufrimientos de todos, no podríamos vivir», escribe Levi. Quien se ve tentado por la santidad corre el riesgo de perder la vida. Para conservarla, elegimos el objeto de nuestra compasión al albur de las circunstancias, compadeciendo a unos y olvidando a los demás.

Ésta es una verdad especialmente difícil de aceptar para Levi. Cuarenta años de reflexión sobre las lecciones de Auschwitz le enseñaron que, más allá de la culpabilidad directa de cierto número de individuos, el gran responsable de la catástrofe era la indiferencia y la pasividad de la población alemana. Esta, en su conjunto, salvo por algunas excepciones, aceptó permanecer en la ignorancia mientras fuera posible: y, cuando ya no lo fue, se limitó a la pasividad. Cómo justificar hoy nuestra propia ignorancia voluntaria, nuestra opción por la inacción: ¿no es eso hacerse cómplices de nuevos desastres, distintos de los precedentes pero dolorosos a su vez? La distinción entre potencia y acto no es ya aquí de gran ayuda. Si nos preocupamos sólo por nuestra familia y nuestros íntimos, podemos esperar que nuestra intervención dé frutos. Pero corremos

---

1. *Conversations*, p. 241.
2. *La mort ne veut pas de moi*, Fixot, 1997, p. 107.

entonces el riesgo de imitar a los alemanes de los años de guerra. Si decidimos extender esta acción al país entero, a la humanidad incluso, ¿cómo evitar la sensación de fracaso? Parece que sólo tenemos elección entre culpabilidad y desesperación, una elección que puede llevarnos a renunciar a la vida. Pienso, sin embargo, que debemos abstenernos de atribuir a Levi la responsabilidad de su muerte. Varios supervivientes de los campos, algunos de los cuales fueron personalidades públicas, se dieron efectivamente muerte, tardías víctimas de Auschwitz; pero las causas de la muerte de Levi están muy lejos de haberse aclarado. Como advierten varios comentadores, entre ellos algunos amigos íntimos de Levi, no es seguro que en su caso se tratara de un suicidio. No dejó mensaje alguno en este sentido y nunca habló con sus amigos de poner fin a su vida. No está excluido que encontrara la muerte por accidente en el hueco de la escalera, no al saltar, sino al caer a consecuencia de un desvanecimiento. Si hubiera querido suicidarse, ¿habría elegido, un químico como él, un medio tan poco seguro? Nunca podrá aclararse, definitivamente, la duda sobre ello; pero aun suponiendo que fuese un suicidio, nada prueba que estuviera en relación directa con la experiencia de Levi en el campo de concentración. Lo cierto es que el suicidio no es, en modo alguno, la culminación lógica de su reflexión.

La lección que extrae Levi de su meditación es desesperanzadora, y sin embargo su lector sale fortalecido de la lectura de sus libros. ¿Por qué milagro? La luz brota del propio modo como Levi conduce su meditación: sin gritos ni atronadoras proclamas, eligiendo escrupulosamente las palabras para ser siempre, a la vez, claro y preciso, aceptando sólo los argumentos racionales, poniendo la búsqueda de la verdad y de la justicia por encima de la comodidad intelectual. El rayo de luz no procede del mundo que Levi describe y analiza, sino del propio Levi: que hombres como él hayan habitado esta tierra, que hayan sabido resistir a la contaminación por el mal es lo que se convierte, a su vez, en fuente de aliento para los demás. Primo Levi, o el combatiente desesperado: los dos términos de este apelativo tienen igual importancia. Puesto que no quiso limitarse a las amargas conclusiones que se le imponían, hoy nos es especialmente valioso.

5
PASADO PRESENTE

Tenemos miedo, nos avergonzamos, nos duele: ¿por qué la vida era tan horrible, no seremos culpables de ello, tú y yo?

Nunca hubo un tiempo más pesado que el nuestro, pero no dejamos perecer lo humano en el hombre.

Vasili Grossman,
La Madona sixtina

LO «MORALMENTE CORRECTO»

¿Cómo se utiliza el pasado en el mundo que habitamos? Me detendré aquí, de un modo algo arbitrario, en ciertos ejemplos extraídos de la historia francesa reciente, que pueden ayudarnos a captar las formas y las funciones de las evocaciones del pasado. Y, para comenzar, la que lo pone al servicio de lo «moralmente correcto».

Todos conocemos hoy lo «políticamente correcto», ese conformismo que florece en los campus americanos y que define, para cada cual, el código de buena conducta si desea conocer el éxito profesional. Sólo la expresión es nueva, claro está; lo políticamente correcto tiene a sus espaldas una larga historia. Limitándonos a Francia, y al pasado reciente, tras la Segunda Guerra Mundial, lo políticamente correcto consiste en ocupar posiciones resueltamente «antifascistas». Corroídos sin duda por cierta mala conciencia referente a su poco gloriosa actitud durante la guerra, que no puede disimular ni la presencia de De Gaulle en Londres ni los actos de resistencia en el país, los franceses, y sobre todo sus portavoces en el mundo intelectual, reivindican ruidosamente el ideal antifascista, incluso cuando el fascismo acaba de ser derrotado. Es lo que aseguró por aquel entonces el prestigio del Partido Comunista y de la izquierda en su conjunto. Raras fueron las voces —¡políticamente incorrectas!— que se atrevieron a denunciar cualquier totalitarismo, fuera cual fuese su camuflaje retórico. El «progresista» medio, como advierte David Rousset, que formaba parte de aquellos espíritus no conformistas, es un «devorador predispuesto de todos los tópicos, siempre que lleven pegada la etiqueta de "izquierda"». ¿Por qué actúa así? Porque la verdad suele ser incómoda y, cuando la opción se impone, la mayoría de nosotros prefiere la comodidad a la verdad. Ahora bien, «en Occidente, resulta cómodo denunciar a la burguesía y sus fechorías y excusar los errores de Stalin y de sus epígonos».[1]

Sin embargo, pasados los Treinta Gloriosos (1945-1975), años de crecimiento económico y estancamiento ideológico, la base de lo políticamente correcto se desgasta y éste se debilita. Durante los últimos años ha aparecido, en su lugar, un discurso nuevo, de connotaciones morales. El hecho merece ser puesto de relieve en sí, pues la «moral» no cotiza mucho, por otra parte, y voces indignadas –a menudo las mismas– se dejan escuchar cada vez que aflora el menor atisbo de censura, en particular si se refiere a la representación de la sexualidad. La situación cambia, sin embargo, en cuanto nos acercamos a un núcleo sensible, vinculado al pasado reciente, presentado como una indiscutible encarnación del mal. Todos los que, de un modo u otro, pueden ser asociados a este mal absoluto son condenados y estigmatizados en la plaza pública.

¿En qué consiste la encarnación del mal en lo moralmente correcto? La respuesta no cae por su propio peso, pues los contenidos automáticamente asociados al bien y al mal no son inmutables sino que cambian con el tiempo. Durante largos siglos, en Europa, su identificación fue una prerrogativa de la Iglesia cristiana. Aunque poder temporal y poder espiritual no se confundieran, el Estado hizo entonces suyos los valores definidos por la doctrina cristiana. No obstante, a finales del siglo XIX, el Estado se declaró por principio laico, es decir, neutral con respecto a las ideologías concurrentes; aunque en la práctica no lo fuera por completo. Los artistas y los intelectuales habían soñado con ocupar el lugar de los sacerdotes (es la historia de la «consagración del escritor», contada por Paul Bénichou),[2] pero no los quisieron: el lugar de los sacerdotes no está ya ocupado por nadie.

---

1. «Les moyens de la vérité», en *Saturne*, 16 (1957), reproducido en *Lignes*, mayo de 2000, pp. 196 y 199.
2. *Le sacre de l'écrivain*, José Corti, 1973.

Esta renuncia crea un vacío que se empeñaron en colmar no ya los representantes del Estado sino los de las distintas fuerzas actuantes en el seno de la sociedad civil. Éstas nos proponen, pues, iconos que debemos respetar o admirar, enemigos que debemos odiar o despreciar. No es posible imaginar, en efecto, que una sociedad renuncie así, de la noche a la mañana, a cualquier referencia moral; sencillamente, puesto que la legitimidad de sus poseedores no está ya garantizada desde el exterior, debe conquistarse día tras día, en detrimento de otros candidatos al mismo lugar. Vemos dibujarse aquí, en vaciado, un nuevo papel, el del moralizador. Éste desea ocupar la posición de los sacerdotes pero, a diferencia de éstos, necesita convencer cotidianamente al público de que debe ser escuchado.

¿Cómo reconocer a un moralizador? Designo con esta palabra a quien se enorgullece de identificar públicamente las manifestaciones del bien y del mal. Ser moralizador no significa, en absoluto, ser moral. El individuo moral somete su propia vida a los criterios del bien y del mal, nociones situadas más allá de sus satisfacciones o sus placeres. El moralizador, en cambio, quiere someter a esos mismos criterios la vida de quienes le rodean, y obtiene beneficios de ello: el de encontrarse del lado bueno de la barrera. Se procura así el necesario reconocimiento de su existencia y la confirmación de su valor. Siempre ha sido así: el hombre que señalaba la mujer adúltera a la venganza popular gozaba, secretamente, de su propia superioridad. El moralizador se parece pues a aquel que, a veces, se denomina el fariseo, si se hace hincapié menos en su eventual hipocresía, o en su formalismo, que en su tendencia a juzgar severamente al prójimo. Lo que define al moralizador no es el contenido de sus convicciones, sino la estrategia de su acción. Vive con buena conciencia y sigue animado por lo que en inglés se denomina *self-righteousness*. Convoca a la memoria, y en especial a la memoria del mal, para aleccionar mejor a sus contemporáneos.

El bien y el mal pueden ser descritos en términos generales y abstractos; pero el propósito es más convincente si adopta la forma de un relato de hechos verídicos, dicho de otro modo, si evoca el pasado. ¿Qué parte del pasado se elige hoy? Mientras los proyectos totalitarios se presentaban como competidores creíbles de las democracias, no era posible consenso alguno. Entre ambas guerras mundiales, un espíritu totalitario y uno demócrata no podían tener las mismas referencias morales. Ni siquiera tras el hundimiento de los Estados fascistas se detuvo el combate: las utopías comunistas siguieron seduciendo a vastos sectores de la población. Sin embargo, desde hace un cuarto de siglo, los conflictos se han apaciguado: los principios democráticos parecen hoy ampliamente admitidos. No obstante, tras esta aparente armonía persisten los desacuerdos. Podrían resumirse en una proposición que unos defienden y los otros niegan: el nazismo fue peor que el comunismo. Ahora bien, si el mayor mal fue el nazismo, los dos grandes relatos con valor moral están definidos ya. Las víctimas más compadecibles son las suyas, los héroes más admirables son los combatientes antinazis, guerreros o resistentes. Podemos imaginar muy bien, sin embargo (y existen), moralizadores cuya jerarquía de valores sea distinta.

El moralizador contemporáneo convoca, pues, a la memoria en ambos casos, para alabar a los buenos o para estigmatizar a los malos. Y podemos advertirlo a nuestro alrededor: la conmemoración de las víctimas y los héroes prosigue, al igual que la condena de los malhechores. Por lo que a éstos se refiere, los nazis son su encarnación ejemplar: en buena parte de la opinión pública, sobre todo entre quienes se definen como «de izquierdas», son también la única. El mal absoluto que necesita cualquier moralizador se deja pues designar con términos como fascismo, racismo, antisemitismo. Puesto que se quiere de izquierdas, el moralizador no pone en el mismo plano los crímenes nazis y los crímenes comunistas. La palabra «genocidio», especialmente infamante, nunca se ha aplicado a las matanzas perpetradas en Rusia, en China o en Camboya; el moralizador actual exigirá el castigo de Pinochet, responsable de una dictadura sangrienta, nunca el de Castro, responsable de otra dictadura sangrienta. La ideología fascista y los regímenes que la encarnaron son, de hecho, condenados por la inmensa mayoría de nuestros conciudadanos; la persona que puede ser sospechosa de connivencia con ellos o con sus encarnaciones más recientes es, entonces, estigmatizada. Su denunciador, en cambio, puede enorgullecerse de llevar a cabo un trabajo de salubridad pública.

En nuestros días, quienes desempeñaron un papel activo en las fechorías nazis son ya escasos. Queda siempre, sin embargo, la posibilidad de volver a examinar el pasado y mostrar que ciertos personajes, habitualmente estimados, se habían comprometido en realidad, de cerca o de lejos, con los poderes fascistas; de practicar, pues, una especie de delación póstuma. Por otra parte, el recrudecimiento de los movimientos de extrema derecha ha permitido reactualizar estas acusaciones: la peor sospecha que puede hoy caer sobre alguien es la de estar haciendo «el juego a la extrema derecha». Así, la identificación del enemigo en el pasado permite dirigir el combate en el presente. Demorémonos unos momentos en las formas que éste adopta.

Es preciso advertir, primero, la paradójica vitalidad del antifascismo, *posterior* a la derrota del fascismo. En efecto, mientras que, en vida del Estado nazi, el frente antifascista sólo conoció una breve existencia (desde el lanzamiento de los Frentes Populares en 1935 hasta el pacto germano-soviético de 1939), después de 1945 se convirtió en una de las fuerzas principales de la Europa occidental. Su presencia es el efecto conjunto de la mala conciencia de gran parte de la población, como acabo de recordar, y de una hábil estrategia de los partidos comunistas: éstos encabezan un movimiento de valores indiscutibles, puesto que la condena de los fascistas es unánime. Hoy, cuando incluso la influencia directa del Partido Comunista es débil y no tiene, pues, efecto en el campo propiamente político, el ideal antifascista perdura en el terreno de la moral.

La contaminación por el fascismo prosigue sea cual sea el número de etapas por las que hay que pasar para establecer la conexión. Puede incluso realizarse sin que el interesado lo sepa: sus declaraciones de intención se consideran nulas y no producidas. Para ilustrar estas modalidades de la persecución moralizadora, basta con recordar algunos ejemplos extraídos de la actualidad francesa. Como el caso de Gilles Perrault, muy conocido por sus compromisos de extrema izquierda, culpable sin embargo de no haber denunciado con bastante vigor a dos ex simpatizantes de los negacionistas: Perrault se sitúa aquí en cuarto grado con respecto al crimen original, pero no por ello deja de ser salpicado por el horror de éste. O también el de algunos críticos de arte, Jean Clair, Jean-Philippe Domecq, Benoît Duteurtre, que se atrevieron a criticar el arte de vanguardia, generosamente subvencionados por el Estado: Hitler era contrario a las vanguardias artísticas; por lo tanto, todos sus críticos son criptohitlerianos. O los ataques de los que fue objeto Pierre-André Taguieff, uno de los mejores analistas del racismo y de la extrema derecha en Francia: su íntimo conocimiento del asunto acaba por hacerlo sospechoso y, además, comete el error de participar en debates contradictorios con autores que se declaran abiertamente de derechas, de prestarse al peligroso juego del diálogo. O también Alain Brossat, acusado de negacionismo y, ¿por qué no?, de antisemitismo, por haber criticado la política del Estado de Israel con respecto a los palestinos...

El discurso de estos moralizadores tiene sus procedimientos retóricos y argumentativos. Su cita favorita procede de Brecht: «Es siempre fecundo el vientre de donde ha surgido la Bestia», y da testimonio de la larga tradición en la que se inscribe su compromiso neoantifascista. Por la misma razón, emplean de buena gana términos como «lucha», «resistencia», «vigilancia», apropiándose así de los restos del espíritu revolucionario, desheredados, por lo demás, en nuestros días. Aquí, las deducciones suelen adoptar la forma de un sofisma por contigüidad, de donde se infiere la identidad de dos sujetos a partir de un atributo común: X es publicado por la editorial que hizo aparecer también a Y, del que pueden sospecharse simpatías por la extrema derecha (el racismo, el antisemitismo), por lo tanto X... La información principal, en vez de ser planteada, suele presuponerse, no es pues susceptible de confirmación ni de negación; más que «X es un nazi (un partidario de Vichy, un secuaz de Le Pen)», dirán: «Subsiste la duda: ¿era X un colaboracionista?».

El procedimiento más frecuente y, en cierto modo, fundador, es sin embargo el del tercero excluido: de todos los que no son antifascistas como nosotros, pueden sospecharse complacencias con el fascismo. Su consecuencia es la diabolización sistemática del adversario: cualquier contacto con el mal se considera, de inmediato, máximo y extendido al conjunto del cuerpo concernido (el Frente Nacional es fascista de cabo a rabo). La única actitud apropiada ante semejante enemigo sería la guerra (civil); cualquier intento de introducir matices es una traición.

El moralizador no está oficialmente vinculado con el Estado ni con las instituciones, sus blancos no corren el riesgo, como antaño, de ser perseguidos por la Inquisición, ni de ser encarcelados, ni de ver cómo se queman sus libros. Lo moralmente correcto se ejerce, esencialmente, en los medios de comunicación, aunque a veces puede alcanzar las salas de audiencia o adoptar la forma de un libro. Pero no hay que subestimar el poder de los medios de comunicación: un individuo acusado de complicidad (se prefiere decir: de colaboracionismo) con el mal tendrá muchas dificultades para defenderse; ¿cómo lavarse de unas acusaciones que se apoyan en valores unánimemente aprobados? Como advierte Taguieff, «en el espacio público de la democracia moderna, sólo hay ejecución social por la máxima difusión del acta de acusación».[1] Acusación equivale aquí a condena, y no se ve en absoluto debilitada por la publicación, tres semanas más tarde, de una rectificación o una carta de un lector disconforme. La denuncia pública se transforma en signo de que la caza de brujas se ha iniciado. El ostracismo social, los estigmas de la sospecha, no son menos eficaces que las antiguas formas de represión, aunque sean menos brutales.

Asistimos aquí no ya a la «consagración del escritor», sueño irrealizable de los románticos en el siglo XIX, sino al triunfo del hombre mediático, de quien sabe modelar la opinión pública en el sentido de sus propias convicciones, gracias a esa herramienta de incomparable poder, con el que no podían soñar los escritores del pasado: los medios de comunicación, televisión, radio, prensa. Para actuar eficazmente, el moralizador debe a su vez hacerse «intelectual», periodista, disponer de una tribuna que le permita influir en los lectores o los oyentes. Cuando Julien Benda, entre ambas guerras, denunciaba la «traición de los instruidos», pensaba en el hecho de que numerosos intelectuales, pensadores o artistas se ponían al servicio de proyectos políticos discutibles; lo que

---

1. «Les écrans de la vigilance», en *Panoramiques*, 35, 1998, pp. 65-78.

hoy vemos no es una traición sino, más bien, un sensible aumento del poder de los «instruidos».

Podría decirse que las prácticas de los moralizadores no suscitan forzosamente la admiración, pero que sin embargo son necesarias, en la medida en que permiten contener y combatir un mal mayor aún. Pero semejante argumento no resiste el examen. Oscureciendo en exceso al enemigo, el moralizador esboza un cuadro que no se parece ya al modelo y no es pues creíble. El Frente Nacional, por detestable que sea su ideología, no es un renacimiento del nazismo ni una organización terrorista; es portador de múltiples reivindicaciones, que habría que analizar por sí mismas. Hoy es más débil que hace algunos años, menos por efecto de su diabolización que por razones circunstanciales: en Francia, la escisión del partido de extrema derecha en dos, la condena de sus jefes por violencias físicas, la disminución del paro. No debemos dejarnos engañar: si las circunstancias vuelven a cambiar, el peligro puede reaparecer.

Podemos preguntarnos, además, si el debilitamiento de este enemigo es, en efecto, el objetivo que buscan los moralizadores. Durante varios años, bajo el probable impulso del presidente socialista François Mitterrand, todo ocurría como si cierta prensa de izquierdas hiciera lo posible por afirmar la importancia de la extrema derecha, asegurando una detallada cobertura de sus menores hechos y gestos. ¿Y quién habría oído hablar nunca de los oscuros escritos negacionistas sin la constante publicidad que les aseguran sus denunciadores? Éstos exigen a veces que, puesto que los criminales originales fueron juzgados ya, los negacionistas sean a su vez perseguidos por crímenes contra la humanidad. ¿No es eso hacerles demasiado honor? Y es que, si desapareciera el peligro «neofascista» o «neonazi», no habría ya necesidad de combatientes «neoantifascistas» y con él desaparecería todo el beneficio simbólico que el poseedor de la buena conciencia obtiene de sus combates. Al igual que la izquierda en su conjunto había decidido, para legitimar sus posiciones y debilitar a la derecha, que el Frente Nacional debía mantenerse y seguir siendo relativamente fuerte, los moralizadores actúan como si quisieran que la extrema derecha siguiera siempre viva; y contribuyen a ello a su modo.

Más aún, y como suele suceder cuando el modelo se divide en dos bloques exclusivos y falsamente simétricos, el remedio comienza a parecerse a la propia enfermedad. El extremismo antiextremista es, pese a todo, un extremismo. *Le Pen une balle, le FN une ratale* («Le Pen una bala, el FN una ráfaga») es una consigna neoantifascista que nada tiene que envidiar, en su radicalidad, al mal que combate. En nombre de la lucha contra la exclusión, se excluye de buena gana a quienes no piensan como uno. Ahora bien, para combatir con eficacia a la extrema derecha, no basta con dirigirle invectivas, mejor es conocer sus ideas y sus argumentos, y refutarlos con otros que sean mejores. Algo que, por lo demás, no bastará para disolverla, pues sus ideas son sólo una de las razones que atraen hacia ella a los electores; otras son la necesidad de identidad colectiva, de seguridad personal, de protesta radical.

Hay que añadir, claro está, que la simetría es sólo aparente y que el antirracismo está lejos de ser tan nefasto como el racismo. No podemos poner un signo de equivalencia entre neoantifascistas y neofascistas: sería comparar lo incomparable. Los actos racistas se producen todos los días, y sus víctimas sufren por ello en su cuerpo y su dignidad. Los desbordamientos neoantifascistas son una forma de discurso por la que sufre la reputación de algunos individuos. Sigue siendo cierto que, primero, esta forma de combate fortalece al adversario en vez de debilitarlo, y que, por lo demás, atrofia el debate público más que vivificarlo.

Realmente, en materia de opciones existenciales o políticas, el tercero no es excluido por lo general, ni tampoco el cuarto, ni siquiera el quinto... No estamos obligados a elegir entre simpatizar con los asesinos y lanzar gritos de alegría cuando reciben la inyección mortal. Lo contrario del mal no es forzosamente un bien; puede ser otro mal. Es posible estar en desacuerdo con los moralizadores sin convertirte por ello en antisemita, negacionista, xenófobo, racista, fascista o lepenista. Para deshacerse de una ideología maniquea, heredera de las doctrinas totalitarias, que divide la humanidad en dos mitades estancas, los buenos y los malos, nosotros y los demás, mejor será no convertirse uno mismo en maniqueo. Un precepto para el próximo siglo podría ser: comenzar por combatir no el mal en nombre del bien, sino la seguridad de quienes pretenden siempre saber dónde están el bien y el mal; no el diablo sino lo que lo hace posible: el propio pensamiento maniqueo.

Todos nosotros condenamos a los criminales nazis, compadecemos a sus víctimas inocentes y admiramos a quienes supieron resistir. Y este consenso tiene algo de tranquilizador: imaginemos por un instante que hubiera triunfado el desprecio por la víctima (como recomendaba Nietzsche), el elogio de los nazis o la hostilidad a los resistentes. Sin embargo, adoptar estas actitudes en público no hace mejor nuestra moral o nuestra política. ¿Por qué?

El problema moral se halla enunciado ya en Platón o en los Evangelios. Jesús no se limita a recomendar la realización de cierto número de actos loables, como dar limosna, orar o ayunar; añade: «Cuidad de no haceros los justos ante los hombres, para llamar la atención; de lo contrario, no tendréis recompensa ante vuestro padre que está en los cielos». Jesús no dice: dejad de haceros los justos, no deis limosna, robad. Sólo exige que estos actos se lleven a cabo «en secreto», de modo que incluso «tu mano izquierda ignore lo que hace la diestra», y no «para obtener gloria de los hombres» o «para aparentar ante los hombres».[1] Esta exigencia, ajena al antiguo mundo pagano (el héroe busca la gloria y el renombre en vez de huir de ellos), se extendió mucho más allá de su contexto original y hoy no nos parece ya específicamente cristiana. Al decir (con Kant, aunque también con el actual sentido común) que el acto moral no puede ser interesado, generalizamos la recomendación de Jesús: si actuamos por la recompensa de los hombres, dejamos de «hacernos los justos».

Pero ¿es fácil renunciar a la mirada de los demás? El creyente fervoroso no debiera tener excesivos problemas, ni buscar recompensa humana, puesto que Jesús le prometió: «Tu Padre, que ve en lo secreto, te lo devolverá». Sin embargo, si se ha dejado de creer que un Padre ve en el secreto y que restablecerá la balanza de pagos al final de los tiempos, ¿cómo hacerlo? Es tentador entonces buscar la aprobación exterior; ahora bien, la recompensa procedente de los demás convierte el acto en interesado. La vía de la acción moral,

---

1. Mateo 6, 1-6.

en cambio, es solitaria, y se toma porque la felicidad de los demás hace la nuestra, no porque aumente nuestra celebridad.

Si alguien declara hoy, en público, que se pone del lado bueno, que condena como es debido a los malvados, llora a los débiles y admira a los fuertes, nada añade a su valor: dar lecciones de moral a los demás nunca ha sido un acto moral. La virtud del héroe, la aureola de la víctima no destiñen, realmente, sobre sus admiradores, esperen estos últimos lo que esperen: nada hay de heroico en el hecho de admirar a un héroe universalmente reconocido. Muy al contrario: la buena conciencia neutraliza la buena acción. Gozar del prestigio de nuestros padres-héroes o compadecer el sufrimiento de nuestros padres-víctimas es normal, loable incluso; pero, a partir del momento en que estos sentimientos se expresan en la plaza pública, adoptan un sentido suplementario: sirven a nuestro interés, no a nuestra educación moral. Si nos obstinamos en invocar ritualmente a los buenos, los malos y las víctimas del pasado para servir los intereses de nuestro propio grupo, podemos reclamar la admiración de sus miembros, no la de nuestra conciencia. Del mismo modo que no la provocamos limitándonos a ponernos del lado de los valores reconocidos. El recuerdo público del pasado sólo nos educa si nos pone personalmente en cuestión y nos muestra que nosotros mismos (o aquellos con quienes nos identificamos) no hemos sido siempre la encarnación del bien o de la fuerza.

Aunque la acción moral sea necesariamente individual y exija huir del espacio público, no ocurre evidentemente así con los actos políticos; y éstos se juzgan por sus resultados, no por los motivos de sus agentes. Un político que contribuye al bienestar de su pueblo sigue siendo un buen político aunque le mueva sólo el deseo de gloria. El peligro toma aquí otra forma, que podríamos designar por la fórmula «la tentación del bien». Ésta está, a decir verdad, mucho más extendida que la «tentación del mal», y es también, paradójicamente, más peligrosa. Basta con examinar la historia de una parte cualquiera del mundo para rendirse a la evidencia: las víctimas de la aspiración al bien son más numerosas que las de la aspiración al mal. Esta tentación consiste en percibirse uno mismo como una encarnación del bien y desear imponerlo a los demás, no sólo en la vida privada sino también en la esfera pública. Es, en suma, una confusión entre moral y política simétrica e inversa a la que practican los regímenes totalitarios. Para éstos, las elecciones morales están sometidas a los objetivos políticos: es bueno lo que sirve a nuestro objetivo del momento, la victoria de la revolución o la dictadura del Partido. Aquí, en cambio, la unidad se hace en nombre de la moral que dicta sus opciones a lo político. Esa sería la vía política en una teocracia, si imagináramos la teología sustituida sólo por la moral: en el exterior, cruzadas (imponer el bien a los demás, lo quieran o no); en el interior, gobierno de la virtud, persecución de los «moralmente incorrectos». Nuestros Estados, democracias liberales, no están seriamente amenazados por esta deriva, puesto que nuestras instituciones siguen siendo laicas; nuestras sociedades, en cambio, no están inmunizadas contra ello.

No es siempre fácil encontrar un camino entre la indiferencia moral y la postura del moralizador; podemos intentarlo, sin embargo. La desaparición de la moral oficial asociada al propio Estado fue una bocanada de aire: cada cual, en cuanto actúa en público, se siente obligado a evocar un conjunto de valores morales, preferentemente encarnados en un relato ejemplar. Con más razón actúan así los grupos de presión, necesariamente en conflicto, entre sí, para adquirir una posición más fuerte en el seno de la misma sociedad. Esa es la tendencia de nuestra época «individualista»: nos impulsa a compensar lo que nos falta. Sin embargo, estas invocaciones nada añaden a la virtud de quien las enuncia y nuestras sociedades no están interesadas en sucumbir a la «tentación del bien». Cada uno de nosotros puede plantar cara, pues, a esta presión del siglo y «asentir o resistir», como decía Rousseau.

MITO E HISTORIA

En la iconología del Renacimiento, la memoria se representaba como una mujer de dos rostros, vuelto el uno hacia el pasado y el otro hacia el presente; llevaba en una mano un libro (del que podía sacar sus informaciones) y una pluma en la otra (probablemente para poder escribir nuevos libros). La labor de memoria se somete a dos series de exigencias: fidelidad para con el pasado, utilidad en el presente. Pero ¿qué ocurre cuando estas series entran en conflicto, cuando la restitución verídica de los hechos puede tener un efecto perjudicial?

Dos recientes debates referentes a personajes públicos han recordado la posibilidad de semejante conflicto. Ambos se referían a individuos que tenían en la imaginación colectiva un estatuto de héroes. El protagonista del primero fue Arthur London. Este hombre, de origen checo, muerto en 1986, era un funcionario de la Internacional Comunista, que había participado en la guerra de España; casado con una francesa, había sido un dirigente de la resistencia comunista en Francia, antes de ser deportado al campo de Mauthausen. Después de la guerra, permaneció varios años en la Europa occidental; de regreso a Praga en 1948, se convirtió muy pronto en viceministro de Asuntos Exteriores. Fue sin embargo detenido en 1951 y condenado a prisión perpetua, en el marco del proceso Slansky, la mayoría de cuyos protagonistas fueron ejecutados. Después de 1955, fue liberado y rehabilitado; en 1963 se instaló en Francia. En 1968, publicó *La confesión*, relato de su experiencia carcelaria. La obra fue adaptada al cine por Costa-Gavras, con Yves Montand en el papel de London; la película dio la vuelta al mundo.

En noviembre de 1996 apareció el libro de Karel Bartosek *Las confesiones de los archivos*,[1] consagrado a las relaciones entre los partidos comunistas checo y francés, que explota esencialmente los archivos de Praga, recientemente abiertos. Bartosek es un historiador checo que vive en Francia desde 1982; también él fue «reprimido» tras la invasión soviética de 1968 (después de seis meses de cárcel, perdió su trabajo en la investigación científica y se convirtió en peón de albañil, antes de ser privado de su nacionalidad y expulsado). Un capítulo de este libro, consagrado al caso London, produjo una viva polémica en los medios de comunicación. La querella se refería a dos cuestiones. Por una parte, se trataba de establecer la biografía de London con la máxima precisión; los principales contradictores de Bartosek eran, aquí, los ín-

---

1. *Les aveux des archives*, Seuil, 1996.

timos del revolucionario difunto. Por la otra, se instauró un debate sobre el papel de la historia en la sociedad contemporánea. Se desarrolló en el círculo de los historiadores y los periodistas.

El argumento que se opuso a Bartosek en este segundo debate consistía en decir, en líneas generales: sean cuales sean los detalles particulares de la vida de London, o de cualquier personaje de este tipo, sólo hay que decir públicamente lo que sea útil. Podemos encontrar la argumentación más completa de este punto de vista en un artículo del diario *Le Monde*, en diciembre de 1996. El análisis propuesto era el siguiente: vivimos hoy un momento difícil de la historia, cuando «la extrema derecha merodea en nuestras ciudades»; por consiguiente, es necesario mantener viva la llama del combate antifascista y seguir afirmando que «los héroes son héroes; el combate de la España republicana, el buen combate; [...] Artur y Lise London, los símbolos indestructibles de la auténtica pasión comunista», junto a Jean Moulin, dirigente de la Resistencia francesa asesinado por los nazis, «el puro arcángel de la revolución nacional». Desde este punto de vista, es evidente que debe cubrirse de oprobio a quienes, con el pretexto de cumplir su deber de historiadores, intentan arrojar las sospechas sobre «cualquier ser de excepción», demostrar que «los héroes son ilusorios», llevar, a fin de cuentas, «al odio hacia el héroe y el santo». Esos historiadores no hacen más que ayudar a la extrema derecha en su combate contra el «sentimiento moral» en general y el compromiso cívico en particular.

La inmensa mayoría de los historiadores se opuso a este modo de enfocar el papel de la historia, que supone afirmar que algunas verdades no es bueno decirlas (se publicó, también en *Le Monde*, una carta abierta de apoyo a Bartosek). Esta actitud ha tenido, en Francia, precedentes célebres. El primero, tal vez, se refiere al caso Dreyfus: Maurice Barrès, uno de los cabecillas de los antidreyfusistas, decía que, aunque la verdad estuviera del lado de Dreyfus, había que condenarlo, pues, de lo contrario, se desacreditaba al ejército francés. «Aunque su cliente fuera inocente, ellos [los dreyfusistas] seguirían siendo criminales.»[1] Otro precedente ilustre es

---

1. *Scènes et doctrines du nationalisme*, 1925, t. I, p. 138.

el de Sartre, que se oponía, a comienzos de los años cincuenta, a las revelaciones sobre los campos en la Unión Soviética: de acuerdo con su fórmula –tal vez apócrifa pero que se hizo célebre–, no había que desesperar a Billancourt, es decir, a la clase obrera, revelándole que la «patria del socialismo» no era todavía el paraíso terrestre. Se decía también, por aquel entonces, que esas revelaciones podían perjudicar a la causa de la paz, o que podían hacer el juego al imperialismo americano, y así sucesivamente.

Desde este punto de vista, el historiador no tiene ya deberes para con la verdad sino sólo con el bien. Es sólo un propagandista entre otros. Esta posición puede ser defendida si se está convencido, por otra parte, de que los hechos no existen, sino sólo los discursos sobre los hechos. El historiador, entonces, en nada se diferencia del conmemorador. Lo que significa, a decir verdad, la ruina de cualquier ciencia, puesto que ésta descansa sobre el postulado de que el conocimiento no es una pura proyección de la voluntad.

Podemos preguntarnos, no obstante, si incluso desde el punto de vista pragmático, que es tanto el de Barrès y de Sartre como el de sus discípulos contemporáneos, la negligencia para con la verdad no arruina las tesis defendidas. El descubrimiento de la superchería en el proceso de Dreyfus comprometió duraderamente las posiciones antidreyfusistas en Francia. Las mentiras comunistas acabaron matando el atractivo de la idea comunista. ¿Se lucha hoy realmente, de modo eficaz, contra la extrema derecha dejándole, aquí o allá, el monopolio de la verdad? El peligro de lo moralmente correcto es muy real: las mentiras piadosas acaban siempre derrumbándose y comprometiendo las posiciones que querían defenderse. ¿Pueden imaginarse los daños que provoca la revelación de una omisión voluntaria de la verdad? En vez de servir a la causa noble, corre el riesgo, por el contrario, de desacreditarla. Recordemos la matanza de Katyn: para no mancillar su imagen, el poder soviético intentó, durante más de cuarenta y cinco años, atribuir a los nazis la responsabilidad por la muerte de esos miles de oficiales polacos. El descubrimiento de la verdad dio un golpe fatal a la credibilidad de las declaraciones oficiales soviéticas.

Hay que separar aquí los papeles del político y del historiador. El primero tiene como objetivo actuar sobre el espíritu de sus conciudadanos; sin estar obligado a mentir, puede elegir decirles esto en lugar de aquello, con vistas a obtener el resultado deseado. De Gaulle no tenía interés alguno en recordar a los franceses, en 1940, todas sus debilidades y cobardías pasadas; para despertar su resistencia, mejor era hablarles de Juana de Arco. El objetivo del historiador, en cambio, no es pintar imágenes piadosas, contribuir al culto de los héroes y los santos, prosternarse ante «arcángeles»; sino acercarse, en la medida de sus posibilidades, a la verdad. En este sentido, quien dice historia dice sacrilegio. Lo sagrado es aquello que no tenemos derecho a tocar, so pena de castigo. Pero la historia desacraliza el espacio público, profana, en sentido estricto, todos los objetos de culto; en el otro extremo de la idolatría, participa, por su propio proyecto, en ese «desencanto del mundo» del que hablaba Max Weber considerándolo como una característica esencial de la modernidad. Tal vez en los momentos de crisis extrema, como la ocupación nazi durante la Segunda Guerra Mundial, el propio historiador no debería tocar los segmentos de historia cuyas lecciones podrían desalentar a sus ciudadanos; eso no le autorizaba a engañarles haciendo pasar por trabajo histórico lo que sólo habría sido su esfuerzo de propaganda. De Gaulle seguía pensando en 1969 como en 1940: «Nuestro país no necesita verdad. Debemos darle la esperanza, la cohesión y un objetivo», decía refiriéndose a la película *Le Chagrin et la Pitié*.[1] Por razones parecidas, las profundas investigaciones históricas sobre el régimen de Vichy no eran alentadas en Francia en los años siguientes a la guerra y fue preciso que historiadores alemanes o americanos se interesaran, sin prejuicio, sobre el reciente pasado francés para que la opinión pública acabara admitiéndolo: la política de Vichy no constituía un «escudo» protector contra las sevicias alemanas, como afirmaba ser. Pero podemos dudar que hoy, sea cual sea la preocupación ante el ascenso de la extrema derecha, vivamos un momento semejante de crisis extrema.

¿Cómo juzgar, actualmente, el papel histórico de un personaje como London? Los hallazgos de Bartosek en los archivos se refie-

---

1. Citado por R. Brauman, *Éloge de la désobéissance*, Le Pommier, 1999, p. 53.

ren a varios momentos de su biografía. London, nacido en 1915, se convirtió en un permanente del Komintern en Moscú, donde vivió a partir de 1943. En 1937-1938, se unió a las Brigadas Internacionales en España, aunque sin participar en los combates: dirigió la sección de la Europa del Este del Servicio de Investigación Militar, una policía militar dependiente de la policía política soviética; organizó una «depuración» de elementos poco fiables. Después de la guerra, en Suiza y en Francia, London trabajó para los servicios de información y la policía política checos. Un detalle incongruente: London escribió el primer informe contra Noel Field, el comunista americano que más tarde fue utilizado en el proceso de Praga que implicaba a London. Estos aspectos de su actividad nunca habían sido puestos de relieve por el propio London en *La confesión*.

La revelación de estas peripecias produce hoy mal efecto. Se comprende, pues, que los íntimos de London, apoyados por algunos historiadores aislados, se rebelaran contra ella. El hombre al que conocimos, dicen en resumidas cuentas, tenía ciertamente fuertes convicciones políticas, era un revolucionario profesional, pero no espía ni policía. Era un hombre de ideales elevados, dotado de valor y de generosidad, como demostró en las difíciles condiciones de la clandestinidad y de la deportación.

Una de las lecciones de esta confrontación es que no debiera elegirse entre las dos tesis, sino escucharlas juntas. Los íntimos de London lo dicen a su modo, cuando intentan justificar la implicación de su pariente y amigo en las redes de espionaje en Francia: «Este asunto sucedió en el marco de la guerra fría y fue colocado bajo el signo de la fidelidad total a un ideal internacional». Hombres como London creyeron realmente que el fin justificaba los medios. No fueron cínicos que desviaran el dinero del Estado para llenarse los bolsillos; fueron «idealistas» que creían que el comunismo era el mejor estado posible de la humanidad. Para contribuir a su advenimiento (aunque, incluso en su concepción propia, fuera a producirse en un porvenir lejano), eran capaces de todo, incluso de «purgar» sus propias formaciones, espiar, calumniar, falsificar, llevar al sufrimiento y a la muerte a muchas personas. La ética estaba por completo sometida a la política: ésa era la doctrina comunista. Como recordaba Jacques Rossi, otro veterano del Komintern: según Lenin, «lo ético es todo lo que sirve a los intereses de la clase proletaria».[1]

Cuando se lee la historia de los dirigentes comunistas de aquella época, no puede dejar de sorprender su dimensión propiamente trágica (como hemos visto ya en el caso de Heinz Neumann). Bartosek publicó, como apéndice a su libro, las cartas de despedida de los once dirigentes checos que fueron ahorcados en el marco del proceso Slansky: no sólo son humanamente conmovedoras, atestiguan también que, en vísperas de su muerte, aquellos hombres seguían profesando el mismo ideal, cuando acababan de sufrir las peores torturas, físicas y morales, y sabían con seguridad que no habían cometido crimen alguno. Lo mismo ocurrió con Noel Field: una vez liberado (en 1954), aquel hombre que hubiera podido quedar destrozado por la tortura no tuvo más preocupación que la de proclamar su indefectible fidelidad al Partido (se negó a regresar a Estados Unidos y murió en el «campo socialista»). Así había sucedido ya con Nikolái Bujarin, que, condenado a morir tras haber sufrido las humillaciones y torturas vinculadas a los interrogatorios para su proceso, pudo aún escribir a Stalin una carta personal en la que le aseguraba su amor y su fidelidad: a él, Stalin, al Partido, a la revolución, al comunismo... En vez de dirigirle reproches por las injusticias que había sufrido, le pidió perdón: «Adiós por los siglos de los siglos, y no guardes rencor alguno al infeliz que soy».[2]

Los procesos contra los dirigentes del Partido, en los años 1949-1953, merecen evidentemente la atención del historiador; sin embargo, no deben ocultar las características principales de la represión, cuyo primer efecto no fue el de afectar a otros comunistas. Bartosek estableció una elocuente estadística a este respecto: «Para todo el período 1948-1954, los comunistas representan aproximadamente el 0,1 por 100 de los condenados, aproximadamente el 5 por 100 de los condenados a muerte, el 1 por 100 de los muertos». Ante esas cifras se comprende mejor la injusticia

---

1. *Le Monde* del 19 de marzo de 1999.
2. 9. Carta del 10 de diciembre de 1937, en *Le Débat*, 107, 1999, p. 161.

que supone presentar a London como la víctima *ejemplar* del poder comunista; peor aún, el interés que ese poder tiene en hacerlo creer. En realidad, los dirigentes perseguidos sólo pertenecían a la tercera oleada de represión, la más débil: tras la de todas las personas que podían ser acusadas de connivencia con el fascismo; tras la de las personas que no mostraban suficiente ardor en su colaboración con los comunistas.

Una vez liberado y rehabilitado, London siguió siendo igual de fiel al ideal comunista; pueden cargarse pues los «atropellos» de los años precedentes en la cuenta de policías incompetentes o corruptos, en el peor de los casos en la cuenta de Stalin. Lo quisiera o no, por medio de *La confesión* London siguió sirviendo al poder comunista. Se comprende muy bien que los íntimos de London, o de otros personajes como él y, con más razón aún, esas mismas personas cuando están todavía vivas, no puedan reconocerse en el trabajo de los investigadores de hoy: es el conflicto, ya conocido, entre testigos e historiadores. Ambos partidos, sin embargo, pueden tener razón simultáneamente, aunque en planos distintos. Cierto hombre habrá sido, a la vez, un individuo cálido y carismático, y el implacable funcionario de la represión (yo mismo conocí personas así en Bulgaria). El guión por el que los agentes del mal son invariablemente unos monstruos no pertenece a la historia humana.

El otro debate se refiere a la pareja de Lucie y Raymond Aubrac, grandes resistentes franceses. Para refutar algunas insinuaciones referentes a su papel en la Resistencia, éstos habían solicitado a algunos historiadores de renombre que participaran en una mesa redonda organizada por el diario *Libération* (en mayo de 1997), con el fin de establecer, de una vez por todas y con la mayor precisión posible, los hechos que les concernían. Pero los resultados de la mesa redonda (publicados por el diario en julio del mismo año, decepcionaron las expectativas de los antiguos resistentes.

Los historiadores, es cierto, mostraron que las insinuaciones en cuestión carecían de fundamento; pero no pudieron dejar de advertir, al mismo tiempo, que los testimonios dados por los Aubrac en el transcurso de los años no eran del todo fiables. Raymond Aubrac daba, en distintos momentos, versiones divergentes de los mismos hechos; Lucie Aubrac admitía haberse tomado ciertas libertades con la verdad histórica para que su relato fuera más vivo e instructivo. Como resistentes, los Aubrac estaban por encima de cualquier reproche; como testigos, no eran fiables. A su vez, este hecho produjo una polémica paralela a la precedente: ¿Era útil mancillar, incluso levemente, la imagen de los héroes? ¿Había que intentar a toda costa romper los ídolos? ¿No habría valido más preservar intactos los mitos necesarios? Lucie Aubrac concluyó sus reflexiones durante la mesa redonda oponiendo a los historiadores, «esos hombres supuestamente serios» que sólo conocen «las reglas tradicionales de estudio de una época con los hechos, las fechas, los análisis y las conclusiones que de ellos se desprenden», esos especialistas «que almacenan la historia en su verdad desnuda y fría»; y, por el otro lado, los testimonios como ella, «pedagoga ante todo», defensores del «honor de la Resistencia»: «Por todos los medios, libros, películas, televisión, daré a conocer el valor y la gloria». Otros comentadores se conmovieron: ¿No se había asistido, acaso, a la ejecución simbólica de una pareja de grandes resistentes? ¿No estaba amenazada hoy toda la herencia de la Resistencia?

De nuevo nos vemos remitidos a la distinción entre los papeles del testigo, el conmemorador y el historiador: sus exigencias no son las mismas. Del testigo se espera, ante todo, que sea sincero; que se equivoque aquí o allá es humano. El conmemorador, a su vez, lo admite abiertamente: le guían los imperativos del momento y toma del pasado lo que le conviene. Pero ¿puede el historiador, por su parte, permitirse renunciar, y desde el comienzo, a la verdad desnuda y fría?

Les costó mucho admitirlo a los especialistas en la Resistencia que participaron en el debate. François Bédarida reivindicó el derecho a «reconstruir pacientemente la cadena de la verdad» y recordó el «deber de verdad» que es el del historiador; para ser legítima y eficaz, «una política de la memoria sólo puede descansar sobre una obra de verdad». Jean-Pierre Azéma afirmaba «prohibirse cualquier discurso "políticamente correcto" con el pretexto comúnmente alegado de la especificidad de tal o cual causa», aunque fuese la lucha de clases o el genocidio de los judíos; el historiador «no debe, en modo alguno, en su trabajo, convertirse en servidor de esa o aquella memoria particular».¹ Henry Rousso se opuso a la idea del «mito necesario» y de las «verdades que no hay que decir», antes de concluir que el objetivo del historiador es llevar al conocimiento y no a la fe: «La transmisión del pasado no debe resumirse en el culto pasivo de los héroes y las víctimas».²

En nuestros días, es paradójicamente más difícil llevar a cabo una investigación histórica sobre los «buenos» que sobre los «malos». Contrariamente a lo que podría creerse (y a lo que afirman, a veces, algunos autores extranjeros mal informados), a la Francia de hoy no le cuesta en absoluto denunciar las torpezas del gobierno de Vichy o de sus colaboradores. Los libros sobre el tema son incontables ya, los periódicos están ávidos de cualquier nueva revelación. En cambio, más difícil es realizar y publicar investigaciones sobre los héroes de antaño, comunistas o gaullistas: la indignación de los idólatras se inflama enseguida, los investigadores son amenazados con procesos por difamación, los editores se vuelven desconfiados. Los antiguos participantes y testigos de estos acontecimientos dramáticos se sienten ofendidos: ¿Cómo se puede cuestionar su visión de los hechos cuando sólo ellos los sufrieron en sus carnes? Pero los antiguos resistentes, a los que podemos admirar por su acción en el pasado, no tienen el privilegio de su interpretación en el presente; su deseo de sacralizar su propia versión de la historia no presta un gran servicio al conocimiento del pasado ni, por lo demás, a la acción en el presente. Como escribe también Rousso: «Aquellos, entre los historiadores o entre los antiguos resistentes, que pretenden escribir una historia de la resistencia manteniendo en su espíritu que es preciso, al mismo tiempo, conservar todo su valor edificante, se equivocan gravemente».³ El historiador no es un hombre ajeno al mundo de los valores, y la inmensa mayoría de los historiadores actuales prefieren los valores de la Resistencia a los del nazismo; pero el empeño sin fallos en la búsqueda de la verdad sigue siendo su valor supremo.

1. *Libération* del 9 de julio de 1997.
2. H. Rousso, *La hantise du passé,* Textuel, 1998, p. 138.
3. Ibíd., p. 136.

JUSTICIA E HISTORIA

El culto a la memoria no sirve siempre bien a la Historia; lo mismo diremos de la justicia, cuando deja de ser una fuente de documentos, que la historia debe analizar, y se convierte en una puesta en escena del saber histórico. Francia ha conocido, durante estos últimos años, sus procesos por crímenes contra la humanidad, que debían, según nos dijeron, reanimar la memoria nacional. Algunas voces, como la de Simone Veil, se elevaron no obstante para preguntar –con razón, a mi entender– si era absolutamente preciso pasar por los procesos para mantener viva la memoria. Además de que eso supone el peligro de practicar una justicia para dar ejemplo y por la enseñanza que de ello podría desprenderse, esta memoria se preserva en otros muchos lugares: por medio de actos políticos, en la enseñanza escolar, en los medios de comunicación, en las obras de historia. El desembarco de 1944 fue brillantemente celebrado en 1994, sigue presente en todas las memorias; ¿era preciso celebrar, además, un proceso, para recordarlo mejor?

Por otra parte, no es seguro que esos procesos sirvan efectivamente para la pedagogía histórica, que den una imagen precisa y matizada del pasado: los tribunales se prestan menos a ello que las obras especializadas. Al aceptar perseguir a Barbie también por su acción contra los resistentes, el tribunal no sólo transgredía el derecho, que distingue entre crímenes de guerra y crímenes contra la humanidad; tampoco prestaba servicio a la Historia: Barbie torturaba a los resistentes, es un hecho, pero éstos podían hacer lo mismo cuando se apoderaban de un oficial de la Gestapo. Además, el ejército francés hizo un uso sistemático de la tortura, después de 1944, en Argelia por ejemplo, y nadie ha sido condenado por ello como criminal contra la humanidad. Por otra parte, al decidir reservar el primer proceso de este tipo a un policía alemán, se hacía menos visible la implicación de los franceses en la política nazi, aunque los milicianos fueran, según gran número de testigos, peores a veces que los alemanes.

Por último, el significado histórico de estos actos se veía enmarañado por la presencia de testigos como Marie-Claude Vaillant-

Couturier, antigua deportada de Auschwitz y de Ravensbrück, pero que se había distinguido también por su combate contra las revelaciones sobre el *gulag*. En el proceso Touvier, la presencia de la señora Nordmann entre los abogados de la parte civil tuvo un efecto del mismo orden: esa jurista, defensora titular del PCF durante largos años, se había hecho célebre por un comportamiento especialmente agresivo durante los procesos de Kravchenko y Rousset, en 1948 y 1949, cuando se trató de negar la existencia de los campos en la Unión Soviética. ¿Es posible condenar los campos aquí y seguir defendiéndolos en otra parte? ¿Para eso debe servir la «memoria»? Cierto es que en el Tribunal de Núremberg los representantes de Stalin participaron en el juicio de los colaboradores de Hitler, situación especialmente obscena porque los unos se habían convertido en culpables de crímenes tan odiosos como los de los otros.

El tercer proceso francés por crímenes contra la humanidad se celebró en Burdeos entre octubre de 1997 y abril de 1998; fue sin duda, también, el último referente a los acontecimientos de la Segunda Guerra Mundial. La demanda inicial contra Maurice Papon, antiguo secretario general de la prefectura de esta ciudad, que le reprochaba su participación en la deportación de los judíos, databa de 1981. Excepcional por su duración (¡diecisiete años de instrucción, seis meses de audiencias!) lo fue también por la atención que suscitó en los medios de comunicación: los periódicos le consagraban diariamente varias páginas, las emisiones de televisión se multiplicaban, una decena de libros sobre él aparecieron en los escaparates de las librerías. ¿Qué nos enseña este proceso?

El observador externo que soy tiene poca cosa que decir sobre el propio caso jurídico: me falta el conocimiento de un inmenso expediente (seis mil trescientos documentos lo componen, por no mencionar todos los que no se incluyeron...). Que Papon cometió una falta moral, al no disociarse más de la política del Estado francés bajo Pétain, al no manifestar mayor compasión por las víctimas, parece indiscutible. Pero de ahí a hablar de un «deber de insumisión», hay un paso que sólo darán sin flaquear quienes saben jugar al héroe una vez que ha pasado el peligro. De todos modos, la moral no es la justicia. ¿Existió, además, crimen legal?

La respuesta a esta segunda pregunta depende de dos factores: el grado de responsabilidad de Papon y la idea que se hacía de la suerte de los deportados. La decisión final del Tribunal, la condena a diez años de cárcel por complicidad con arrestos ilegales y secuestros arbitrarios (la voluntad de homicidio fue descartada), refleja la dificultad de evaluar esos factores; es una decisión a medio camino entre la pena máxima, que podía creerse como la única apropiada a la naturaleza del crimen, y la absolución.

No se hablaría tanto del caso Papon si sólo se tratara de la condena a un individuo. Atrajo tanta atención porque se creyó que serviría para la educación del pueblo y, en particular, como se dice en esos casos, de las jóvenes generaciones. Éstas, al parecer, debían aprender en él que la política antijudía de Vichy había contribuido a la «solución final» nazi; y también que el simple funcionario, obnubilado por sus propias ambiciones, podía participar en un crimen contra la humanidad. ¿Podemos afirmar que el proceso alcanzó sus objetivos pedagógicos?

La primera trampa que se debía evitar era la de un juicio para dar ejemplo: que por medio de Papon se juzgara a Vichy, a Auschwitz incluso. Para ello habría sido necesario que se persiguiera, en Francia, a todos los que habían aceptado responsabilidades semejantes o superiores. Pero no fue así; por el contrario, se daba por supuesto de antemano que habría un proceso para la Gestapo (Barbie), uno para la Milicia (Touvier) y uno para la Administración (Bousquet o, en su defecto, Papon). En vísperas del veredicto, quienes temían la absolución pusieron en guardia a la opinión pública: «¡Absolver a Papon sería exonerar a Vichy!». Pero ¿no era eso reconocer que se juzgaba al régimen más que al hombre?

Tampoco otros principios jurídicos salieron indemnes de la prueba. ¿Qué decir de los numerosos retoques, aportados por las más altas instancias jurídicas de Francia, a la noción de crimen contra la humanidad, para que pudiera aplicarse primero a Barbie, luego a Touvier y, por fin, a Papon? ¿O de la presunción de inocencia, repentinamente olvidada por la parte civil cuando el presidente del tribunal autorizó a Papon a comparecer ante la justicia sin perder la libertad? «¿Qué efectos pedagógicos pueden esperarse de un proceso perdido de antemano por el acusado?», se preguntaba Pierre Nora. ¿Puede afirmarse que los jurados no sufrieron presión alguna sobre su juicio, cuando todos los medios de comunicación responsables, al igual que los políticos de todos los partidos, habían condenado a Papon mucho tiempo antes del veredicto? La lección del proceso, desde este punto de vista, fue que el derecho, en Francia, sigue sometido a la política.

¿Puede decirse que el proceso fue una lección de historia? Difícilmente. Sin duda hay alumnos que oyeron hablar por primera vez, con esta ocasión, del sufrimiento de los judíos bajo la Ocupación. Pero las salas de audiencia, es bien conocido, no son propicias a la eclosión de la verdad histórica, puesto que no es de la misma naturaleza que la verdad jurídica. Ésta sólo conoce dos valores: culpable o inocente, negro o blanco, sí o no; pero las preguntas que hace la historia no admiten, la mayoría de las veces, semejantes respuestas. En este caso, la visión equilibrada y matizada del régimen de Vichy, surgida de los trabajos de los historiadores durante los veinticinco últimos años, fue sustituida, durante el proceso, por dos versiones caricaturescas (pero mucho más fáciles de retener por el gran público): la que presenta al régimen pétainista como un «escudo» contra el invasor alemán, ahorrándole pues lo peor al pueblo francés; y la que lo asimila a un régimen fascista, que participó activamente en el exterminio de los judíos. La diferencia de objetivos entre justicia e historia condicionó todos los procedimientos: así, el tribunal se negó a que se incluyeran ciertos documentos en el expediente (¿es imaginable semejante gesto en un historiador?); o impuso también, como quiere la ley, que los debates fueran orales: se prohibió, pues, el uso de notas (¡intentemos imaginar a un historiador que no tuviera derecho a utilizar la escritura!).

Los procesos judiciales, se sabe desde la Antigüedad, tienen mucho que ver con la representación teatral; como los espectáculos, deben impresionar los espíritus de quienes asisten a ellos. La regla no quedó desmentida durante el proceso Papon: los abogados de la parte civil exigían la presencia de los medios de comunicación o la continuidad de los debates para asegurar la unidad de acción, solicitaban proyectar en pantalla grande las fotos de las víctimas infantiles para provocar la emoción, buscaban momentos teatrales para hacer subir la tensión. Así va la justicia; pero ¿qué tiene en común con esa búsqueda de efectos el trabajo del historiador que, en cambio, aspira a la verdad (aunque la sepa siempre aproximada) y a la equidad?

Diversos sondeos mostraron que, en su conjunto, los franceses estaban más bien satisfechos de que el proceso se hubiera celebrado. Pero ¿debemos alegrarnos de esta satisfacción y deducir que la población ha hecho considerables progresos en su educación cívica? ¿O más bien inquietarnos ante esa oleada de autosatisfacción y darnos cuenta de que los franceses condenaban con tanta unanimidad a aquel personaje de otra época, una época en la que la mayoría de ellos no había nacido, porque no se reconocían en él y podían, pues, alimentar a gusto su buena conciencia, puesto que los malvados son siempre los demás? Por lo que se refiere a la educación cívica, podía dudarse de que hubiera culminado cuando se leían, durante los mismos días, los resultados de otro sondeo, según el cual el 48 por 100 de los franceses se declaraban, por lo menos, «algo racistas».

Podríamos recordar aquí otro episodio contemporáneo. Mientras se desarrollaba el proceso contra Papon, perseguido por crímenes contra la humanidad cometidos, supuestamente, en 1942, tenían también lugar las sesiones del Tribunal Penal Internacional (TPI), consagradas al genocidio que acababa de vivir Ruanda, tres años antes, en 1994. Ahora bien, el ministro de Defensa francés prohibió a los militares de su país que atendieran las convocatorias que se les enviaban para declarar ante el tribunal, pues se trataba, según afirmaba, de una «justicia espectáculo». La posición del gobierno francés ha evolucionado desde entonces, pero la mera posibilidad de semejante prohibición es elocuente. En suma, su lección es: perseguimos los crímenes contra la humanidad siempre que se hayan cometido, por lo menos, cincuenta años antes y que se hayan cortado, claramente, los vínculos entre las personas inculpadas y nosotros mismos. La ONU, por lo demás, adoptó una posición similar: su secretario general Kofi Annan intervino ante la comisión del Senado belga para impedir que se oyera al general Dallaire, responsable de las fuerzas internacionales en Ruanda cuando sucedieron los hechos. Éstos no eran negados, pero no debían poder influir en la política de los gobiernos. Finalmente, Estados Unidos se niega hoy, por una razón similar, a firmar los convenios referentes a la justicia internacional, ¡a menos que tenga garantías de que ningún ciudadano americano podrá ser nunca juzgado por ella!

Observando este fracaso educativo (el proceso «no tiene, a mi modo de ver, ningún alcance pedagógico», concluye Henry Rousso),[1] esta incapacidad para obtener buenas lecciones del pasado, ¿debemos concluir que más vale olvidar? Ciertamente, no. Al contrario, primero, es preferible que cada cual se ocupe de su especialidad. Que el establecimiento de los hechos y su interpretación inicial se confíen a los historiadores. Que la educación sea practicada por las instituciones de las que es uno de los objetivos declarados: la escuela, los medios de comunicación públicos, el Parlamento. La justicia, en cambio, debiera limitarse a formular el derecho y a aplicarlo a las personas. «Maltratamos a nuestros emigrados, afortunadamente hoy se juzga a Papon para restablecer la imagen de Francia», decía durante el proceso un personaje mediático. Podemos preguntarnos si, por el contrario, lejos de compensar las injusticias presentes, nuestro heroísmo retrospectivo no nos compensa de combatirlas, incluso cuando somos responsables de ellas.

Quisiera evocar en este mismo contexto la noción de imprescriptibilidad, que está de actualidad a causa de estos mismos procesos por crímenes contra la humanidad. Tomando de nuevo el último ejemplo francés, Papon fue condenado en 1998 por actos realizados en 1942, es decir, cincuenta y seis años antes. Cuesta imaginar que el principio sea mantenido en todas partes y que, por ejemplo, los responsables del genocidio ruandés sean juzgados en 2050. Pero el problema no es sólo el de la imaginación.

Una primera objeción a la imprescriptibilidad procede de las dificultades que suscita en la propia labor de la justicia. Un caso jurídico se establece sobre la base de testimonios y documentos. Pero ¿qué vale un testimonio formulado más de cincuenta años después de los hechos, cuando los relatos que los testigos se han

[1]. *Ibíd.*, p. 95.

hecho a sí mismos o a sus íntimos han sustituido, desde hace mucho tiempo, a sus primeras impresiones? Ésta es una de las razones por las que el proceso Demjanjuk, en Israel, concluyó con una absolución. El hombre era sospechoso de ser «Iván el Terrible», un verdugo especialmente cruel del campo de Treblinka; el proceso demostró que había un error en la persona e ilustró, de ese modo, la fragilidad de los testimonios tardíos. Incluso los documentos escritos exigen, para ser interpretados correctamente, una familiaridad intuitiva con su contexto. ¿Podemos suponer que la tenían los jurados del tribunal, que hubieran podido ser nietos de Papon y no eran seleccionados por sus cualidades de historiadores? Rodeamos de todas las precauciones posibles el establecimiento de la verdad cuando se trata del asesinato de un individuo. ¿Debemos ser menos cuidadosos cuando las víctimas se cuentan por millares, por millones incluso?

También puede cuestionarse la idea jurídica de imprescriptibilidad por razones más generales. Juzgar a un individuo por crímenes cometidos cincuenta años antes representa postular que ese individuo sigue siendo idéntico a sí mismo, rechazar pues el paso del tiempo. Ahora bien, semejante suposición es contraria, a la vez, a lo que nos enseñan la biología y la psicología (o el simple sentido común), y a los principios de la filosofía humanista, que están en la base de los Estados laicos modernos. El hombre es perfectible, decía Rousseau, y esto constituye su especificidad. Puede transformarse; eso le hace, a diferencia de los animales, responsable de su ser. Ello no implica que todos cambien; pero renunciar de antemano a esta posibilidad es negar a una parte de los hombres la pertenencia a su propia especie, lo que es, por otra parte, la propia definición del crimen contra la humanidad... Por eso, la pena de muerte es una barbaridad: priva a ciertos individuos de la posibilidad de cambiar, los excluye pues por derecho del género humano, antes de arrebatarles la vida.

La categoría de imprescriptible se presenta, en el universo jurídico, como una excepción: todos los crímenes prescriben al cabo de cierto tiempo, salvo los crímenes contra la humanidad. Ahora bien, no hay semejante solución de continuidad entre las distintas especies de crimen. Se dice a veces que, en el crimen contra la humanidad, se mata a los individuos no por lo que hacen sino por lo que son. Pero, como advierte Paul Ricoeur, desde que la guerra se hizo total, el exterminio de la población civil –que no ha cometido acto de agresión alguno– se ha convertido en moneda corriente. ¿En qué consiste la culpabilidad personal de los habitantes de las ciudades de Tokio, o de Hiroshima, o de Nagasaki, aniquilados durante los bombardeos de 1945? Murieron porque eran japoneses. Pero los crímenes de guerra han prescrito. Marcar los crímenes contra la humanidad como una categoría excepcional nos incita, además, a separarlos de las demás conductas humanas y a hacerlos más incomprensibles aún. ¿Puede creerse, seriamente, que éste sea el mejor modo de impedir su repetición?

No soy, por estas razones, partidario del mantenimiento de esta categoría en el arsenal legal. Lo imprescriptible es la traducción jurídica de lo eterno; y lo eterno no tiene su lugar en la justicia humana. Ésta no conoce lo absoluto, ni lo sagrado, ni lo eterno; se las ve con seres finitos, imperfectos y relativos. Por eso practica la amnistía y la prescripción, y por esta razón se atreve a interrumpir el ciclo infernal de las venganzas, prefiriéndole la paz, aunque ésta fuera una injusticia para el propio Dios.

Renunciar a la imprescriptibilidad no implica en absoluto, sin embargo, que se abandone la idea de los crímenes contra la humanidad. Estos siguen siéndolo, sean cuales sean las leyes en vigor en los países donde se cometen. El crimen contra la humanidad cruzaría entonces todas las fronteras en el espacio, pero no en el tiempo. Volveré de nuevo a las formas actuales de la justicia internacional; sea como sea, ésta no tiene necesidad alguna de reivindicar la eternidad.

El siglo de Romain Gary

El último libro que publicó Romain Gary, *Las cometas*, comienza y termina con unas fórmulas misteriosas. En la primera página se lee una dedicatoria: «A la memoria». Las últimas líneas, que fueron también las últimas redactadas por Gary en una novela –el libro apareció en 1980, año de su suicidio– nos dicen, sin relación con lo que las precede: «Termino por fin este relato escribiendo una vez más los nombres del pastor André Trocmé y el de Chambon-sur-Lignon, pues nada mejor puede decirse». Que esta frase no fue colocada allí por azar lo confirmó Gary en su carta a la prensa, al suicidarse: «¿Por qué entonces? Tal vez sea preciso buscar la respuesta [...] en las últimas palabras de mi última novela: "Pues nada mejor puede decirse". Por fin me he expresado completamente».[1] ¿Cuál es, pues, el mensaje de estas palabras, colocadas así en puntos estratégicos de su libro postrero, que es también una de sus obras maestras novelescas?

El recorrido biográfico de Romain Gary no dejó de fascinar a gran número de sus lectores. Nacido en Rusia, en 1914, vivió su infancia en Moscú, en Vilnius, en Varsovia; llegó a Francia con su madre, judía no practicante, en 1928. En junio de 1940 se unió a la Francia libre en Londres y, a lo largo de toda la guerra, combatió en la aviación; salió de ella como Compañero de la Liberación. De 1945 a 1961, fue a la vez diplomático y escritor; sus obras tenían éxito. Tras esta fecha, se consagró exclusivamente a la literatura, al cine, al periodismo. En 1974 inició la aventura Émile Ajar: Gary publicó con este nombre –que es, más que un seudóni-

1. *Les cerfs-volants*, Gallimard, 1980, pp. 7 y 369; Dominique Bona, *Romain Gary*, Mercure de France, 1987, p. 398.

mo, una reencarnación– cuatro libros, uno de los cuales, *La vida ante él*, le valió su segundo premio Goncourt, caso único en la historia de la vida literaria francesa. He aquí una vida muy movida que refleja una identidad compleja: puesto que vivió mucho tiempo en cinco países, puesto que no sólo escribió en francés sino también en inglés, ruso o polaco, puesto que firmó sus obras con, al menos, cuatro seudónimos (Romain Gary es uno de ellos), el hombre es inaprensible; no es una casualidad que se le hayan dedicado ya varias biografías. Podemos estudiarlo también en la perspectiva de sus proezas literarias, la pirotecnia verbal del estilo Ajar, el juego con las formas narrativas o su teoría de la novela «total». Por mi parte, en el pensamiento de Romain Gary quisiera buscar aclaraciones para las enigmáticas fórmulas de *Las cometas*. Es el pensamiento de un escritor que no escribe tratados filosóficos ni panfletos políticos, sino novelas y relatos autobiográficos.

El pensamiento de Gary no sufrió transformaciones importantes durante su carrera de escritor, que duró treinta y cinco años; el escritor logró simplemente «expresar completamente» lo que había empezado a decir ya en su primer libro, *La educación europea*, publicado en 1945, en su traducción inglesa primero, y luego en Francia. Varios rasgos sorprenden en esta primera novela. En principio el hecho de que, escrita de 1940 a 1943 por un combatiente activo, cuenta una experiencia sin relación directa alguna con la suya, puesto que describe la vida de los partisanos polacos escondidos en los bosques de los alrededores de Vilnius, abrumados por el hambre y el frío. Si recordamos que, los días que no escribía, su autor participaba activamente en la guerra, puede sorprender tanto la ausencia de espíritu heroizante como de odio hacia los enemigos; el verdadero enemigo de Gary parece ser, ya, el propio espíritu maniqueo. Lo dijo treinta y cinco años más tarde en *Las cometas:* «Estoy harto del blanco y el negro. El gris, sólo eso es humano».[1]

No es que, en *La educación europea*, Gary ignore en absoluto o atenúe las atrocidades nazis. Ahorcamientos, violaciones, torturas y crueldades ocupan un buen lugar. Se niega sin embargo a

---

1. *Les cerfs-volants*, p. 332.

declarar inhumanos a los alemanes y, por lo tanto, enteramente distintos a «nosotros», los hombres normales. No sólo todos los alemanes no son nazis: como el viejo Augustus, fabricante de juguetes musicales, o el joven soldado que deserta uniéndose a los partisanos. Sino que, sobre todo, incluso los que, entre ellos, actúan de modo inhumano no dejan por ello de comportarse como humanos, sin traicionar nuestra común naturaleza. «No sólo están los alemanes. Eso merodea por todas partes, desde siempre, en torno a la humanidad... En cuanto eso se acerca demasiado, en cuanto penetra en ti, el hombre se hace alemán... aunque sea un patriota polaco.» «No es culpa suya ser hombres.»[1] Sería demasiado simple que el mal estuviera encerrado en los nazis. El descubrimiento que hizo Gary en el mismo momento de la guerra es mucho más abrumador: al comportarse como lo hacían, los nazis revelaban una faceta de cualquier humanidad y de la nuestra también; vencer ese mal es mucho más difícil que triunfar sobre los nazis. Quienes ganaron la guerra sólo fueron vencedores ficticios, creyendo haber prevalecido sobre el mal, más ciegos aún, en realidad, ante el mal que estaba en ellos. Gary sabía ya que se hacían ilusiones quienes creían que esa guerra justa establecería la paz y la armonía en el mundo; sabía que la transformación de la humanidad, si acaso acontecía, no tardaría años sino siglos.

Esta revelación, sin embargo, no llevó a Gary ni a los personajes de su novela al pacifismo o al relativismo de los valores. El mal se encarnaba, en aquella época precisa, en el nazismo, y el primer deber de todos era combatirlo; pero había que hacerlo sin ilusiones. Los propios partisanos no eran santos, estaban –inevitablemente– contaminados por el mal contra el que luchaban. Fusilan al joven desertor alemán y al viejo Augustus: era necesario. Además, la victoria contra el enemigo sólo aportará una liberación provisional; la humanidad proseguirá su camino. Los hombres se agitan sin cesar como «patatas ciegas y soñadoras» en un saco, como hormigas llevando, infatigablemente, cada cual su pajita. «¿De qué sirve luchar y orar, esperar y creer?»[2]

1. *Education européenne*, pp. 76 y 86.
2. *Ibíd.*, pp. 261 y 282.

Ése es el mensaje inicial al que Gary fue fiel toda su vida. Pero supo hacerlo cada vez más claro. Observemos el ulterior despliegue de su pensamiento fijándonos en esas tres figuras capitales de cualquier relato moral que son el héroe, la víctima y el malhechor.

Hay que repetir primero que el propio Gary se comportó durante la guerra como un verdadero héroe; sin embargo, nunca quiso hacer de esta experiencia la materia de una novela. Apenas si lo evocó en su relato autobiográfico *Promesa del alba*, y por añadidura se demora más en las peripecias cómicas, humillantes incluso, de su experiencia. Otro episodio biográfico es revelador aquí. En 1976-1977, la cancillería de la Orden de la Liberación le pidió que realizara un libro sobre los Compañeros. Gary aceptó y se puso a trabajar: estableció un detallado cuestionario y lo mandó a todos los Compañeros; recibió casi seiscientas respuestas, inició una serie de entrevistas, encontró un editor. Pero, al cabo de un año, reconoció su derrota y renunció al proyecto. «No he logrado encontrar un modo –si es que existe– de abordar el sacrificio y el combate de los Compañeros», le escribe a su editor.[1] Es probable que las reflexiones suscitadas por este trabajo fueran recogidas en su última novela, *Las cometas* (Gary hizo de ellas una tirada especial para los Compañeros), pero ésta contiene, como *La educación europea*, episodios referentes a la Resistencia, no a la guerra. Y los resistentes, una vez más, no se muestran en ella como superhombres: su causa es justa, ciertamente, pero no dejan de ser por ello vanidosos o crueles; otro desertor alemán, aquí, tras haber fallado en su atentado contra Hitler, es empujado por ellos al suicidio.

¿Por qué esa negativa a describir los héroes? No es sólo que a Gary le repugnase hacer literatura con el sufrimiento y la muerte de su prójimo («No cayeron para lograr grandes tiradas»). Más profundamente, advirtió que el héroe es una encarnación de los valores que identificaba como «masculinos»: fuerza, valor, abnegación, capacidad de sacrificio (es Jean Moulin, es Pierre Brossolette, ídolos del narrador de *Gros-Câlin*). Gary estaba dispuesto a

---

1. F. Larat, *Romain Gary, un itinéraire européen*, Chêne-Bourg, Georg, 1999, pp. 52-54.

admirar a los héroes, pero no a olvidar el reverso de la medalla: esos mismos valores alimentan el machismo, responsable, por su parte, de los mayores males. Gary desaprueba: «La última cosa que necesita la juventud son las muertes ejemplares. La incitación al heroísmo es para los impotentes». Los héroes deben ser fuertes; ahora bien, dice asimismo: «Estoy contra los más fuertes».[1] El machismo, el deseo de dominar a los demás, de gozar a sus expensas, es lo que produce, desde hace milenios, guerras, exterminios, persecuciones. Es menos nocivo, pero no vale mucho más cuando adopta los rasgos de los políticos modernos o se encarna en la literatura americana, de Jack London a Hemingway.

Los héroes vencedores corren un riesgo particular: creer que han salido indemnes del combate en el que acaban de vencer al mal, que se han convertido en la encarnación definitiva del bien. La guerra contra los nazis se ganó, éstos son ahora universalmente condenados, ellos mismos comienzan a comprender que se habían convertido en agentes del mal. Los vencedores, en cambio, pueden seguir ciegos, encerrar el mal en «los demás» e ignorarlo en sí mismos. La buena conciencia puede jugarles una mala pasada. Por eso, concluía Gary en 1946, «cuando una guerra se ha ganado, los vencidos quedan liberados, no los vencedores». En buena lógica, el personaje principal de la novela donde figura esta frase, Tulipe, un judío escapado de Buchenwald que se oculta en Harlem, decide fundar un gran movimiento humanitario llamado «Plegaria por los Vencedores».[2] Años más tarde, en *La sociedad estallada* (1973), David Rousset formulará a su vez esta frase: «Lo terrible está en la victoria». *La educación europea* podía pasar aún, para algunos lectores, por un canto a la gloria de los combatientes antinazis; con *Tulipe*, su segunda novela, la confusión no es ya posible. ¿Debemos extrañarnos de que no tuviese, en 1946, el menor éxito?

La condición trágica del héroe consiste en que está obligado, para combatir eficazmente el mal, a utilizar los medios del enemigo. Gary nunca olvidará que, en el curso de una guerra como la

1. *La nuit sera calme*, Gallimard, 1974, pp. 109 y 235.
2. *Tulipe*, Gallimard, 1970, pp. 25 y 58.

que hizo, no sólo consiguió vencer a un adversario horrendo y abstracto, sino que mató a seres inocentes. Evoca el recuerdo so capa de irrisión en *Pseudo*, al hablar de sí mismo en tercera persona: «Durante la guerra él era aviador y asesinaba, desde muy arriba, a las poblaciones civiles».[1] En un breve texto redactado el año de su muerte, lo explica más ampliamente: «Las bombas que solté sobre Alemania, de 1940 a 1944, tal vez mataron en la cuna a un Rilke, un Goethe, un Hölderlin. Y, naturalmente, si debiera volver a hacerse, lo haría de nuevo. Hitler nos había *condenado* a matar. Ni siquiera las causas más justas son nunca inocentes».[2]

Poniéndose del lado de los débiles más que de los fuertes («soy un minoritario nato»),[3] Gary sentía una simpatía espontánea por las víctimas. Pero, al igual que no desempeñaba el papel del héroe (y sin embargo lo fue), tampoco quería ponerse el traje de la víctima (y hubiera podido serlo, como judío). Hay que precisar, pues, la naturaleza de ese sentimiento de simpatía.

En primer lugar, nada era más ajeno a Gary que aislar una categoría de víctimas para preferirlas a todas las demás. Gary se sabía judío por su madre, aunque ella le bautizara en la iglesia; ahora bien, nunca reivindicó la singularidad del sufrimiento de los suyos. En *Tulipe*, juega constantemente con la asimilación entre judíos y negros, víctimas de dos persecuciones muy distintas, sin embargo. «*Negro* o *negrata*. Dícese también: *judío*. Término general que designa a los seres inferiores nacidos del mono.» La persecución de los negros se inspira en un folleto titulado «Protocolos de los Sabios de Harlem»; en el desierto por el que vagan los personajes, la pancarta PROHIBIDA LA ENTRADA A LOS JUDÍOS está junto a la que dice NEGROES KEEP OUT.[4] La confusión continúa en otras novelas: la señorita Dreyfus, en *Gross-Câlin*, es una prostituta negra, originaria de la Guayana. Y en *La vida ante él*, el padre árabe de Momo declara: «El monopolio judío ha terminado, señora. Hay otra gente, además de los judíos, que tiene dere-

---

1. *Pseudo*, Mercure de France, 1976, p. 26.
2. Catálogo de la exposición, *Résistance et déportation*, 1980.
3. *La nuit*, p. 234.
4. *Tulipe*, pp. 20, 78 y 141.

cho también a ser perseguida».[1] En *La noche será tranquila*, Gary describe así su condición de adolescente extranjero en Francia: «Era yo entonces en el mediodía francés el equivalente a un argelino hoy»,[2] y a continuación, en el volumen, habla de buena gana de sí mismo como del «argelino». Sin duda no es un azar que el héroe de otra obra maestra como *La vida ante sí* sea un pequeño árabe de catorce años, la edad que tenía Gary cuando llegó a Francia.

Por otro lado, las víctimas deben compadecerse y socorrerse en su desamparo, pero esta experiencia no las inmuniza en absoluto contra la posibilidad de que desempeñen ellas mismas, más tarde, el papel de malhechores. El sufrimiento de las víctimas no les confiere ninguna virtud duradera. Los ejemplos de esta transformación abundan en la obra de Gary. En *Tulipe*, vemos la eclosión de una rama «sionista» del movimiento fundado por Tulipe (Plegaria por los Vencedores) pero que desnaturaliza de inmediato su sentido: se trata de «la apertura inmediata y sin condiciones de la tierra de África a la inmigración de sus hijos negros», que impediría así «cualquier intento de destruir la raza negra por una progresiva asimilación»; se crearía allí un ejército moderno «cada uno de cuyos oficiales debería probar que no tiene ni una gota de sangre aria en las venas».

El racismo no es propiedad exclusiva de ningún grupo. En otra página de *Tulipe*, se leen esos titulares de un diario americano: «"¿Son los *japs* seres humanos?" y, más abajo: "Harry Truman declara: El racismo será extirpado de Alemania y de Japón". Más abajo aún: "Disturbios racistas en Detroit. Varios muertos"». La carta de una muchacha de San Luis es también conmovedora: no consigue casarse con su amado, Billy Rabinovich. «Quiere casarse conmigo, pero sus padres le niegan el consentimiento porque tengo sangre negra en las venas. Soy de buena familia, mi hermano murió en el Pacífico a manos de los perros amarillos. Sin embargo, hicimos esa guerra para acabar con las discriminaciones raciales.»[3] Gary concluye, veinte años más tarde: «A fin de cuentas es triste

---

1. *La vie devant soi*, Gallimard, 1982, p. 196. [Hay trad. cast.: *La vida ante sí*, Barcelona, Debolsillo, 2008.]
2. *La nuit*, p. 26.
3. *Tulipe*, pp. 63-64, 22 y 83.

que los judíos comiencen a soñar en una Gestapo judía y los negros en un Ku Klux Klan negro».[1] O también, en una entrevista: «Voy a decirle algo horrible. Ser judío o negro no basta para protegerte de los alemanes, de los nazis».[2]

El tema de los negros, antiguas víctimas de los blancos que se apresuran, en cuanto pueden, a imitarles en su papel de agresores es explorado de modo detallado en *Perro blanco,* el segundo relato autobiográfico de Gary (después de *La promesa del alba*). La anécdota que le sirve de emblema y de trama es la siguiente: el narrador recoge un perro perdido pero advierte que ha sido adiestrado para atacar a los negros. Despechado, lo lleva a una perrera donde un guardián negro decide reeducarlo. Al finalizar el libro, el perro se arroja sólo sobre los blancos. El libro cuenta y analiza, con gran lucidez, las tensiones raciales en Estados Unidos, en 1968, antes y después del asesinato de Martin Luther King: el racismo blanco y el racismo negro, la violencia inicial y la violencia derivada, no más loable ésta que aquélla, aunque tenga menos medios a su disposición.

La situación no es muy distinta en el tercer mundo liberado de la dominación colonial, de la opresión ejercida por los europeos o los americanos. Waîtari, el jefe revolucionario africano de *Las raíces del cielo,* se parece demasiado a los prototipos europeos: «Este negro no era distinto a todos los demás tribunos revolucionarios que inscribían las palabras "libertad", "justicia" o "progreso" en sus banderas, al mismo tiempo que lanzaban a millones de hombres a los campos de trabajos forzados para hacerlos morir en la tarea».[3] Aquí alude a los comunistas, pero la comparación puede extenderse. En África, la piel negra no logra disimular a los políticos «muy de los nuestros», y es posible que sea preciso lamentar que los racistas no tuvieran razón: lamentablemente, los negros no pertenecen a otra especie. Lo mismo ocurre en el país de Amé-

---

1. *Chien blanc*, Gallimard, 1970, p. 218. [Hay trad. cast.: *Perro blanco*, Barcelona, Galaxia Gutenberg, 2018.]
2. K. A. Jelenski, «Entretien avec Romain Gary», en *Biblio*, marzo de 1967, p. 4.
3. *Les racines du ciel*, Gallimard, 1972, p. 382. [Hay trad. cast.: *Las raíces del cielo*, Barcelona, Debolsillo, 2008.]

rica Latina donde se desarrolla *Los devoradores de estrellas:* los dictadores locales, aun siendo de origen indio, intentan superar a los expulsados colonizadores y perpetúan de ese modo su presencia. «Los generales de piel negra o amarilla, en sus blindados, en sus palacios o tras sus ametralladoras seguirían, durante mucho tiempo aún, la lección que les habían enseñado sus maestros. Desde el Congo hasta Vietnam, seguirían fielmente los más oscuros ritos de los civilizados: ahorcar, torturar y oprimir en nombre de la libertad, del progreso y de la fe.»[1] Por lo demás, no necesitaban realmente esa lección: todos los hombres pertenecen, en efecto, a la misma especie. La esperanza no está de ese lado.

Por último, sucede a menudo que, una vez pasado el peligro, las víctimas reales se ven representadas por «víctimas» profesionales, o defensores habituales, que extraen su razón de ser del pasado sufrimiento de los demás. Gary recrea en *Perro blanco* jocosas escenas en las que los actores y demás ricas celebridades de Hollywood exageran su generosidad, en nombre de la buena causa: la protección de los negros. Ahora bien, sus motivos reales son muy distintos; esos actos buscan sobre todo su propio interés. Y más insidioso aún es que les permiten disimular su indiferencia para con el prójimo con el entusiasmo dirigido a unos seres lejanos: «Existe hoy una nueva casuística que os dispensa, a causa de Biafra, a causa del Vietnam, a causa de la miseria del tercer mundo, a causa de todo, de ayudar a un ciego a cruzar la calle».[2] Del mismo modo, los animadores de la organización humanitaria S.O.S. voluntarios, en *La angustia del rey Salomón*, encuentran en su acción, sobre todo, un consuelo de sí mismos. La víctima es inocente, su instrumentalización no lo es forzosamente: «El fin y el inicio de todos los grandes movimientos de la historia: una víctima».[3]

Llegamos ahora a quienes reconocemos, de entrada, como verdugos, agresores, malhechores. Gary no les busca nunca excusa, no predica la resignación ni la no resistencia al mal. Pero piensa

---

1. *Les mangeurs d'étoiles*, Gallimard, 1981, pp. 408-409. [Hay trad. cast.: *El devorador de estrellas*, Buenos Aires, Sudamericana, 1962.]
2. *Chien blanc*, p. 30.
3. *Tulipe*, p. 79.

que sus actos contienen una lección para el resto de la humanidad: le revelan su verdad. Tulipe, enemigo del mal, comienza redactando una «obra ideológica» titulada *Mi combate* (y no *Mi Lucha*), en la que demuestra que todas las desgracias de nuestra sociedad proceden de la raza blanca; escribe pues: «Lo que hay de criminal en el alemán es el blanco», y eso le permite englobar en un todo dos categorías de malhechores (y de víctimas). Pero su amigo, el tío Nat, un negro de Harlem, le corrige: «Lo que hay de criminal en el alemán es el hombre». Una «horrenda sospecha» se apodera del narrador: «¿El hombre es alemán?».[1]

El personaje principal de la siguiente novela de Gary, *El gran vestuario*, es un lamentable colaborador, Vanderputte; pensando de nuevo en él, más tarde, Gary declaró: «Descubrí posteriormente que el personaje del viejo representa para mí la humanidad».[2] En la obra de teatro que extrae de la novela, *La mitad buena*, otro personaje, el argelino Raton, dice a su amigo Luc: «¿Sabes cuántos millones de bereberes hay en el mundo? Tres mil millones».[3] El propio Luc, adolescente de catorce años, hijo de un Compañero de la Liberación muerto, renuncia a ser distinto de los demás y dispara contra Vanderputte: «Ya sólo me quedaba someterme y regresar, por fin, al seno de una cobarde complicidad, de una gran culpabilidad acogedora».[4] Nadie tiene derecho a la inocencia eterna.

La misma idea obsesiva aparece en las siguientes novelas. «Los nazis, Stalin, terminaron, a fin de cuentas, por darnos la idea de que la verdad sobre el hombre tal vez estuviera entre ellos, y no en los verdes campos de Eton», se lee en *Las raíces del cielo*.[5] Es, finalmente, uno de los grandes temas de *Las cometas:* es demasiado fácil reducir Alemania a sus crímenes, Francia a sus héroes. «Comprendía de pronto que se utilizaba mucho a los alemanes e incluso a los nazis para cubrirse. Una idea había venido, desde hacía mucho tiempo, a

---

1. *Ibíd.*, pp. 85 y 90.
2. *Jelenski*, p. 9.
3. *La bonne moitié*, Gallimard, 1979, p. 141.
4. *Le grand vestiaire*, Gallimard, 1985, p. 303; N. Huston, *Tombeau de Romain Gary*, Arles, Actes Sud, 1995.
5. *Racines*, p. 95.

alojarse en mi espíritu, de la que me costó mucho desembarazarme después y de la que, tal vez, nunca me he desembarazado por completo. Los nazis eran *humanos*. Y lo que de humano había en ellos era su inhumanidad.»[1] Mientras no se haya reconocido esta humanidad del hombre y, por lo tanto, nuestro parentesco con el mal, seguiremos en la mentira piadosa. Puesto que lo niega, Gary nunca supo odiar bien a sus enemigos ni ser, pues, un verdadero «animal político».

No se trata de confundir verdugo y víctima. Cada acción merece un juicio distinto. Los seres que están tras esas acciones, en cambio, no se hallan separados por abismos. Y ni siquiera podemos consolarnos diciéndonos que nosotros mismos no hemos hecho nada malo. Todos hemos estado presentes en la realización del mal y no hemos sabido impedirlo. Estigmatizamos a los alemanes que se dedicaban tranquilamente a sus ocupaciones diarias en los confines de los campos de concentración; pero, a nuestro modo, «vivimos todos en el pueblo de al lado, [...] y no importa que el resto del mundo siga siendo un inmenso campo de muerte lenta».[2] Hay grados en el sufrimiento; pero no deja de ser cierto que «todos seguimos siendo culpables de no asistencia a personas en peligro».[3]

Bien y mal cohabitan en la misma persona. Gary juega con la imagen de su propia dualidad, diciéndose judío por parte de madre, cosaco por parte de padre (desconocido): el autor de los pogromos y su víctima habitan, pues, en el mismo individuo. De ahí, también, el paradójico nombre del personaje de un libro central, *La danza de Gengis Cohn*, medio judío del gueto, medio conquistador mongol. Estas dos mitades pueden encarnarse también en los miembros de una pareja: como la del judío Salomón, rey de la confección, y la cantante de variedades Cora, culpable de colaboración con los alemanes *(La angustia del rey Salomón)*.

Quien rechaza el relato heroico como relato de la víctima, quien renuncia a pensar que el mal está exclusivamente reservado a una categoría de hombres y el bien a otra, está condenado al

1. *Les cerfs-volants*, p. 278.
2. *Tulipe*, p. 30.
3. *L'angoisse du roi Salomon*, Gallimard, 1987, pp. 74-75. [Hay trad. cast.: *La angustia del rey Salomón*, Barcelona, Debolsillo, 2008.]

relato trágico. Y a lo largo de toda la obra de Gary se escuchan los ecos de la tragedia. Sabe que los rostros humanos ordinarios están impregnados de odio y de desprecio, sabe que él mismo es un hombre ordinario; el resultado de este saber no es el odio del mundo ni tampoco la resignación, sino la cólera. «Tanta vergüenza, tanta rabia suben a mi corazón que éste pierde derecho a su nombre. Contra *ellos*, contra *vosotros*, contra *nosotros*, contra mí mismo.»[1] Pero esta cólera no siempre puede desembocar en la acción, pues ninguna acción puntual podría cambiar la identidad humana. «Para lo esencial, no hay respuesta.»[2] ¿Cómo podemos esperar, entonces, más que desesperar de todo? Algunos días ya no se puede, y sin duda fue en uno de esos días cuando Gary cerró sus labios en torno al cañón de su revólver, aunque, como cualquier suicidio, el suyo no tuvo una sola razón. Sin embargo hay ahí una lógica; ¿no escribió acaso, ya en 1946: «El gesto más despectivo que puede hacer un hombre es seguir vivo»? ¿El gesto más respetuoso que podamos hacer será acaso el de darnos muerte?

No es eso, sin embargo, lo que dice la obra de Romain Gary: es trágica, ciertamente, pero vibrante también, de gozo y de vida. Gary renunció a cantar el elogio de los héroes, a sufrir complacientemente con las víctimas, a estigmatizar orgullosamente a los malvados; pero encontró otros personajes, otros sentimientos que le permitieron expresar su amor por el mundo. Esto es, incluso, lo que le distingue de otros escritores, contemporáneos suyos, que se limitan a escribir lo absurdo del mundo y la negrura de la naturaleza humana. «Sería necesario algo distinto al fin del mundo para matar el valor», escribe en *Tulipe*.[3] ¿Cómo lo hizo para no hundirse enseguida? Hay de entrada, en el novelista Gary y en algunos de sus personajes, una inmensa capacidad de comprender e, incluso, de amar a los seres más insignificantes, a los más despreciables incluso. Éste es el precepto del padre de Luc, en *El gran vestuario,* ese Compañero de la Liberación al que mataron los nazis: «No hay mayor peligro acechándonos que la extraña dificultad que tenemos en reconocer al hombre en el hombre, y

---

1. *Résistence et déportation, op. cit.*
2. *La nuit,* p. 13.
3. *Tulipe,* pp. 162 y 105.

sólo la piedad, a veces, nos revela su presencia a nuestro alrededor. Está por encima de las confusiones, al abrigo de los errores y las verdades, es nuestra identidad profunda».[1] Los hombres no merecen ser admirados, pero tienen necesidad de amor. Por eso, en una página memorable de *La promesa del alba*, Gary se compromete a pronunciar el nombre del insignificante señor Piekielny cada vez que se encuentre con una personalidad importante;[2] por ello, también, convierte al traidor Vanderputte y a la colaboracionista Cora en encarnaciones de la humanidad. «Toda mi obra –escribió en *La noche será tranquila*– está hecha de respeto por la debilidad.»[3]

La dignidad de los hombres no procede, sin embargo, sólo de este amor y esta compasión que otro puede concederles (presentes también en el cristianismo); procede también del interior de ellos mismos. Y es que los hombres, aunque estén hechos todos de la misma madera, no están por ello hechos de una sola pieza. El miedo, la tontería, la mezquindad, el orgullo son cosa nuestra; pero no sólo eso. En cada uno de nosotros yace otra aspiración, para la que Gary emplea metáforas que unen lo alto y lo bajo, como «las raíces del cielo» o «los ciervos-voladores [denominación francesa de las cometas]», y que no es sino la capacidad de los hombres para arrancarse de sí mismos y actuar en nombre de un ideal; dicho de otro modo, ejercer su libertad. «El islam llama a eso "las raíces del cielo"; para los indios de México, es "el árbol de la vida", que les impulsa a unos y otros a caer de rodillas y levantar los ojos golpeándose el pecho en su tormento [...]. Intentan arreglarse entre sí, responder ellos mismos a su necesidad de justicia, de libertad, de amor.»[4] Sin este impulso, el hombre es sólo una especie animal entre otras. «A partir del momento en que se suprime, en el hombre, la parte de poesía, la parte de imaginación, ya sólo eres pura carnaza.»

Sin embargo, la necesidad de justicia y de libertad puede adoptar formas diversas. Una de ellas es, precisamente, el combate de

---

1. *Le grand vestiaire*, p. 291.
2. *La promesse de l'aube*, Gallimard, 1980, pp. 58-60. [Hay trad. cast.: *La promesa del alba*, Barcelona, Debolsillo, 2008.]
3. *La nuit*, p. 102.
4. *Racines*, p. 222.

los héroes, pero Gary conoce muy bien sus celadas. No deja de combatir, de regar con bombas el territorio enemigo y, sin embargo, sus preferencias se dirigen a otra forma de humanidad, a saber, el amor. Por esta razón Gary intenta promover lo que denomina los valores «femeninos», cuya primera encarnación es el amor materno. «El hombre –es decir la civilización–, comienza en las relaciones del niño con su madre»; y, en *La promesa del alba,* Gary nos dejó un retrato inolvidable de su propia madre. Puesto que el niño aprende a amar a su madre, será luego un ser humano capaz de amar, un ser humano a secas. Éstos son los valores «femeninos»: dulzura, ternura, compasión, no violencia, respeto por la debilidad. Son los mismos que ponía de relieve Vasili Grossman. Ambos escritores conceden al amor materno un lugar semejante, emblema de lo más humano que hay en el hombre.

Estos valores fueron también asumidos por el cristianismo –o, más bien, fueron unidos a la imagen de un hombre, Jesucristo–, y por eso Gary quiere a ese personaje, aunque sea resueltamente agnóstico. Jesús no es Dios, es sólo un hombre, pero es la primera y más alta encarnación de estos valores. «El cristianismo es la feminidad, la compasión, la dulzura, el perdón, la tolerancia, la maternidad, el respeto por los débiles; Jesús es la debilidad.» O, en cualquier caso, ésa era la idea cristiana original, antes de que esta religión se convirtiese en un pretexto para cruzadas e inquisición, para perseguir las herejías, para la pudibundez y los pogromos. El Jesús de Gary recupera la idea original: «Era la primera vez en la historia de Occidente que un hombre se había atrevido a hablar como si hubiera maternidad».[1] Es por esta razón que *Tulipe* está recorrida de cabo a rabo por reminiscencias de Jesús («el verdadero nombre de Tulipe habría sido Jesucristo, o Grito, de la palabra arcaica *crier,* "pedir socorro"»)[2] o que Gengis Cohn aparece al final del libro aplastado por una enorme cruz.

¿Tiene el amor un lugar aún en tiempos de guerra? Gary cuenta que enmarcó una carta de su madre, escrita mientras él estaba en Inglaterra, donde ésta le dijo adiós y le recomendó que siguiera

---

1. *La nuit,* pp. 229, 104, 228 y 230.
2. *Tulipe,* p. 17.

siendo «*sil'nyj i krepkij*». La primera palabra significa «fuerte» en ruso; el propio Gary traducirá la segunda como «resistente».[1] La fuerza de los débiles es la resistencia, forma de combate preferida por Gary: no por casualidad escribió dos novelas sobre la Resistencia y ninguna sobre la guerra. Esta resistencia activa será también, en un contexto muy distinto, el tema de *Las raíces del cielo*. Morel es un antiguo resistente francés; deportado en un campo, descubre cierto día que la humanidad comienza en el amor, el amor que se siente por los hombres más humildes pero también por los animales, e incluso por los abejorros. Aquel día, a pesar de la fatiga y el agotamiento, se arrodilla y vuelve a poner de pie un abejorro caído de espaldas. Coincidencia reveladora: en aquel mismo año 1955, cuando Gary escribe *Las raíces del cielo,* Vasili Grossman termina un relato titulado *Tiergarten,* cuyo personaje principal ha comprendido que era preciso aprender a respetar incluso las lombrices: durante los bombardeos de Berlín, aparta del camino los gusanos pues podrían ser aplastados. Por lo que a Morel se refiere, tras abandonar el campo, se jura que permanecerá fiel a ese respeto por la vida, incluso por la de los perros o, años más tarde, en África, por la de los elefantes. La historia que cuenta el libro es, precisamente, el combate de Morel para salvar los elefantes, un combate que le exige ser aguerrido pero no estar endurecido, seguir siendo *krepkij,* un resistente que conoce la debilidad.

Es también la interpretación que Gary da al personaje de Charles de Gaulle, del que es un admirador indefectible. Para él, De Gaulle no es un héroe de acero sino un hombre que asume su debilidad. «De Gaulle, tanto en 1940 como hoy, es hasta cierto punto, a su modo, Morel y los elefantes.»[2] ¿De dónde procede el parecido entre ambos? Lo que atrae a Gary hacia De Gaulle es, entre otras cosas, su faceta estrafalaria, excéntrica, desesperada: en 1940, un militar casi desconocido desembarca en Londres y declara que, en adelante, representa a Francia. «De Gaulle era, para mí, la debilidad que dice "no" a la fuerza, era el hombre solo

---

1. F. Larat, *op. cit.*, p. 46; *La nuit,* p. 231.
2. *Racines,* p. 162.

en su debilidad absoluta.»[1] El De Gaulle que le gusta a Gary es un Don Quijote intrépido, el que practica la desobediencia cívica porque obedece un orden superior. U, otro paralelismo, el equivalente a Solzhenitsin en los años setenta: un becerro que intenta sacudir el poderoso roble.

En esta misma serie, por fin, se inscriben el pastor André Trocmé, su mujer Magda y los demás habitantes de Chambon-sur-Lignon, como los evoca Gary en *Las cometas*. Aquellos hombres y mujeres no combatieron, durante la guerra se consagraron a otra tarea: salvar a los judíos perseguidos; consiguieron librar de la muerte a varios miles de ellos. Ésta es la acción que supera a todas las demás, la que lleva a Gary a escribir: «Nada mejor puede decirse». Es la resistencia de los débiles, el amor en marcha.

No es sólo porque haya en los hombres, junto a su inhumanidad, una capacidad para mirar el cielo, para amar y resistir —que Gary consigue, la mayoría de las veces—, para no dejarse vencer completamente por la desesperación. Es también porque, más allá de todas las razones y todas las justificaciones, es capaz de sentir en sí un amor al mundo y una alegría de vivir. No es en ello distinto a los demás hombres; pero el hecho de saberlo y decirlo le separa de sus contemporáneos, especialmente de aquellos que sólo ven la negrura del mundo y la pequeñez de los hombres, que no consiguen desprenderse del sufrimiento y el mal, y abruman, de este modo, un poco más aún a sus contemporáneos.

Es el reproche que hace Gary a algunos escritores de su tiempo, practicantes de la «literatura de la desgracia»: «Dirigiendo así todos los focos de la "toma de conciencia" hacia el dolor, se renuncia a lo total para caer en lo totalitario», interpretemos: cierran los ojos ante la multiplicidad propia de los seres humanos para reducirlos a una sola faceta de su expediente. «Este modo de encerrar a las masas en su sufrimiento es una mentira», pero no sólo eso, también contribuye a aumentar ese sufrimiento. Lo que esa mentira omite es «la experiencia más importante del ser, lo que permite que la vida prosiga y las civilizaciones sean proseguidas, y que es la alegría de existir». Al pensar en los hombres, aun en los

---

1. *La nuit*, p. 20.

más menesterosos, no debemos olvidar que «su condición, incluso la más extrema, está siempre cruzada por relámpagos de gozo, de inefable comunión con la alegría de ser»...[1]

En eso se reconoce la verdadera generosidad de espíritu de Gary: en su capacidad para admirar las manifestaciones de lo humano en todos y cada uno, incluso en quienes no suelen mirar al cielo ni conocen los éxtasis del espíritu. Haber tenido acceso a esa verdad de la condición humana le permite superar el desaliento; y sus propios libros, por su humor y su alegría, nos hacen partícipes de este gozo de existir. Incluso cuando el contenido es desesperanzador –de *La educación europea* y *Tulipe* hasta *La vida ante él* y *Las cometas*–, el amor de la vida los habita y nos aprovechamos de ello: el relato nos arrastra, los personajes son chuscos y cautivadores, la emoción nos pone un nudo en la garganta. Gary hizo a sus lectores un don de vida, hasta el día en que, siendo ya incapaz de sentir la alegría de ser, se retiró. Por eso se equivocan quienes declaran que la poesía no debe ya existir después de Auschwitz. Aceptar semejante idea es adoptar la lógica empobrecedora de los propios totalitarios. El hombre total –el hombre a secas– necesitará siempre poesía y música, versos y relatos. «Novela no ha muerto», dice la dedicatoria de *Gros-Câlin* de Gary a Malraux.

¿Cuál es, entonces, la memoria a la que dedicó su última novela? Gary nunca quiso intimidar a sus contemporáneos con la idea de un «deber de memoria» generalizado. No podríamos recordarlo todo ni, por lo demás, olvidarlo todo: los recuerdos dolorosos están ahí, aunque nos gustaría mucho prescindir de ellos. Y lo que decidimos, conscientemente, conservar, es lo que más nos complace: no hay en ello un gran mérito. Sin embargo, el pasado no debe ocultar el presente. «Me horroriza el estilo ex combatiente a perpetuidad. La vida está hecha para comenzar de nuevo. No me reúno, no conmemoro, no vuelvo a encender.» A Gary tampoco le gustan las imágenes piadosas, ni siquiera las de los grandes hombres. «Me horrorizan las reliquias. Pienso que las reliquias, ya sean las de Marx, de Lenin, de Freud, de Charles de Gaulle o de

---

1. *Pour Sganarelle*, Gallimard, 1965, pp. 324-325.

Mao, son siempre nefastas.» Eso no implica en absoluto que sea preciso evacuar el pasado: «Está en mí y es yo».[1]

En *Las cometas*, Gary vuelve varias veces sobre el tema de la memoria. Primero, porque la familia del narrador está dotada de una memoria fenomenal, «histórica», que permite a Ludo entregarse a vertiginosos cálculos mentales o a aprender de corrido la guía de los ferrocarriles. Pero no es esta capacidad prodigiosa lo que se saluda en la primera página de la novela. La memoria, tal como se admira en el libro, es una memoria selectiva; consiste en retener del pasado lo que nos enseña a vivir en el presente.

El tatarabuelo de Ludo padecía ya de una «memoria histórica»: sabía recitar de memoria la Declaración de los Derechos Humanos. Tener buena memoria es el equivalente de la divisa del profesor de francés de Ludo: «Conservar la razón de vivir». Recordar es seguir siendo digno del propio ideal, no deshonrarlo. Durante la guerra, para Ludo, conservar la memoria es entrar en la Resistencia. No fue el único por aquel entonces: otro vivió como él «enteramente de memoria, y fue De Gaulle en Londres». Fidelidad al ideal o fidelidad a la persona: a través de las numerosas pruebas de la guerra, Ludo guardará en su memoria a Lila, y le será fiel, no sólo porque es su único amor (Lila conoce a muchos otros hombres y, sin embargo, también sigue siéndole fiel), sino porque mantiene intacta en sí su fe en ella. Las dos fidelidades, a los seres y a los principios, acaban reuniéndose y también en eso es ejemplar Le Chambon, porque se salvan allí vidas humanas individuales: es un lugar, dice Gary, de «alta fidelidad».[2]

La memoria permite, pues, evocar, en un solo impulso, las dos virtudes humanas más altas: la justicia y el amor; por esta razón merece el lugar de honor que Romain Gary le reservó.

---

1. *La nuit*, pp. 108 y 155.
2. *Les cerfs-volants*, pp. 18, 21 y 207.

6
LOS PELIGROS DE LA DEMOCRACIA

> Y ella, la joven madre, con su hijo en los brazos, marchará hacia su destino; cuando advenga la nueva generación humana, verá en el cielo una luz fuerte, deslumbradora: la primera explosión de la bomba de hidrógeno, anunciando el comienzo de una guerra nueva, total.
>
> Vasili Grossman,
> *La Madona sixtina*

LAS BOMBAS DE HIROSHIMA Y NAGASAKI

El fin de la Segunda Guerra Mundial está marcado por dos episodios de sentido distinto. Por una parte, la forma más horrenda, la más excesiva del totalitarismo, el nazismo, es vencida y aniquilada. Por otra parte, el país que dirige la coalición de Estados democráticos, Estados Unidos, hace uso, ya al final de la guerra, de un arma nueva, terrorífica, de un incomparable poder de destrucción, la bomba atómica.

Cuando Renan, tras la guerra franco-prusiana, intentaba imaginar el Estado cientificista, prefiguración del Estado totalitario, veía cómo el terror sustituía a la política interna, mientras que la política exterior debía ser transformada por la intervención de un arma absoluta, capaz de «destruir el planeta». Ahora bien, aunque los Estados totalitarios, la Unión Soviética y la Alemania nazi, instalaron efectivamente un régimen de terror, fue el Estado democrático por excelencia, Estados Unidos, el que puso a punto el arma absoluta y decidió inmediatamente utilizarla. La ejecución de los enemigos del interior, en Alemania y en Rusia, sólo exigía el uso de medios primitivos, artesanales, conocidos por el género humano desde hacía décadas, si no siglos: el fusilamiento, el envenenamiento por gas, el deterioro por el hambre y el frío. La ejecución de los enemigos de la democracia movilizó la contribución de los mayores sabios del planeta, implicó progresos tecnológicos fulgurantes. Los Estados totalitarios matan a causa de sus fundamentos cientificistas; los Estados democráticos matan con la ayuda de sus prácticas científicas.

La comparación puede parecer desplazada. Aunque aquí y allí hubo muertes, su sentido es por completo distinto. En la Unión

Soviética, los «enemigos» eran ejecutados para adecuarse a las presuntas leyes de la Historia y consolidar el poder del Partido o de su guía; en Alemania, lo fueron para que la humanidad quedara purificada de sus parásitos y se fortaleciera el poder del Partido y de su guía. En cambio, las bombas atómicas fueron arrojadas sobre las ciudades japonesas de Hiroshima y Nagasaki para que terminara la guerra y reinara la paz, para derribar un régimen, si no totalitario, sí al menos militarista, represivo y agresivo: cualquier escolar lo sabe. Se mató, allí, en nombre de lo que nos parece una encarnación de la justicia y, aquí, en nombre de la justicia: la diferencia debiera ser enorme. Por lo demás, el uso de las bombas atómicas produjo el efecto esperado: algunos días después, Japón firmó su capitulación incondicional y la Segunda Guerra Mundial terminó por fin.

Más exactamente, la interpretación que se impuso después de la guerra, en Estados Unidos y entre los Aliados, fue la siguiente. El imperativo político es claro: para poner punto final a la guerra, Japón debe ser vencido. Como este país no sólo se había convertido en culpable de hacer la guerra, sino también de haber practicado la tortura, oprimido y maltratado a las poblaciones sometidas y provocado innumerables muertes al margen del campo de batalla, la victoria en sí misma no era ya suficiente. Japón no sólo debía ser vencido sino castigado, su aparato de Estado, su jerarquía militar debían ser desmantelados. Para ello, Estados Unidos exigió, no sólo el cese de la agresión, sino la capitulación incondicional. Ahora bien, ahí tropezaban las conversaciones: Japón aceptaría capitular, pero no de modo incondicional, porque querría poder conservar sus estructuras tradicionales y, especialmente, esa institución fundamental que es el emperador. Al rechazar, pues, esa exigencia, el poder militar japonés eligió el único camino que le quedaba, el combate a muerte. Éste iba a provocar, es cierto, el exterminio del ejército japonés, pero también infligiría graves pérdidas al ejército adversario, como sabían los americanos desde las sangrientas batallas de Okinawa.

De acuerdo con una fórmula habitualmente empleada después de la guerra, lanzar las bombas atómicas causó, es cierto, la pérdida de vidas japonesas (aproximadamente ciento cuarenta mil el 6 de agosto de 1945, en Hiroshima; setenta mil, el 9 de agosto en

Nagasaki; al cabo de unos años, estas cifras fueron, respectivamente, de ciento ochenta mil y ciento cuarenta mil), pero permitió salvar numerosas vidas americanas que habrían sido sacrificadas en la ofensiva: un millón es la cifra que suele manejarse. Un historiador americano muy conocido, que por aquel entonces era soldado en Europa pero podía ser transferido al Pacífico en previsión de la mortífera ofensiva, escribió (en 1981) un ensayo de elocuente título: *Gracias a Dios por la bomba atómica*,[1] y es comprensible: cree deber su vida a las explosiones nucleares.

A decir verdad, el argumento de las muertes probables pero evitadas no parece del todo convincente. Presupone un rigor en el desarrollo de la historia que ésta no conoce. No podemos contabilizar los muertos virtuales: el curso de los acontecimientos habría podido bifurcarse de un modo muy distinto. Durante su proceso por crímenes contra la humanidad, Paul Touvier, uno de los jefes de la Milicia en Lyon bajo el gobierno de Vichy, intentó disculparse utilizando el mismo razonamiento. La Gestapo, decía, exigió la ejecución de treinta rehenes, como represalia por el asesinato de un ministro miliciano, Philippe Henriot; ahora bien, él, Touvier, consiguió reducir la cifra a siete. En vez de juzgarlo por crímenes contra la humanidad, debieran, por el contrario, considerarle un benefactor del género humano y agradecerle que hubiera salvado veintitrés vidas. Si entráramos en este razonamiento, podríamos añadir: ¿por qué limitarnos sólo a veintitrés, aquí, y a un millón, allá? Los hijos por venir de esas personas respetadas deben también la vida al mismo gesto. Sin las bombas atómicas, varios millones de americanos nunca hubieran visto la luz. Lamentablemente, de acuerdo con el mismo cálculo, éstas mataron a millones de seres humanos virtuales (aunque japoneses, es cierto). Semejante razonamiento desemboca rápidamente en el absurdo.

Otro interrogante conmocionó la certidumbre de la explicación tradicional. Pues, evidentemente, es posible preguntarse: ¿realmente era indispensable la capitulación incondicional? Y, si lo era, ¿soltar bombas atómicas sobre las ciudades japonesas era el único me-

---

1. Paul Fussell, *Thank God for the Atomic Bomb*, Nueva York, Summit Books, 1988.

dio de obtenerla? La primera pregunta merece ser planteada pues, tras la capitulación, los americanos decidieron finalmente mantener la institución del imperio, algo que solicitaba el gobierno japonés como condición para su rendición voluntaria. Y si se estaba dispuesto a aceptar la fórmula, ¿por qué las bombas? Por otra parte, la capitulación incondicional podía llegar, de todos modos, tras otro acontecimiento importante: a comienzos del mes de agosto de 1945, la Unión Soviética, neutral hasta entonces, decidió declarar la guerra a Japón (el anuncio oficial se produjo el 8 de agosto), lo que hizo realmente desesperada la situación de éste. Sin embargo, sin dejar que el mando japonés tuviera tiempo de digerir las lecciones de la nueva situación, el Estado Mayor americano decidió: había que bombardear inmediatamente. Todo ocurrió como si los americanos quisieran que la guerra se ganara gracias a su intervención, no a la de los soviéticos.

Por último, la capitulación incondicional habría podido obtenerse con una explosión atómica experimental, lejos de cualquier blanco civil, a la que habrían asistido los sabios y militares japoneses: imaginamos que la demostración habría sido lo bastante elocuente. Con el mismo espíritu, podemos observar que, aunque Hiroshima fuese declarada necesaria, nada justificaba lo de Nagasaki, tres días más tarde: la demostración se había hecho ya; bastaba con aguardar sus efectos.

Pero si las bombas no eran necesarias ni para terminar la guerra ni siquiera para obtener la capitulación incondicional, si no puede atribuírseles el generoso papel de salvadoras de vidas americanas, ¿por qué las lanzaron? Debe de haber una razón imperativa para tachar de un plumazo la vida de trescientos mil habitantes de las ciudades japonesas. Desde hace casi cuarenta años los historiadores americanos[1] han planteado esta pregunta, y le han dado respuestas que, a falta de sencillez, parecen sin embargo acercarse más a la verdad de lo que lo hacía la leyenda que corrió tras la victoria. La razón, en efecto, no es una sino plural.

---

1. Gal Alperovitz, *Atomic Diplomacy,* Nueva York, Simon and Schuster, 1965; *The Decision to Use the Atomic Bomb–and the Architecture of an American Myth,* Nueva York, Knopf, 1995.

El presidente Truman y sus más cercanos consejeros eran seres humanos como los demás; actuaron bajo la presión de una serie de factores, cuyo respectivo poder es difícil de evaluar: la conjugación de estos factores llevó a la decisión. El más poderoso, muy probablemente, no se refería en absoluto a Japón sino que residía en las nuevas relaciones con la Unión Soviética. Antes incluso de la victoria final sobre Alemania, el acuerdo entre los miembros de la coalición antifascista estaba muy lejos de ser perfecto. Tras esa victoria, el futuro conflicto comenzó a dibujarse: los antiguos Aliados se convertían en rivales en el nuevo reparto del mundo. Roosevelt seguía mostrándose benevolente con los soviéticos, deseaba incluso compartir con ellos el secreto de su nueva arma. Truman, que acababa de ocupar su lugar, no había seguido el mismo recorrido político y era mucho más sensible a las presiones del entorno, que veía en la Unión Soviética el mayor peligro para Estados Unidos. Era ya hora de impresionar al «tío Joe» (Stalin) y mostrarle de qué lado estaba el verdadero poder. Así se pondría un freno eficaz a sus ambiciones expansivas: dudaría antes de enviar las columnas blindadas del Ejército Rojo a la conquista de la Europa occidental. Y el efecto deseado se obtuvo, el final de los años cuarenta no vivió agresiones soviéticas. Ya conocemos el resto: debidamente impresionado, Stalin quiso a toda costa procurarse, a su vez, el arma nuclear. Cuando lo logró, se instauró una situación de doble disuasión, de la que podríamos decir, inspirándonos en el cálculo precedente, que ahorró millones de vidas. ¡La bomba de Hiroshima habrá sido aún más benéfica para la humanidad de lo que al principio se creía! No deja de ser cierto que, desde este punto de vista, los habitantes de Hiroshima y Nagasaki pagaron por los de Nueva York, París y Londres.

Un segundo conjunto de razones está, en cambio, directamente vinculado a Japón y a la historia inmediata. Pearl Harbor era vivido, con razón, como una humillación, como una afrenta que había que lavar (se ignoraba por aquel entonces que había sido *deseado* también por Roosevelt, para influir en una opinión pública mayoritariamente no intervencionista, favorable a Hitler incluso, y poder así entrar en guerra junto a los Aliados). Por mucho que se reivindique siempre la justicia, la venganza no suele estar nunca muy lejos de estas expediciones punitivas. Éstas parecían tanto más justificadas cuanto los relatos de las atrocidades japonesas cometidas en los países ocupados estaban presentes en todas las memorias se añadían a las revelaciones sobre los crímenes nazis para crear un clima propicio al castigo. A decir verdad, eso no hace más legítimo este castigo, como observaba Grossman: «Ni este niño de cuatro años ni su abuela comprendieron por qué les incumbía, a ellos precisamente, rendir cuentas por lo de Pearl Harbor y lo de Auschwitz».

En la perspectiva de la humanidad, si podemos hablar así, tal vez hubiera sido mejor hallar una solución al conflicto sin multiplicar el número de víctimas; en la perspectiva del honor nacional (americano) escarnecido, nada como un buen castigo: ¡que quien ha dado muerte, la sufra! Sabemos que, hoy todavía, el sistema judicial americano funciona de acuerdo con este principio bárbaro. Eso explica, sin duda, por qué los consejeros de Truman rechazaron la idea de una utilización puramente demostrativa de la bomba y prefirieron destruir dos ciudades. Por lo demás, Tokio había sido ya objeto de un bombardeo especialmente mortífero, el 10 de marzo de 1945 (cien mil muertos) y fue incluso bombardeado después de Nagasaki, el 14 de agosto de 1945, cuando la capitulación ya era sólo cuestión de horas.

Una tercera explicación del bombardeo atómico reside en el racismo antijaponés corriente, por aquel entonces, en Estados Unidos; racismo puesto de relieve, recordémoslo, por Romain Gary y analizado detalladamente, después, por los historiadores.[1] Este racismo se manifestaba tanto en la prensa popular como en los que tomaban decisiones en Washington que, entre sí, sólo designaban a los japoneses con el término peyorativo de *japs*. La propaganda americana los representaba como perros, cerdos o monos, animales rabiosos que sólo merecían el exterminio. El presidente Truman, defendiéndose, después de Nagasaki, del reproche de haber matado también civiles, escribe: «Cuando te las ves con una bestia *[beast]*, hay que tratarla como a una bestia». El hecho de que la bomba fuera utilizada contra no europeos, no

---

1. John Dower, *War Without Merci: Race and Power in the Pacific War*, Nueva York, Pantheon, 1986.

blancos, no escapó a la comunidad negra de Estados Unidos, sensible a la cuestión del racismo. El poeta Langston Hughes escribió, el 18 de agosto de 1945: «¿Por qué no ha sido utilizada la bomba contra Alemania? Querían, sencillamente, no utilizarla contra gente blanca. Los alemanes son blancos. De modo que han esperado a que la guerra terminara en Europa para probarla con gente de color. Los *japs* son gente de color».[1]

Finalmente, un cuarto conjunto de razones que justifica el uso de la bomba atómica nada tiene que ver con Japón y los japoneses, ni con la geopolítica y la rivalidad con los rusos; es efecto del propio impulso que llevó a la fabricación de la bomba. Sabemos que la decisión inicial de trabajar en su realización la provocó el temor a que Hitler fabricase una por su parte. Pero, ya en 1943, los servicios de información aliados dejaron establecido que Alemania había dejado de lado el proyecto (apoyaba más bien el desarrollo de los misiles). Sin embargo, las investigaciones sobre el dominio de la reacción nuclear prosiguieron en Estados Unidos. Los físicos relegaron al fondo de su conciencia el tema de la justificación última y estaban ya movidos, entonces, por el deseo de resolver un problema técnico de extraordinaria complejidad. Robert Oppenheimer, que dirigía el proyecto, explicó unos años más tarde: «A mi entender, cuando se ve algo que es técnicamente seductor [*sweet*], te lanzas y lo haces; las preguntas sobre lo que se hará con ello sólo se hacen después de haber obtenido el éxito técnico. Así ocurrieron las cosas con la bomba atómica».[2]

El pensamiento instrumental, del que ello es un elocuente ejemplo, impone este encadenamiento: si una cosa es posible, debe hacerse real; si un instrumento existe, debemos utilizarlo. En ningún momento interviene la interrogación sobre los fines últimos, sobre las razones de actuar como se actúa. La técnica parece decidir por nosotros: consumamos lo que ella hace posible, en vez de que nos sirva para realizar lo que consideramos útil.

---

1. Citado por E. Linenthal y T. Engelhardt, eds., *History Wars*, Nueva York, Metropolitan Books, 1996, pp. 86 y 272.
2. Citado en Jonathan Glover, *Humanity*, Londres, Jonathan Cape, 1999, p. 103. [Hay trad. cast.: *Humanidad e inhumanidad*, Madrid, Cátedra, 2013.]

Un impulso parecido, aunque más difuso, caracteriza toda la burocracia y, más particularmente aquí, la burocracia militar. Habría podido pensarse que, al estar concebida la bomba como una protección contra Hitler, se renunciara a utilizarla tras la derrota de éste, pero esto es algo inconcebible para el pensamiento instrumental y burocrático: puesto que el proyecto se ha iniciado, hay que llevarlo hasta el fin. Oppenheimer declara después de la guerra: «No creo que nunca hayamos trabajado con mayor intensidad y rapidez que tras la capitulación de Alemania».[1] Se apresuraban, en efecto, pues temían que la guerra terminara antes de que hubieran conseguido poner a punto su hermoso invento. El mando militar, por otra parte, quería que no fuese la negociación sino la intervención estrictamente militar lo que llevara la guerra a su triunfal culminación.

En el mundo moderno, tanto democrático como totalitario, un acto de la magnitud del bombardeo nuclear exige la participación de numerosos agentes y que la responsabilidad se fragmente entre múltiples eslabones, de modo que ninguno de ellos se perciba como directamente responsable de eventuales consecuencias nefastas. Todos sienten la presión de las circunstancias y la exigencia de la comunidad gravitando sobre ellos. Todos piensan en términos de medios, no de fines. Los pilotos que lanzan las bombas no se creen, claro, responsables: sólo están obedeciendo órdenes; por lo demás, sienten que tienen razón al actuar así (¡salvan un millón de vidas americanas!). Si se despiertan en ellos eventuales remordimientos cuando ejecutan el acto, los adormecen con fórmulas mágicas, eufemismos chuscos: llamaron a la bomba de Hiroshima *Little Boy;* a la de Nagasaki, *Fat Man.* Los físicos que pusieron a punto el mecanismo estaban encantados de ser capaces de llevar a cabo semejante proeza. El presidente y sus consejeros hicieron lo que les recomendaban los militares competentes, que, por su parte, obedecían a la lógica de un movimiento del que no eran iniciadores: los políticos les habían pedido que hallaran una solución a la crisis haciendo la guerra, pusieron manos a la obra con los medios de que disponían, bombas incendiarias y atómicas.

1. Citado en *History Wars,* p. 82.

En el mundo occidental, en cuyo nombre fueron bombardeadas Hiroshima y Nagasaki, prevalece hasta hoy la opinión de que se trató de actos de guerra por completo legítimos. Jonathan Glover recuerda un incidente significativo: en 1956, la Universidad de Oxford decidió conceder al ex presidente Truman un doctorado honorario. Durante la reunión que precedió a la ceremonia, una filósofa, Elisabeth Anscombe, protestó contra la decisión recordando que exterminar a las poblaciones civiles difícilmente podía ser presentado como un acto meritorio. El consejo de la universidad votó: se concedió el doctorado por unanimidad, salvo un voto, el de Elisabeth Anscombe.[1] Se trata sin embargo, en efecto, de una de las más prestigiosas universidades europeas, no de una academia militar cualquiera.

¿Cómo podemos calificar hoy estos bombardeos, cuando estamos mejor informados sobre la situación militar que en aquella época? El término que mejor parece convenir a este caso es el de crimen de guerra. Son crímenes de guerra, de acuerdo con las convenciones de Ginebra del 12 de agosto de 1949, los ataques o bombardeos de aglomeraciones civiles no defendidas y que no son objetivos militares. En efecto, la finalidad militar que se perseguía podía alcanzarse por otros medios, produciendo muchas menos víctimas. Por añadidura, los muertos fueron esencialmente civiles (en una proporción de 6 a 1). De todos modos, la intención del mando americano era golpear en una ciudad, no en instalaciones militares, y una ciudad preferentemente intacta, para que las víctimas fueran tan numerosas como fuese posible y máximo el impacto psicológico.

Hay que decir que estas definiciones legales, que se apoyan en una distinción clara entre civiles y militares, parecen inspiradas en un estado de la historia militar anterior a la Segunda Guerra Mundial. Cuando la guerra se hace total, pierden mucho de su pertinencia. Los que se quedan en «la retaguardia» no participan menos en el esfuerzo de guerra haciendo funcionar la economía, complemento indispensable de las armas. Algo que no dejaban de recordarles, por lo demás, en su propio país, para aumentar su

---

1. Glover, *op. cit.*, p. 106.

ardor en el trabajo. Recíprocamente, se sabe que es posible conseguir ganar con mayor rapidez –y detener pues la guerra– aterrorizando a la población enemiga. Esta táctica, adoptada primero por Hitler, fue, como hemos visto, rápidamente copiada por los Aliados. Lejos de ser una práctica marginal, los bombardeos de la población civil son uno de los medios más eficaces –y más extendidos– de obtener la victoria. Toda guerra total confunde acto de guerra y crimen de guerra. ¿Significa eso que esta noción no tiene ya sentido? ¿O que toda guerra total es criminal?

Las lecciones de los bombardeos de Hiroshima y Nagasaki son múltiples: retengo aquí sólo las que nos conciernen directamente. En primer lugar, la advertencia de que las potencias totalitarias no fueron las únicas que participaron en el mal, aunque el genocidio de los campesinos ucranianos o el de los judíos europeos tengan mucho peso: un crimen no deja de serlo porque en otra parte se haya cometido un crimen más grave. Este mal nuevo se cometió, sin embargo, en nombre del bien y no sólo de un bien tautológicamente idéntico al deseo de cada sujeto, sino un bien al que seguimos aspirando: la paz y la democracia. El mal se consume aquí siguiendo otras vías, no se desprende de una ideología cientificista ni acompaña a la conquista del poder absoluto. Es el producto marginal –pero muy doloroso– del combate contra un mal mayor aún. Sólo es, según nos dicen, el medio, tal vez lamentable pero inevitable, puesto al servicio de un fin que sigue siendo noble. Es también el efecto de un pensamiento que olvida coordinar medios y fines.

Las bombas atómicas mataron a menos personas que el hambre en Ucrania, que los exterminios nazis en Ucrania y en Polonia; lo que unos y otros tienen en común es que todos fueron percibidos, por sus protagonistas, como un medio para alcanzar el bien. Al mismo tiempo, otro rasgo marca también esos bombardeos: son fuente de orgullo para quienes los cometieron (y merecieron ser distinguidos por la Universidad de Oxford, y por otras muchas sin duda, como benefactores de la humanidad), mientras que los crímenes totalitarios, incluso si eran percibidos como gestos políticos útiles, meritorios incluso, por sus autores, seguían siendo secretos cuidadosamente guardados. Stalin nunca recibió una medalla por haber organizado la matanza de campesinos, incluso Himmler se lamentaba de que su hazaña, el exterminio de los judíos, no pudiera ser celebrada a plena luz: tanto el uno como el otro se daban cuenta de que el mundo exterior les habría condenado si hubiera sabido la naturaleza exacta de sus actuaciones. En eso no se engañaban: en cuanto fueron conocidas, éstas se convirtieron en emblema del mal absoluto. No sucede así en el presente caso y, por esta razón, aunque el crimen sea menor, el error de los criminales que matan en nombre de la democracia es mayor. Vemos mejor también, en este contexto, por qué Romain Gary afirmaba que, «cuando una guerra se ha ganado, los vencidos quedan liberados, no los vencedores». Los vencidos son liberados de la ilusión de confundirse con el bien, mientras que los vencedores están dispuestos a recomenzar enseguida.

El totalitarismo puede parecernos a veces, con razón, el imperio del mal; de ello no se sigue en absoluto que la democracia encarne, siempre y en todas partes, el reino del bien.

KOSOVO: EL CONTEXTO POLÍTICO

El siglo XX, se ha advertido a menudo, terminó como había comenzado, con una guerra en los Balcanes (eso nos hace iniciar el siglo, es cierto, en 1912). ¿Qué sentido adopta este nuevo conflicto, el de los años noventa, con respecto al del totalitarismo y la democracia que dominó la historia del siglo? ¿Nos ayudan las lecciones del pasado a mejor analizar el presente? Intentaré aquí, al final del recorrido, ponerlas a prueba confrontándolas con elementos que sucedieron, recientemente, ante nuestros ojos y siguen presentes en todas las memorias, interesándome especialmente por el último episodio del conflicto, la guerra de Kosovo.

Esta misma proximidad, sin embargo, supone un problema. El paso del tiempo contribuye a la formación de un mínimo consenso. Referente a la Segunda Guerra Mundial, aunque las interpretaciones y las evaluaciones divergirán siempre, se ha establecido al menos un acuerdo sobre los propios hechos: quién, cuándo, dónde, cuánto. No ocurre lo mismo con el enfrentamiento que se produjo en 1999. La verdad de los hechos está lejos de ser clara, y con razón: su establecimiento forma parte de la guerra. Se vacila, pues, no sólo, como en toda interpretación, sobre la elección de las informaciones que constituyen el contexto pertinente sino también sobre su propio tenor. Por lo que se refiere al sentido atribuido a los acontecimientos y a los juicios que sobre ellos se hacen, varían por completo, incluso entre las personas que comparten los mismos valores democráticos y el mismo ideal de justicia y de paz. Hay algo desalentador para el espíritu en la extremada dispersión de las opiniones referentes a la guerra en Kosovo, aun permaneciendo en el interior de un solo país: todo ocurre como si nuestros juicios no dependieran en absoluto de nuestras informaciones, de nuestra capacidad de razonar y de nuestros valores declarados, sino de nuestro recorrido biográfico, de nuestros afectos inconscientes, infinitamente variables. Informaciones y argumentos lógicos servirían, entonces, sólo para dar una apariencia racional a las opciones dictadas por nuestras pulsiones.

No tengo la pretensión de haber escapado por completo a estas determinaciones ni la esperanza de obtener el asentimiento para mi propia interpretación de aquellos cuya opinión está ya formada. No quisiera, sin embargo, imitar en todo a los protagonistas del apasionado debate que siguió a la intervención militar en Kosovo. No intentaré desacreditar una opinión ni por su origen ni en función del uso que de ella podría hacerse. No porque Goebbels acusara a los soviéticos de ser responsables de Katyn la afirmación dejaba de ser cierta. No porque se desespere a Billancourt ni porque la extrema derecha merodee por nuestras ciudades es preciso disimular la verdad referente a los regímenes comunistas: en el debate público, es adecuado decir cualquier verdad. Tampoco quisiera facilitarme la tarea formulando oposiciones en las que la opción esté decidida de antemano: ¿Están a favor de la barbarie o de la civilización? ¿De la guerra o de la paz? ¿Quieren salvar a los niños amenazados o dejar que los maten? ¿Prefieren a los asesinos o a sus víctimas? Eso supondría imitar a Lenin, que, según dice Grossman, buscaba en el debate sólo la victoria, no la verdad. Tal vez haya llegado la hora, es mi esperanza, de examinar este episodio de nuestra historia reciente con un poco más de serenidad, sin dejarse arrastrar por las oleadas de la pasión.

Los acontecimientos de 1999 en Kosovo se produjeron en un contexto geográfico e histórico cuyas líneas generales es preciso recordar. Y, para comenzar, un episodio independiente a primera vista, pero de hecho, desde muchos conceptos, premonitorio de lo que seguiría. Se trata de la persecución de la minoría turca en la vecina Bulgaria, durante los años ochenta. Bulgaria tiene una gran minoría, del orden del 10 por 100, constituida por una población turcófona y musulmana. La cohabitación de ambas comunidades se caracterizaba por una discriminación con respecto a los «turcos» que se había vuelto habitual, pero no provocaba importantes conflictos hasta que se puso en marcha una campaña de «bulgarización» –de los nombres y, paralelamente, de los modos de vivir– que afectaba a todos los miembros de la comunidad turca. El resultado era previsible: protestas que llegaron, en casos extremos, hasta el suicidio colectivo, marchas forzosas a Turquía, donde la mayoría de aquellas personas nunca antes había estado. El sentido de esta iniciativa era claro también. El poder comunista se había dado cuenta de que su ideología no tenía ya poder alguno sobre la población; ahora bien, necesitaba apoyarse no sólo en la disciplina, sino también en una adhesión afectiva, una pasión colectiva. Para lograrlo, había decidido despertar los sentimientos nacionalistas en la mayoría de la población, presentando la no coincidencia entre entidad territorial y entidad lingüística (o cultural) como una anomalía.

Sin embargo, estas medidas, que provocaron grandes sufrimientos en el seno de la minoría discriminada, desembocaron en un resultado inverso: dieron origen, en el propio seno de la mayoría búlgara, a una oposición declarada, ¡toda una novedad en la historia del totalitarismo búlgaro! De modo que las medidas contribuyeron también a la caída del poder comunista, gravemente comprometido por ese intento de manipulación.

Vayamos ahora a Yugoslavia, el país vecino, e intentemos retener los elementos necesarios para la comprensión del conflicto. Ese Estado federal reunía seis repúblicas y, en el seno de la más importante de ellas, Serbia, dos regiones autónomas: Voivodina, poblada mayoritariamente por personas de lengua materna húngara, y Kosovo, de lengua albanesa. Hasta 1980, el férreo control del Partido Comunista impedía las veleidades nacionalistas y garantizaba la paz en el Estado. En 1980 murió Tito, héroe de la Segunda Guerra Mundial y jefe del Estado; sus sucesores no gozaban del mismo prestigio que él y, por otra parte, el poder comunista no ejercía ya la misma represión. Entonces se produjo la conversión de los dirigentes comunistas en jefes nacionalistas, que no había tenido éxito con los comunistas búlgaros; ello ilustra, una vez más, la facilidad con la que se pasa de una forma de totalitarismo a otra, tomando la nación el lugar privilegiado reservado a cierta clase. Esta mutación se encarnó en el hombre fuerte de Serbia –y, durante cierto tiempo aún, de Yugoslavia– Slobodan Milošević. Puesto que ya no era posible despertar la pasión ideológica (comunista), éste jugó hábilmente con el sentimiento que experimentan numerosos serbios de haber sido víctimas de pasadas injusticias.

El pretexto adecuado se encontró en 1987. La población serbia de la región de Kosovo es muy minoritaria, doscientos mil en dos millones; como suele suceder con las minorías, era objeto de vejámenes y discriminaciones por parte de la minoría albanesa. Milošević prometió reparar esta injusticia y apeló a la memoria: en los campos de Kosovo se había desarrollado, en 1389, una batalla decisiva en la que los eslavos fueron vencidos por los turcos musulmanes. No se trataba de ceder una vez más, la memoria fue puesta al servicio de la reconquista. En 1989, Milošević suprimió la autonomía de la región e inició una persecución en sentido inverso, esta vez contra la minoría albanesa de Yugoslavia.

Esta acción represiva fue como una señal de alarma en el resto del país: los temores ante la hegemonía serbia despertaron. Una tras otra, todas las antiguas repúblicas (salvo Montenegro, cuya población es, como la de Serbia, de tradición ortodoxa y lengua serbia) proclamaron su independencia y abandonaron la federación. Un principio parece presidir este movimiento: cada población culturalmente distinta debe disponer de un Estado autónomo. Estas entidades culturales no son siempre fáciles de captar para el observador externo. Se evocan a veces las tradiciones religiosas –ortodoxos, católicos y musulmanes se codean en el mismo territorio–, pero no hay que olvidar que, con la ayuda de cuarenta años de comunismo, la mayoría de la población es simplemente atea. En otros momentos se pone de relieve la diversidad lingüística, y cierto es que el húngaro y el albanés pertenecen a familias distantes de las lenguas eslavas; pero, por lo que a estas últimas se refiere, el serbio, el croata y el bosnio son, esencialmente, una sola lengua transcrita en dos alfabetos distintos, y el que habla esta lengua comprende también el macedonio y el esloveno... Además, puesto que Yugoslavia era un solo Estado desde 1918, las poblaciones se han mezclado, tanto por desplazamientos como por matrimonios que ni siquiera merecen ser llamados «interétnicos».

El acceso a la independencia engendró previsibles fricciones puesto que ahora deben trazarse fronteras entre Estados, y no ya entre partes del mismo Estado. Numerosos serbios viven ahora en Croacia, numerosos croatas en Serbia. Estallaron las guerras: entre Serbia y Eslovenia, Serbia y Croacia. Se acumularon rencores y razones para la venganza. Todos los dirigentes de los nuevos países parecen obedecer el mismo principio: una etnia, un Estado. Lo que dio lugar a desplazamientos de población designados con la expresión de «purificación étnica» y semejantes a los que siguieron al final de la Segunda Guerra Mundial: polacos obligados a abandonar las tierras anexionadas por la Unión Soviética, alemanes desplazados de las regiones unidas ahora a Polonia, y así sucesivamente.

Ahora bien, el principio de coincidencia entre Estado y etnia, hay que insistir en ello, no es en absoluto indiscutible, y por dos grandes series de razones. La primera pertenece al orden de los hechos. La fórmula «derecho de los pueblos a la autodeterminación», tan a menudo invocada en este contexto, no tiene un sentido preciso, pues implica que los pueblos existen antes de la formación de un Estado, lo que es una ilusión. Porque, evidentemente, no se denomina «pueblo» a cualquier grupo étnico, sea cual sea la definición que se dé a esta expresión. Recuerdo que existen hoy en el mundo unos doscientos Estados, pero seis mil grupos lingüísticos y cinco mil grupos étnicos identificados con más o menos claridad. Además, como todo el mundo sabe, las características culturales no se distribuyen de modo regular, las demarcaciones religiosas no coinciden con los grupos lingüísticos ni, menos aún, con los tipos físicos. El pasado común –o el enemigo común– crea a veces solidaridades más fuertes que las producidas por la lengua y la religión. En resumen, el sueño (que para algunos puede parecer una pesadilla) de una perfecta superposición entre territorio, población y Estado es irrealizable.

Este sueño es, además, ajeno al espíritu democrático. Exige, en efecto, encerrar al individuo en una identidad que le atribuyen sus padres y las circunstancias de su nacimiento, en vez de darle la posibilidad de manifestar la autonomía de su juicio. El Estado étnico se presenta como un *Estado natural;* el Estado democrático debe ser pensado, por el contrario, como un *Estado contractual,* cuyos habitantes son sujetos que utilizan su voluntad y no simples representantes de una comunidad, sometidos a su identidad física o cultural.

El Estado democrático no es, en efecto, una comunidad de sangre ni siquiera de origen, y deja así a cada cual la posibilidad de ejercer su libertad y escapar a las determinaciones que sufre. Ese Estado absorbe comunidades distintas, adoptando un contrato que rige estas diferencias: unas veces según el modelo de la tolerancia o el laicismo (la religión es un asunto privado, todas las religiones, al igual que el rechazo de la religión, pueden practicarse en una democracia moderna); otras, el de la unidad (la mayoría de los países occidentales, por poner otro ejemplo, disponen de una sola lengua oficial). El régimen democrático nunca tiene como objetivo obtener una homogeneización cultural o «étnica» del país, sino sólo preservar los derechos del individuo, entre los que figura también el derecho a pertenecer a una minoría cultural. En nombre de este principio, se intenta combatir los estereotipos degradantes sobre los grupos minoritarios o permitir a estos últimos que practiquen también su lengua, su religión, sus tradiciones. Se levanta acta, así, del hecho de que las poblaciones se mezclan y se desplazan desde tiempos inmemoriales y se renuncia a reservar exclusivamente una tierra cualquiera a una población precisa.

A diferencia, pues, de los derechos del individuo o del respeto por las minorías, el principio de la pureza étnica no tiene afinidad alguna con el Estado democrático; es, sin embargo, el que orientó la acción de los equipos gobernantes de todos los países nacidos de Yugoslavia. Los efectos más catastróficos de esta opción aparecieron en Bosnia. Y con motivo: esta antigua república no poseía homogeneidad de origen alguno. Las encuestas realizadas en aquel momento nos dicen que estaba poblada por un 43 por 100 de bosnios musulmanes, un 31 por 100 de serbios ortodoxos y un 17 por 100 de croatas católicos. Estas encuestas no dicen que, antes de que les obligaran a elegir entre una de estas identidades, numerosísimos bosnios, y en particular los habitantes de las ciudades, no se habrían reconocido en ninguna de estas categorías: habrían dicho, simplemente, que eran habitantes de Bosnia o de Yugoslavia; no olvidemos que hablan la misma lengua y que son todos más bien ateos.

Como el principio de coincidencia etnia-Estado fue adoptado por los dirigentes de las tres comunidades y la tendencia era hacia la división de la república en tres Estados autónomos, se produjo la consecuencia previsible: era preciso expulsar a los «extranjeros» para conservar la tierra. El mismo principio guió, en efecto, la actitud de los distintos bandos, puesto que la expulsión de las minorías y la reivindicación de autonomía nacional tienen un denominador común, la exigencia de constituir entidades territoriales culturalmente homogéneas. El conflicto procede, aquí, no de un marco ideológico distinto, sino de que ambos partidos no están de acuerdo en la división del territorio. La guerra de Bosnia fue, pues, particularmente larga y sangrienta; los dirigentes y los militantes serbios desempeñaron en ella el papel más activo. A ambos, en efecto, les incumbe la mayor responsabilidad de las matanzas, las violaciones colectivas, las crueldades de toda suerte, aunque una parte de la población serbia de estos territorios fuera, a su vez, expulsada en nombre de la política de pureza étnica.

Un nuevo protagonista se introdujo entonces en el desarrollo de los acontecimientos: «Occidente», dicho de otro modo, algunos países de la Unión Europea y Estados Unidos. Este último protagonista se manifestó de dos maneras. Por una parte, estos países avalaron a su vez el principio de homogeneidad étnica puesto en marcha por los distintos beligerantes, renunciando pues a la idea del Estado constituido según un modelo contractual. Tenían, y hay que decirlo, razones precisas para hacerlo: el Estado contractual, Yugoslavia, había caído en manos de los herederos del comunismo,

Milošević y sus colaboradores, mientras que los futuros Estados «naturales», étnicamente puros, Eslovenia, Croacia, Bosnia, parecían destinados a romper con la herencia comunista y a reivindicar la alianza occidental. Es una historia muy conocida: se cree de buena gana que debe alentarse el nacionalismo de la población sometida cuando se trata de liberarla de una tutela opresora y extranjera a la vez. Nada garantiza, no obstante, que el nuevo poder, autóctono esta vez, no será más opresor aún; sin mencionar el hecho de que, entretanto, se habrá sostenido el principio no democrático de la homogeneidad nacional y del Estado natural.

Podemos comprender, pues, que los países occidentales –y democráticos– eligieran adherirse a este principio no democrático; pero podemos lamentarlo también. La segunda manifestación de los países occidentales tomó, igualmente, un giro paradójico, puesto que consistió en hacer acto de presencia en el terreno del conflicto, aunque prohibiéndose cualquier intervención. En efecto, la ONU, bajo la presión de los países occidentales, envió observadores militares a Yugoslavia y, especialmente, a Bosnia; pero esos soldados no tenían derecho a combatir, aunque aquello les pareciera necesario. Ya conocemos el resultado: la población musulmana, creyéndose protegida por los «cascos azules», se refugió junto a ellos; sin embargo, éstos no impidieron a las fuerzas militares y paramilitares serbias capturarles y organizar su matanza, como en Srebrenica. Este episodio, en 1995, parecía un condensado paroxístico de los conflictos yugoslavos, iniciados desde hacía muchos años. El mismo guión se había ya repetido en 1994, en Ruanda, donde centenares de miles de miembros de la minoría tutsi habían sido asesinados brutalmente ante los ojos de los impotentes representantes de la ONU. No podemos decir que la Organización de las Naciones Unidas saliese engrandecida de estos episodios.

Al mismo tiempo que esta actitud de no intervención militar, fue desarrollándose, como para contrarrestar la impresión de inacción, una práctica de la indignación moral. Ésta adoptó, en especial, la forma de un uso intensivo de la memoria y una banalización a ultranza del pasado. El conflicto interétnico en Yugoslavia comenzó a ser asimilado –contra toda verosimilitud– a la Segunda Guerra Mundial, con Milošević en el papel de Hitler. La televisión mostró los rostros demacrados de musulmanes bosnios tras las alambradas: «Parecía el Holocausto», dijo de inmediato un consejero de la Casa Blanca, que no debe de conocer otra sevicia en el pasado. En el curso de su campaña electoral de 1992, Clinton declaró: «Si los horrores del Holocausto han podido enseñarnos algo, es el alto precio del silencio y de la parálisis frente al genocidio». En 1995, el representante del Departamento de Estado en Yugoslavia, Richard Holbrooke, afirmó que estaba dispuesto a acallar su sentido moral y a debatir con los detentadores del poder en Yugoslavia, aunque les consideraba criminales; se consoló comparándose con Raoul Wallenberg, que no vacilaba en discutir con los verdugos nazis para salvar de la muerte a los judíos perseguidos. ¿Acaso las organizaciones humanitarias no intentaron, en la misma época, negociar con Himmler? En su paralelismo histórico, Holbrooke parecía olvidar que, mientras estaba hablando, representaba a la mayor potencia militar del mundo, mientras que Wallenberg, agregado de la embajada de Suecia en Budapest bajo la ocupación nazi, actuaba a riesgo de su propia vida, que además, por una trágica ironía de la Historia, perdería en las mazmorras del otro país totalitario, la Unión Soviética.

Hay que juzgar a esos hombres, declaró otro consejero de la Casa Blanca: no hacerlo sería como dejar a Göring y Goebbels en libertad tras la derrota del Tercer Reich. Madeleine Albright, secretaria de Estado en 1996, y cuya familia había huido de Checoslovaquia durante la Segunda Guerra, veía los acontecimientos a través del prisma de sus recuerdos de infancia: las guerras de Bosnia le recordaban el nazismo, la actitud de los gobiernos occidentales corría el riesgo de parecerse a la de los ingleses y franceses en Múnich en 1938. En un discurso en el Museo del Holocausto de Washington, titulado «Bosnia a la luz del Holocausto» y pronunciado en 1994, cuando era la representante de Estados Unidos en la ONU, proclamaba ya: «Los dirigentes serbobosnios han buscado una solución final de exterminio o expulsión al problema de las poblaciones no serbias bajo su control».[1] Se

---

1. Gary J. Bass, *Stay the Hand of Vengeance*, Princeton, Princeton University Press, 2000, pp. 210, 214, 232, 234, 238, 259 y 262. [Hay trad. cast.: *Detén la mano de la venganza*, Madrid, Instituto Berg, 2020.]

tiene la impresión de que todos y cada uno querrían decir, hoy, que impidieron un nuevo Holocausto.

La descomposición de Yugoslavia terminó donde había comenzado a finales de los años noventa, en Kosovo. Hay que recordar primero que, hasta 1912, el conjunto de este territorio pertenecía a Turquía; que tras las guerras balcánicas y, luego, la Primera Guerra Mundial se creó el Estado de Albania, pero que algunos albanófonos siguieron viviendo en territorios de fuera de este país, como en Macedonia, Serbia (la región de Kosovo), Montenegro o Grecia; por otra parte, algunos eslavos del sur residían también en Albania. El equilibrio inicial de las poblaciones en Kosovo quedó progresivamente perturbado. Durante la Segunda Guerra Mundial, Mussolini ocupó Albania, y también Kosovo; expulsó entonces a doscientos mil serbios de la región. Al finalizar la guerra, los serbios regresaron pero, durante los siguientes años, el desequilibrio continuó creciendo: los albaneses tenían familias más numerosas, su proporción era cada vez mayor. Por otra parte, Kosovo era, económicamente, la región más retrasada de Yugoslavia. En este contexto intervino el cambio de 1989.

La historia de los veinte últimos años en la vida de esta provincia podría describirse como un movimiento pendular que va haciéndose mayor: a cada acción de uno de los bandos implicados correspondía una reacción del otro, en una puja que nada parecía poder detener. A las discriminaciones sufridas por los serbios entre 1974 y 1989 sucedieron las persecuciones, mucho más intensas, infligidas a los albaneses después de 1989. Los serbios temían que esta región se volviera independiente o exigiera, en nombre de la diferencia étnica de sus habitantes, su anexión a Albania. Procuraron, pues, borrar su especificidad o empujarles al exilio: la elección que se les ofrecía era entre la asimilación o la expulsión. La lengua albanesa fue prohibida, la enseñanza en albanés se hizo imposible, los albanófonos fueron apartados de los puestos de dirección y sufrieron toda clase de vejámenes. Se organizó, entonces, una resistencia no violenta que puso en marcha sus propias instituciones y sus propias escuelas; ésta quedó legitimada por unas elecciones locales, que dieron la mayoría a la tendencia moderada dirigida por Ibrahim Rugova. Cierto es que, en los mismos años, apareció también un grupo más radical, el Ejército de Liberación de Kosovo (UCK). A partir de 1996, éste inició una lucha armada contra el poder serbio.

A pesar de las apariencias, esta escalada de violencia que prosiguió con un rigor mecánico nada tiene de fatal. Para que el espectro de la crisis se alejara, habría bastado que, en 1989, se preservase la autonomía de la provincia e, incluso, que se le concediera una autonomía más sustancial, aun manteniéndola con firmeza en el interior del Estado federal: si las minorías están protegidas y son bien tratadas, no exigen la secesión. Pero Milošević tuvo una estrategia muy distinta. El humor de los albanófonos, minoritarios en Yugoslavia, contaba para él muy poco; en cambio, podía vencer a sus rivales y obtener las preferencias de la mayoría serbia ofreciéndole, como pasto, la imaginaria reconquista de esta provincia cuyo nombre evoca la historia nacional.

A esta estrategia psicológica que consiste en predicar la revancha sobre el pasado, el UCK opuso una estrategia más sencilla, la de insistir en el sufrimiento de una víctima presente. Para ello, bastaba con cambiar el marco de referencia y no dirigirse ya al gobierno yugoslavo, indiferente ante aquel sufrimiento, sino a una tercera instancia –Occidente– que acabó sintiéndose concernido e interviniendo en el conflicto. Y la estrategia funcionó a las mil maravillas, con la colaboración (podemos suponer que involuntaria) del poder yugoslavo, que no se dio cuenta de la trampa en la que estaba cayendo y creía, aún, habérselas con una simple prueba de fuerza, en la que estaba seguro de vencer. Éste inició pues, en 1998, la represión violenta de cualquier manifestación hostil, ejecutando tanto a los combatientes como a los civiles que pudieran ser cómplices, persiguiendo y expulsando a todos los sospechosos. Al UCK tampoco le repugnaba la violencia, pero disponía de medios mucho más limitados; y estamos todavía demasiado cerca de los acontecimientos para saber con certeza si determinada matanza de la población albanófona fue la respuesta a una hábil provocación o procedió de una iniciativa del ejército yugoslavo, si determinados cadáveres son los de combatientes albaneses armados o los de civiles que cometieron el error de hallarse en un mal lugar en un mal momento.

Lo cierto es que los responsables occidentales eligieron entonces su bando: fue el de los independentistas albaneses y, especialmente, del UCK –calificado sin embargo por el gobierno americano, sólo dos años antes, de «grupo terrorista»–, en lugar del de la tendencia moderada y no violenta representada por Rugova, que no conseguía ya hacer oír su voz. Aquel compromiso condujo, a comienzos del año 1999, a la Conferencia de Rambouillet.

Observemos durante un instante más a los dos bandos que se enfrentan. Cada uno de ellos puede reivindicar un estatuto de víctima: pasado, el uno; el otro (y es mejor aún), presente. Cada cual cree estar en su pleno derecho. Los principios que reivindican son distintos, pero uno y otro forman parte de los tópicos de nuestro mundo.

Los serbios se reconocerían en «la República es una e indivisible», al igual que en las consecuencias de este principio: «En tiempos de guerra hay sólo un régimen, y es el régimen jacobino», y por tanto: «ay del partido que no reduzca a los enemigos del interior», para utilizar ciertas fórmulas de Charles Péguy.[1] Los serbios no querían que su Estado perdiese parte de su territorio con el pretexto de que la mayoría de los individuos que lo habitan habla otra lengua y practica otra religión: supondría reconocer implícitamente que el Estado estaba basado en un derecho de sangre, que era natural y no contractual. Sin embargo, olvidaban la contrapartida de este principio, que es la defensa de los derechos de los individuos, incluido el derecho a practicar libremente y con dignidad su lengua, su religión, sus tradiciones. Los albanófonos de Yugoslavia, por su parte, se reconocerían en el derecho de los pueblos a disponer de sí mismos, prolongación colectiva de la exigencia de autonomía. Pero, al afirmar que es preciso liberar al pueblo albanés de la opresión serbia, actuaban como si no se pudiera estar oprimido por los miembros del propio grupo, un caso bastante frecuente por otra parte. La suerte de los propios albaneses en los años setenta ilustra esta paradoja: quienes vivían en la Albania del dictador comunista Enver Hoxha eran, a la vez, más pobres y más perseguidos que quienes constituían una minoría albanesa en

---

1. Charles Péguy, *L'argent suite*, 1913, pp. 145, 116 y 131.

la Yugoslavia de Tito. Por su parte, los partidarios de la independencia de Kosovo dejan en la sombra la cuestión del estatuto de las futuras minorías en el nuevo Estado independiente.

Podemos pues admirar la habilidad política desplegada por el UCK, que, siendo un grupúsculo «terrorista» poco antes, se ha asegurado ahora el apoyo del ejército más formidable del mundo, la OTAN. Puede extrañarnos también que Occidente optara tan resueltamente por una de las posiciones contra la otra, aunque cada una sea, a la vez, defendible y criticable. Cierto es que el equilibrio se mantiene sólo en el plano ideológico; en los hechos, las milicias y el ejército serbio, más poderosos, son responsables de muchas más violencias, destrucciones y persecuciones que sus adversarios. El recuerdo de las crueldades de las que fueron culpables en Bosnia está también presente en todas las memorias. Puede extrañar, sin embargo, ver cómo ese Occidente condena, por un lado, cualquier política de depuración étnica, es decir, un intento de hacer que Estado y etnia coincidan, y, por el otro, acaba suscribiendo esta misma política de purificación étnica, al abrazar la causa de quienes luchan exclusivamente por el derecho de los «pueblos» a disponer de sí mismos y favorecer la creación de una multitud de pequeños Estados «étnicamente» puros. Cierto es que los métodos empleados por los países occidentales son muy distintos: más que deportar o aterrorizar a las poblaciones, establecen representaciones diplomáticas en las nuevas capitales y envían ayuda humanitaria.

Puede sorprender, finalmente, cuando se vive en París, Londres o Nueva York, ver la pasión con la que cada uno de los bandos defiende su opción. Eso es comprensible para los dirigentes de una u otra comunidad: es preferible ser uno mismo el patrón que obedecer órdenes estúpidas y humillantes. Cuando se trata de la propia población, las razones del apasionado compromiso son menos transparentes. ¿Por qué esa vinculación al estatuto de un territorio o a la definición de un Estado, incluso cuando no se depende de él en absoluto en el plano personal? Durante las conversaciones referentes a la división de Bosnia, en 1995, podía leerse en un diario francés la siguiente información: «El domingo 26 de noviembre, en un cementerio de Ilidza, unas madres cuyos hijos murieron en el frente prometieron suicidarse colectivamente si su barrio era devuelto a las tropas gubernamentales bosnias».[1] ¿Acaso estas madres se habían vuelto locas tras la muerte de sus hijos? ¿Cómo, de lo contrario, explicar que pudieran preferir la muerte a la nueva vinculación administrativa de su barrio? Diríase que el furor de la reciente guerra condenaba a los vencidos, en su desesperación, a volver la violencia contra sí mismos.

Forzoso es advertir que en el postotalitarismo las pasiones han cambiado de contenido pero no de intensidad. Los hombres siguen necesitando el reconocimiento de su ser social, sin lo cual comienzan a dudar de su propia existencia. Este reconocimiento es doble: personal, concedido al niño por sus íntimos; y público, por la comunidad de la que forma parte el individuo. En las sociedades tradicionales, el reconocimiento público sigue caminos trillados: cada uno ocupa su lugar y forma parte de una constelación clasificada; ya hemos visto el papel que desempeña aquí la memoria común. Los Estados totalitarios rompen los vínculos tradicionales pero, al menos en su fase utópica, proponen otros en su lugar: todos participan de la misma comunidad ideológica. Los países de la Europa occidental que no han conocido el totalitarismo o lo han erradicado desde hace mucho tiempo se enfrentan con el mismo problema en una época en que los vínculos tradicionales se desmoronan y las antiguas religiones no desempeñan ya su papel. Estos países lo remedian (aunque no siempre con éxito) con una sobrevaloración del mundo privado y con la instauración de nuevas comunidades en las ruinas de las antiguas; al mismo tiempo, la estabilidad de las instituciones del Estado favorece la integración de los individuos.

Ninguno de estos remedios es realmente accesible a los habitantes de la antigua Yugoslavia, y lo mismo podríamos decir –aunque en grados distintos– de varios países de la Europa del Este. El totalitarismo destruyó en ellos todas las antiguas estructuras; los actuales llamamientos a las tradiciones religiosas no deben engañarnos, están instrumentalizados con vistas a objetivos directamente políticos. El Estado como tal salió terriblemente debilita-

---

1. *Le Monde* del 28 de noviembre de 1995.

do de la experiencia totalitaria, pues el régimen le había privado de cualquier autonomía; la caída de éste reveló su indigencia. El poder ha pasado a manos de distintas mafias, de aprovechados sin escrúpulos, de grupos de interés y de influencia. Al entrar en contacto con la economía de mercado, la antigua economía estatal se derrumbó, lo que provocó un empobrecimiento general. ¿Cómo refugiarse, en estas condiciones, en el caparazón del éxito o del desarrollo personal? Entonces, los habitantes recurrieron al último recurso: la pertenencia a una identidad medio soñada, a una lengua, a una religión que no se practicaba ya desde hacía mucho tiempo, a una historia arreglada para las circunstancias («la Batalla de Kosovo Pole, en 1389» para unos; las llamadas a la constitución de una nación albanesa, en Prístina, en 1878, para los otros), a un territorio simbólicamente identificado con «nosotros» («Me suicido si este barrio se convierte en bosnio, o serbio, o albanés»). Refugiarse así en la identidad imaginaria es el único medio disponible para combatir la desesperación.

En febrero de 1999, la conferencia internacional de Rambouillet intentó resolver el conflicto de Kosovo. A la delegación americana le costó mucho convencer a sus aliados europeos de que era deseable bombardear Yugoslavia. «Los franceses y los italianos tuvieron una actitud que hubiera podido resultar fatal para los esfuerzos desplegados por la administración [americana] para aglutinar a la OTAN contra el régimen de Belgrado», contó más tarde la mano derecha de Albright, James Rubin.[1] Los promotores del «todo OTAN» acabaron lográndolo. Concretamente, Occidente –que no quería dejar que se produjese un nuevo Múnich– pidió a los albanófonos que retrasaran tres años su declaración de independencia; al gobierno yugoslavo, que renunciara a su soberanía sobre una parte del país colocándolo bajo control internacional, y, además, que se autorizara a las fuerzas de la OTAN la circulación por todo el territorio yugoslavo. Tras muchos titubeos, la delegación albanesa, en cuyo seno la legitimidad adquirida por las armas había prevalecido sobre la obtenida por las elecciones, aceptó esperar tres años más. El gobierno yugoslavo

---

1. *Le Monde* del 12 de octubre de 2000.

rechazó las condiciones del acuerdo. Las conversaciones se interrumpieron; la única salida a la situación parecía ser la guerra.

LA INTERVENCIÓN MILITAR

A decir verdad, lo que ocurrió en Yugoslavia entre el 24 de marzo y el 10 de junio de 1999 no merece por completo el nombre de guerra. Ésta presupone la existencia de dos beligerantes que se propinan mutuamente golpes. En este caso, la operación se emparentó más bien con una expedición de castigo. Los gobiernos occidentales prefirieron, por lo demás, presentarla así, para no tener que solicitar a sus parlamentos la autorización para declarar la guerra. El territorio yugoslavo fue bombardeado, durante dos meses y medio, sin que en ningún momento el ejército yugoslavo atacara a su vez algún territorio extranjero. Ni siquiera está del todo claro quién dirigía, en realidad, esta expedición contra Yugoslavia. Su anuncio oficial lo realizó Javier Solana, secretario general de la OTAN; ahora bien, la OTAN es una organización militar, no un Estado. Trece de los diecinueve países asociados en la Alianza Atlántica participaron en la intervención. Durante la última fase de los combates, hizo su aparición un nuevo protagonista: el G8, la reunión de los siete países más industrializados y Rusia, una especie de club de los poderosos que gestionan los asuntos del mundo. De ese modo, la paz se estableció de acuerdo con los términos propuestos por el G8. Ni la ONU ni la Unión Europea como tal ni la organización que reunía a todos los Estados europeos desempeñaron nunca un papel activo en el conflicto.

La razón ostensible de la intervención fue impedir las violaciones de los derechos humanos en la provincia de Kosovo y, especialmente, los asesinatos, torturas y violaciones, así como los movimientos de depuración étnica. ¿Es cierto que esos crímenes contra la humanidad se produjeron en los meses previos a la intervención? Muchas conclusiones dependen, claro está, de la respuesta a esta pregunta, pero las fuentes de información pertenecen a uno u otro de los beligerantes, y las cifras presentadas podían estar destinadas a justificar la política de los países en cuestión. En un primer momento, los gobiernos occidentales intentaron claramente manipular a su propia opinión pública. Tras los ataques iniciales, el Departamento de Estado americano anunció que «faltaban» quinientos mil. habitantes albaneses de Kosovo, lo que equivaldría a un genocidio. La palabra, por lo demás, fue frecuentemente empleada por los gobernantes occidentales. Algunas semanas más tarde, la cifra se revisó a la baja: se habló de cien mil «desaparecidos». Al finalizar la intervención, la cifra mencionada era de once mil muertos. Un año más tarde volvió a revisarse a la baja (por fortuna): el Tribunal Penal Internacional, cuyas simpatías proserbias no han sido demostradas, identificó, para toda la duración del conflicto, 2.108 víctimas en la población albanesa, a las que se suman 4.266 personas consideradas desaparecidas.[1]

¿Qué ocurre con las violencias anteriores al inicio de las operaciones militares? El informe de la OSCE (Organización para la Seguridad y la Cooperación en Europa) de diciembre de 1999, que tal vez sea el documento más completo sobre la cuestión, afirma que la mayoría de las víctimas data de la primavera de 1999 y añade que, antes de ese momento, «la atención de las fuerzas militares y de seguridad yugoslavas y serbias se había dirigido a comunidades de Kosovo, en regiones por donde pasaban las rutas de tránsito del UCK o donde estaban las bases del UCK».[2] En 1997-1998, Kosovo fue escenario de una guerra civil que oponía al ejército, la policía y los grupos paramilitares yugoslavos a las tropas del UCK. Las víctimas del lado albanés fueron mucho más numerosas. Pero eran crímenes individuales, no matanzas colectivas, a excepción de la de Racak, en enero de 1999 (cuarenta y cinco muertos en circunstancias mal elucidadas).[3] No hubo genocidio, pues, ni nada que se le parezca. Y al igual que no es posible enorgullecerse seriamente de haber salvado un millón de vidas americanas en Japón,

---

1. E. Lévy, «Kosovo: L'insoutenable légèreté de l'information», en *Le Débat*, 109, 2000.
2. *Le Monde diplomatique*, marzo de 2000, p. 13.
3. *Le Figaro*, 20 de enero de 1999; *Le Monde* y *Libération*, 21 de enero de 1999.

no se pueden alegar tampoco los quinientos mil supervivientes de Kosovo: los genocidios (o matanzas) virtuales no pueden contabilizarse.

Sigue siendo cierto que la vida de un albanés en Kosovo, anteriormente a la intervención, no era en absoluto alegre: persecuciones, vejámenes, humillaciones, a veces torturas y asesinatos se sucedían a un ritmo acelerado. Ésas son, en efecto, graves violaciones de los derechos humanos; pero ¿son crímenes contra la humanidad?

Si estas violaciones fueron, en efecto, la causa de la intervención, su objetivo declarado era detener la depuración étnica, el movimiento de las poblaciones, la separación de las comunidades. Habría que restablecer, se dice, la autonomía de Kosovo en el seno de la federación yugoslava, para que serbios y albaneses pudieran vivir juntos, en paz, estando garantizados los derechos de cada minoría: albaneses en Yugoslavia, serbios en Kosovo. Un resultado contrario, en definitiva, al obtenido por la política de Milošević.

La intervención occidental, declaró Javier Solana el 24 de marzo, sólo iba a durar «unos días»: visiblemente, se esperaba que Belgrado entrara en razón en cuanto comenzaran los bombardeos y aceptara los términos del anterior ultimátum. Pero los acontecimientos tomaron otro carácter. Desde los primeros días de la intervención, las fuerzas militares y paramilitares yugoslavas comenzaron a echar de la provincia a sus habitantes albaneses, saqueando sus casas; en las siguientes semanas, hasta novecientas mil personas, despojadas a menudo de sus documentos de identidad, se vieron expulsadas a los vecinos países de Albania y Macedonia. ¿Era previsible semejante reacción? Tal vez no para los militares de alto rango. Pero para un político hubiera debido caer por su propio peso. Una vez planteado el principio del Estado natural (coincidencia entre Estado y etnia), quienes desean preservar la integridad del antiguo Estado saben lo que deben hacer: expulsar a esta población en nombre de la cual quieren arrancarles el territorio. El UCK y Milošević se inspiraban en el mismo principio de pureza étnica; la OTAN, al abrazar el punto de vista de ambos bandos, sigue sus pasos.

Además, al declarar la guerra a Belgrado en nombre de la minoría albanesa, la OTAN la transformó de paria en enemigo interior: los serbios se dejaban entonces matar por un enemigo que actuaba en nombre de sus conciudadanos albaneses. Éstos, por lo demás, aplaudían los bombardeos (que al parecer les proporcionarían la libertad); los más activos de ellos guiaban incluso a los aviones occidentales hacia los blancos apropiados. En estas condiciones, como recomendaba Péguy al pensar en situaciones de guerra, es preciso «reducir a los enemigos del interior». Tanto más cuanto eran los únicos enemigos accesibles: los aviones de la OTAN planeaban en lejanas alturas, a más de cinco mil metros de altitud, y escapaban así a la respuesta de la artillería antiaérea yugoslava; los misiles llegaban de no se sabía dónde. En cambio, aquellos en cuyo nombre sufrían la agresión vivían, por su parte, en la casa de la esquina. No es necesario ser muy culto para prever que éstos se convertirían en objeto del resentimiento de los serbios. Pero los generales que dirigían la guerra no habían pensado, al parecer, que su gesto convertía a la minoría albanesa de Yugoslavia, compuesta por 1,8 millones de hombres, en otros tantos rehenes.

Los días posteriores al comienzo de los bombardeos conocieron, en efecto, un vertiginoso aumento de la violencia. Previamente, los observadores de la OSCE estaban en la región y su propia presencia impedía la multiplicación de los crímenes. Fueron retirados en previsión de los ataques aéreos, lo que hizo mucho más fácil las transgresiones de la ley. Pero, de todos modos, el estado de guerra suspendió o invirtió las leyes en curso, puesto que lo que hasta entonces estaba prohibido –matar– se había convertido ya en un acto meritorio.

A este catastrófico resultado de los bombardeos en el territorio se añadieron, en los territorios de los alrededores, otros efectos que, según se consideró, no debían desear ni la OTAN ni los jefes de Estado que se hallaban tras la organización. En la propia Yugoslavia, las reacciones eran, una vez más, fáciles de prever. El peligro común elimina las disensiones: la oposición democrática a Milošević se vio obligada a atenuar sus críticas, so pena de pasar por un aliado del enemigo. La población serbia, principal víctima de los bombardeos, no pudo desolidarizarse de su gobierno en semejante momento: el efecto de la guerra fue, pues, no el de debilitar sino el de fortalecer el poder de Milošević en su país. En los países vecinos tampoco los resultados pueden considerarse positivos desde el punto de vista occidental. Los gobiernos, por lo general de orientación no comunista o anticomunista, desean unirse algún día a la OTAN, que es la única que podría protegerles del poderoso vecino ruso si éste decidiera, como en tiempos del comunismo, extender más su imperio. Apoyaron, pues, la intervención militar. Las poblaciones, en cambio, estaban más bien en contra: no creían que las tensiones étnicas, endémicas en la región, pudieran ser eliminadas por medio de los bombardeos; tampoco les gustaba ver cómo su destino se decidía en lejanas cancillerías occidentales, pues eso les traía malos recuerdos. El resultado de esta disparidad fue que los antiguos partidos comunistas de la región, hostiles a la intervención, recuperaran su vigor.

En Rusia, donde asistían, impotentes, a esta intromisión de Occidente en una parte de Europa próxima a los rusos, en el plano geográfico y cultural al mismo tiempo, la intervención llevó el agua al molino de los antioccidentalistas; alimentó el discurso militar y nacionalista. Mientras, en Occidente, produjo un imprevisto efecto secundario: permitió reforzar el triunfalismo de los gobernantes y de la opinión pública. No sólo resistían al mal, estaban convirtiéndose en encarnación del bien. Sin embargo, si se mira un poco más de cerca, apoyaban una política de purificación étnica y la constitución de Estados étnicamente homogéneos. Ése fue, en efecto, el paradójico resultado de las intervenciones occidentales durante la década: los croatas se quedaron solos en Croacia; los eslovenos, en Eslovenia; los bosnios (también se dice, más extrañamente aún en este contexto: los musulmanes), en Bosnia; los kosovares, es decir los albaneses, en Kosovo. Deseosos de combatir el mal, los occidentales se dejaron atrapar en el engranaje de los conflictos étnicos. ¿Realmente debemos enorgullecernos de lo que ocurrió?

Sin embargo, ¿cuál es, un año más tarde, el balance de la intervención? Los refugiados albaneses regresaron a sus casas, a menudo destruidas, pero en la gran mayoría de los casos fue la guerra lo que les hizo partir, y no podemos alabarla por este benefactor resultado. En Kosovo, la relación de fuerzas se ha invertido ahora. Entre la retirada del ejército yugoslavo y la toma del control por el de la OTAN transcurrieron varios días, durante los cuales fueron numerosos los arreglos de cuentas. Transformada luego en una especie de protectorado de la ONU, con la ayuda de las fuerzas de la OTAN, la región está en la práctica dirigida por los miembros dirigentes del UCK. Son pues los serbios, o quienes son considerados sus amigos, los perseguidos. Un funcionario búlgaro de la ONU respondió en serbio a un grupo de jóvenes que le preguntaban la hora: lo patalearon antes de matarle de un tiro en la cabeza. Los gitanos, acusados de colaboración, fueron expulsados o asesinados brutalmente, y sus barrios demolidos. Los serbios, individuos o grupos pequeños, fueron masacrados a su vez. Un informe de la OSCE de octubre de 2000 advierte amargamente que el sistema judicial emplazado por la ONU no ha sabido hacer que se respeten los derechos humanos en Kosovo y que incluso los prisioneros siguen siendo discriminados a causa de su pertenencia étnica. Ahora bien, «Albania (o Kosovo) para los albaneses», al igual que «Serbia para los serbios», no es una consigna democrática.

Un periodista albanés de Kosovo, Veton Surroi, denuncia en sus artículos el nuevo «fascismo»: «Tras haber sido las víctimas de las peores persecuciones de este final de siglo en Europa, estamos convirtiéndonos, nosotros mismos, en perseguidores».[1] Como respuesta, la agencia Kosovapress, controlada por el UCK, habla de Surroi como de un hombre «que hiede a eslavo» y lo pone en guardia contra las «muy comprensibles venganzas» por parte de quienes podrían sentirse ofendidos por sus artículos. Un año después del final de la guerra, entre la mitad y los dos tercios de la población no albanesa habían abandonado la provincia, algo que se parece mucho a una purificación étnica. Los que quedan se han agrupado en enclaves enteramente serbios, que ya no se atreven a abandonar. Estas violencias son, es cierto, menos numerosas y menos graves que aquellas de las que eran objeto los albaneses de Kosovo antes de la intervención de la OTAN: es que las poblaciones ya no están juntas y, además, la propia presencia de las fuerzas del orden extranjeras impiden persecuciones masivas.

1. V. Surroi, «Fascisme au Kosovo: La honte des Albanais», en *Le Monde*, 31 de agosto de 1999.

¿Puede extrañarnos esta oleada de venganzas? Evidentemente, no. A las múltiples humillaciones sufridas por los albaneses de Kosovo antes de la intervención, se añadieron las persecuciones durante la guerra; no será fácil lograr que se olviden. Podemos prever, sin gran riesgo de equivocarnos, que la cohabitación de esas dos poblaciones distintas en las mismas tierras no será posible antes de que transcurran décadas, si no siglos. El odio se ha instalado sólidamente en esas tierras. Cada cual considera al otro responsable de su desgracia. ¿Cómo perdonar a aquel en cuyo nombre te han bombardeado? ¿Al que ha provocado tu éxodo, las privaciones, la vida en los campos de refugiados durante meses? Si el objetivo de los occidentales hubiera sido hacer imposible la cohabitación de estas dos poblaciones, no habrían actuado de un modo distinto. «Las operaciones aéreas provocaron una tragedia mayor aún, amplificando el odio y el resentimiento entre serbios y kosovares de origen albanés. ¿Cómo podemos hablar aún de acción humanitaria?», se pregunta el periodista japonés Kazumoto Momose.[1] A ello se añade el estado de anarquía, consecutivo a la destrucción de las anteriores instituciones: una situación que favorece toda suerte de actos criminales, que se camuflan como arreglos de cuentas nacionalistas.

La purificación étnica ha triunfado. La culminación lógica de esta política, y el único medio de asegurar una paz algo más duradera, sería aceptar la división territorial de la provincia en cantones homogéneos, albaneses y serbios, y eventualmente la anexión de la parte albanesa por Albania. ¿Se habrían resuelto con ello los problemas vinculados a las tensiones interétnicas? Realmente no: las poblaciones de los Balcanes, en su diversidad lingüística, religiosa y cultural, están imbricadas como las piezas de un rompecabezas, y será necesario mucho más que una guerra si se desea que reine el principio de «una etnia, un Estado». El UCK no tiene ya razón de ser, pero acaba de constituirse un nuevo ejército de liberación, el UCPMB, que tiene por objetivo la «liberación» de Precevo, Medvedja y Bujanovac, tres localidades de Serbia con mucha población albanófona. El paso siguiente podría ser Macedonia, de la que nos

---

1. *Asahi Shimbun,* 10 de mayo de 1999, citado en *Le Monde,* 13 de mayo de 1999.

dicen que el 23 por 100 de la población es albanesa. O Bulgaria, con su gran minoría turca. O Rumania, Serbia y Eslovaquia, con sus húngaros. O los gitanos, presentes en todos esos Estados y en ninguna parte integrados. O los Estados bálticos, habitados por una fuerte minoría rusa, y así sucesivamente... Poner de relieve estos porcentajes significa, en sí mismo, un retroceso de la democracia.

En Serbia, la principal víctima de la expedición de castigo de la OTAN fue la población civil: unos quinientos muertos, pero también miles de personas que fueron afectadas indirectamente, puesto que eran bombardeadas las centrales eléctricas y las reservas de agua, los puentes y los ferrocarriles. El ejército sufrió mucho menos: sabía protegerse. Un año después del final de la operación de castigo, el semanario americano *Newsweek* reveló que las pérdidas militares yugoslavas se limitaban a catorce carros y veinte piezas de artillería. El régimen político no sufrió en absoluto, incluso salió fortalecido de la prueba. Bien se vio en la campaña electoral del verano de 2000: el recuerdo de la intervención militar seguía siendo un poderoso argumento en manos de Milošević, hasta el punto de creerlo (equivocadamente) suficiente para asegurarle la victoria. Cualquier ataque contra él por parte de la oposición democrática podía aparecer como un apoyo a los bombardeos y una traición nacional. Los dirigentes de esta oposición, por el contrario, procuraron siempre, tanto durante como después de los bombardeos, disociarse de la posición de la OTAN, rechazar los estímulos de los gobiernos occidentales más belicosos.

Frente a esos resultados, tan distintos de los que se afirmaba buscar, son posibles dos interpretaciones: o se trató de un resonante fracaso o los objetivos propuestos no eran los que se decían. En el primer caso, nos las veríamos con una elocuente ilustración de la diferencia entre lo que Max Weber denominaba una ética de la convicción y una ética de la responsabilidad. El individuo que actúa sólo en nombre de sus convicciones se preocupa, ante todo, por los beneficios morales que él mismo obtiene de sus actos. El político que, aun defendiendo sus convicciones, no quiere olvidar sus responsabilidades se preocupa, primero, de los beneficios que obtienen los destinatarios de sus actos, es decir, el grupo en cuyo nombre actúa. En ese caso, los resultados cuentan más que las intenciones.

Los dirigentes occidentales se indignaron por las repetidas violaciones de los derechos humanos, sus convicciones morales les empujaron a actuar y decidieron bombardear al enemigo. Sólo que no habían previsto el éxodo de novecientas mil personas, el aumento del odio entre ambas poblaciones, el mal ejemplo dado en las futuras tensiones étnicas, el parón a la democratización de Yugoslavia. Deseaban combatir la purificación étnica y no se daban cuenta de que su intervención contribuiría también a ella.

En apoyo de esta interpretación, podemos citar cierta declaración de Javier Solana, formulada en un momento tan tardío como el 18 de abril de 1999: las expediciones aéreas, decía, permitirían «garantizar un Kosovo multiétnico». Los dirigentes occidentales perseguían pues unos fines buenos utilizando unos medios malos, sin haber podido prever sus consecuencias reales. Si éste fuera el caso, cualquier hombre de honor que se sintiese responsable de estos actos de guerra debería haber admitido públicamente, hace mucho tiempo ya, sus errores y dimitido. Suponiendo, claro está, que se viva en una democracia; bien sabemos que Milošević, a la cabeza de un régimen autoritario, nunca admitió sus errores y no abandonó el poder por propia voluntad, pese a las innumerables desgracias que infligió tanto a su propio pueblo como a los habitantes de las otras partes de la antigua Yugoslavia.

Pero tal vez los objetivos de la OTAN, o de la coalición de países que la utilizaba, fueran otros. ¿Cuáles? La ausencia de petróleo, de uranio o de diamantes en Yugoslavia ha permitido a algunos comentaristas llegar a la conclusión de que el motivo de la intervención era necesariamente humanitario. Así habla Václav Havel, presidente de la República Checa, cuyo impecable pasado de combatiente antitotalitario añade peso a sus palabras. «En la intervención de la OTAN en Kosovo, pienso que hay un elemento que nadie puede discutir –escribe–: las expediciones, las bombas no están provocadas por un interés material. Su carácter es exclusivamente humanitario.»[1] Nos ruborizamos al leer de una pluma tan prestigiosa el invento, digno de *1984* de las bombas humanitarias, que parecen salidas del mismo molde que las famosas frases «La guerra es la paz» o «La libertad es

---

1. *Le Monde* del 29 de abril de 1999.

la esclavitud». Extraña afirmación según la cual todo lo que no tiene un interés material es necesariamente un deber humanitario. ¿Dónde quedan los intereses simplemente políticos?

Los analistas de hoy han propuesto muchas otras explicaciones para la intervención militar, que no eran ni «materiales» ni «humanitarias». Según algunos se trataba para los americanos, como en Hiroshima, de poner en guardia a los rusos; según otros, de hacer una demostración de fuerza ante los europeos. Algunos evocaron la necesidad, para los mismos americanos, de establecerse en los Balcanes y disponer allí de bases independientes de los países de la Comunidad; otros hacen valer la necesidad de ofrecer una prenda de buena voluntad promusulmana a los vecinos árabes de Israel, y así sucesivamente.

No faltan las explicaciones de este tipo, pero no tengo modo alguno de negarlas ni de confirmarlas. Estoy convencido, en cambio, de que otro tipo de explicación debe tenerse en cuenta también, añadiéndola a las precedentes. El poderío no necesita una justificación al margen de sí mismo; es objetivo y no sólo medio. Kant escribía ya, hace dos siglos: «La guerra no necesita ningún motivo particular», el prestigio que proporciona al vencedor es suficiente.[1] Hacer una demostración de su poderío era uno de los principales objetivos de Estados Unidos cuando soltaron las bombas atómicas sobre Japón. A partir del momento en que la dirección de la guerra se delega sólo al mando militar, nada sorprendente hay ya en el desarrollo de las operaciones: primero, los militares deben poner a prueba los instrumentos de su poderío, las armas; luego, no pueden ya detenerse antes de la victoria (o la derrota, pero en ese caso ésta se excluía). Zbigniew Brzezinski, antiguo consejero que todavía es escuchado en la Casa Blanca, declaraba sin ambages que el objetivo de la guerra era probar la superioridad política y militar de la Alianza Atlántica. «El fracaso de la OTAN significaría, a la vez, el fin de la credibilidad de la Alianza y reduciría el liderazgo mundial americano.»[2]

---

1. «Projet de paix perpétuelle», en *Oeuvres philosophiques*, t. III, p. 358. [Hay trad. cast.: *Sobre la paz perpetua*, Madrid, Alianza, 2016.]
2. *Le Monde* del 17 de abril de 1999 (reproducido de *Los Angeles Times*).

El ejército moderno cuesta, además, muy caro; puesto que le habían pedido que interviniera, debía dar pruebas de su eficacia. Muy rápidamente, y a pesar de advertir efectos indeseables, incluso la ineficacia militar de los ataques, se había hecho claro que era preciso continuar la guerra sencillamente porque había comenzado. El general Wesley Clark, comandante supremo de las fuerzas aliadas, declaraba al finalizar las hostilidades: «Una vez se ha cruzado el umbral del recurso a la fuerza militar, hay que utilizarla de modo tan decisivo como sea posible para alcanzar el objetivo».[1] Como en los tiempos de la guerra contra Japón, la propia puesta en marcha del proyecto se convierte en razón suficiente para llevarlo hasta el final, sin que uno pueda, por el camino, preguntarse la justificación última. El poderío debe mostrarse poderoso.

La idea de las «bombas humanitarias» y de la «guerra ética» es profundamente chocante. Algunas guerras son justas, como las que permiten defenderse contra la agresión o impedir la matanza de millones de hombres. Pero ninguna guerra es misericordiosa, ni siquiera la guerra justa, y sólo una opinión pública particularmente dócil o deseosa de conservar la buena conciencia puede aceptar que lo que se denomina, en el caso de uno de los beligerantes, «crímenes contra la humanidad» (las matanzas de la población civil) pueda ser aceptado, en el otro caso, como «daños colaterales». Václav Havel no estaba sobre el terreno para explicar a los civiles serbios que debían sentirse felices de ser atacados por bombas humanitarias y no por bombas agresivas. Todas las guerras son crueles y provocan la muerte y el sufrimiento de inocentes; no tenemos derecho a ignorarlo ni, menos aún, a sentirnos orgullosos de ello.

Tanto más cuanto esos «daños colaterales» nada tenían de incontrolados. A la opinión pública occidental y, en particular, la americana, le cuesta soportar la idea de que haya víctimas entre los soldados del propio país; el objetivo proclamado es conducir la guerra sin aceptar pérdidas humanas por su parte. La consecuencia de esta repugnancia a ver morir a los suyos fue optar por una guerra hecha desde lejos, con ayuda de misiles o bombas

---

1. *Le Monde* del 28 de junio de 2000.

arrojadas desde aviones que volaran muy alto. Como es lógico, cuanto más te alejas del blanco, menos puedes garantizar la precisión del ataque. Rechazar el riesgo de morir significa aceptar el riesgo de matar. Al evitar poner en peligro la vida de sus propios militares, la OTAN no vaciló en sacrificar la de los civiles «enemigos» e introdujo pues una jerarquía previa en el precio de las vidas humanas.

Los guerreros modernos han descubierto que atacar a la población civil puede ser más útil para la victoria que emprenderla con el ejército; por eso (según la explicación oficial) se bombardearon Hiroshima y Nagasaki, dos ciudades, y no el bien protegido ejército japonés. ¿Hay o no crimen de guerra cuando se decide bombardear las reservas de agua y de petróleo, las instalaciones eléctricas y los transportes, las fábricas e incluso los hospitales, como se hizo en Irak o en Yugoslavia? El objetivo de los militares occidentales no fue sólo destruir blancos militares, sino también causar inconvenientes (un eufemismo) a la población civil, para que ésta se volviera contra su gobierno. El general de Aviación Michael Short imagina al yugoslavo medio exasperado por los bombardeos e interpelando así a sus dirigentes: «Eh, Slobo, ¿qué significa eso? ¿Cuánto tiempo voy a tener que soportarlo?».[1] Con lo que revela que los generales deben hacer aún algunos progresos en materia de psicología humana, y también de derecho internacional: ese tipo de «presión» sobre los civiles es calificado en éste de criminal.

El conflicto de Kosovo reveló también cómo el uso de la memoria, a fuerza de banalizar el pasado, puede hacerse pernicioso. Cada uno de los bandos presentes quiso sacar de ella argumentos para justificar su política actual, practicando la asimilación con los arquetipos del héroe, de la víctima o del malhechor; pronto se encuentra siempre el paralelismo. Los serbios evocaron la derrota heroica del rey Lázaro en 1389: un ejemplo que no debía repetirse. Los occidentales blandieron, como hicieron durante la guerra de Bosnia, el precedente de Múnich: una capitulación, que no debía imitarse, ante un dictador sanguinario. Los albaneses tenían

---

1. *Washington Post* del 24 de mayo de 1999.

muy presentes las más recientes persecuciones. La historia es lo bastante rica como para ofrecer ejemplos convincentes para todos: para unos, la intervención de los americanos era forzosamente buena, puesto que el desembarco de 1944 lo había sido; para los otros, era mala, como muestra el exterminio de los indios en el continente americano o la guerra del Vietnam. Cada acontecimiento tiene, además, múltiples facetas que le hacen válido para todo: algunos creen que debe combatirse por la causa justa, como contra Franco en 1936; otros recuerdan que tras la generosa fachada pueden ocultarse intenciones inconfesables, y que la misma guerra de España había sido, para los servicios secretos de Stalin, una ocasión para liquidar a sus rivales antifascistas.

El ejemplo histórico más trillado, y con mucho, sigue siendo el de Hitler. Los valientes combatientes antihitlerianos pocas veces fueron tan numerosos como en nuestros días. Durante el último conflicto, la propaganda yugoslava no dejó de recordar que la última agresión contra el país había sido cosa de Hitler, y por lo tanto: Clinton = Hitler. Más sorprendente aún era ver cómo ese mismo Clinton utilizaba una comparación igualmente dudosa para justificar la intervención militar. «¿Qué habría ocurrido si hubiéramos escuchado oportunamente a Churchill y nos hubiéramos opuesto antes a Hitler? ¿Cuántas vidas, incluso americanas, habrían podido salvarse?», declaró el 23 de marzo de 1999. Ciertamente hubiera sido preferible intervenir antes contra Hitler. Pero ¿cómo los supervivientes virtuales de la Segunda Guerra Mundial legitiman el bombardeo de Yugoslavia? ¿Podía pensarse, en serio, que Milošević era, como Hitler en 1936, un peligro para Europa y para el mundo? ¿Basta con recordar el pasado para justificar cualquier acto?

La intervención militar de la OTAN en Kosovo está lejos de representar un ejemplo de acción virtuosa, llevada a cabo por la comunidad internacional para hacer triunfar el bien. Y hay aún otra pregunta: suponiendo que las violaciones de los derechos humanos en Kosovo hubieran superado los límites de lo tolerable, ¿eran los bombardeos el único medio para terminar con ellas? Es la justificación que invocó Javier Solana al comienzo de la intervención, el 23 de marzo de 1999: «Puesto que todos los esfuerzos emprendidos para llegar a una solución política negociada en la crisis de Kosovo han fracasado, no queda otra solución que el recurso a la acción militar». Pero ¿dice la verdad esta declaración? Podemos tener ciertas dudas al recordar en qué habían tropezado las conversaciones de Rambouillet. La delegación yugoslava, aunque aceptando la autonomía sustancial de Kosovo, se había retirado ante la exigencia de la OTAN de poder circular libremente sobre el territorio yugoslavo y ejercer allí ciertas funciones de policía. Ahora bien, tras casi tres meses de bombardeos, el alto el fuego desembocó en este resultado: Kosovo dispone de una autonomía sustancial, pero las fuerzas de la OTAN siguen sin tener derecho a intervenir en territorio yugoslavo. Dicho de otro modo, la guerra no produjo ganancias suplementarias: el compromiso final es el mismo que estaba dispuesta a aceptar, en Rambouillet, la delegación yugoslava, antes del inicio de las hostilidades. Como en Japón en 1945, el resultado obtenido tras la intervención es semejante al que podía esperarse alcanzar sin ella.

Todo ocurrió como si los negociadores de la OTAN no desearan que el acuerdo pudiera firmarse en Rambouillet y presentaran, con este objetivo, una exigencia inaceptable, a la que renunciaron tras haber arrojado miles de toneladas de bombas. ¿Acaso la guerra fue considerada necesaria por sí misma para castigar a Milošević y a sus compatriotas y demostrar el poderío militar de la Alianza? El recuerdo de la precedente estrategia en Hiroshima vuelve a la memoria (¿otro incierto paralelismo histórico?): los americanos mantuvieron una exigencia que sabían inaceptable, la capitulación incondicional, la posibilidad por tanto de deponer al emperador, para poder soltar sus bombas atómicas. Una vez obtenida la rendición, renunciaron a esta exigencia humillante y dejaron en su lugar la institución imperial, privada de algunas de sus prerrogativas.

Contrariamente a lo afirmado por Solana, incluso en el último momento de la conferencia de Rambouillet, el resultado final podía obtenerse por otros medios. Pero hay que decir, sobre todo, que otras posibilidades se hubieran ofrecido, mucho antes, a las potencias occidentales, si éstas se hubiesen preocupado realmente por el destino de los pueblos balcánicos. En el momento de la intervención, los dirigentes occidentales intentaron reducir la situación a un simple dilema: o no se hace nada (¡como en Múnich!) o se bombardea. Pero la vida política pocas veces se reduce a opciones tan brutales y no es cierto que sea preciso elegir entre la cobardía de la indiferencia y el caos de los bombardeos. Tal consecuencia se impone sólo si se decide de antemano que «actuar» significa «actuar militarmente». Ahora bien, existen otras formas de intervención distintas a los ataques militares. No porque exista acuerdo sobre el fin existe, automáticamente, acuerdo sobre los medios. Dicho de otro modo, habría que aceptar el razonamiento comunista en tiempos de Hitler, según el cual quien quisiera oponerse a los fascistas debía, al mismo tiempo, apoyar a los comunistas (en buena lógica, este argumento apela a la confusión de los contrarios y los contradictorios).

¿Por qué los hombres de los países occidentales optan masivamente por el régimen democrático que protege a los individuos y garantiza los derechos de las minorías? Porque les resulta ventajoso vivir en democracia. Pero basta con que las cosas vayan un poco peor para que comiencen, también, a buscar un chivo expiatorio, supuesta explicación de sus desgracias. El candidato ideal para este papel es una minoría que viva entre ellos pero que se distinga por signos perceptibles de inmediato: una lengua extranjera, costumbres distintas, un color de piel particular. Sin ser intrínsecamente malvados, incluso los habitantes de las democracias están dispuestos entonces a escuchar a jefes fanáticos o cínicos.

Los países de los Balcanes —Yugoslavia, Macedonia, Albania, Bulgaria, Rumania— están en una situación económica y social desastrosa. Nunca fueron ricos; además, el comunismo se mantuvo allí más tiempo que en la Europa central y precipitó su ruina. Si europeos y americanos no desean que sus hermanos y hermanas de ese rincón de Europa sufran, o incluso si, más egoístamente, no desean que se inflame, mañana, otro rincón de los Balcanes —y harían bien no deseándolo, pues las consecuencias de semejante agitación pueden ser catastróficas—, deberían ayudar a esta parte del mundo a salir de su marasmo económico y social. Un nuevo plan Marshall, como suele decirse en esos casos, debiera dirigirse a estos países para permitir a sus poblaciones divisar una luz al final del túnel y encontrar un sentido a su vida. La zanahoria puede resultar más eficaz que el bastón. Los jefes fanáticos o cínicos se convertirían en absurdos anacronismos y desaparecerían por sí mismos.

La caída de Milošević, acontecida en octubre de 2000 tras unas elecciones anticipadas que él mismo había provocado, muy seguro de su victoria (otros jefes de Estado se equivocaron del mismo modo), ilustra perfectamente la superior eficacia de la estrategia no violenta. Tras haber comprobado el fracaso de la política militar en tantos planos, algunos dirigentes occidentales advirtieron, visiblemente, que había otros medios a su disposición. El gobierno americano habría desbloqueado una ayuda de veintidós millones de dólares para acciones destinadas a promover la democracia en Serbia (una brizna de polvo comparada con el presupuesto militar necesario para la intervención). La Unión Europea tomó un discreto contacto con los dirigentes de la oposición para prometerles, en caso de victoria, el inmediato levantamiento de las sanciones y el envío de una ayuda financiera (cumplió su palabra). ¡Seguro que la promesa no se mantuvo del todo en secreto durante la campaña electoral! El gobierno noruego acogió a estudiantes serbios y se pusieron en marcha otros programas. Sólo podemos lamentar que haya sido necesario destruir un poco más el país antes de ayudar a reconstruirlo, como si no hubiera sido ya lo bastante pobre para comenzar.

Elegir la zanahoria en lugar del bastón (a decir verdad, la zanahoria *después* del bastón) resultó suficiente para que la balanza se desnivelara y los ciudadanos serbios pudieran ejercer libremente su juicio autónomo. Eligieron, como suelen hacer los habitantes de las democracias, la solución más adecuada a sus intereses. En cuanto se les ofreció una verdadera opción, dejaron de parecer monstruos ebrios de la sangre de los demás, que sólo sueñan con violar mujeres musulmanas, y optaron por la promesa de paz y de prosperidad. No hay en ello ningún «milagro», sólo la prueba de que puede contarse con la fuerza del juicio autónomo, piedra angular de la democracia. Es comprensible el orgullo de un candidato local serbio después de las elecciones: «Lo más importante es que los cambios se han producido gracias a nosotros, sólo a nosotros, el pueblo, no ha sido gracias a Estados Unidos ni a Rusia».[1]

¿Cuesta cara la ayuda económica a los países pobres? Sin duda, pero los países occidentales han gastado sumas fabulosas para fabricar aviones y submarinos nucleares, misiles y bombas, para armar a los combatientes y, luego, ayudar a los refugiados. ¿No valdría más verter sobre esta tierra dólares que bombas, puesto que éstas exigen también dólares? Frente a situaciones como la de Kosovo, solemos razonar en términos de una opción binaria: activismo o conservadurismo, idealismo o realismo, izquierda o derecha, acción militar o indiferencia. Pero no es uno u otro término de estas oposiciones lo que debe rechazarse, sino el propio modo de formular el problema. La ética de la responsabilidad conserva los fines nobles pero se niega a conformarse con eso e intenta prever las consecuencias de cada acción realizada en su nombre. Idealismo y realismo son, ambos, malos si se separan; juntos hacen posible una buena política.

El inconveniente de esta solución es que no podremos ya vernos como los vencedores del mal absoluto, del diablo, de los monstruos con rostro humano, que no podremos ya enorgullecernos de ser la encarnación, a la vez, del derecho y de la fuerza. Pero ¿no supondría eso, en el fondo, un pequeño progreso?

LO HUMANITARIO Y LO JUDICIAL

La acción humanitaria ocupa hoy un lugar envidiable en la opinión pública de los países occidentales. En un mundo donde la gente no cree ya en las utopías políticas que prometen un radiante porvenir, pero donde tampoco desea ya conformarse con la comodidad individual y las propias distracciones, la acción comunitaria parece ofrecer una salida: es posible aún actuar por solidaridad con el género humano. Aliviar el sufrimiento o la miseria de los demás es un compromiso que da sentido a la vida. La acción humanitaria parece escapar de dos escollos simétricos, el del acti-

---

[1]. *Le Monde* del 21 de octubre de 2000.

vismo político amoral y el de la moral impotente; parece ofrecer el ejemplo de un razonable equilibrio entre idealismo y realismo. No es sorprendente que su reputación sea tan alta, en especial entre aquellos, jóvenes o no, que se sienten jóvenes de corazón.

Los humanitarios intervienen a menudo en el escenario internacional cuando se producen guerras, conflictos y crisis en los que se enfrentan fuerzas políticas opuestas. Lo humanitario debe situarse, forzosamente, con respecto a lo político. En su origen, esta relación podía describirse como una ignorancia deseada: el actor de lo humanitario ayudaba a los heridos o los hambrientos sin preguntarles a qué campo político pertenecían. La ayuda humanitaria no quería ser una política entre otras. Pronto se advirtió, sin embargo, que la exigencia de ignorancia, o de indiferencia, con respecto al color político no bastaba.

Interviniendo en una confrontación política, los humanitarios se encuentran, lo quieran o no, provistos de un papel político. Por ejemplo, determinado dictador decide desplazar a una población en el interior de su país, o incluso expulsarla fuera de sus fronteras, para apoderarse de sus tierras. Si las organizaciones humanitarias intervienen para aliviar el sufrimiento de los refugiados, se convierten en involuntarias aliadas de este dictador, le permiten consolidar sus posiciones suprimiendo una causa de indignación. Pero si deciden no intervenir en el plano humanitario y denunciar incluso, públicamente, la agresión, los refugiados mueren de hambre o de enfermedades. En ambos casos, a los generosos humanitarios les cuesta mucho sentirse orgullosos de su acción. Hay ahí como un pacto fáustico: cierto compromiso con el «diablo» (el malvado dictador) es el precio de su eficacia. El rechazo de cualquier compromiso les paraliza, la sumisión a las órdenes de los poderosos les hace perder el alma y permite que se escuche un mensaje desolador: para tener comida, las víctimas se ven obligadas a renunciar a la justicia.

Semejantes dilemas crueles son frecuentes y no conocen una solución global. Por esta razón, algunas organizaciones, como Médicos sin Fronteras, decidieron no seguir fingiendo ignorancia sino, por el contrario, basar su acción en un análisis político tan profundo como fuera posible de cada situación. La elección de una u otra actitud, del compromiso o de la indignación, no será entonces cuestión de principios sino de oportunidad: en un caso es esencial denunciar, aunque ello signifique también renunciar a cualquier intervención; en otro, se ayudará primero a los que sufren, aun sabiendo que se hace el juego a quien ha provocado sus sufrimientos. Pero siempre hay un límite que no debe superarse: el acto humanitario intenta restablecer una situación de derecho (lo humanitario), nunca debe ponerse simplemente al servicio de la fuerza (lo político).

La utilización de humanitarios por los políticos puede adoptar también formas más discretas. En los propios países occidentales, los gobiernos recurren a las ONG, organizaciones no gubernamentales, para descargar en ellas tareas ingratas o demasiado engorrosas de tratar en el marco burocrático habitual, como la pobreza extrema o la toxicomanía. Adoptar medidas políticas puede resultar oneroso, material y estratégicamente; confiar el trabajo a las ONG permite no atacar las raíces del mal. Una vez más, los humanitarios no deben renunciar, por principio, a sustituir a los políticos o a ayudarles, aunque les interesa seguir siendo lúcidos con respecto a la instrumentalización de la que son objeto; de lo contrario, corren el riesgo de verse algún día rechazados por los mismos a quienes intentan ayudar, con el pretexto de que son los auxiliares de una política inaceptable, como ocurrió ya en tiempo de las colonias.

La fragilidad de los humanitarios situados entre conflictos políticos pocas veces resultó tan visible como durante las guerras yugoslavas. Y cuando sucedió lo de Kosovo su propia identidad se vio amenazada. En efecto, uno de los participantes en el conflicto, los propios países occidentales, que son al mismo tiempo sus proveedores de fondos, les impuso, sin que lo supieran, un nuevo papel: el de servir, según la fórmula de Jean-Christophe Rufin, de «detonante para el uso de la fuerza». En los meses y semanas que precedieron a la intervención, los humanitarios fueron a menudo los únicos testigos presentes en el lugar. Si ocurría un desastre serían los primeros informados. Pero aquello significaba que las interpretaciones que ellos dieran de los acontecimientos en curso, las informaciones que ellos difundieran, podían provocar una guerra. «En los días que precedieron a la crisis –escribe Rufin–, el mundo entero y, en especial, la OTAN vivían en espera de una crueldad de la que fueran testigos los humanitarios. Cualquier denuncia de una violación de los derechos humanos podía tener como consecuencia *inmediata* [...] que se abriese un fuego masivo de bombardeos sobre Belgrado y Pristina.» ¿Deben los humanitarios aceptar ese papel de detonante o de gatillo? ¿Pueden admitir, renunciando a su neutralidad inicial, convertirse a su vez en causa de nuevas muertes?

Una vez iniciadas las hostilidades, la acción humanitaria siguió marcada por la ambigüedad. Las distintas organizaciones, las distintas ramas nacionales de las mismas organizaciones tomaron a menudo posiciones contradictorias. Médicos del Mundo-Francia aprobó los bombardeos y pidió la intervención terrestre, las ONG escandinavas aceptaron hacer funcionar los hospitales militares, reservados sólo a los combatientes del UCK. Mientras, Médicos sin Fronteras-Grecia se instaló en la Pristina bombardeada y afirmó «poder trabajar allí libremente».[1] Cada ejército necesita, es cierto, servicios médicos, pero ¿podemos hablar aún de acción humanitaria cuando ésta se pone a la exclusiva disposición de un grupo que intenta vencer a otro?

Debe decirse que la confusión entre humanitarios y militares estuvo mantenida, en este caso, por el propio ejército de la OTAN, puesto que la organización militar quiso aparecer como la responsable de una misión esencialmente humanitaria. Ése es sin duda el sentido de las «bombas humanitarias» alabadas por Havel: ¡su primer objetivo era, al parecer, ayudar a las mujeres y los niños! Ante la inmensidad de la tarea, ¿quién sino un ejército bien organizado y pertrechado estaría en condiciones de ayudar a centenares de miles de refugiados? Una rama «humanitaria» de la OTAN quedó pues oficialmente inaugurada, junto a la rama «combatiente», y tomó a su cargo la ayuda a la población. De ese modo, la inversión de los papeles –o su confusión más bien– es completa: mientras que los

---

[1]. Jean-Christophe Rufin, «Les humanitaires et la guerre du Kosovo: Échec ou espoir?», en *Des choix difficiles: Les dilemmes moraux de l'humanitaire*, Gallimard, 1999, pp. 399, 401 y 417.

humanitarios se ponen al servicio de la OTAN, la propia OTAN se presenta como una supraorganización humanitaria.

¿Deberíamos alegrarnos de esta conversión de los militares en organismo caritativo? Sean cuales sean nuestras acrobacias verbales, la guerra nunca será un gesto humanitario. Y aunque, en abstracto, cualquier ayuda a las ONG es bienvenida, podemos dudar del hecho de que uno de los combatientes se encargue de la acción humanitaria y esté en condiciones de confirmar la imparcialidad de esta acción. Muy al contrario, como advirtieron por aquel entonces los dirigentes de Médicos sin Fronteras, poner así Estados y ONG en el mismo plano, vincularlos con servicios recíprocos, arroja sobre éstas una legítima sospecha. Más vale, en todo caso, que cada cual se limite a su papel. A fuerza de buscar la eficacia a toda costa, los humanitarios acabarían renunciando a su identidad y, al mismo tiempo, a lo que da valor a su acción, su inspiración universalista. Una ayuda que no fuese imparcial no merecería ya el apelativo de «humanitaria».

Lo mismo podría decirse de la justicia internacional. Es profundamente satisfactorio para el espíritu y gratificante para la idea que nos hacemos de la humanidad poder decir: el derecho preexiste a las leyes, éstas sólo interpretan y codifican un sentimiento de lo justo y lo injusto, común a todos los hombres. No queremos creer que lo que es cierto más acá de los Pirineos se convierte en error más allá. El pensamiento humanista parte, en su universalismo, del postulado inverso. «Decir que no hay nada justo ni injusto salvo lo que ordenan o defienden las leyes positivas supone decir que, antes de que se hubiera trazado algún círculo, todos los radios no eran iguales», escribió Montesquieu.[1] Aspiramos a encontrar esta justicia –natural, universal, absoluta– en las instituciones legales internacionales, puesto que escapan a las coerciones impuestas por las tradiciones de cada país. Y el ejemplo más célebre de esta práctica en la época moderna, el Tribunal de Núremberg, aun no encarnando a la perfección esta justicia internacional, muestra que es posible trascender las fronteras de los países. Los grandes dignatarios del Estado nazi no habían trans-

---

1. *El espíritu de las leyes*, I, 1.

gredido las leyes de su país y, sin embargo, eran criminales para todos. El Tribunal Internacional se convertía en una plausible encarnación del derecho universal.

Podemos comprender las expectativas suscitadas por la creación, en febrero de 1993, casi cincuenta años después del de Núremberg, de un nuevo Tribunal Penal Internacional, en La Haya: un tribunal destinado a formular el derecho por encima de las fronteras. Las circunstancias de su creación son, cuando se miran de cerca, más prosaicas. Desde hacía tres años ya, la guerra ardía en Yugoslavia, las imágenes del país asolado, de personas maltratadas o asesinadas aparecían regularmente en las pantallas de televisión. Los más débiles, las víctimas potenciales –es decir, los musulmanes de Bosnia–, apelaron a las potencias occidentales. Dos formas de intervención eran concebibles para reaccionar contra la guerra y sus horrores: una militar, la otra judicial. Todos consideraron que la segunda se relacionaba con la primera. Para unos (la mayoría de los representantes gubernamentales), crear un tribunal permitía *evitar* el compromiso militar; era un medio menos oneroso y arriesgado de asumir responsabilidades en el plano internacional. Para los otros (los musulmanes bosnios y algunas personalidades occidentales, como Madeleine Albright), era un primer paso que debía *acamar* el segundo, es decir, la intervención militar. En ese estadio, la justicia fue pues, por una y otra parte, instrumentalizada en beneficio de la política. Esas expectativas contradictorias explican por qué, una vez instalado, el tribunal topó con numerosas resistencias, por parte tanto de los propios gobiernos que lo reclamaron como de los organismos internacionales, la ONU y su Consejo de Seguridad.

Aunque la justicia internacional satisfaga en nosotros una aspiración profunda, su existencia no deja de suponer un problema en relación con cualquier política nacional. En efecto, ambas no están gobernadas por los mismos principios y no tienen las mismas prioridades. Un jefe de Estado democrático obtiene su legitimidad de la voluntad popular que le llevó al poder; debe defender, ante todo, los intereses de sus conciudadanos, lo que significa también que da primacía a éstos en detrimento de los habitantes de los países vecinos. A nadie le escandaliza ver a Clinton, o a cualquier otro presidente norteamericano, preocupándose prioritariamente de la protección de las vidas americanas. Intentar fortalecer su país es su deber, pero las consecuencias de sus opciones pueden parecer criminales a los ojos de la justicia internacional.

Ésta es instalada, es preciso admitirlo, no por la voluntad universal sino por los vencedores o los poderosos del momento: y pretende ignorar los intereses nacionales, que son lo que más cuenta para los dirigentes políticos. Ahora bien, lo que es un crimen para la justicia abstracta puede ser una necesidad, una hazaña incluso, en el marco de la política nacional. Así sucede ya en el interior de cada país. Matar es un crimen pero, si la matanza se llama guerra, se convierte en motivo de gloria: el punto de vista político prevalece sobre el legal. La justicia internacional debe guardarse, por una parte, de cualquier tentación utopista; por ello no se propone criminalizar la guerra (obligar a la humanidad a pacificarse). Acepta, pues, las matanzas cuando enarbolan este nombre ennoblecedor. Quisiera castigar sólo los crímenes de guerra; pero, como hemos visto, en la época de la guerra total, éstos se diluyen en los actos de guerra ordinarios. La justicia internacional intenta, por otra parte, evitar el reproche de parcialidad y de instrumentalización, por eso se guarda de organizar procesos políticos. La articulación de estas dos series de exigencias autónomas no es, evidentemente, fácil.

Salieron a la luz varias diferencias significativas entre Núremberg y La Haya. En primer lugar, el consenso sobre los crímenes nazis era casi completo; la imagen de las matanzas, de las violencias, de los campos de la muerte estaba presente en todos los ánimos. Luego, la guerra había terminado, los Aliados no perseguían, por medio de estos actos de justicia, un objetivo militar. Por añadidura, los grandes responsables del régimen estaban ya encerrados; su arresto no estaba pues, ya, en el orden del día.

No ocurría así en el caso de Yugoslavia. La guerra seguía haciendo estragos aún, la intervención judicial no se producía después sino durante el conflicto, con el objetivo de influir en él; por ello, adoptó un sentido político e incluso militar que el proceso de Núremberg no tenía. El campo se abrió de par en par a la manipulación, a las acusaciones recíprocas de mencionar víctimas inexistentes, incluso a las provocaciones concebidas para acarrear la condena del adversario. El consenso sobre las acciones en curso no era, con mucho, tan completo como antes; no uno sino varios protagonistas pueden haber cometido crímenes: serbios, croatas, bosnios. Por último, detener a los presuntos culpables se convierte en una empresa arriesgada cuando se trata de políticos o militares de alta graduación y, por lo tanto, bien custodiados. Conscientes de la impopularidad, ante sus electores, de semejantes acciones, que pueden provocar la muerte de sus soldados, los gobiernos occidentales vacilan en emprenderlas. Núremberg se halló ante un hecho consumado. El Tribunal de La Haya es contemporáneo de los acontecimientos que juzga, y la propia naturaleza de éstos no está claramente establecida al modo de ver de todos.

La instrumentalización de la justicia en beneficio de una política pasó del estado virtual al estado real cuando ocurrió lo de Kosovo, puesto que el 27 de mayo de 1999, la fiscal del Tribunal de La Haya, Louise Arbour, inculpó a todos los altos dirigentes yugoslavos, comenzando por Milošević, de crímenes contra la humanidad llevados a cabo en Kosovo. No era posible imaginar un gesto que pusiera más radicalmente en cuestión la imparcialidad del tribunal; y, al mismo tiempo, no podía hacerse un mayor favor a la OTAN. Un tribunal, instalado y apoyado por uno de los beligerantes, acusaba al otro beligerante de ser criminal. ¿Cómo seguir creyendo que se situaba en un terreno neutral? Se hubiera podido imaginar que, para escapar al reproche de parcialidad y para poder llevar a cabo profundas investigaciones, la acusación esperaría que finalizaran las hostilidades, que elegiría a unos investigadores que se tuvieran por exteriores al conflicto. Ninguna de esas precauciones elementales fue considerada necesaria. Del mismo modo, ya durante la guerra contra Irak, culpable sin duda de haber invadido Kuwait, el presidente americano George Bush y la primera ministra británica Margaret Thatcher amenazaron a Saddam Hussein –comparándolo, claro, con Hitler– con demandarlo por crímenes contra la humanidad. Por lo que a los dirigentes de la OTAN se refiere, no ocultaron su satisfacción al ver cómo una institución internacional, teóricamente imparcial, legitimaba su acción militar: de ese modo, Milošević iba a sentirse, realmente, entre la espada y la pared y acabaría rindiéndose.

Durante los años precedentes, mientras examinaba los crímenes cometidos en Bosnia, el tribunal había cuidado de inculpar a representantes de los distintos bandos en conflicto, serbios, croatas y bosnios, aunque los serbios fueran, con mucho, los más numerosos, precisamente para escapar de cualquier reproche de parcialidad. Nada de eso ocurrió durante el conflicto de Kosovo. Sin embargo, algunas acciones de la OTAN habían sido también denunciadas como ilegales, y no sólo por el gobierno yugoslavo, poco creíble, sin duda, en este caso, sino también por organizaciones humanitarias internacionales. El 13 de mayo de 1999, Human Rights Watch mandó una carta al secretario general de la OTAN, Javier Solana, indicándole varias violaciones del derecho internacional cometidas por la OTAN. Ese derecho, en efecto, reserva el empleo de la fuerza militar a objetivos militares y lo prohíbe contra civiles.

El 16 de mayo, el portavoz de la organización, Jamie Shea, facilitó la respuesta: «Los países de la OTAN son los que proporcionaron los fondos para el emplazamiento del tribunal, estamos entre los proveedores de fondos mayoritarios»; no hay por qué preocuparse, pues, por ese lado. ¿Es imaginable una respuesta más cínica, una admisión más franca de que el derecho es sólo uno de los instrumentos de la fuerza, de la del dinero en ese caso? Tras esta declaración, el tribunal inculpó a los dirigentes yugoslavos de crímenes de guerra y crímenes contra la humanidad. Unos meses más tarde, el nuevo fiscal del tribunal confirmaba la interpretación de Jamie Shea: «La señora Del Ponte subrayó que el tribunal tenía tareas más urgentes que perseguir a los dirigentes occidentales, que han sido sus mejores apoyos».[1]

Otra organización humanitaria, Amnistía Internacional, intervino a su vez el 6 de junio de 2000, advirtiendo que con sus bombardeos de objetivos civiles, como el asedio de la radio y la televisión yugoslavas (no se trata pues de los famosos «daños colaterales»), la OTAN había violado la legislación internacional. En su informe titulado «¿Daños colaterales u homicidios ilegales?», pone de relieve que los responsables políticos y militares tomaron

---

1. *International Herald Tribune* del 30 de diciembre de 1999.

esta decisión a sabiendas, conocedores de que ponían en peligro la vida de los civiles. Tony Blair, primer ministro británico, afirmaba que la televisión yugoslava podía difundir las imágenes de las víctimas de los bombardeos e influir así en la opinión pública de los países occidentales; era pues necesario neutralizarla. El general Clark añadía que la televisión servía los objetivos de Milošević y que precisamente por ello se convertía en «un blanco de guerra legítimo»,[1] aprobado además por el Tribunal Penal Internacional (nueva ilustración de su armoniosa colaboración con las fuerzas de la OTAN). El informe de Amnistía afirmaba que la consigna dada a los pilotos de volar a más de cinco mil metros de altitud, con el fin de evitar cualquier riesgo para los militares, era incompatible con el espíritu de esta legislación, que exigía evitar cualquier riesgo para los civiles. Carla Del Ponte se limitó a responder que no estaba justificado el inicio de una investigación; el sucesor de Solana en la OTAN, George Robertson, se mostró también lacónico, declarando que todas estas acusaciones carecían de fundamento alguno.

Suponiendo que puedan contabilizarse con precisión las infracciones al derecho internacional humanitario, es del todo probable que las cometidas por el ejército yugoslavo sean mucho más numerosas que aquellas de las que se hizo culpable a la OTAN. Pero la parcialidad del tribunal, su deseo de servir a los objetivos militares de sus proveedores de fondos, perjudican seriamente la credibilidad de sus decisiones. La justicia humana es por definición imperfecta, falible, insuficiente. Pero, si no facilita ella misma la prueba de que intenta hacerlo lo mejor posible, deja de ser justicia y se convierte en un instrumento político o militar como los demás. El futuro Tribunal Criminal Internacional proporciona otra ilustración del mismo peligro. El gobierno americano se ha negado a adherirse a una convención que permitiría inculpar a ciudadanos americanos sin el consentimiento de su gobierno. En otras palabras, este país estaba a favor de la justicia internacional, pero a condición de que sus naturales estuvieran exentos de ella. ¿Se trata todavía de justicia? Ahora bien, ni siquiera la mejor política

---

1. *Le Monde Diplomatique*, julio de 2000, p. 18.

justifica que se ofenda la idea de justicia. El precedente de Bosnia, una vez más, no se parece a lo que ocurrió durante la intervención en Kosovo: los gobiernos occidentales que subvencionan el tribunal no llevaban a cabo, por aquel entonces, una acción militar contra uno de los países en cuestión. El Tribunal Penal Internacional de La Haya prestó un mal servicio a la comunidad internacional, comprometiendo la idea de justicia universal, libre de cualquier tutela política. La guerra es lo contrario de la justicia: ésta se ejerce allí donde reinan las leyes, se recurre a aquélla en ausencia de cualquier ley común, para imponer por la fuerza la propia causa. Hacer de la justicia un medio de guerra es traicionar el propio espíritu de la justicia.

Tanto las organizaciones humanitarias como las instituciones jurídicas necesitan medios financieros. ¿Pueden permitirse volverse, ocasionalmente, contra quienes se los proporcionan y morder la mano que las alimenta? La respuesta es: sí. Su notoriedad y la transparencia de sus actos, la facilidad con la que acceden a los medios de comunicación pueden protegerlas contra cualquier intromisión política. Y tienen el deber de defender su independencia: si aceptan ser instrumentalizadas por las fuerzas políticas, renuncian a su vocación y ponen en cuestión la propia idea de universalidad que reivindican. Suponiendo que el riesgo de ver cómo desaparecen esos fondos sea real, más vale aceptar correrlo.

El caso de los humanitarios es relativamente más sencillo: disponen de todos modos de fondos privados, además de los fondos públicos, y, por otra parte, en el espíritu de su misión está abstenerse de tomar partido en los conflictos. Las tensiones pueden, pues, evitarse. Los representantes de la justicia internacional, en cambio, dependen por completo de los gobiernos que aceptan financiarlos y proporcionarles las fuerzas de policía necesarias; además, no son ajenos al conflicto pero deben decir lo justo y lo injusto y designar, pues, los inocentes y los culpables. Eso no los libera de su obligación de someterse sólo a las exigencias de la justicia.

Podemos preguntarnos, pues, si, dejando aparte circunstancias excepcionales como las de Núremberg, no sería más prudente no favorecer una justicia internacional, que corre el riesgo de traicionar su función, sino alentar la vocación internacional, la competencia universal de cada justicia nacional. Los responsables del genocidio ruandés, por poner otro ejemplo reciente, pueden ser juzgados por las jurisdicciones nacionales: las de la propia Ruanda, claro está, pero también, como ha ocurrido ya, por las de Francia o Bélgica. Puesto que un tribunal francés (o de otra nacionalidad) no es parte integrante del conflicto militar que asola un país extranjero, su imparcialidad es probable en principio. Este tribunal puede solicitar la colaboración de gobiernos extranjeros que, en caso de negarse, pueden sufrir sanciones. No puede hacer reinar la justicia sobre toda la Tierra; pero los «tribunales internacionales» no lo logran mucho mejor. Y, por lo demás, ¿realmente deseamos pagar el precio de semejante reino universal?

¿DERECHO DE INJERENCIA O DEBER DE ASISTENCIA?

La intervención militar en Kosovo se presentó como el efecto de una nueva doctrina, que designa, abreviadamente, la expresión «derecho de injerencia». Ésta significa que un grupo de Estados, como el que mantiene la OTAN, tiene derecho a intervenir militarmente en cualquier parte del mundo si se producen violaciones masivas y sistemáticas de los derechos humanos. Este principio fue defendido por el secretario general de la ONU, Kofi Annan, por el presidente de Estados Unidos Bill Clinton («si alguien quiere cometer crímenes masivos contra una población civil inocente, debe saber que, en la medida de nuestras posibilidades, se lo impediremos»)[1] y por otras figuras públicas, convertidas en portavoces de la doctrina. Como, de nuevo, Václav Havel refiriéndose a Kosovo: «Hay algo que ninguna persona razonable puede negar: probablemente es la primera guerra que no se hace en nombre del interés nacional, sino de principios y valores. Si puede decirse de una guerra que ha sido ética, o que se ha hecho por razones éticas,

---

1. *Le Monde* del 14 de septiembre de 1999.

se trata de esta guerra».[1] Podríamos discutir la aplicación de este principio a Yugoslavia, advirtiendo que la situación que precedió a la injerencia militar era la de una guerra civil larvada que engendraba matanzas y no un genocidio, y no obstante aceptar la idea del derecho de injerencia. Evocaríamos entonces, en su favor, ejemplos menos discutibles: ¿No hubiera sido mejor intervenir contra Hitler antes de 1938? ¿O en Camboya, a partir de 1976, para prevenir el genocidio? ¿O en cuanto se iniciaron las matanzas de tutsis en Ruanda, en 1994?

En cuanto se formuló la doctrina del derecho de injerencia, se levantaron contra ella las objeciones. Éstas apelan a argumentos distintos. Uno de los más extendidos consiste en advertir que esta doctrina implica renunciar al principio de soberanía nacional, que hasta ahora se encuentra en la base de la vida internacional, y que esta renuncia supone más peligros que ventajas. ¿Cómo están exactamente las cosas? En primer lugar, habría que dejar de lado el caso de los países que forman parte de una entidad más amplia, federación o confederación, y que por ello han renunciado, por sí mismos, a una parte de su soberanía. Ésa es, especialmente, la situación de los países miembros de la Unión Europea. Por esta razón, nada sorprendente es ver a algunos de estos países reprochando a Austria (en el año 2000) que introdujera en el gobierno un partido de extrema derecha. La Unión Europea no quisiera ser, sólo, un espacio económico y financiero común, sino también una comunidad cuyos miembros comparten, todos ellos, ciertos valores políticos, como la condena del racismo y la xenofobia. La extrema derecha austríaca tiene a su favor la legitimidad del voto popular; pero si el país sigue deseando aprovecharse de su participación en la Unión Europea, debe estar dispuesto a aceptar ese menoscabo de su soberanía. O, por el contrario, puede asirse a ella pero debe abandonar la Unión y renunciar a las ventajas que en ella encuentra. Hay ahí un contrato cuyos términos se definieron de antemano.

Lo mismo ocurre en otros casos, cuando los países en cuestión no han aceptado ningún compromiso previo. La resistencia con-

---

1. *The New York Review of Books*, XLVI, 1999, p, 10.

tra el derecho de injerencia fue particularmente vivaz por parte de los países no pertenecientes a la Europa occidental ni a América del Norte: países del hemisferio sur, de África, de Asia. Esta distribución no es, claro está, fortuita; se explica por la diferencia en la memoria de los unos y los otros. Contrariamente a lo que Havel parece creer, esta teoría del derecho de injerencia no es en absoluto una doctrina nueva: por dos veces al menos, durante los pasados siglos, los Estados europeos encontraron en los «principios y valores», más que en el inmediato interés nacional, la justificación de sus acciones más allá de las fronteras. Esos Estados partieron, cada vez, de la convicción de que eran los detentadores del bien, mientras que los países lejanos, situados en otros continentes, permitían en sus territorios la eclosión del mal. Los europeos pusieron, pues, en marcha sus fuerzas militares e intentaron imponer el bien a los demás.

La primera oleada de injerencia es la llevada a cabo en nombre de la superioridad de la religión cristiana, con el deseo de dar a todas las poblaciones del globo acceso al verdadero Dios o de socorrer a los cristianos que vivían entre los infieles. Quienes iniciaron las cruzadas, del siglo XI al XIII, no estaban menos convencidos que nosotros de la justicia de su causa y no estaban menos movidos por un impulso universalista («humanitario»): permitir que todos se aprovecharan de un bien indiscutible, imponer pues el cristianismo en vez del islam. La conquista de América, en los siglos XV y XVI, encontró a su vez una legitimación en la expansión de la religión cristiana; por lo demás, Colón salió en busca de la «vía occidental» hacia Asia para procurarse los medios necesarios con vistas a una nueva cruzada, destinada a liberar definitivamente Jerusalén. Cierto es que la población del continente americano no vivía, hablando con propiedad, en Estados; la intervención tuvo allí un carácter distinto.

La segunda gran oleada de injerencias se produjo en los siglos XIX y XX, en nombre, esta vez, no ya de los valores cristianos sino de los de la civilización europea profana: el progreso, la industria, la higiene e incluso, ya, los derechos humanos. Francia y Gran Bretaña, las dos democracias más avanzadas del continente por aquel entonces, encabezaron esta nueva oleada de colonización. Se dice que tras la conquista de Indochina, especialmente sangrienta, el primer cuidado de Paul Bert, representante del gobierno republicano, «fue hacer que en Hanói se pregonaran los Derechos Humanos».[1] A pesar de estas muestras, la realidad fue muy distinta: recordemos, para poner un ejemplo más tardío aunque comparable, que en 1947 las autoridades francesas de Madagascar decidieron incendiar unos vagones en los que habían encerrado a los rebeldes malgaches; o comprobar su resistencia lanzándoles desde aviones militares en pleno vuelo (técnica recuperada más tarde en Argentina)...

Podría añadirse que la política imperialista de la Rusia soviética se adornó siempre, también, con las más generosas intenciones. Así, cuando el Ejército Rojo invadió Polonia, en 1920, pudo leerse en una octavilla firmada por el general Tujachevski, el comandante del frente: «En la punta de nuestras bayonetas traemos, a las poblaciones laboriosas, la paz y la felicidad». Veinte años más tarde, en septiembre de 1939, cuando aprovechando el pacto germano-soviético el ejército ruso ocupó la parte oriental de Polonia, el primer ministro soviético Mólotov enarboló las mismas justificaciones: «El ejército de la libertad, [...] que lleva en sus banderas estas palabras sublimes: fraternidad de los pueblos, socialismo y paz, inició la campaña más justa que nunca haya conocido la humanidad».[2] Las conquistas que reivindican la ideología comunista se presentan pues, también, como un triunfo del bien.

Podría objetarse que los valores vinculados a los derechos humanos son hoy aceptados, en teoría, casi en todas partes, incluso en los países donde son diariamente escarnecidos, algo que no ocurría con la religión cristiana ni con los méritos de la civilización occidental. Esta aceptación universal es un hecho y sólo podemos alegrarnos de ello. Pero el problema no es éste. El amor universal predicado por los cristianos, el reinado de la razón reivindicado por las potencias europeas en el siglo XIX, eran, tam-

---

[1]. Léopold de Saussure, *Psychologie de la colonisation française*, 1899, p. 8.
[2]. Citado según M. Buber-Neumann, *La révolution mondiale*, Casterman, 1971, pp. 24 y 394.

bién, valores universales dignos de ser defendidos; sencillamente, nada garantiza que triunfen tras las acciones militares emprendidas con el fin de imponerlos. La Jerusalén conquistada por los cruzados no encarna la victoria del amor, Hanói vencido por el ejército francés no ilustra la de los derechos humanos. Incluso suponiendo que los autores de estas iniciativas fueran sinceros, los medios empleados corrían el riesgo de comprometer los fines buscados. Para ayudar a los que sufren, la guerra contra el gobierno de su país no es la única solución; la negociación, la presión, la seducción pueden resultar más eficaces.

Es comprensible la actual desconfianza de los países no europeos, donde todavía no se ha borrado el recuerdo de anteriores intervenciones en nombre del bien. La declaración de buenas intenciones nunca ha sido una garantía: muy a menudo, éstas sólo son un hábil disfraz. Además, imponer el bien por la fuerza no es ya un bien sin mezcla: si es preciso conquistar el país para corregirlo, es dudoso que sus habitantes os lo agradezcan («se mata en nombre de los principios humanitarios», como escribe el diario japonés *Asahi Shimbun*[1] refiriéndose a Kosovo). Finalmente, antes de infligir a los demás nuestros valores universales, podría resultar útil preguntarles su opinión: si les reconocemos como hombres al igual que nosotros, sus opiniones no valen menos que las nuestras. Sus gobiernos nos parecen condenables, pero ¿debemos considerar, de entrada, nula y sin valor su voluntad, en el caso de que ésta haya podido expresarse libremente? En el pasado abundan los ejemplos en los que se consideraron valores universales lo que era sólo el reflejo de nuestras tradiciones y nuestros deseos; no estaría de más, aquí, algo de modestia o de desconfianza. Se comprende, pues, que el diario japonés explique «la situación catastrófica en Kosovo» por el «acaparamiento unilateral de los principios humanitarios» por parte de la OTAN.

¿Significa esto decir que debemos renunciar a cualquier universalismo de los valores, a la propia idea de unos derechos humanos que son idénticos a ellos mismos, sea cual sea la raza, la cultura, la religión, el sexo o la edad del individuo? En absoluto. Los huma-

---

1. Citado en *Le Monde* del 13 de mayo de 1999.

nistas clásicos nos lo enseñaron: la tiranía es una plaga en todos los climas. No se trata en absoluto de instalar, junto a los derechos humanos «occidentales», derechos de Dios, o de la naturaleza, o del grupo, que serían propios de otras tradiciones («los valores asiáticos») e igualmente legítimos. Aquí no se trata de la universalidad de los derechos y los valores, sino de su puesta en práctica concreta en las sociedades reales; no de los objetivos sino de los medios. Más que contrastar siempre la hermosa teoría y la práctica imperfecta, esperando que el siguiente intento tenga éxito (el cristianismo fracasó sin duda, el comunismo también, pero ¿por qué no probar ahora con la democracia liberal?), debiéramos interrogarnos ahora sobre el sentido de la historia que vivimos.

Otra razón puede hacernos preferir la soberanía nacional al derecho de injerencia. La soberanía se traduce en instituciones de Estado; la injerencia destruye el Estado nacional. Ahora bien, los habitantes de un país, incluso los de un país no democrático, tienen muchos más derechos como ciudadanos de un Estado que como miembros del género humano. Un derecho humano que no esté garantizado por las leyes del país y por el aparato del Estado no vale gran cosa. La destrucción de un Estado en nombre de la defensa de los derechos humanos es, pues, siempre, un acto problemático que puede hacernos soltar la presa a cambio de una sombra. La anarquía puede ser peor que la tiranía, pues la anarquía, ausencia de Estado, sustituye la tiranía del uno por la de la multitud; y las leyes, incluso las injustas, tienen la ventaja de la estabilidad. Pudo verse tras el derrumbamiento de los regímenes comunistas: en varios países reveló el debilitamiento, la desaparición incluso, de cualquier estructura estatal. El poder fue tomado, entonces, por grupos mafiosos, paracriminales, que han impuesto la «ley» del más fuerte. Los protectorados de la ONU que se establecen hoy en Bosnia y en Kosovo, curiosa transformación del pasado colonial, no escapan a estas dificultades: ¿cómo pueden los funcionarios internacionales sustituir las desfallecientes estructuras del Estado nacional? Si se admite ese argumento, podríamos preguntarnos: ¿se hace entonces legítima la injerencia en un país que sea ya presa de la anarquía? Ésta merece, es verdad, ser combatida, pero puede dudarse de que un orden impuesto desde fuera, por la fuerza, pueda parecer legítimo a la población del país. Una vez más, la negociación, las presiones indirectas, pueden resultar más eficaces que la guerra.

Dejemos ahora de lado la soberanía escarnecida y examinemos el propio principio que justifica la injerencia: los valores universales y, por lo tanto, la existencia de una misma justicia para todos. Sorprende enseguida el hecho de que el derecho de injerencia sea ejercido, en realidad, de modo muy selectivo: aquí pero no allá. ¿Cómo se explican estas diferencias de trato? Una primera serie de ejemplos es perfectamente clara: los países sospechosos de actuar mal son demasiado poderosos. Por mucho que los diarios nos informen de que China transgrede los derechos humanos en el Tíbet, de que la India ocupa Cachemira o Rusia hace una guerra injusta en Chechenia, nadie propone bombardear estos países para poner fin a sus fechorías: el precio sería demasiado alto. El derecho de injerencia debería recibir, pues, una cláusula restrictiva: sólo vale contra países sensiblemente más débiles que aquel que inflige el castigo. Esta situación evoca, irresistiblemente, las burlas que dirigió Charles Péguy al presidente contemporáneo de la Liga de los Derechos Humanos, Francis de Pressensé: «Pressensé está a favor del derecho contra la fuerza cuando la fuerza no es fuerte».[1]

Tal vez no haya aquí motivos para sentirse orgullosos, pero hay que tener en cuenta las realidades del mundo, admitámoslo. Sin embargo, pueden evocarse otros casos que no se explican sólo por la fuerza de los países incriminados. Sin abandonar el contexto geográfico de Yugoslavia, donde el crimen inicial consiste en la persecución, la deportación o la expulsión de una minoría de la población, los ejemplos de Israel, en sus relaciones con los palestinos, o de Turquía, en sus medidas contra los kurdos, se nos ocurren fácilmente, aunque cada caso sea distinto y exija juicios matizados. ¿Por qué intervenir en un caso y no en el otro? ¿Sigue siendo justicia una justicia que no es igual para todos? La justicia, tal como hoy la entendemos, es universal o no es. Si condena a uno pero no a otro, cuando sus fechorías son semejantes, un principio distinto preside

---

1. *L'argent suite*, p. 143.

esta elección. Podríamos responder que es preciso comenzar en alguna parte y que la imposibilidad de hacer que la ley reine por doquier no es una razón para no aplicarla donde sea posible. Pero las transgresiones de los principios humanitarios son más antiguas en estos otros países que en Yugoslavia, y no se ve qué impide a las potencias occidentales intervenir en este sentido, aunque sea de modo político y económico, y no militar.

O más bien: se ve perfectamente dónde reside el obstáculo a semejante intervención, pero eso nada tiene ya que ver con la justicia; Israel y Turquía son países «amigos» de los países de la OTAN y de Estados Unidos en particular, con quienes les vinculan intereses comunes militares y políticos. La lección que enseña la historia reciente es, pues, menos gloriosa de lo que afirma el secretario de la ONU, el presidente de Estados Unidos y también el presidente Havel: las violaciones de los derechos humanos se impedirán, pero sólo en los países que no sean aliados nuestros; éstos pueden hacer con sus minorías lo que quieran. La lección, en otras palabras, es la siguiente: estáis interesados en poneros del lado de la fuerza. El error de Yugoslavia, precisa esta cínica lección, no fue perseguir a sus minorías sino sobrestimar sus fuerzas, o creer que Rusia era aún capaz de ayudarla (o lo deseaba). Una lección, en suma, muy familiar cuando se trata de política internacional. El derecho de injerencia recibe aquí su segunda cláusula restrictiva: no se aplica a nuestros aliados estratégicos.

Otro caso lo constituye el genocidio ruandés. Recuerdo sucintamente los hechos referentes a la no intervención occidental. En 1993, la ONU mandó a Ruanda una misión de observación de unos dos mil quinientos hombres, dirigida por el general canadiense Roméo Dallaire. A comienzos del año 1994, éste dirigió a sus superiores informe alarmante tras informe alarmante: el odio interétnico, azuzado por los propagandistas hutus, se intensificaba peligrosamente, observó, cuando los medios de intervención de que disponía eran irrisorios. Pero las misivas y telegramas de Dallaire fueron letra muerta. Cuando, a comienzos del mes de abril, se inició el propio genocidio y fueron asesinados diez cascos azules belgas, Dallaire se convirtió en el testigo impotente del horror. Sus angustiados informes seguían siendo ignorados. Por toda respuesta, el Consejo de Seguridad se limitó a disminuir su contingente en Ruanda porque la vida de los soldados estaba entonces en peligro. En los tres meses siguientes pereció un número de víctimas difícil de precisar, pero que hoy se sitúa alrededor de los ochocientos mil tutsis, a los que habría que añadir unas decenas o centenas de millares de hutus, muertos como represalia por las fuerzas tutsis al finalizar el genocidio o muertos por falta de cuidados médicos.

Un informe titulado «El genocidio evitable», encargado por la Organización de la Unidad Africana (OUA), establecido por una comisión de expertos y publicado en julio de 2000, advierte que el Consejo de Seguridad eligió deliberadamente renunciar a cualquier intervención. ¿Cómo se explica esta actitud del Consejo? Por falta de voluntad política de sus miembros más directamente concernidos. Estados Unidos fue inmediatamente informado del carácter dramático de la situación, pero el presidente Clinton o su embajadora en la ONU, Albright, sabían que una intervención en Ruanda sería muy impopular en su país: durante una operación precedente, en Somalia, dieciocho soldados americanos encontraron la muerte, algo que la opinión pública americana no olvidará fácilmente. Los dirigentes del país se empeñaron, pues, en no emplear nunca el término de «genocidio», que, por la fuerza de los tratados firmados, les habría obligado a intervenir, pero hablaron púdicamente de actos que «se parecían a», actos de genocidio. Incluso cuando el Consejo de Seguridad decidió mandar una nueva misión, «ciertas tácticas dilatorias americanas garantizaron que ni un solo soldado suplementario, ni una sola arma llegase a Ruanda antes de que terminara el genocidio». Y no es que Estados Unidos prefiera los verdugos hutus a las víctimas tutsis; sencillamente, los imperativos de la política interior prevalecieron sobre los deseos humanitarios. Lo mismo ocurrió en otras ocasiones: Clinton se opuso también, siempre, a que el Congreso americano reconociera oficialmente el genocidio de los armenios a manos de los turcos, arguyendo que semejante voto «no convendría a nuestros intereses nacionales».

El derecho de injerencia sufre aquí una nueva restricción: uno no se inspira en él si nada tiene que ganar, ni en el plano material ni en el de la política ni, finalmente, en el del prestigio internacional. La no intervención de la comunidad internacional en otros conflictos africanos, como en el Sudán por ejemplo, donde sin embargo la situación es grave, parece deberse a esta tercera excepción de la regla general.

La posición de Francia, en el fondo, no fue muy distinta. Para salvaguardar sus buenas relaciones con el poder hutu y los demás Estados africanos antes del comienzo del genocidio, se abstuvo de condenar la propaganda racista que hacía estragos en Ruanda. Tampoco se estudió intervención alguna durante el propio genocidio, aunque esta parte de África pertenece tradicionalmente a la «zona de influencia» francesa. Sólo cuando las matanzas estaban finalizando a consecuencia del avance militar de los tutsis del Frente Patriótico Ruandés (FPR), Francia mandó sus fuerzas en una «operación Turquesa», en principio para interponerse entre los dos beligerantes; de hecho, eso permitió la huida de los asesinos hutus hacia el vecino Congo. Luego, Washington afirmó que lamentaba no haber actuado con mayor energía entonces, y París estableció una comisión parlamentaria para estudiar el expediente. El general Dallaire, por su parte, tras haber testimoniado varias veces, se ha intentado suicidar en dos ocasiones y pasa por largos períodos de depresión.

Todos estos acontecimientos pertenecen al pasado más cercano, no datan de antes de la Segunda Guerra Mundial, son incluso posteriores a la «guerra justa» en Irak. El genocidio era previsible, la intervención militar habría podido ser inmediata y, si le hubieran facilitado medios, eficaz. La comunidad internacional supo que se trataba de un genocidio y no hizo nada por impedirlo. ¿Cómo podemos confiar, luego, en los mismos protagonistas políticos?

Por último, para ser creíbles, los países que se comprometen en la injerencia militar debieran estar, ellos mismos, por encima de toda sospecha en lo que se refiere a los derechos humanos. Estados Unidos es, indiscutiblemente, un país más democrático que Yugoslavia, pero ¿puede decirse que sea irreprochable en este plano? Sin remontarnos a las bombas de Hiroshima y Nagasaki, ¿tan seguros estamos de que todas sus intervenciones militares están limpias de cualquier crimen de guerra? Su modo de «hacer la limpieza» en la zona geográfica contigua a la suya, la América central y meridional, ¿es tan distinto de la antaño famosa «doctrina de Bréznev», formulada abiertamente durante la invasión de Checoslovaquia por el ejército de los países comunistas vecinos, en 1968? Esta doctrina sólo concedía una soberanía limitada a los vecinos de la Unión Soviética y autorizaba a ésta a intervenir en sus asuntos ejerciendo un derecho de tutela. ¿Debemos desear que Estados Unidos exporte también su práctica de la pena de muerte, una violación de los derechos humanos en sí misma, regularmente denunciada por organizaciones humanitarias como Amnistía Internacional? Gran Bretaña y Francia, otros dos países de gran tradición de injerencia en los asuntos de los demás, intervienen hoy algo menos y, por lo tanto, corren menos riesgos de transgredir, a su vez, las reglas no porque su política sea moralmente más elevada, sino porque sus medios materiales han disminuido. Hay que admitirlo: ningún país puede pretender ser una encarnación ejemplar del bien; y, por ello, ninguno tiene en la materia una legitimidad automática.

Estas distintas objeciones –en nombre de la soberanía nacional o de la universalidad de la justicia– no discuten aún el propio derecho de injerencia, sino sólo su aplicación imperfecta (¿por qué aquí y no allá?) o sus efectos perversos (en vez de hacer que triunfen los derechos humanos, favorece la anarquía o el espíritu colonial). Hay que ir más lejos y preguntarse: suponiendo que pueda aplicarse de modo perfecto, ¿es deseable que el derecho de injerencia se generalice? ¿Deseamos vivir en un mundo basado en este principio?

La primera razón por la que podríamos dudar en erigir el derecho de injerencia en precepto universal es que las violaciones de los derechos humanos, sin mencionar las infracciones del derecho a secas, son excesivamente numerosas; si fuera necesario lograr que todas cesaran, la guerra no podría ya detenerse. Ningún continente y ningún país escapa a la crítica. Péguy, que no retrocedía ante las consecuencias de semejante elección, escribía: «Hay en la Declaración de los Derechos Humanos [...] lo bastante para hacer la guerra a todo el mundo por la duración de todo el mundo».[1]

---

1. *Ibíd.*, p. 149.

Podríamos dudar en aplaudir los resultados de esta opción: ¡mucho mal sería necesario aún antes de desembocar en el bien! No estamos obligados a llegar a la conclusión, por esta imposibilidad de generalizar un principio, de que ninguna intervención es legítima; sino a la de que reivindicar esta declaración no basta para justificar la injerencia.

Además, lo criticable no son sólo los medios de semejante empresa, lo son también los objetivos. Querer erradicar la injusticia de la superficie de la Tierra, o incluso, sólo, las violaciones de los derechos humanos, instaurar un nuevo orden mundial del que sean expulsadas las guerras y las violencias, es un proyecto que coincide con las utopías totalitarias en su intento de hacer mejor a la humanidad y establecer el paraíso en la Tierra. Implica también que estemos convencidos de ser la única y sola encarnación del bien, como en las guerras de religión. Éstas cesaron, en efecto, el día en que se admitió que podían coexistir varias concepciones del bien. Por su parte, el mal no es una adición accidental a la historia de la humanidad, de la que podríamos librarnos fácilmente; está vinculado a nuestra propia identidad. Para apartarlo habría que cambiar de especie.

La promoción de la justicia universal implica la construcción de un Estado universal. En efecto, para poner en marcha la justicia, se necesita una policía que se apodere de los culpables y reúna a los testigos; si la justicia es universal, la policía se hace también universal. Pero la policía, a su vez, está a las órdenes del gobierno. También éste, pues, tiende hacia la unidad. Es, por lo demás, una faceta indispensable del proyecto cientificista: puesto que estamos seguros de haber identificado los fines que convienen a todos los hombres, de haber encontrado la mejor forma de gobierno, ¿por qué no extender a todo el mundo esos beneficios, unificando las leyes, las instituciones, las policías? ¿Sería el Estado universal el Estado perfecto? En absoluto: sus inconvenientes son mayores aún que sus ventajas.

No se evoca en nuestros días el proyecto del Estado universal, y sin embargo no faltan los indicios de semejante movimiento. Han regresado de nuevo a nosotros, por ejemplo, las metáforas médicas aplicadas al cuerpo social, que podían considerarse prohibidas tras su uso intensivo en los regímenes totalitarios: se habla de intervenciones quirúrgicas, se afirma que es mejor prevenir que curar, como si las taras de la sociedad se dejaran analizar en términos de enfermedad. La imagen del cuerpo sólo se impone si se concibe la humanidad como un todo, con un cerebro y un corazón, con brazos que actúan (siempre los mismos) y, también, zonas de enfermedad y de corrupción, contra las que es preciso saber protegerse, extirpándolas si es necesario. Semejante perspectiva de prevención justifica también, claro está, el combate contra los posibles genocidios o los crímenes virtuales, legitima todos los ataques preventivos, aunque, posteriormente, se descubra que el peligro era ilusorio. Debemos desconfiar de los proyectos que nos conducen hacia el Estado universal no sólo porque los regímenes totalitarios hubieran retomado este objetivo de la doctrina cientificista. Una célebre controversia opuso, sobre esta cuestión, en el siglo XVIII, a Condorcet y Montesquieu. Éste, tras haber analizado las leyes de diversos países, concluía que, aunque todas las leyes se refieran a los mismos principios generales de justicia, la diversidad de los destinos históricos, de las tradiciones culturales, de las posiciones geográficas y de los recursos naturales hace que sea preferible conservar leyes distintas de un país a otro, y también formas de gobierno o incluso religiones. El crimen de los conquistadores no fue ignorar las leyes, ni renunciar al bien, sino actuar como si todos los países del mundo formaran uno solo. «El colmo de la estupidez –dice Montesquieu del "proceso" contra el emperador inca Atahualpa–, fue que no le condenaron por las leyes políticas y civiles de su propio país, sino por las leyes políticas y civiles de los otros.»[1] Cinco religiones dividiéndose el mundo son mejor que una, incluso si ésta es la mejor de las cinco, pues, sola, correría el riesgo de volverse opresora, mientras que, reconociendo su pluralidad, las religiones se restringen mutuamente. El pluralismo es un bien en sí mismo, independientemente del valor de las distintas opciones que lo constituyen, ya sea en el interior de un país (el mantenimiento de la pluralidad de los poderes) o en las relaciones entre países.

1. *De l'esprit des lois*, XXVI, 22.

Treinta años más tarde, Condorcet escribió un comentario al *Esprit des lois*, en el que se rebela contra la necesidad de pluralismo afirmada por Montesquieu. Si se ha descubierto ya la mejor solución, la mejor ley, el mejor gobierno, ¿por qué no desembarazarse de los menos buenos? Si la política es producto de la ciencia, sus opciones son ciertas; ahora bien, la verdad se lleva mal con el pluralismo: sólo los errores son múltiples. «Una buena ley debe ser buena para todos los hombres, como una proposición cierta es cierta para todos.»[1] Una vez las leyes se hayan hecho idénticas, se procederá a la unificación tanto de las instituciones como de los comercios y, por fin, se adoptarán en todas partes las lenguas de los pueblos más ilustrados, el inglés y el francés. A fin de cuentas, guiados por la razón, los hombres «formarán un solo conjunto y tenderán a un objetivo único».[2]

¿Por qué el ideal pluralista de Montesquieu es preferible al ideal unitario de Condorcet, y el proyecto humanista al proyecto cientificista? Porque el conocimiento de los hombres nunca puede culminar y, de todos modos, nunca puede producir los ideales; la política cientificista, pues, no existirá nunca. En su ausencia, el equilibrio de los poderes, la tolerancia mutua, la pluralidad de los centros de decisión valen más que la unidad –incluso si el país que la impone tiene, de momento, el mejor gobierno–, pues la pluralidad asegura la libertad y la posibilidad de buscar, mientras que la unidad las asfixia. Traducido a términos de política internacional, eso significa que una situación de disuasión mutua entre varios grupos de países o varias superpotencias puede ser más beneficiosa para la paz que el dominio exclusivo de una sola potencia, que puede desear convertirse en el gendarme del mundo e imponer a todos sus reglas. Nos alegramos por el hundimiento del imperio totalitario soviético; eso no significa que el dominio en solitario de Estados Unidos sea de-

---

1. «Observations de Condorcet sur le vingt-neuvième livre de l'*Esprit des lois*», *Oeuvres*, t. I, 1847, p. 378.
2. *Esquisse d'un tableau historique des progrès de l'esprit humain*, Éditions Sociales, 1971, p. 248. [Hay trad. cast.: *Bosquejo de un cuadro histórico de los progresos del espíritu humano*, Centro de Estudios Políticos y Constitucionales, Madrid, 2004.]

seable en sí. El peligro no es menor cuando la superpotencia advierte que, en realidad, le faltan los medios para jugar al custodio de la paz en todas partes y que debe limitarse a intervenir sólo en las situaciones en las que están en juego sus intereses vitales. Por el conjunto de estas razones, el equilibrio es preferible a la unidad. La globalización económica a la que hoy asistimos no debe ir seguida por una mundialización política; los Estados o grupos de Estados autónomos son, por el contrario, necesarios para contener los efectos negativos del movimiento de unificación.

Para escapar del Estado universal, para no sucumbir a la tentación de edificar el paraíso en la Tierra, mejor será no asumir la tarea de curar a la humanidad de todos sus males. ¿Significa eso decir que debiéramos permanecer indiferentes y pasivos ante las catástrofes que caen sobre los demás? Una vez más, lo que debe cuestionarse de nuevo son, precisamente, las oposiciones estériles de este tipo: debéis elegir entre cobarde indiferencia y bombardeos intensivos del enemigo. Es posible resistir al mal sin sucumbir a la tentación del bien.

La intervención militar en un país extranjero, en detrimento de su soberanía nacional, puede justificarse en un caso extremo (por la ética de la convicción), siempre que no corra el riesgo de producir más víctimas que las que salva (en nombre de la ética de la responsabilidad). Ese caso extremo ha recibido, desde hace algunas décadas, un nombre: el genocidio. No el genocidio virtual, pues, que justifica los ataques preventivos, ni la guerra civil, por horribles que sean las matanzas que engendra. Por eso hubiera sido ilegítimo declarar la guerra a la Alemania nazi en 1936: el genocidio no se había puesto en marcha aún. Pero eso no impedía otras formas de intervención: presiones comerciales, firmeza diplomática, propaganda política, generosa acogida de los refugiados. Por otra parte, aunque hubiéramos estado suficientemente informados del genocidio sufrido por el campesinado ucraniano y kazako en 1933, eso no habría justificado una intervención militar: una guerra contra la Unión Soviética habría provocado un número de víctimas más elevado aún. El aplastamiento de Hungría por los carros soviéticos en 1956 no era un genocidio; sin embargo, suscitó una inmensa indignación moral, tanto en el Este como en el Oeste, y recuerdo que nosotros, los adolescentes de los países de la Europa oriental, soñábamos con que los tanques americanos venían a liberarnos. David Rousset, en un impulso de solidaridad, solicitaba a Occidente que «entrara en el combate». Pienso retrospectivamente que semejante intervención habría sido un inmenso error, puesto que habría provocado la Tercera Guerra Mundial.

La intervención en un caso de genocidio real no presenta menos riesgos que las demás formas de injerencia. Pero son riesgos que deben correrse, tan inmenso es el envite. ¿Cómo saber con precisión cuántas nuevas víctimas engendrará el gesto que pretende salvar a las víctimas anteriores? No nos es posible. ¿Cómo trazar una frontera rigurosa entre las matanzas colectivas y los genocidios en germen? No nos es posible. ¿Cómo estar seguros de que, al no querer intervenir antes de que lo virtual se haga real, no actuamos demasiado tarde, mientras seres reales son a su vez transformados en seres virtuales, en cadáveres? No nos es posible. Sólo podemos admitir que la existencia humana nunca tendrá la elegancia de una demostración matemática ni la claridad de una póliza de seguros, que se parece más bien al «jardín imperfecto» del que hablaba Montaigne y que, frente a lo extremo, hay que resistir. No pueden excluirse los errores; al adoptar como principio que sólo el genocidio justifica la injerencia militar, podemos esperar que éstos se vean reducidos al mínimo.

Los dos genocidios que se produjeron después de la Segunda Guerra, el de Camboya a partir de 1976 y el de Ruanda en 1994, no provocaron la menor intervención de la comunidad internacional. Fueron interrumpidos, tardíamente, por una fuerza militar acantonada muy cerca: el ejército vietnamita, en el primer caso; el FPR, instalado en Uganda, en el segundo. Este precedente puede incitarnos a pensar que la reacción más eficaz a semejante situación de crisis no pasa por la ONU. La organización mundial se halla necesariamente desgarrada entre los intereses contradictorios de sus Estados miembros, algo que amenaza siempre con paralizar su acción; y no por casualidad, desde hace varios años, Estados Unidos refunfuña ante el pago de sus cotizaciones a este organismo, aunque siga legitimando su política por medio de consideraciones morales. La pesadez de su aparato burocrático es extrema. Además, la ONU no dispone de un ejército, y está bien así; de lo contrario, podría transformarse en gobierno mundial. Los vecinos del país donde se produce el genocidio, en cambio, están motivados para intervenir. Están informados de los acontecimientos, no sólo por las cadenas de televisión sino también de modo inmediato: los refugiados llegan a su casa. Y finalmente, la proximidad permite la identificación y justifica, por lo tanto, los riesgos que deben correrse. Es mucho más difícil poner en peligro la propia vida por un pueblo que vive en el otro extremo del globo terrestre que por el propio vecino. Esta solución no es una panacea, podría favorecer a las potencias regionales en detrimento de los principios universales; es preferible sin embargo, creo yo, cuando se trata de interrumpir un genocidio.

Desde este punto de vista, la Unión Europea o la Organización para la Seguridad y la Cooperación en Europa estaban bien situadas para preocuparse por los acontecimientos en Kosovo. Pero lo que allí ocurría no era un genocidio, que habría justificado la intervención militar; era sólo –aunque ese «sólo» se tradujo en miles de víctimas– una guerra civil acompañada de matanzas, de pasiones nacionalistas irreconciliables, de las fechorías de un régimen autoritario y corrupto, el de Milošević. La intervención militar, por su parte, estuvo a punto de provocar el genocidio transformando en rehenes, si no en enemigos militares, a casi dos millones de albanófonos que vivían en Yugoslavia. El genocidio se evitó, pero no gracias a la OTAN.

La fórmula del «derecho de injerencia» es doblemente discutible. En primer lugar, nos preguntamos cuál sería el origen de este «derecho». Si no lo suponemos divino, como sugiere Havel, afirmamos que los derechos nos son otorgados en virtud de nuestra pertenencia a un Estado, lo que, evidentemente, no es aquí el caso. Hablamos también de los derechos humanos, de los que cada uno de nosotros goza simplemente como ser humano; pero ¿no significa extender abusivamente el sentido de esta expresión encontrar en ella una razón para meterse en los asuntos de los demás? Si nosotros mismos nos encargamos de esta responsabilidad, entonces no se trata de un derecho, sino de un deber, voluntariamente asumido. En segundo lugar, este deber no debe estar determinado por la forma que adopte nuestra intervención (injerencia militar) sino por las necesidades de quien la solicite. El que sufre tiene, en cambio, un derecho a ser socorrido (un derecho no escrito, un derecho humano); nosotros, que estamos dispuestos a ayudarle, sólo podemos tener un *deber de asistencia*.

«Asistir» puede entenderse, primero, en un sentido débil, el de estar presente en una escena. Ese deber es común a todos: no debemos ignorar lo que ocurre a nuestro alrededor, es preciso que aceptemos al menos el papel de testigos de nuestro tiempo. Pero «asistir» tiene también un sentido más fuerte que asumirán los más enérgicos de nosotros, protagonistas políticos o humanitarios, y que equivale a «ayudar».

El deber de asistencia excluye la intervención militar, pues está orientado al beneficio de las víctimas y éstas pocas veces se benefician de la guerra, aunque esta guerra sea «ética»; y el beneficio de unos, a veces, se paga con el sufrimiento de otros. Eso no hace que las intervenciones sean necesariamente ilegítimas; sólo el Ejército Rojo podía hacer que se abrieran las puertas de Auschwitz, ¿y cómo no estarle agradecido? Pero su acción no era esencialmente humanitaria. Es imperativo que la frontera entre injerencia militar y asistencia humanitaria esté clara. Este deber no nos recomienda tampoco imponer un bloqueo comercial al país cuya política desaprobamos, porque a sus dirigentes no les costará en absoluto aprovisionarse y todas las privaciones, todos los efectos nefastos del mercado negro serán sufridos por la población civil, víctima ya de su gobierno; ése es, sin embargo, el escandaloso caso de las medidas que afectan hoy a Irak. Pero las formas de esta asistencia no son por ello limitadas. Pueden ser propiamente políticas (se ejercerán presiones sobre los gobiernos extranjeros) o jurídicas, humanitarias o económicas. ¿Cómo no ver que si las potencias occidentales hubieran invertido en la economía de los países balcánicos, en vez de financiar un armamento cada vez más perfeccionado y caro, se habrían evitado muchos conflictos? La asistencia presenta, además, una ventaja sobre la injerencia: sólo es ofrecida, no impuesta; puede pues, también, ser rechazada por aquel a quien se ofrece, lo que nos aleja algo más de la situación colonial.

El deber de asistencia no se confunde con la tentación de instaurar el bien y curar a la humanidad de sus enfermedades crónicas, o, peor aún, de prevenirlas soltando bombas humanitarias. Nos es posible practicarlo siempre, al igual que el derecho de injerencia, de modo muy selectivo, por motivos que son de utilidad también, o sobre todo, incluso, para nuestros propios intereses; pero no habremos recurrido, por lo menos, a la fuerza y no seremos responsables, a nuestra vez, de la multiplicación de las víctimas. No hay que esperar milagros: la asistencia será impedida, a veces, por los gobiernos emplazados y, por otro lado, aunque asumiéramos todos el nuevo deber, el universo no se volvería perfecto. El mal disminuiría aquí o allá, sin ser eliminado definitivamente. Pero eso basta. La tentación del bien, en cambio, es nefasta porque sustituye las personas particulares por objetivos abstractos. La bondad o el amor, que Grossman oponía al bien, tienen la ventaja de dirigirse siempre a un ser humano particular e impedir convertirlo en un medio para alcanzar un objetivo, por muy sublime que sea.

Las lecciones de la intervención militar occidental en Yugoslavia son amargas. Una minoría perseguida por un régimen injusto y represivo, los albanokosovares, ya no lo está, y debemos alegrarnos de ello; pero ¿a qué precio? Los soldados de la OTAN regresarán a su casa mientras que las poblaciones locales tendrán que vivir, durante décadas si no siglos, con el odio sólidamente plantado en su memoria por los bombarderos. La minoría de la minoría, serbios y gitanos de la región de Kosovo, se vuelven a su vez víctimas de las víctimas, y los propios albaneses se encuentran con un país arruinado, destinado a ser mantenido por la ONU. Tanto la economía como la ecología de Yugoslavia están destrozadas (no olvidemos las bombas de uranio «empobrecido»), su vida política permaneció bloqueada durante el año que siguió a la intervención. Los gobiernos occidentales se ven confirmados en su buena conciencia; los de los demás países, en su desconfianza hacia Occidente. Da la impresión de un inmenso estropicio: estropicio de buenos sentimientos, de entrada, que habrían podido hallar una mejor aplicación; estropicio de pasiones, irremediablemente comprometidas en la vía del resentimiento y de la venganza; estropicio de bienes materiales, pues el precio de las armas y los ejércitos supera con mucho el presupuesto anual de los países de la región.

La intervención militar era un error, no porque la política de Milošević mereciese ser apoyada, ni porque los europeos siguieran los pasos de los americanos, ni siquiera porque se produjera fuera de cualquier marco jurídico. Era un error porque se podían obtener los resultados buscados por otros medios; entonces se habría evitado disminuir los sufrimientos de unos aumentando los de otros.

La democracia no produce los mismos efectos que el totalitarismo; sin embargo, los niños muertos no hacen diferencia alguna entre bombas totalitarias y bombas humanitarias, atómicas o convencionales, que al parecer debían salvar numerosas vidas e instalar el reinado de la justicia y de la moral. En la esfera de las relaciones internacionales, la diferencia entre democracia y totalitarismo no parece tan clara como en los asuntos internos. La voluntad hegemónica está tan presente aquí como allá. El mundo tal como existe realmente nos enseña que las relaciones entre países no pueden hacer abstracción de las relaciones de fuerza. No por ello estamos obligados a aceptar que estas relaciones se disfracen de magnánima distribución de bienes, como en los buenos tiempos de las cruzadas y las conquistas coloniales, ni a confundir la defensa del interés nacional, objetivo legítimo de cualquier gobierno, con un combate por la justicia universal. Debemos optar por el derecho contra la fuerza, pero, entre dos fuerzas, podemos preferir la que dice su nombre a la que se oculta tras una máscara de virtud.

El siglo de Germaine Tillion

Si fuera necesario elegir un solo episodio de la sorprendente biografía de Germaine Tillion para convertirlo en emblema de su existencia, me quedaría con éste. Estamos en octubre de 1944. Está internada, desde hace casi un año, en el campo de Ravensbrück. Durante el día, las deportadas se marchan a trabajar en comandos, pero algunas se las arreglan para librarse; se las califica entonces de *Verfügbar*, «disponibles», y son utilizadas para distintas tareas en el interior del campo. Germaine Tillion suele formar parte de estas *Verfügbar*, pero aquel día la destinan a descargar y seleccionar el botín llevado al campo en unos trenes. Sin embargo, en vez de trabajar, decide refugiarse en una gran caja de embalaje y, allí, concibe un proyecto. Escribe una opereta titulada *El Verfügbar en los infiernos*, que toma sus melodías de las operetas de Offenbach y cuenta los intentos del *Verfügbar* para escapar del trabajo, así como los esfuerzos de un naturalista para describir esa especie animal, no clasificada todavía. El texto toma a veces sus ritmos de las fábulas de La Fontaine:

> Moraleja:
> No busquéis los golpes, ya vendrán solos,
> Es inútil correr para que os rompan la cara.

Otras veces, el coro de los *Verfügbar* canta, con la melodía de los «Tres valses»:

> No somos lo que se cree,
> No somos lo que se dice,

El secreto de nuestra existencia
No lo ha dicho la Gestapo.

Los episodios cómicos suceden a las situaciones extravagantes. Una deportada, enferma, quisiera que se ocuparan más de ella. El coro de los *Verfügbar* la pone en guardia:

EL CORO: ¡Ya basta! Tiene usted derecho al carné rosa y al transporte negro...
NENÉTTE: Me da igual... Iré a un campo modelo, con todas las comodidades, agua, gas, electricidad.
EL CORO: Sobre todo gas...[1]

Oculta en su caja, Germaine Tillion compone los cinco actos de su opereta, para mayor gozo de sus camaradas (una de ellas sacará el texto del campo cuando se produzca la liberación); las hace reír y, al mismo tiempo, les transmite un análisis lúcido de la situación en los campos. Lucidez, malicia y ternura van a la par.

Germaine Tillion nació en 1907. Tras sus estudios de psicología y arqueología, se orientó hacia la etnología, a uno de cuyos maestros, Marcel Mauss, admiraba. A comienzos de los años treinta, incluso aquellos que no se interesaban por la política podían formarse una opinión sobre la gravedad de los acontecimientos que se preparaban. Durante una estancia escolar de tres meses en Königsberg, en 1933, juzgó ridículos a los estudiantes nazis y consideró «el racismo como una estupidez totalmente execrable».[2] Por lo tanto, no se hacía ilusiones sobre el comunismo. «Marcel Mauss había tenido el inmenso mérito de acertar sobre el bolchevismo desde el congreso de Tours. Recuerdo haberle oído hablarnos de los exterminios por hambre organizados por Stalin en Ucrania.»[3] Pero no eran ésas sus preocupaciones principales: desea sobre todo ir a conocer pueblos lejanos y, si es posible, «sal-

---

1. *Ravensbrück*, Seuil, 1988, pp. 150, 163 y 230.
2. *Il était une fois l'ethnographie*, Seuil, 1999, p. 39.
3. «Faire confiance», en *Esprit*, 261, 2000, p. 155.

vajes». La ocasión se presentó en 1934; obtuvo una beca que le permitió permanecer con los bereberes de Aurès, al sur de Argelia. Hizo allí cuatro prolongadas estancias, entre 1934 y 1940, estudiando especialmente la organización social de esa población. Regresó a París a comienzos de junio de 1940; y fue el desastre. Al oír la petición de armisticio formulada por Pétain, tomó una decisión: había que reaccionar. La motivaba, más que un compromiso político cualquiera, su adhesión a los valores patrióticos y republicanos. Poco a poco fue organizándose un grupo de resistencia, denominado posteriormente, la red del Museo del Hombre, del que Germaine Tillion fue una de las piezas maestras. Recogían informaciones, organizaban evasiones. En agosto de 1942, Tillion fue detenida tras una denuncia. Tras una larga investigación, fue deportada a Ravensbrück, en octubre de 1943. Permaneció allí hasta abril de 1945, cuando la Cruz Roja sueca fue a liberar a un grupo de detenidas.

De regreso en Francia, Germaine Tillion, cuyos manuscritos de estudios sobre el terreno habían desaparecido, dudó si reanudar su trabajo de etnóloga; la experiencia que acababa de vivir movilizaba toda su atención. Pasó entonces a la sección de historia moderna del CNRS y se consagró al estudio de la Resistencia y la deportación; de testimonio directo, se convirtió en investigadora profesional: la memoria se ponía al servicio de la historia. Publicó pues estudios sobre la red del Museo del Hombre y sobre Ravensbrück. Pero, en 1954, se produjo una nueva ruptura: otro de sus antiguos maestros, el orientalista Louis Massignon, le pidió que fuera a Argelia para investigar el estado de la población civil. Algunos disturbios comenzaban a agitar la colonia francesa. Tillion aceptó y, durante los ocho años siguientes, se vio involucrada en la tormenta que llegaría a convertirse, poco a poco, en la guerra de Argelia.

Sólo en 1962 –tras una interrupción de veintidós años– Germaine Tillion pudo recuperar su pasión primera, la etnología. Se consagró por entero a ella y publicó, en 1966, su gran libro, *El harén y los primos*, un estudio sobre las estructuras familiares, sociales y económicas del mundo mediterráneo, que adopta como hilo conductor el análisis de la condición femenina. Desde aquella fecha, Germaine Tillion realizó en paralelo sus distintas actividades de militante, de historiadora (una tercera edición de su *Ravensbrück* apareció en 1988) y de etnóloga: se publicó, en 1999, una nueva obra titulada *Érase una vez la etnografía*.

Esta vida, dispersa y discontinua en apariencia, se vio marcada por dos constantes que Anise Postel-Vinay, la compañera de deportación de Tillion, denomina[1] la pasión de comprender y la ternura hacia sus semejantes. Dos valiosísimas virtudes para el nuevo siglo y que merecen, por esta razón, ser observadas más de cerca.

En el nivel más general, el movimiento que nos incita a desear comprender el mundo no necesita justificaciones: nos empuja a ello nuestra propia identidad. Es, dice Germaine Tillion, «un gozo en sí mismo» que procede de que «comprender es una profunda vocación de nuestra especie, uno de los objetivos de su emergencia en la escala de la vida».[2] Para su propia realización, el ser humano necesita encontrar un sentido a su existencia en la marcha inexorable del tiempo, un orden en el mundo que le permita situarse; el acceso al sentido pasa por la comprensión. Eso explica la elección de Germaine Tillion: «Toda mi vida he querido comprender la naturaleza humana, el mundo en el que vivía».[3]

Pero esta necesidad no es la única razón de la búsqueda de sentido. No vivimos en un vacío sino en situaciones concretas, que pueden comportar también sufrimientos, opresión, violencia. Comprender sus mecanismos permite actuar sobre ellos; antes de cualquier acción, incluso, se siente un alivio al haber domesticado el acontecimiento por medio de las categorías del espíritu. Germaine Tillion pudo observarlo al margen del ejercicio de su profesión (la etnología se presenta, en efecto, como un intento de comprender a los demás), en el campo de concentración y durante la guerra de Argelia. «Tuve ocasión, por dos cauces distintos –escribe–, de medir la angustia de los hombres ante el mun-

---

1. A. Postel-Vinay, «Une ethnologue en camp de concentration», en *Esprit*, 261, 2000, p. 133.
2. *Ravensbrück*, Seuil, 1973, p. 186.
3. Entrevista en *Libération* del 3 de febrero de 2000.

do que han hecho y, por dos veces, de advertir el apoyo real que puede aportar a aquellos a quienes aplastan la comprensión –es decir, el análisis– de los mecanismos aplastadores.» Lo mismo ocurre con el luto: el día en que conocemos la desaparición de un ser querido, quedamos paralizados por el estupor; insertar este acontecimiento inaudito en una serie de hechos que lo preceden, lo envuelven y lo siguen nos permite emprender el luto de esta persona.

El conocimiento de lo humano se inicia a partir del momento en que el sujeto descubre, fuera de sí mismo, a otro ser humano, aparentemente semejante y, sin embargo, muy distinto, y desea interpretar la naturaleza de este parecido y esta diferencia; entra en contacto con ese otro, le hace preguntas y escucha sus respuestas. La identidad progresivamente descubierta del otro le ilustra, entonces, sobre sí mismo, comienza a formar parte de lo universal y de lo singular; un proceso que nunca tendrá fin y que está en el propio centro del diálogo. La etnología, por su parte, «ocupa, en el nivel del interconocimiento de los pueblos, un lugar paralelo al que desempeña el diálogo en el nivel de los individuos: un incesante ir y venir del pensamiento, continuamente rectificado». El otro me permite descubrir lo que ignoraba en mí, aunque nunca tenga acceso a lo que soy el único en conocer; y recíprocamente. Ya no hay, por un lado, la «naturaleza humana» y, por el otro, los «salvajes», sino dos variantes de la misma naturaleza. Gracias a este paso por la alteridad, cada uno de nosotros puede arrancarse de su singularidad y descubrir, de un modo muy distinto al del ingenuo egocentrismo, la humanidad. «La etnología es, pues, de entrada, un diálogo con otra cultura. Luego, un cuestionamiento de sí mismo y del otro. Más tarde, si es posible, una confrontación que supera a uno mismo y al otro.»[1]

Esta disciplina no sólo consiste, pues, como podría creerse, en conocer a los demás, sino también en relacionarnos, nosotros con los demás. Es la lección que Germaine Tillion había aprendido ya de Mauss; éste se interesaba tanto, dice ella, por sus contemporáneos y vecinos como por los pueblos lejanos. De ahí esta conclu-

---

1. *Le harem et les cousins*, Seuil, 1982, p. 20, I-II.

sión, sorprendente a primera vista: «Para comprender realmente una sola civilización, es preciso conocer, por lo menos, muy profundamente, dos».[1] No hay conocimiento humano sin comparación y confrontación. Por eso, además, nunca sabremos eliminar la parte de subjetividad.

La práctica de la comprensión, oficio del etnólogo, sirvió a la deportada. En el horror del campo, ocuparse del mundo más que autocompadecerse ayuda, primero, a aguantar. Si se encuentran fuerzas para este primer esfuerzo, es tentador luego hacer que los demás lo aprovechen. Germaine Tillion fue, pues, la que en el campo de Ravensbrück intentaba proporcionar a sus compañeras algo de lucidez sobre su propia situación precisamente cuando el sufrimiento y el miedo incitaban, también, a la ignorancia voluntaria. Se informó tanto como le fue posible y compartió, luego, sus informaciones, en forma de una opereta o de una áspera exposición de sociología, como la que pronunció cierto día del mes de marzo de 1944, entre dos barracones del campo. «Nada es más espantoso que el absurdo. Al dar caza a los fantasmas, yo era consciente de ayudar un poco, moralmente, a las mejores de nosotras.» Y aunque el contenido de la exposición, en sí, nada tenía de alegre –desmenuzada la mecánica del exterminio por el trabajo–, las deportadas que la escuchaban se sintieron reconfortadas. El saber sirve aquí, de modo inmediato, para protegerse.

Tras la liberación de las detenidas, en Suecia aún, y a pesar del estado de embotamiento en el que la había sumido el asesinato de su madre, detenida también en el mismo campo, Germaine Tillion inició una investigación sobre lo que acababa de concluir: interrogó detalladamente a cada una de las supervivientes. Tituló el primer escrito que resultó de ello *En busca de la verdad*, «porque esa búsqueda me obsesionó en cautividad y sigue obsesionándome». Poco después decidió cambiar, provisionalmente al menos, de profesión: era urgente recoger el máximo de informaciones para intentar comprender el horror; la etnóloga dejó paso a la historiadora. La tarea era doble: para con los camaradas de

---

[1]. *Les ennemis complémentaires*, Minuit, 1960, p. 209.

la resistencia y la deportación, establecer los hechos, registrar los actos era una especie de deber; para con los agentes del mal, se trataba de intentar comprender cómo habían podido llegar a eso. Era una elección dolorosa –«abandonar provisionalmente las culturas africanas (que me gustaban) por la historia de la descivilización de Europa (que me horrorizaba)»–[1] pero necesaria. «Había decidido no ocuparme ya de etnología sino consagrar todos mis esfuerzos a comprender cómo un pueblo europeo, más educado que la media, había podido sumirse en semejante demencia.»[2] Hay ahí, en efecto, un misterio para cualquier discípulo de las Luces.

Escribir la historia del presente no es cosa fácil. La búsqueda de la verdad, fáctica o profunda, topa con la resistencia de sus protagonistas, interesados por definición. Habiéndose identificado y declarado indiscutibles el bien y el mal, los antiguos verdugos intentaban disculparse y justificarse, mientras que las antiguas víctimas aspiraban a abrumarles al máximo. «En los medios que habían sido diezmados por el campo de concentración, la susceptibilidad es extrema; todo lo que contribuye a ennegrecer más aún a los autores del crimen suele ser admitido sin crítica, y la menor reserva provoca indignación.» Germaine Tillion sabía que tampoco ella era un testigo imparcial ni podría nunca serlo; sólo podía establecer escrupulosamente la verdad fáctica permaneciendo consciente de las opciones que guiaban su comprensión. No hay lugar para lamentaciones: el mundo humano está impregnado de valores, a uno y otro lado, y no podríamos comprenderlo haciendo abstracción de ellos. «Vivir y actuar sin prejuicios no es concebible»,[3] lo mejor que podemos hacer es elegir los propios con conocimiento de causa. Es preciso, al mismo tiempo, saber evitar las trampas que tiende la propia labor de conocimiento, que puede hacernos preferir un brillante resultado a la apagada verdad o, como ella misma dice con respecto a la película *Le Chagrin et la Pitié*, «una cuarta parte de

---

1. *Ravensbrück*, 1988, pp. 200, 12 y 14.
2. *Libération, op. cit.*
3. *Ravensbrück*, 1988, pp. 282-283.

verdad que escandaliza a tres cuartas partes de verdad ajada por el uso».[1]

Tal vez el conocimiento sea una de las vocaciones del género humano y eso bastaría para legitimarlo. Pero, además, puede ser puesto al servicio de los hombres y las mujeres, una utilidad que Germaine Tillion nunca pierde de vista. En los tiempos en que era etnóloga, quería ya que sus escritos pudieran ayudar a aquellos a quienes se referían; por esta razón, cuidaba de utilizar el lenguaje común, palabras accesibles a todos. Cuando Massignon recurrió a ella como etnóloga, en 1954, para contribuir al apaciguamiento del conflicto franco-argelino que se iniciaba, no vaciló ni un instante: el conocimiento no está ahí para servir al propio desarrollo, cada vez que pueda debe contribuir a la acción. «Consideraba que las obligaciones de mi profesión de etnóloga eran comparables a las de los abogados, con la diferencia de que ésta me forzaba a defender a una población en vez de a una persona.»

Si así ocurre con el saber escolar, desinteresadamente acumulado, con mucha más fuerza deben llevar a actuar los conocimientos adquiridos con los dolores del propio cuerpo, a consecuencia de las privaciones y las torturas en los campos. Los antiguos deportados tienen derechos, pero también deberes: aprovechar su experiencia y su prestigio para combatir todas las nuevas manifestaciones del mal, forzosamente distintas y, sin embargo, comparables. Apenas salida de Ravensbrück, Germaine Tillion se convirtió en visitadora de prisiones, donde ya no se pudrían, sin embargo, los resistentes. En 1959 logró –es una de las acciones de las que dice sentirse orgullosa– introducir la enseñanza en las cárceles: a partir de aquel momento se hizo posible, en Francia, entrar en ellas analfabeto y salir con un diploma universitario. Esta acción es característica del compromiso de Germaine Tillion: no se propone construir el paraíso en la Tierra, ni siquiera curar a la humanidad de sus pulsiones criminales: la existencia humana seguirá siendo siempre un «jardín imperfecto». No, proporciona

---

1. *Le Monde* de 8 de junio de 1971, citado por Jean Lacouture, en *Le témoignage est un combat: Une biographie de Germaine Tillion*, Seuil, 2000, p. 327.

una mejoría limitada pero real: hacer posible el acceso de los presos a la cultura. No es un ejemplo aislado. Cuando, en 1950, David Rousset organizó su Comisión Internacional contra el Régimen de los Campos de Concentración, que provocó la ruptura entre comunistas y no comunistas en el seno de los ex deportados, Tillion se unió a Rousset y participó en el jurado internacional, reunido en Bruselas, en 1951. También en el marco de esa comisión fue a Argelia, en 1957, para investigar sobre la tortura en las cárceles y los campos franceses.

Cuando decidió consagrarse de nuevo –aunque de modo muy distinto– a Argelia, Germaine Tillion no estaba pues motivada, sólo, por su pasado de etnóloga sino también por su experiencia de deportada. Por lo demás, fue su asociación de ex deportadas la que le pidió, por primera vez, que las ilustrara sobre «los acontecimientos en Argelia», y su primer libro sobre el tema proviene de una exposición que les dirigió. «En 1956, a causa de su experiencia vivida de la miseria extrema, había querido dedicar a mis camaradas de deportación lo que yo sabía sobre la pobreza de los países denominados "el tercer mundo".» Al igual que los ex deportados son los más cualificados, según la idea de David Rousset, para investigar sobre los campos activos, los antiguos parias de los campos tienen algo que decir sobre la miseria de los colonizados.

Y a lo largo de todas sus intervenciones en Argelia (no sólo cuando se informa sobre la tortura en las cárceles), Germaine Tillion tuvo muy presente su experiencia de resistente y de deportada. En cuanto llegó a Aurès en 1954, tras catorce años de ausencia, vio a unos soldados franceses registrando a un anciano pastor. «El campesino, aterrorizado, levantaba los dos brazos al cielo según el uso internacional de los sospechosos. Escena que yo había visto muchas veces en París, entre 1940 y 1942, pero nunca entre 1934 y 1940 en Argelia.»[1] Las ejecuciones de los combatientes argelinos condenados a muerte como «terroristas» la hacían sufrir en su propia carne porque diez de sus camaradas de la red

---

1. *L'Afrique bascule vers l'avenir*, Tirésias-M. Reynaud, 1999, pp. 18-19, 63 y 21.

del Museo del Hombre fueron fusilados en febrero de 1942, a pesar de sus innumerables gestiones para salvarles (y cuyo único efecto fue acarrear su propia perdición). «Tuve luego, durante varios meses, y varias veces por semana, ocasión de decir adiós a los camaradas que eran llevados al poste de ejecución, y la indignación, la pesadumbre y la rabia que sentía entonces siguen hoy vivas aún en mí», escribió en 1957.[1] Esta comparación entre la gloriosa epopeya de la Resistencia y las acciones «terroristas» de los independentistas argelinos provocó, en su época, la incomprensión e, incluso, la indignación.

No basta con recordar; es preciso ver también para qué sirve el recuerdo. La memoria de las derrotas pasadas puede alimentar el patriotismo, la de las victorias el pacifismo; las dos pueden conducir a nuevas guerras. El sufrimiento que no se olvida no es forzosamente un buen consejero: «¡La humillación no se olvida y corre siempre el riesgo de resolverse en la violencia o la traición!», dice Germaine Tillion[2] para hacer comprender la actitud de Pétain en 1940. Algunos antiguos resistentes fueron paracaidistas en Argelia, buscando en cierto modo una revancha por la derrota de 1940: ¡esta vez sabrían defender la patria! Otros, como Germaine Tillion, encontraron en su experiencia pasada razones para luchar contra las ejecuciones capitales.

Fidelidad a la justicia más que al grupo: ése es el principio de acción de seres como ella. Pero ella hace una advertencia: «Había en aquellos momentos, en 1957, en Argelia, prácticas que fueron las del nazismo. El nazismo que yo execré y que combatí con todo mi corazón».[3] Por ello se comprometió en ese combate, no tomando partido por el FLN contra Francia, sino por la humanidad contra la guerra, las torturas, las ejecuciones.

Terminada la guerra de Argelia, Germaine Tillion no dejó por ello de actuar. Trabajó con organizaciones internacionales que luchaban por la desaparición de la esclavitud, por la defensa de las minorías o tanto contra el hambre como contra la ablación, esa

---

1. *Ennemis*, p. 58.
2. Entrevista en *Télérama* del 8 de marzo de 2000.
3. *La traversée du mal*, Arléa, 1997, p. 110.

«tortura bárbara», siempre en nombre de principios que se fortalecieron en ella durante la guerra. A su vez, la familiaridad con las prácticas coloniales se descubre inútil: así se comprometió en la temible empresa que consiste en descolonizar a las mujeres («en nuestra época de descolonización generalizada, el inmenso mundo femenino sigue siendo, en muchos aspectos, una colonia»),[1] o analizó los recientes conflictos en Ruanda y en Yugoslavia, donde una mayoría y una minoría se disputan el mismo territorio. La miseria del tercer (o del cuarto) mundo siguió sublevándola, al igual como lo que denominaba la *clochardisation* («mendiguización»), pobreza extrema y destrucción de las antiguas estructuras sociales y familiares al mismo tiempo. Un fenómeno que hoy puede observarse en los barrios de barracas de los suburbios de las metrópolis, y del que los propios campos de concentración tal vez sean sólo una «racionalización extrema», «un intento de sacar de ellos el "mejor partido" posible».[2] Un constante vaivén se mantiene entre los distintos objetos de conocimiento y eso hace posible el vínculo entre conocimiento y acción.

La «pasión de comprender», a fin de cuentas, no sorprende demasiado. Más perplejos podemos permanecer ante la otra constante de las actividades de Germaine Tillion, a saber, la ternura por sus semejantes. En efecto, su experiencia ha consistido, no exclusivamente, es verdad, pero sí en gran parte, en una «travesía del mal» (es el título que dio a un libro de entrevistas con Jean Lacouture, aparecido en 1997). Más exactamente, Tillion sugiere que pueden identificarse en la humanidad dos minúsculas minorías: la de las bestias feroces, los traidores vendidos, los sádicos sistemáticos, por una parte; y, por la otra, la de los «hombres de gran valor y gran desinterés», que, incluso cuando disponen de un poder superior, no abusan de él sino que, por el contrario, lo ponen al servicio del bien. Entre esos dos extremos, la inmensa mayoría de nosotros está compuesta por gente ordinaria, inofensiva en tiempos de paz y de prosperidad, que se revela peligrosa ante la menor crisis.

1. *Harem*, p. 199.
2. *Afrique*, p. 85.

En Ravensbrück, y más allá incluso, en el aparato nazi, los individuos con que Tillion se cruzó no eran monstruos sino, más bien, mediocres que habían sufrido una doma tal que se volvieron capaces de actos monstruosos. Aquellas personas no se distinguían, en sí mismas y por su precedente biografía, de la media civilizada. Las detenidas del campo se entregaban entre sí a un juego melancólico: apostaban por ver en cuánto tiempo la nueva vigilante, tímida y amable al principio, se transformaría en una bestia que sentiría placer golpeando (la norma habitual era de entre ocho y quince días). Pero Tillion observó la misma metamorfosis entre los soldados franceses en Argelia: «He conocido hombres dulces y silenciosos a quienes las cuatro horas de vuelo del avión bastaban para transformarlos en groseros energúmenos».[1] Los franceses de Argelia, a su vez, nada tenían de excepcional. Aquí y allá sólo se encuentra gente ordinaria. Pero incluso Himmler, responsable supremo del reino de los campos de concentración, le parece a Germaine Tillion un «chupatintas arribista, obtuso y meticuloso, accidentalmente provisto de medios desproporcionados con respecto a su mediocridad» (el capítulo donde hace su retrato se titula «Los monstruos son hombres»). Pero esa advertencia, en vez de tranquilizarnos, debiera inquietarnos: «Hay motivo para tener mucho miedo, pues aquel vientre es más fecundo aún que el de la Bestia».[2]

Lo mismo ocurre con los grupos y, en particular, con los grupos nacionales. Al salir del campo, Tillion guardaba cierto rencor a las polacas que abusaron de su posición de fuerza, y lo dice. En la segunda edición de su libro, cambió de opinión y lo reconoció ante sus lectores: «Hoy me avergüenza ese juicio, y quiero decirlo, pues estoy convencida de que, en la misma situación, cualquier colectividad nacional habría abusado de ese modo». La tentación de tratar así a los alemanes, claro, es particularmente grande; pero también ahí revelará, sólo, nuestro temor a vernos demasiado cerca del mal. «He oído a mucha gente hablando de la crueldad, de la depravación de la "raza alemana". ¡Qué tranquilizador sería

---

[1]. *Ennemis,* pp. 156 y 188.
[2]. *Ravensbrück,* 1988, pp. 95 y 98.

pensar eso y circunscribir así los desastres! La verdad es que racismo y nazismo son fenómenos cuyas causas no pueden ser "raciales" ni "nacionales".»[1]

Tras haber comprendido que los malhechores son hombres como los demás, Germaine Tillion procura mantener la distinción entre el acto y su ejecutor, no esencializar el crimen. «Soñamos con una justicia implacable con el crimen y compasiva con el criminal», escribe, sin saber que retoma una frase de Grossman escrita, aproximadamente, en la misma época, que a su vez cita «la verdad que formuló un cristiano de Siria en el siglo VI: "Condena el pecado y perdona al pecador"».[2] Un sueño, en efecto, pero esporádicamente realizable; así, en 1950, Tillion se tomó el trabajo de ir a Alemania para declarar *a favor* de dos antiguas vigilantes de Ravensbrück: estaban acusadas de crímenes imaginarios. En 1947, había asistido también al proceso de sus propios verdugos del campo: satisfecha al ver condenados sus actos, no había podido evitar sentir, incluso por aquellas personas, «una compasión consternada».[3] El proceso de Pétain, en el que estuvo también presente, no le inspiró otro sentimiento.

Durante la guerra de Argelia, todos se vieron obligados a elegir su bando: a favor del FLN o a favor de la Argelia francesa. ¿Qué podía hacer quien se negaba a dejar que el mundo se divida en blanco y negro? ¿Quien piensa, como escribe Tillion en 1956 con respecto al conflicto argelino, que «ningún linaje humano detenta el monopolio de la inteligencia o de la equidad, y que todos cuentan, entre sus progenitores, una proporción masiva y probablemente constante de bribones e imbéciles»?[4] En todo caso, sólo pudo ganarse la reprobación de todos los extremistas: fue odiada tanto por Jacques Vergès, abogado del FLN, como por sus enemigos declarados, los fanáticos de la Argelia francesa, e incluso por los dogmáticos intelectuales parisinos que creían conocer la verdad y habían decidido de antemano la distribución del bien y del

---

1. *Ravensbrück*, 1973, pp. 54 y 90.
2. *Ennemis*, pp. 177-178 y V. Grossman, *Vie et destin*, 1, 4, p. 35.
3. *Traversée*, pp. 83 y 88.
4. *Afrique*, p. 69.

mal. Da testimonio de ello el comentario de Simone de Beauvoir sobre un escrito de Germaine Tillion acerca de la situación en Argelia: «Cenamos todos en casa de Marie-Claire haciendo pedazos el artículo de Germaine Tillion que todos, Bost, Lanzmann y yo, consideramos una porquería».[1]

Si las causas del racismo y el nazismo no son raciales ni nacionales, ¿dónde deben buscarse? *Ravensbrück* es un libro de gran riqueza descriptiva y psicológica, pero no se detiene en las fuentes más lejanas del desastre acontecido en el corazón de Europa. Las causas de la guerra de Argelia y de la *clochardisation* del tercer mundo son, en cambio, más claras: residen en los ritmos desiguales de la evolución histórica, puesto que el contacto entre los pueblos se produjo cuando se hallaban en distintos estadios de desarrollo. El mal no es la verdad de la condición humana sino que procede de una situación, como las que por desgracia se dan a menudo. «Hay hombres malvados y hombres buenos, y situaciones en las que, además, todos los imbéciles son malvados. Lamentablemente, son numerosos en todas partes.»[2]

Si hay ternura por nuestros semejantes, no procede de una ignorancia de lo que Germaine Tillion denomina a veces las «propensiones de la especie» o, más brutalmente, la «vertiente atroz de la humanidad».[3] No se hace ilusión alguna sobre el género humano. Pero tampoco cree que las malas facetas estén solas. Nada está perdido de antemano. «No existen, moralmente, auténticos mediocres, sino sólo seres que no han encontrado los acontecimientos que los pongan de relieve», escribe al final de *Ravensbrück*.[4] El ser humano es moralmente indeciso, bueno y malo al mismo tiempo, y por eso el campo de la acción está abierto de par en par.

¿Cómo adviene el bien? Germaine Tillion vio su origen donde lo buscaban, también, Romain Gary y Vasili Grossman: en el cuidado

---

1. S. de Beauvoir, *La force des choses*, Gallimard, 1963, p. 462; citado por P. Vidal-Naquet, «La justice et la patrie», en *Esprit*, 261, 2000, p. 145. [Hay trad. cast.: *La fuerza de las cosas*, Barcelona, Debolsillo, 2011.]
2. *Ennemis*, p. 182.
3. *Ravensbrück*, 1988, p. 188; y *Afrique*, p. 112.
4. *Ravensbrück*, 1988, p. 283.

y el amor con que madre y padre rodean al niño. Éste adquiere por ello, salvo accidente, «cierta disposición a la felicidad»[1] y una capacidad para amar a su vez. Este amor-gozo ante la existencia del otro sirve de emblema, a autores como Gary o Tillion, cuando deben evocar lo que justifica una vida humana. A la pregunta que se plantea sobre la naturaleza de la felicidad, Gary responde evocando un recuerdo de infancia: «Cuando estaba acostado, escuchaba, acechaba y, luego, oía la llave en la cerradura, [...] no decía nada, sonreía, esperaba, era feliz».[2] Germaine Tillion utiliza casi las mismas palabras en la dedicatoria de uno de sus libros a Massignon, cuando intenta evocar una vida ejemplar, una «vida entregada». Unas semanas antes de su muerte, estaba sentada en su casa, contemplando su gran fatiga cuando, «transfigurado de pronto y de pie, con una luminosa y joven alegría en los ojos», el anciano sonrió: «Había oído el imperceptible ruido de una llave rozando la cerradura del rellano: "Reconozco su llave...". En efecto, era su hija». Los seres humanos son también capaces de amor y por esta razón no podemos negarles nuestro propio amor: ése es el sentido de «este sobresalto de joven ternura paterna, más fuerte que la avidez de la muerte, más fuerte que el agotamiento de una existencia consumida».[3]

En Ravensbrück, Germaine Tillion pudo fortalecer su respeto por la persona humana, pues, aunque el mal se mostrara allí más que en otra parte, el bien no estaba ausente. Egoísmo y generosidad se desarrollaban el uno junto a la otra, como si cada ser revelara su identidad, disimulada hasta entonces por las convenciones sociales. El bien se afirmaba a través de las virtudes cotidianas: el mantenimiento de una dignidad personal, la preocupación por los demás, íntimos a veces, desconocidos otras (nadie sobrevivió al campo sin la ayuda de los demás); la propia actividad del espíritu, como el esfuerzo de Tillion para comprender el mundo de los campos de concentración y hacer que las otras lo comprendieran, se vuelve a su vez virtud.

---

1. *Traversée*, p. 34.
2. *La nuit sera calme*, p. 362.
3. *Afrique*, p. 14.

Una vez salida del campo, al abrigo del peligro inmediato, Tillion multiplicó los gestos de esta naturaleza para con los desconocidos que sufren. No militó en un partido, no edificó una utopía, pero procuró resolver problemas particulares. Como poner la educación al alcance de todos: de los campesinos argelinos, en 1955; de los presos franceses, en 1959; o también, y esa tarea le resulta especialmente querida, de las mujeres. Su libro *El harén y los primos* es un análisis en profundidad de la condición femenina. Tras haber estudiado el mundo, aquella mujer sabia deseó actuar: para dejar de ser la mitad esclavizada de la humanidad, las mujeres deben instruirse.

El camino así elegido es justo; pero no garantiza en absoluto la victoria. Germaine Tillion tuvo esa amarga experiencia en Argelia, entre 1954 y 1961. Cuando fue allí por primera vez, tras quince años de ausencia, intentó primero establecer un diagnóstico. Pero lo que veía, ante todo, no era un problema político o militar, sino la degradación de la situación económica y social de la población musulmana. Ésta había sido abandonada «en pleno vado»: las antiguas estructuras se habían derrumbado a consecuencia del contacto con la civilización industrial europea, pero la población no había adquirido la competencia y cualificación que permitirían edificar nuevas estructuras. Estaba, pues, condenada a la *clochardisation*: los campesinos, cuyo número crecía a una vertiginosa velocidad, no podían ya subsistir en el campo y se amontonaban en los barrios de barracas. El mal estaba vinculado pues, ante todo, a la demografía y a la tecnología; el remedio lo estaría también. Puesto que no era posible vuelta atrás alguna, había que ayudar, al menos, a los antiguos campesinos para que adquirieran los saberes indispensables en esa nueva sociedad: Germaine Tillion intentó crear organismos específicos, denominados Centros Sociales, que dispensaran a todo el mundo esta nueva formación. «Soñaba con procurar un oficio a todos los argelinos a quienes la tierra no alimentaba ya. Para ello, era preciso primero crear, en Argelia, una enseñanza comparable a la de Francia.»[1]

---

1. *Ethnographie*, p. 20.

Semejante acción podría ejercer su efecto a condición de que se le diera tiempo. Pero el tiempo era un género escaso en la Argelia de 1955; los elementos más activos de la población aspiraban a una solución inmediata, que se llamaba la independencia. Puesto que Francia no deseaba concedérsela –la presencia de un millón de *pieds-noirs* («europeos de Argelia») en suelo argelino hacía que la decisión fuese más que delicada–, había que arrancársela con las armas. En este contexto, la solución preconizada por Germaine Tillion no complacía a nadie: no convenía a los independentistas, puesto que presuponía el mantenimiento del vínculo formal entre ambos territorios (eran los franceses quienes debían instruir a los argelinos). Pero los antiindependentistas la rechazaba también, porque permitiría dar a los argelinos la capacidad de administrar sus propios asuntos. Cuando apareció el folleto titulado *L'Algérie en 1956,* donde Germaine Tillion expone su diagnóstico y el remedio que preconiza, era demasiado tarde: las armas habían comenzado a hablar, la voz de los maestros no era ya audible. Argelia en 1956 tenía otras preocupaciones que creía más urgentes. El análisis económico de Tillion –cuya pertinencia no ha sido desmentida desde entonces– fue recuperado por los defensores de la Argelia francesa. Los Centros Sociales fueron arrastrados por la tormenta; sus animadores, perseguidos y asesinados por la OAS.

En 1957, como hemos visto, Germaine Tillion regresó a Argelia para investigar sobre la tortura en las cárceles; la guerra estaba entonces en su punto más crítico. La comisión de la que formaba parte hizo público su informe; eso no impidió en absoluto que los paracaidistas de Massu generalizaran las prácticas de tortura para vencer en la batalla de Argel. En aquel momento tuvo lugar un sorprendente episodio. Germaine Tillion supo que «alguien» quería conocerla. «Alguien», como descubrió más tarde, eran los responsables de la acción militar en la región de Argel, Saâdi Yacef y su adjunto Ali la Pointe, dicho de otro modo, los dos principales «terroristas» del momento. Germaine Tillion decidió aprovechar la ocasión para hablar con el «enemigo». En la propia Argelia tenía numerosos amigos entre la población musulmana y gozaba de buena reputación; no ocupaba ningún puesto oficial en

Francia, pero algunos de sus antiguos camaradas resistentes se habían convertido, entretanto, en ministros y sabía que podía acceder a ellos.

El 4 de julio de 1957 se desarrolló una escena singular. Germaine Tillion siguió a un guía desconocido por la alcazaba de Argel y llegó a una habitación donde la aguardaban dos mujeres y dos hombres, Yacef y Ali. Se inició entonces una conversación que duró toda la tarde. Germaine Tillion aprovechó la ocasión para intentar negociar una tregua. Se daba perfecta cuenta de que cada acto de violencia por un lado provocaba otro, más violento aún, por el otro. Si conseguía obtener que uno de los grupos hiciera un gesto, tal vez aquella mortal escalada pudiera detenerse. Lo que más indignaba a la población francesa eran los atentados contra civiles; lo que provocaba la violencia del FLN era la ejecución de sus militantes. Ante ambos dirigentes militares del FLN, ¿por qué no probarlo? Habló mucho tiempo y con convicción; al cabo de unas horas, Yacef, con lágrimas en los ojos, exclamó: «¡Le prometo que, en adelante, no se tocará a la población civil!». Era el objetivo deseado; al marcharse, Germaine Tillion se volvió hacia Ali la Pointe, lo agarró por el cuello de la camisa y, sacudiéndole un poco, repitió: «¿Ha comprendido bien lo que he dicho?». Con aspecto algo intimidado, Ali respondió: «Sí, señora».[1] Ella pudo entonces volver a su casa.

De regreso a París, dio cuenta de esta conversación a sus amigos con altos cargos. Había una contrapartida a aquel compromiso: Francia debía dejar de ejecutar a los militantes argelinos. Durante dos semanas, el acuerdo se cumplió, y la violencia pareció reducirse de pronto. Luego, el 24 de julio, se llevaron a cabo en la cárcel de Argel tres nuevas ejecuciones: la tregua se rompió del lado francés. Se rompió también del lado argelino a finales de septiembre del mismo año, tras el arresto de Yacef. La guerra prosiguió durante cuatro años aún, dejando numerosas víctimas y rastros imborrables en las memorias, rastros que no dejan de tener relación con la violencia en la Argelia de hoy. Los esfuerzos de Germaine Tillion fracasaron. ¿Por culpa de quién? En parte, por

---

1. *Ennemis*, pp. 49 y 51.

lo menos, de todos los que consideraron las intervenciones de Germaine Tillion como una «porquería», si no, como el general Massu al contar su versión de los acontecimientos en 1971, como un engaño y una traición. En su respuesta a estas acusaciones, ella afirma: fue el general quien, al ganar una batalla (la de Argel, con la ayuda de la tortura), perdió la guerra; y concluye: «El desastroso fin correspondió a los indignos medios».[1]

Su visión del conflicto armado consiste en poner, codo con codo, a ambos grupos beligerantes, por un lado el FLN, por el otro los franceses de Argelia apoyados por el ejército francés: son «dos terrorismos frente a frente» que no logran ya recordar que en realidad son complementarios. Le hacen pensar a uno en esos estúpidos alces de los bosques canadienses que se pelean, quedan atrapados por las astas y acaban muriendo inmovilizados. En semejante lucha, ambos protagonistas pierden. Torturas y terrorismo se legitiman mutuamente. La paz sólo puede proceder de la confianza recíproca, pero la confianza sólo puede proceder de la paz; la guerra continúa por tanto.

Germaine Tillion se negó a adoptar el relato heroico de estos acontecimientos: nosotros (los franceses o los argelinos, no importa) somos los más fuertes, hemos ganado. Rechazó, también, el relato victimario: teníamos derecho pero, traicionados, perdimos; hoy merecemos reparación. Sólo le quedaba la tercera vía, la del relato trágico, que tiene en cuenta la posición de ambos bandos en el conflicto y ve los daños causados por ambos lados. No era la única en esta situación. Ése fue, nos dice, el destino de Louis Massignon, que vivió los años de guerra como «un tormento de cada segundo: su información y su lucidez, en efecto, no le permitían ignorancia alguna y no podía desinteresarse de ninguna víctima, pues se sentía fraternalmente solidario y responsable ante todos los culpables de ambos bandos».[2] La tragedia, en efecto, consiste en identificarse no sólo con todas las víctimas sino también con los responsables del mal de cada bando. Lo mismo, apro-

---

1. *Le Monde* del 29 de noviembre de 1971, citado por Jean Lacouture, *op. cit.*, p. 299.
2. *Afrique*, p. 13.

ximadamente, ocurre con Albert Camus, uno de los pocos que apoyó incondicionalmente a Germaine Tillion en aquellas circunstancias, y que provocó gritos de «¡A muerte!» entre los fanáticos de ambos bandos cuando afirmaba comprender tanto a los musulmanes como a los *pieds-noirs* y adoptar, en cualquier momento, el partido de los más amenazados.

Germaine Tillion era muy consciente de que la vía elegida para sí misma en aquel conflicto no era la más fácil. Se sabía condenada a la pesadumbre (a llorar a las víctimas) y a la vergüenza (a saberse responsable). Aceptó aquellas peligrosas misiones en plena guerra porque podía reconocerse en ambos protagonistas; «por una parte por patriotismo y, por la otra, a causa de la extrema compasión que me inspiran las desgracias del pueblo argelino». ¿Qué debe hacer el que comprende a unos y otros y no puede renunciar a ninguna parcela de verdad? «Nada es más horrendo que escuchar, alternativamente, esos ecos de dos mundos tan cercanos y tan distintos.»[1] Sólo le quedaba aceptar lúcidamente la condición trágica de la humanidad. «La tragedia argelina, tal como la veo –escribió en 1956–, comporta muchas víctimas, pocos traidores, pero sus posibilidades de desenlace me parecen un punto de partida para otras tragedias.»[2] Es preciso admitir, en el año 2000, que tenía razón.

El mundo no ha mejorado. El destino no le evitó a Germaine Tillion el dolor insoportable, el que nace del «sufrimiento y [de] la muerte de aquellos a quienes se ama»,[3] el que sólo conduce a una cólera impotente. Su madre, como la de Grossman, fue víctima de la barbarie nazi. Y, sin embargo, Tillion consiguió «atravesar el mal» sin verse contaminada y comunicarnos, incluso, una sensación de gozo. Como Grossman, también, supo encontrar el propio contenido de su mensaje en la imagen de la madre sacrificada, vuelta tanto más digna de amor cuanto cayó víctima de una horrible barbarie. Uno y otro se sintieron responsables de una misión: hacer vivir el precepto de la madre muerta en silencio.

---

1. *Ennemis*, pp. 54 y 203.
2. *Afrique*, p. 66.
3. *Ravensbrück*, 1988, p. 143.

¿Cómo consiguió Tillion esa transfiguración? ¿Qué encadenamiento de fuerzas se lo permitió?

Cuando leemos sus escritos, tenemos a veces la impresión de habérnoslas con una doble personalidad. Pero esas dos facetas no entran en conflicto, se articulan, por el contrario, armoniosamente. Está la persona movida por la ternura hacia sus semejantes y la observadora apasionada por el conocimiento; ambas no dejan de prestarse servicios.

La observadora relaja la atmósfera en los momentos más dramáticos de la vida de la persona, contemplándolos desde fuera y poniendo de relieve los aspectos –involuntariamente– cómicos. Tillion acababa de ser detenida por la policía militar alemana, tras ser denunciada por actividades resistentes. «Ocurrió entonces una escenita bastante chusca.» ¿En qué consiste lo chusco? En que su desesperada situación, vista desde fuera, le hace pensar en un cuento peul que sugiere que Dios puede ser tan bueno para el hombre que quiere cruzar el río a nado como para el cocodrilo que quiere devorarlo. El recuerdo de esa historia, la posibilidad de ver su situación en los términos de ese cuento, le restituyen su sangre fría: «Me dije, tristemente pero sin pánico: "Hoy, Dios ha sido bueno para el cocodrilo"».[1] Unos meses más tarde, en la cárcel, el comisario le anunció que sería fusilada a la mañana siguiente. La escena tiene algo de chusco, comenta Germaine Tillion: esta vez porque el comisario se sorprendió más ante su calma que ella ante el anuncio de su destino.

Esta distancia entre ser actuante y ser observante no se introduce posteriormente; está presente en plena acción. Es preciso leer (y hacer que todos los escolares lean) la increíble carta que Tillion mandó, desde su celda carcelaria, al presidente del tribunal que acababa de enviarle el acta de una acusación que, normalmente, debía finalizar en una condena a muerte. La carta es una obra maestra de malicia, de ironía apenas disimulada («lamentaría profundamente que se me acusara de ironía»), una exposición de sus actividades, entrecortada por los versos de antiguas canciones. Tillion reconoce en ella haber practicado la brujería en África

---

1. *Traversée*, pp. 63-64.

pero añade que sus poderes tienen límites: «Si esos caballeros de la policía alemana han perdido realmente su inocencia, soy incapaz de devolvérsela».[1] Diríase que el gozo de utilizar con brío la lengua francesa le hacía olvidar, casi, las dramáticas circunstancias en las que estaba sumida. Otro episodio semejante se produjo en el tren que llevaba a las deportadas hacia los campos, situación en principio poco propicia a las bromas. Cuando vivía en Aurès, a nuestra joven erudita le gustaba pasear con un pequeño zorro del desierto encaramado a su hombro, atado con una cadena de reloj. En el tren, encontró una foto del animal y se dirigió al guardián SS. «Os demostraré cómo se domestica a un salvaje», dijo a sus asustadas camaradas. «Prudente, lentamente, con gran suavidad, puso la foto ante los ojos del SS, y terminó tirándole de la manga. Se inició una especie de conversación.»[2]

Sin la distancia que le procura la práctica de la observación, Germaine Tillion nunca hubiera podido comportarse con tanta calma, malicia y acierto. Recíprocamente, sus investigaciones eruditas nunca nos permiten olvidar que fueron llevadas a cabo por un individuo particular, con sus defectos y sus cualidades, sus costumbres y sus rarezas. ¿Cómo escribió usted su libro?, le preguntaron cuando apareció *Érase una vez la etnografía*. Ella repuso: «He cortado la mitad para poder marcharme, tranquila, de vacaciones». El libro se inicia, por lo demás, con una sorprendente «dedicatoria», tan pasmosa en esta obra erudita como lo era la irónica carta en el marco del proceso judicial: para anunciarles el tema del libro, la autora se dirige a sus lectores con ripios. Incluso en la época en que recogía sus informaciones, nunca intentaba ser una pura erudita: «Al llegar a África, había imaginado tontamente las "Ciencias del Hombre" como una especie de química cuyos precipitados minerales el etnólogo no debe turbar. Por fortuna, la simpatía me obligó, a veces, a infringir mis teorías», escribe a guisa de introducción de un relato que merecería, también, figurar en todas las antologías.[3] Esta obra, *Érase una vez la etnografía*, es

---

1. *Ravensbrück*, 1988, pp. 35-36.
2. A. Postel-Vinay, *op. cit.*, p. 126.
3. *Ethnographie*, p. 129.

probablemente uno de los libros eruditos más libres que se hayan escrito nunca: se advierte que su autora ha llegado a un estado en el que no se preocupa ya de convención alguna y sólo intenta contarnos, tan exactamente como sea posible, su experiencia. El efecto sobre el lector (que soy) es entusiasmante.

Germaine Tillion es, hoy, una anciana dama, uno de los seres públicos más luminosos que se ha conocido en este siglo de tinieblas. Me gusta soñar que agarra al género humano por el cuello de la camisa, le sacude un poco y pregunta, desde lo alto de su experiencia: «¿Ha comprendido bien lo que he dicho?». Y que el género humano, apenado, le responde: «Sí, señora...».

EPÍLOGO

Principio de siglo

El siglo XX, según el calendario, ha terminado. No deja por ello de obsesionar nuestras memorias. De éstas he querido explorar, en las páginas precedentes, varias facetas según dos modos complementarios: análisis conceptual de los acontecimientos y relato de los destinos individuales. Me queda reunir aquí algunas de las lecciones que he creído poder extraer de ello y preguntarme: ¿qué nos enseñan sobre el siglo por venir?

Primero, la propia memoria. La elección que se nos presenta no es entre olvidar y recordar –porque el olvido no depende de una elección, escapa del control de nuestra voluntad– sino entre distintas formas de recuerdo. No existe deber de memoria en sí; la memoria puede ser puesta tanto al servicio del bien como del mal, tanto utilizada para favorecer nuestro interés egoísta como la felicidad de los demás. El recuerdo puede permanecer estéril, extraviarnos incluso. Si se sacraliza el pasado, se impide comprenderlo y obtener de él lecciones que se refieran a otros tiempos y otros lugares, que se apliquen a nuevos protagonistas de la historia. Pero si, por el contrario, se lo banaliza, aplicándolo a nuevas situaciones, si se buscan en él soluciones inmediatas para las dificultades presentes, los daños no son menores: no sólo se disfraza el pasado, se desconoce también el presente y se abre el camino a la injusticia. La manía analógica no es menos lamentable que la obsesión literalista. Auschwitz y Hitler pueden enseñarnos una lección, pero en nada se parecen a lo que se muestra hoy ante nuestros ojos. Para que el pasado siga siendo fecundo, es preciso aceptar que pase por el filtro de la abstracción, que se integre en el debate referente a lo justo y lo injusto.

Nos gusta reivindicar la «memoria»; sin embargo, nuestras conductas no son mucho más prudentes que las de nuestros antepasados. Estigmatizamos el racismo o la violencia de los demás, de nuestros vecinos o de nuestros abuelos, lo que no nos impide alimentar los nuestros: no se aprende demasiado de los errores de los demás. Juzgamos con severidad su ignorancia o la facilidad con la que se dejaron engañar por la propaganda; pero hacemos otro tanto, al considerar como habas contadas las declaraciones de nuestros presidentes y primeros ministros, repetidas complacientemente por los omnipresentes medios de comunicación.

Nuestra relación con el tiempo ha evolucionado, indiscutiblemente. Terminó la sociedad tradicional, con su población estable y sedentaria, y los ritos bien establecidos, que se repetían con seguridad de un año a otro. A nuestro alrededor todo cambia, es preciso adquirir sin cesar nuevas informaciones; la preservación del pasado está amenazada. Y hoy se prefiere ignorar el paso del tiempo: nuestra imaginación querría situarnos en un presente perpetuo, donde no hay lugar para las edades de transición, infancia y vejez, sin hablar de la muerte, oculta en los sectores reservados del hospital.

Frente a esta agresión contra su identidad –pues lo es–, frente a esta amputación, el individuo moderno intenta defenderse. Todo ocurre como si descubriera, con espanto, el curso cada vez más acelerado del tiempo, la desaparición cada vez más rápida del pasado, e intentara hacer cualquier cosa para frenar estas tendencias. Pero el remedio acaba planteando a su vez problemas. Se responde con conmemoraciones a la destrucción del marco tradicional, nos agarramos a la singularidad de los propios recuerdos o, en otro caso, se malogra el pasado transformándolo en clave universal, que al parecer debe explicar el presente. ¿Sabremos escapar de esta atracción por unos contrarios tan poco deseables el uno como el otro? ¿Sabremos aceptar tanto el paso del tiempo como la necesidad de vivir en el presente, reconociendo que ese presente está hecho, también, de pasado, tanto en su sustancia como en sus valores?

En la historia del siglo XX europeo, me he detenido mucho tiempo en un acontecimiento capital: el enfrentamiento del totalitarismo con la democracia. Enfrentamiento que no sólo tuvo lugar en los campos de batalla y los terrenos económicos, sino también en el plano de los grandes principios políticos y morales que subyacen a la existencia de cada régimen. La agresión emprendida por el totalitarismo contra la democracia puso de relieve, por contraste, los elementos de pensamiento humanista que inspiran esta última. El totalitarismo promete la felicidad para todos, pero sólo cuando se hayan eliminado quienes no son dignos de ella, las clases enemigas o las razas inferiores. Niega la autonomía de los sujetos individuales, su derecho a elegir las normas según las que van a vivir, precisamente cuando desea que la sociedad tomada como un todo quede liberada de cualquier tutela: Dios, orden natural, moral universal o derechos humanos. Da como fin de la acción humana unos valores transindividuales: el partido, la nación, el régimen; admite que el individuo debe ser sacrificado para que triunfen la revolución, la sociedad ideal, la humanidad purificada. La democracia, en cambio, reivindica la finalidad del *tú*, puesto que erige al otro en objetivo legítimo de mi acción, de la autonomía del *yo*, sujeto que tiene derecho a «adquirir o resistir», y de la universalidad de los *ellos*, puesto que todo miembro del género humano está provisto de la misma dignidad. Recupera así los postulados básicos del pensamiento humanista.

El humanismo moderno –un humanismo crítico– se distingue por dos características, ambas banales, sin duda, pero que obtienen su fuerza de su propia copresencia. El primero es el reconocimiento del horror del que son capaces los seres humanos. El humanismo, aquí, no consiste en absoluto en un culto al hombre, en general o en particular, en una fe en su noble naturaleza; no, el punto de partida son, aquí, los campos de Auschwitz y de Kolymá, la mayor prueba que se nos haya dado en este siglo del mal que el hombre puede hacer al hombre. La segunda característica es una afirmación de la posibilidad del bien: no del triunfo universal del bien, de la instauración del paraíso en la Tierra, sino de un bien que conduce a tomar al hombre, en su identidad concreta e individual, como fin último de su acción, a quererlo y a amarlo. Se renuncia pues a sustituirlo por un ser sobrenatural, Dios, o, muy al contrario, por las fuerzas de la naturaleza subhumana, las leyes de la vida, o también los valores abstractos elegidos por los hombres, se llamen prosperidad, revolución o pureza, y, más allá, las leyes de la Historia. ¿Cómo conciliar esta ausencia de ilusiones sobre el hombre, por una parte, con el mantenimiento del hombre como objetivo de la acción, por otra? Ése es el desafío que deben aceptar los humanistas modernos, los humanistas después de Kolymá y después de Auschwitz.

Tras haber tomado conocimiento de esta historia, se sienten deseos de preguntar: ¿estamos amenazados, en un futuro previsible, por el regreso del mundo totalitario, o también, sólo, por su espíritu? Pero ¿podemos prever el porvenir? Todos conocen la historia de ese vidente que deslumbraba al público de una sala de espectáculos: era capaz de pasear libremente por el tiempo y el espacio. «¿Qué está haciendo ahora el Papa?» El vidente lo sabía y lo decía. «¿Qué será de nuestra ciudad dentro de cien años?» Al vidente no le costaba en absoluto describir la situación en sus menores detalles. Se levantó entonces un muchacho. «¿Qué objeto tengo en la mano, a mi espalda?» El vidente nunca pudo responder a esta pregunta y tuvo que abandonar la sala cubierto de ridículo. La moraleja de esta anécdota dice que es más prudente predecir el destino del próximo milenio, en el vasto universo, que preguntarse qué ocurrirá mañana en nuestro país o, incluso, cuáles son, hoy mismo, los signos anunciadores del futuro. Sin embargo, olvidando por un instante la prudencia, quisiera reflexionar sobre lo que nos sugiere, con respecto a las vías del futuro, el análisis del pasado.

El trauma infligido por la experiencia totalitaria a los pueblos europeos fue, a mi entender, demasiado profundo, demasiado graves los daños causados, para que podamos imaginar que las doctrinas totalitarias recuperen su seducción en un porvenir cercano. Sobreviven aún, claro está, grupúsculos neonazis y, más aún, pequeñas porciones de la población tentadas por la utopía comunista; sin embargo, la hipótesis de su próxima toma del poder no merece ser considerada. La desaparición de esta amenaza no inaugura, por ello, una era idílica, posterior al «final de la Historia»: vencido el totalitarismo, no se han apartado todos los peligros para la democracia.

A la luz de lo precedente, podríamos aislar tres derivas que amenazan el curso de la vida democrática. Estas derivas son tanto más difíciles de combatir cuanto no consisten en introducir un principio enteramente ajeno a ella, sino en reforzar desmesuradamente, en absolutizar un rasgo de esta vida que, a pequeñas dosis, sigue siéndole útil. Ponen en cuestión, una vez más, los postulados fundamentales de la doctrina humanista.

Podríamos llamar a la primera la *deriva identitaria*. La identidad, tanto individual como colectiva, es indispensable para toda existencia social, ya lo hemos dicho, y a construir y consolidar esta identidad se aplica, especialmente, la memoria. Pero esta exigencia legítima deja de serlo cuando la fidelidad a la identidad colectiva prevalece sobre estos valores democráticos por excelencia que son el individuo y la universalidad. La democracia tolera los cuerpos intermedios (las comunidades en el seno de la sociedad tomada como un todo), pero sin privilegiarlos. Quiere que todos los individuos de un Estado tengan los mismos derechos y que ningún individuo aliene su voluntad y su razón en beneficio de la comunidad –étnica, lingüística, religiosa, racial, sexual– a la que pertenece. El Estado democrático no es «natural», no exige de sus ciudadanos que tengan todos características comunes, culturales o físicas, ni que sean del mismo origen, ni siquiera les pide que suscriban todos –tácitamente– el mismo contrato.

Esta situación engendra sus propias frustraciones, responsables a su vez de una nostalgia de la comunidad a la antigua. Y también de un aumento del poder de todos los «nosotrismos» de los que hablaba Primo Levi. Estos egoísmos colectivos se multiplican en nuestros días, incluso en las democracias liberales de Occidente, e intentan arrancar al Estado privilegios colectivos para sus miembros. Pertenecer a una comunidad es, ciertamente, un derecho del individuo, pero en absoluto un deber; las comunidades son bienvenidas en el seno de la democracia, pero sólo a condición de que no engendren desigualdades e intolerancia.

La *deriva moralizadora* nos es, tal vez, menos familiar, pero no es menos nociva. El Estado democrático reconoce al principio la pluralidad y la diversidad de sus súbditos, y asegura por esta razón el pluralismo de sus instituciones; comienza pues imponiendo una ruptura entre lo político y lo teológico. La confusión no es menos grave si éste se limita a la moral (podemos hacer de la religión una simple moral, como podemos reducirla a ser sólo un cemento comunitario). La democracia no es un Estado «virtuoso», deja que cada cual conciba el soberano bien a su modo, sólo controla los medios para acceder a ello, prohibiendo la violencia. Eso no significa que sea hostil a la moral, sólo que la restringe a la esfera privada. Ahora bien, lo «moralmente correcto» quiere reunir moral y política, si no en el seno del Estado, sí al menos en la sociedad, pero, a diferencia de lo que ocurre en el totalitarismo, la reunión se organiza aquí bajo la égida de la moral. En el interior del país, esta deriva favorece la estigmatización de los infractores, las lecciones de moral destinadas a los demás y el reinado de la buena conciencia. En las relaciones entre países, nos devuelve al proyecto de las cruzadas o de las guerras coloniales, realizadas en nombre del bien; también ahí, la tentación de imponer el bien sustituye al reconocimiento de la pluralidad.

Lo que se niega cada vez es la autonomía del sujeto. Por un lado, el individuo no tiene ya derecho social a ejercer su juicio, puesto que las transgresiones a lo «moralmente correcto» serán estigmatizadas. Por el otro, son los pueblos o los Estados quienes se ven privados de su soberanía, y otro Estado o una coalición de Estados, militarmente superiores, se arrogan el derecho de injerencia, presentándose como la encarnación del bien que debe imponerse por la fuerza a los demás. La tentación del bien es peligrosa: le debemos ya, en el siglo XX, las bombas de Hiroshima y Nagasaki, sin hablar de las «cazas de brujas» que tuvieron lugar en distintos países no totalitarios en absoluto. La advertencia de Grossman no debe olvidarse: «Donde se levanta el alba del bien, niños y ancianos perecen, corre la sangre». Ni el Estado democrático ni el orden mundial tienen la vocación de encarnar el bien; mejor será que la aspiración a la santidad siga siendo un asunto privado.

Deriva identitaria y deriva moralizadora tienen como particularidad común que proceden de la nostalgia de un estado anterior, aquel en el que los vínculos de comunidad eran más fuertes y en el que esa comunidad tenía una moral pública. No ocurre lo mismo con la tercera especie, la *deriva instrumental,* que caracteriza específicamente a las sociedades democráticas. Una vez más, se trata de la extensión excesiva de una práctica perfectamente aceptable cuando se limita al campo apropiado. Consiste en preocuparse sólo por los instrumentos, herramientas y medios que deben llevar a un objetivo, sin interrogarse nunca sobre la legitimidad de ese objetivo. Claro está que un gran número de situaciones no exige semejante interrogación, sino sólo la solución más eficaz para un problema técnico. Sin embargo, este principio no puede generalizarse sin peligro; de lo contrario, nos encontraríamos en la situación de los creadores de la bomba atómica, apasionados sólo por las dificultades técnicas que planteaba su realización, y condenados, algunos de ellos por lo menos, a pasar el resto de su vida rumiando los efectos nefastos de su invento. Esta misma deriva lleva a los militares de todos los países a considerar las tareas que se les confían desde un punto de vista puramente técnico, sin preocuparse por las justificaciones últimas de sus actos.

La deriva instrumental es propia de los países democráticos, precisamente porque éstos se niegan a definir la naturaleza del soberano bien y dejan que cada uno de sus ciudadanos lo persiga a su modo, siempre que no intente imponerlo a los demás por la fuerza. Desde este punto de vista, es simétrica e inversa a la deriva moralizadora, que sólo es un intento, excesivo a su vez, de remediar el vacío creado por esta ausencia de obligación que afecta al objetivo último. La deriva instrumental descansa en una hipótesis antropológica indefendible, según la cual el modelo actor-medio-fin permite dar cuenta del conjunto de las prácticas humanas. Al hacerlo, esta hipótesis ignora toda una faceta de nuestra existencia, la de las relaciones intersubjetivas, que nada se parecen al modelo en cuestión. En un encuentro amistoso, por poner un ejemplo sencillo, la separación entre medios y fines es imposible: no vamos a ver a un amigo para obtener un favor, sino para gozar del placer de estar juntos; además, y eso es esencial, no hay un solo sujeto-actor, sino dos, *yo* y *tú*, y cada cual habla y escucha a su vez, da y recibe.

La deriva instrumental tacha de falso el postulado de la doctrina humanista según el cual el ser humano individual es el fin último de nuestra acción. Nuestras sociedades modernas, arrastradas por la lógica del modelo instrumental, tienden a desdeñar este retazo de la existencia humana y esperan hallar una solución puramente técnica a nuestros problemas (como, hoy, el «mercado»).

De este modo, preparan el terreno para la deriva identitaria y la deriva moralizadora, cuando no para la revolución totalitaria.

Toda sociedad necesita afirmar su identidad, defender sus ideales y resolver eficazmente los problemas que se le plantean; sin embargo, erigidas en principios últimos, las respuestas a estas necesidades traban su vida. Cierto es que estas derivas están muy presentes entre nosotros. La guerra de Kosovo las ilustró a las tres: deriva identitaria del lado serbio y albanés, derivas instrumental y moralizadora, paradójicamente unidas, del lado de los países occidentales. ¿Verá el siglo por venir el triunfo de una de estas derivas sobre el proyecto democrático, o sabrá éste movilizar las fuerzas necesarias para defenderse de ellas e impedirlas? He aquí una predicción que no me atreveré a formular. Todo depende de nuestras reacciones: el porvenir sigue en nuestras manos.

Podríamos añadir que la victoria sobre estas derivas sólo aseguraría, como mucho, las condiciones necesarias para la realización de cada individuo, no llevaría a ella de modo automático. Del mismo modo, la victoria de la democracia sobre el totalitarismo no ha producido la plenitud de toda la población de los países ex totalitarios. En nuestras sociedades modernas, esta realización no es el resultado de una buena política y una buena moral sino el de una vida rica en amor y espiritualidad, adopte ésta la forma de la religión, del arte o del pensamiento. De ese modo adquieren los hombres el sentimiento de que su vida tiene sentido. Moral y política no bastan; y, no obstante, son indispensables. La frontera entre vida pública y vida privada no es impermeable; en un país totalitario, no es posible cultivar, como se desea, la espiritualidad, como tampoco se puede amar libremente. Estas condiciones de la realización personal son necesarias también en democracia.

El siglo XX habrá sido el de las grandes confrontaciones, el de los combates titánicos: entre democracia y totalitarismo, entre nazismo y comunismo. He deseado que se recordara, también, a algunos individuos que supieron seguir siendo humanos en el seno de la tormenta. Un postrer ejemplo: durante el año 2000, la prensa francesa habló del caso de una argelina, apodada Lila.[1] Siendo

---

1. *Le Monde* del 20, 22 y 23 de junio de 2000.

una muchacha en 1957, participó en las organizaciones militares del FLN. Tras caer en manos del ejército francés a consecuencia de una acción, fue torturada sin interrupción durante tres meses, hasta diciembre de 1957. La libró de sus torturadores un médico militar que cierta noche, examinándola, exclamó: «¡Pero, pequeña mía, la han torturado!». Le hacía pensar, según le dijo, en su propia hija. Gracias a él, Lila fue llevada a la cárcel, primero en Argelia y luego en Francia. Abandonó la prisión gracias a otra intervención, la de Germaine Tillion, que trabajaba entonces para el Ministerio de Educación Nacional, donde se encargaba de una misión en las cárceles, lo que le permitía lograr que se liberara a numerosos presos. Fue condenada a residencia forzosa en Córcega, de donde huyó algún tiempo después.

Más que la imagen de los franceses portadores de civilización en África, más que la de los argelinos combatiendo por la liberación nacional, me gustaría que nos hubiéramos llevado, al siglo que comienza, la imagen de esos dos seres sencillos y buenos, el doctor Richaud («¡Pero, pequeña mía!») y Germaine Tillion: dos seres para quienes un individuo no se reduce a una categoría −un enemigo, una prisionera− sino que sigue siendo una persona, infinitamente frágil, infinitamente preciosa.

Índice onomástico

Ajar, Émile, *véase* Gary, Romain
Albright, Madeleine, 317, 323, 345, 359
Ali la Pointe, 389-390
Alleg, Henri, 217
Allen, Woody, 211
Améry, Jean, 241
Annan, Kofi, 272, 351
Anscombe, Elizabeth, 307
Arafat, Yasser, 214-215
Arbour, Louise, 347
Arendt, Hannah, 26, 48, 163
Aron, Raymond, 50-54, 58, 104-105, 107-108
Aschberg, Olof, 134
Atahualpa, 363
Aubrac, Lucie, 265-266
Aubrac, Raymond, 265-266
Azéma, Jean-Pierre, 266

Bábel, Isaak, 68
Barak, Ehud, 214
Barbie, Klaus, 210, 268, 270
Barrès, Maurice, 175, 222, 260-261
Bartosek, Karel, 259-260, 262, 264
Baudelaire, Charles, 26
Beauvoir, Simone de, 50, 386
Bebel, August, 125

Bédarida, François, 266
Béguin, Albert, 143
Benda, Julien, 253
Bénichou, Paul, 248
Bensoussan, Georges, 217
Beria, Lavrenti, 84, 108
Bert, Paul, 354
Besançon, Alain, 34, 48
Blair, Tony, 349
Bonald, Louis, vizconde de, 112
Borges, Jorge Luis, 165
Bost, Pierre, 386
Bousquet, René, 270
Brauman, Rony, 105, 164, 180
Brecht, Bertolt, 252
Bréznev, Leonid Ilich, 59, 62, 117
Brossat, Alain, 143, 252
Brossolette, Pierre, 282
Brzezinski, Zbigniew, 333
Buber, Martin, 127
Buber, Rafael, 127
Buber-Neumann, Babette, 133
Buber-Neumann, Margarete, 13, 109, 124-125, 128, 130-145, 194, 217
Bulgákov, Mijaíl, 68
Bujarin, Nikolái, 69, 174, 264
Bush, George, 347

Camus, Albert, 217, 329
Carlebach, Emil, 141, 204-205
Castoriadis, Cornelius, 59
Castro, Fidel, 250
Cavani, Liliana, 236
Chaumont, Jean-Michel, 184
Chéjov, Anton, 71, 91, 93
Chernyshevski, Nikolái, 42
Churchill, Winston, 222, 336
Cicerón, 157
Clair, Jean, 252
Clark, Wesley, 334, 349
Clausewitz, Carl von, 48
Clinton, Bill, 317, 336, 345, 351, 359
Colón, Cristóbal, 353
Comte, Auguste, 37
Condorcet, marquis de, 20, 363-364
Conquest, Robert, 170
Constant, Benjamin, 19-21, 23, 104, 112, 174-175
Copfermann, Émile, 200, 203
Costa-Gavras, Konstandínos, 259

Daix, Pierre, 226, 227
Dallaire, Roméo, 272, 358, 360
Darwin, Charles, 47-48
De Gaulle, Charles, 247, 262, 293-296
De Gaulle, Geneviève, 133
Del Ponte, Carla, 348-349
Demjanjuk, John, 274
Déroulède, Paul, 221-222
Descartes, René, 36
Diderot, Denis, 37
Dimitrov, Georgi, 129
Domecq, Jean-Philippe, 252
Donne, John, 240
Dostoyevski, Fiódor, 91

Dower, John, 186, 188
Dreyfus, Alfred, 157, 175, 260-261
Duteurtre, Benoît, 252
Dzerzhinski, Félix, 44

Ehrenburg, Iliá, 75-76
Eichmann, Adolf, 152, 163
Einstein, Albert, 35, 75, 82
Ejov, Nikolái, 69, 84, 217
Emil, 194
Engels, Friedrich, 48, 85, 127
Esquilo, 223

Farrakhan, Louis, 184
Feuerbach, Ludwig, 34
Field, Noel, 263-264
Finkielkraut, Alain, 184
Flaubert, Gustave, 26
Franco, Francisco, 336
Frank, Leonhard, 125
Frank, Semión, 32, 113
Freud, Sigmund, 225, 295

Gary, Romain, 13, 279-296, 304, 309, 386-387
Gayssot, Jean-Claude, 159
Gliksman, Jerzy, 153
Glover, Jonathan, 307
Gobineau, Joseph Arthur, conde de, 37, 39, 42, 103
Goebbels, Joseph Paul, 152, 310, 317
Goethe, Johannes Wolfgang von, 284
Gorbachov, Mijaíl, 63, 158
Göring, Hermann, 107, 317
Gorki, Máximo, 68, 79-80, 153
Gross, Babette, 131
Grosser, Alfred, 171

Grossman, Nadia, 69
Grossman, Vasili, 13, 67-95, 114, 131, 135, 233, 239, 292-293, 304, 310, 369, 385-386, 392, 402
Guinzburg, Alexander, 170
Gurevich, Philip, 210, 213

Havel, Václav, 332, 334, 343, 351, 353, 358, 367
Heidegger, Martin, 57
Helvétius, Claude Adrien, 111
Hemingway, Ernest, 283
Henriot, Philippe, 301
Herodes, 92
Herriot, Édouard, 153
Hess, Rudolf, 150
Hilberg, Raul, 170
Himmler, Heinrich, 87, 150, 309, 317, 384
Hitler, Adolf, 13, 22, 29, 41, 46, 48, 52, 57, 70, 74, 76, 89-90, 103-109, 111, 117, 123-124, 131-132, 134-135, 139, 143, 151, 154, 173, 188, 214-215, 217, 220, 222, 228, 252, 269, 282, 284, 303, 305-306, 308, 316, 336, 338, 347, 352, 397
Holbrooke, Richard, 317
Hölderlin, Friedrich, 284
Hoxha, Enver, 320
Hughes, Langston, 305
Hussein, Saddam, 214, 347

Inka, 133, 140-141
Iván el Terrible, 217, 274
Itzcoatl, 149

Jacquet, Annick, 169
Jeanclos, Georges, 227-228

Jesenska, Milena, 133
Jruschov, Nikita, 59, 72-73, 79
Juana de Arco, 262

Kafka, Franz, 133, 142
Kaganóvich, Lázaro, 53, 84
Kant, Emmanuel, 31, 41, 179, 256, 333
Kersnóvskaya, Yevfrosíniya, 220
King, Martin Luther, 286
Kírov, Serguéi, 108, 135
Klarsfeld, Serge, 158
Kleist, Heinrich von, 21
Klemperer, Victor, 152
Koestler, Arthur, 142
Kostov, Traitcho, 28
Kravchenko, Viktor, 139-141, 226, 269

La Fontaine, Jean de, 373
Lacouture, Jean, 383
Landau, 219
Langefeld, 145
Lanzmann, Claude, 386
Lázaro, rey, 335
Le Goff, Jacques, 209
Le Pen, Jean-Marie, 252, 255
Leibovitz, Yeshayahou, 219
Lenin, Vladímir Ilich Uliánov, llamado, 28-29, 41-42, 46, 48-49, 51, 53, 58-60, 84, 89, 104, 107, 117, 264, 295, 310
Levi, Primo, 13, 150, 161, 163, 170, 199, 217, 233-243, 401
Lévinas, Emmanuel, 23, 93, 179
Lifszyc, Pola, 162
Lipkin, Semión, 71
Locke, John, 19-20
London, Arthur, 259-260, 262-263, 265

London, Jack, 283
London, Lise, 260
Luxemburg, Rosa, 125
Lysenko, Trofim Denísovich, 35

Malraux, André, 172, 295
Mandelshtam, Ósip, 176-177
Mao Zedong, 296
Marie-Claire, 386
Marr, Nikolái, 35
Marshall, George, 338
Marchenko, Anatoly, 155
Martin Chauffier, Louis, 198
Marx, Karl, 34, 37, 42, 47, 82, 85, 127, 174, 295
Massignon, Louis, 375, 380, 387, 391
Massu, Jacques, 389, 391
Mauss, Marcel, 374, 377
Mendel, Johann, 35
Merleau-Ponty, Maurice, 194, 196
Michnik, Adam, 64
Mikoyán, Anastas, 135
Millu, Liana, 241
Milošević, Slobodan, 214, 312, 316, 319, 326-328, 331-332, 336-337, 339, 347, 349, 367, 370
Mitterrand, François, 254
Mólotov, Viacheslav, llamado, 153, 217, 354
Momose, Kazumoto, 330
Montaigne, Michel Eyquem de, 40, 366
Montand, Yves, 259
Montesquieu, Charles-Louis de Secondat, barón de La Brède y de, 24, 38-39, 105, 344, 363-364
Moulin, Jean, 260, 282

Mozart, Wolfgang Amadeus, 201
Mukagasana, Yolande, 242
Müller, Heiner, 172-173
Müntzer, Thomas, 32
Münzenberg, Willi, 131, 134, 142
Mussolini, Benito, 41, 318

Nasser, Gamal Abdel, 214
Nekrásov, Nikolái, 73
Necháyev, Serguéi, 42
Neumann, Heinz, 128-130, 135, 145, 264
Nevski, Aleksandr, 85
Nietzsche, Friedrich, 256
Nolte, Ernst, 83
Nora, Pierre, 225, 271
Nordmann, Joe, 139, 269

Occam, Guillermo de, 20, 22
Oé, Kenzaburo, 212
Offenbach, Jacques, 337
Oppenheimer, Robert, 305-306

Papon, Maurice, 269-274
Pasolini, Pier Paolo, 236
Pasternak, Borís, 67, 80
Pablo, san, 31
Pávlov, Ivan Petrovitch, 35, 127
Péguy, Charles, 222, 320, 327, 357, 361
Perrault, Gilles, 251-252
Pétain, Philippe, 228, 269, 375, 382, 385
Pedro el Grande, 85
Pinochet, Augusto, 250
Platón, 256
Plutarco, 221
Pol Pot, 241
Pomian, Krzysztof, 26
Postel-Vinay, Anise, 133, 140, 376

Pushkin, Aleksandr, 73
Putin, Vladímir, 215
Pressensé, Francis de, 357

Radek, Karl, 135
Rajk, Laszlo, 28
Renan, Ernest, 26, 35, 37, 42,
    44-45, 47-48, 63, 103, 299
Ribbentrop, Joachim von, 153
Richaud, 405
Ricoeur, Paul, 229, 275
Rilke, Rainer Maria, 284
Robertson, George, 349
Rolland, Romain, 87, 153
Roosevelt, Franklin Delano, 303
Rossi, Jacques, 264
Rousseau, Jean-Jacques, 20,
    39-40, 78, 111, 114, 162, 179,
    224, 240, 258, 274
Rousset, David, 13, 136-137, 141,
    166, 193-204, 213-214,
    226-227, 247, 269, 283, 366,
    381
Rubin, James, 323
Rufin, Jean-Christophe, 342-343
Rugova, Ibrahim, 318, 320
Rumkowski, Chaim, 237-238

Sade, marqués de, 236-237
Saïd, Edward, 219
Saint-Simon, Claude Henri de
    Rouvroy, conde de, 37
Santayana, George, 229
Sartre, Jean-Paul, 194, 196, 217,
    261
Schwarz-Bart, André, 227
Segarelli, 32
Semprún, Jorge, 220
Séneca, 28
Shaw, Bernard, 153

Shea, Jamie, 348
Short, Michael, 335
Sieyès, Emmanuel Joseph, 20
Slansky, Rudolf, 28, 259, 264
Sócrates, 105, 177
Solana, Javier, 324, 326, 332,
    336-337, 348-349
Solzhenitsin, Aleksandr, 67, 83,
    176-177, 294
Sperberg, Manès, 142
Stalin, Iósif, 13, 28-29, 46, 52-55,
    59-60, 71-72, 76, 81, 84-85,
    87, 89-90, 104-105, 107-108,
    110, 114, 116-117, 123-124,
    128-129, 131, 135-136, 139,
    143, 160, 164, 176-177, 215,
    217, 248, 264-265, 269, 288,
    303, 308, 336, 374
Stangl, Franz, 162-163
Steele, Shelby, 184
Surroi, Veton, 329
Súslov, Mijaíl, 73, 80

Taguieff, Pierre-André, 252-253
Taine, Hippolyte, 34, 37
Teitgen, Paul, 227
Thaelmann, Ernest, 128
Thatcher, Margaret, 347
Temístocles, 157
Tucídides, 198
Thuring, Grete, véase
    Buber-Neumann, Margarete
Tillion, Germaine, 13, 18, 133,
    194-195, 198, 216, 373 395,
    405
Tito, Joseph Broz, llamado, 312,
    321
Tocqueville, Charles Alexis Clérel,
    señor de, 39, 103
Tolstói, Lev, 83, 91

Touvier, Paul, 269-270, 301
Tujachevski, Mijaíl Nicolaievich, 354
Truman, Harry, 285, 303-304, 307

Vaillant-Couturier, Marie-Claude, 226, 268-269
Veil, Simone, 268
Vergès, Jacques, 385
Vespucio, Américo, 220
Voltaire, François Marie Arouet, llamado, 39
Vrba, Rudolf, 155

Wallace, Henry, 153
Wallenberg, Raoul, 317
Weber, Max, 18, 262, 331
Werfel, Franz, 173
Wetzler, 155

Yacef, Saâdi, 389-390
Yagoda, Guénrik Grigorievich, 153
Yákovlev, Aleksandr, 158
Yelev, Yeliu, 18, 101
Yeltsin, Borís, 215

Ziugánov, Guennadi, 215

Índice

Prólogo. Fin de siglo 9

1
EL MAL DEL SIGLO

Nuestras democracias liberales 17
Totalitarismo: el tipo ideal 26
Cientificismo y humanismo 33
Nacimiento de la doctrina totalitaria 41
La guerra, verdad de la vida 47
Ambivalencias totalitarias 56
El siglo de Vasili Grossman 65

2
LA COMPARACIÓN

Nazismo y comunismo 99
Diferencias 108
Juicios 118
El siglo de Margarete Buber-Neumann 121

3
LA CONSERVACIÓN DEL PASADO

Controlar la memoria 149

Los tres estadios 156
Testigos, historiadores, conmemoradores 167
El juicio moral 173
Los grandes relatos 182
El siglo de David Rousset 191

4
LOS USOS DE LA MEMORIA

Ni sacralizar ni banalizar 209
Al servicio del interés 215
Vocación de la memoria 220
El siglo de Primo Levi 231

5
PASADO PRESENTE

Lo «moralmente correcto» 247
Mito e historia 258
Justicia e historia 268
El siglo de Romain Gary 277

6
LOS PELIGROS DE LA DEMOCRACIA

Las bombas de Hiroshima y Nagasaki 299
Kosovo: el contexto político 309
La intervención militar 324
Lo humanitario y lo judicial 340
¿Derecho de injerencia o deber de asistencia? 351
El siglo de Germaine Tillion 371

Epílogo. Principio de siglo 397
Índice onomástico 407